Silvia Kaiser

Wirtschaftsrecht

Fachschulen für Wirtschaft

Stam 5872

Stam Verlag   Köln · München

Verlag H. Stam GmbH
Fuggerstraße 7 · 51149 Köln
Fernruf (0 22 03) 30 29-0

ISBN 3-8237-**5872**-1

© Copyright 1994: Verlag H. Stam GmbH · Köln
Das Werk und seine Teile sind urheberrechtlich geschützt. Jede Verwertung in anderen als den gesetzlich zugelassenen Fällen bedarf deshalb der vorherigen schriftlichen Einwilligung des Verlages.

Inhaltsverzeichnis

A Einführung in das Recht

1	Funktionen und Entstehung von Recht	11
2	Privatrecht / Öffentliches Recht	12
2.1	Abgrenzung	12
2.2	Zum Privatrecht gehörende Rechtsgebiete	12
2.3	Zum öffentlichen Recht gehörende Gebiete	13
3	BGB und HGB als wichtigste Grundlagen des Privatrechts	14
3.1	Grundprinzip „Privatautonomie"	14
3.2	Arten von Recht	15
3.3	Struktur des Bürgerlichen Gesetzbuchs (BGB)	17
3.4	Verpflichtungs- und Verfügungsgeschäfte	18
3.5	Handelsgesetzbuch (HGB)	20
3.5.1	Einseitige und zweiseitige Handelsgeschäfte	21
3.5.2	Besonderheiten des Handelsrechts	22
4	Bearbeitung von Fällen (Subsumtion)	23
5	Ausübung und Schutz von Rechten	24
5.1	Rechtsmißbrauch (§§ 226, 242 BGB)	24
5.2	Durchsetzung von Ansprüchen durch Selbsthilfe (§§ 229, 561, 704 BGB)	25
5.3	Notwehr (§§ 227, 228, 904 BGB)	26

B Personen des Rechtsverkehrs

1	Rechtsfähigkeit („Rechtssubjektivität")	28
1.1	Rechtsfähigkeit natürlicher Personen	28
1.2	Rechtsfähigkeit juristischer Personen	29
2	Geschäftsfähigkeit	30
3	Deliktfähigkeit („Zurechnungsfähigkeit")	32
3.1	Deliktfähigkeit im Zivilrecht	32
3.2	Deliktfähigkeit im Strafrecht („Straffähigkeit")	34
4	Parteifähigkeit und Prozeßfähigkeit	34

C Gegenstände des Rechtsverkehrs

1	Einteilung der Sachen	36
2	Wesen und Schutz des Eigentums	37
3	Arten von Eigentum	37
4	Erwerb des Eigentums an beweglichen Sachen per Rechtsgeschäft	41
4.1	Formen des Eigentumserwerbs per Rechtsgeschäft	41
4.2	Besonderheiten beim Eigentumserwerb per Rechtsgeschäft mit einem Nichteigentümer	42
4.2.1	Ermächtigung des Eigentümers (§ 185 BGB)	42
4.2.2	Guter Glaube des Erwerbers (§§ 932 BGB, 366 HGB)	42

5	Erwerb des Eigentums an Sachen per Realakt (Tathandlung)	43
5.1	Aneignung herrenloser Sachen (§ 958 BGB)	43
5.2	Fund von besitzlosen Sachen (§ 965 ff. BGB)	44
5.3	Ersitzung (§ 937 BGB)	44
5.4	Verbindung beweglicher Sachen miteinander oder mit einem Grundstück (§§ 946, 947 BGB)	45
5.4.1	Bestandteile und Zubehör (§§ 93 ff. BGB)	45
5.4.2	Verbindung beweglicher Sachen mit einem Grundstück (§ 946 BGB)	46
5.4.3	Verbindung beweglicher Sachen miteinander (§ 947 BGB)	47
5.5	Vermischung/Vermengung (§ 948 BGB)	47
5.6	Verarbeitung und Oberflächenbearbeitung (§ 950 BGB)	48
5.7	Ausgleichsansprüche des ehemaligen Eigentümers (§§ 951/812 ff. BGB)	50
6	Eigentumsvorbehalt	51
6.1	Bedeutung des Eigentumsvorbehaltes	51
6.2	Problematik des einfachen Eigentumsvorbehalts	52
6.3	Lösungsmöglichkeiten	53
6.4	Vereinbarung des Eigentumsvorbehalts	56
7	Besitz von Sachen	57
7.1	Schutz des Besitzes bei verbotener Eigenmacht (§§ 858 – 862 BGB)	57
7.2	Schutz des Besitzers gegen Herausgabeansprüche des Eigentümers (§ 986 BGB)	58
7.3	Begriffserklärungen: Besitz	58

D Rechtsgeschäfte

1	Willenserklärung	60
2	Herbeiführung einer Rechtsfolge	60
3	Arten von Rechtsgeschäften	62
3.1	Einseitige Rechtsgeschäfte – Zweiseitige Rechtsgeschäfte	62
3.1.1	Einseitige Rechtsgeschäfte	62
3.1.2	Zweiseitige Rechtsgeschäfte	63
3.2	Formfreie – formbedürftige Rechtsgeschäfte	64
3.3	Verpflichtungsgeschäfte – Verfügungsgeschäfte	65
3.4	Abstrakte Rechtsgeschäfte	66
4	Vernichtung von Willenserklärungen / Rechtsgeschäften	66
4.1	Nichtigkeit von Anfang an	67
4.2	Nichtigkeit nach Anfechtung (§§ 119 ff. BGB)	67
4.2.1	Anfechtungsgründe	68
4.2.2	Form der Anfechtung	68
4.2.3	Folgen der Anfechtung	69
5	Vertretung / Vollmacht (§ 164 ff. BGB)	70
5.1	Bestehen der Vertretungsmacht	71
5.1.1	Vertretungsmacht per Gesetz	71
5.1.2	Vertretungsmacht per Rechtsgeschäft (Vollmacht)	71
5.2	Erlöschen von Vollmachten	72
5.3	Rechtsfolgen bei Vertretung ohne Vertretungsmacht	72
5.4	Insichgeschäfte	73
5.5	Schutz des Geschäftspartners beim Handeln von Vertretern	73
5.6	Unterscheidung Vertreter / Bote	74
5.7	Geschäftsführung ohne Auftrag (§§ 677 ff. BGB)	75
5.7.1	Rechte des Geschäftsführers	75
5.7.2	Rechte des Geschäftsherrn	76
5.7.3	Verhältnis des Geschäftsführers zu Dritten	77
6	Zustandekommen von Verträgen (§§ 145 ff. BGB)	77
6.1	Antrag und Annahme	78

6.2	Bindung an den Antrag	79
6.3	Kaufmännisches Bestätigungsschreiben	80
6.4	Dissens	81
6.5	Abgrenzung: Versteckter Dissens – Irrtum	81
7	**Wichtige Generalklauseln**	83
7.1	Generalklauseln für die Auslegung von Willenserklärungen (§§ 133, 157 BGB)	83
7.2	Generalklauseln für die Erfüllung von Verträgen (§ 242 BGB)	83

E Grundlagen der Schuldverhältnisse

1	**Wesen und Entstehung von Schuldverhältnissen**	85
2	**Leistungsverweigerungsrechte**	85
2.1	Verweigern der Vorleistung (§ 321 BGB)	85
2.2	Verweigern der Gegenleistung (§§ 320, 323 BGB)	86
3	**Leistungsart**	86
3.1	Vollständige Leistung – Teilleistung (§ 266 BGB)	86
3.2	Stückschuld – Gattungsschuld	86
4	**Leistungszeit**	88
4.1	Fälligkeit	88
4.2	Berechnung von Fristen (§§ 186 ff. BGB)	89
4.3	Verjährung von Ansprüchen (§§ 194 ff. BGB)	91
4.3.1	Wesen der Verjährung	91
4.3.2	Verjährungsfristen	91
4.3.3	Unterbrechung der Verjährung	93
4.3.4	Hemmung der Verjährung	94
5	**Leistungsort**	95
5.1	Wesen und Bedeutung des Leistungsortes	95
5.2	„Holschuld", „Schickschuld" und „Bringschuld"	96
5.3	Festlegung des Leistungsortes (§ 269 BGB)	96
5.4	Gefahrübergang auf den Kunden bei der Warenlieferung (§§ 446 ff. BGB)	97
5.5	Gefahrübergang auf den Verkäufer bei der Zahlung (§ 270 BGB)	99
5.6	Gerichtsstand	99

F Schuldverhältnisse aufgrund von Rechtsverletzungen

1	**Verschulden und Rechtswidrigkeit**	101
1.1	Verschulden	101
1.2	Rechtswidrigkeit	103
2	**Schadensarten**	103
3	**Anspruchsgrundlagen für Schadensersatzansprüche**	104
3.1	Schadensersatz aus Delikthaftung (Haftung für unerlaubtes Handeln)	105
3.1.1	Delikthaftung wegen Verletzung eines absoluten Rechts (§§ 823 [1] und 831 BGB)	105
3.1.1.1	Absolute Rechte des § 823 (1) BGB	105
3.1.1.2	Haftung für eigenes Handeln und Haftung für Gehilfen	106
3.1.1.3	Unterschiede zwischen deliktischer und vertraglicher Haftung für Gehilfen	107
3.1.2	Delikthaftung wegen vorsätzlicher sittenwidriger Schädigung (§ 826 BGB)	108
3.1.3	Delikthaftung des Tierhalters (§ 833 BGB)	108
3.1.4	Delikthaftung wegen fehlerhafter Produkte („Produkthaftung" nach § 823 (1) BGB)	109

3.2	Produkthaftung nach dem Produkthaftungsgesetz (ProdHaftG)	110
3.3	Gefährungshaftung nach Straßenverkehrsgesetz (§ 7 StVG)	112
4	**Form / Höhe des Schadensersatzes (§§ 249 ff. BGB)**	**113**
4.1	Wiederherstellung des alten Zustandes („Naturalrestitution"), § 249 BGB	114
4.2	Geld für die Wiederbeschaffung / den Ausgleich des „merkantilen Minderwerts" (§ 251 BGB)	114
4.3	Entgangener Gewinn (§ 252 BGB)	115
4.4	Immaterielle Schäden („Schmerzensgeld"), §§ 253, 847 BGB	115
4.5	Einschränkung der Anspruchshöhe wegen Mitverschuldens (§ 254 BGB)	116
5	**Drittschadensliquidation**	**117**

G Allgemeine Leistungsstörungen im Schuldverhältnis

1	**Unmöglichkeit**	**120**
1.1	Unmöglichkeit nach Vertragsabschluß (nachträgliches Unmöglichwerden)	120
1.1.1	Leistungsgefahr	121
1.1.2	Gegenleistungs- oder Preisgefahr	123
1.2	Unmöglichkeit vor Vertragsabschluß (anfängliche Unmöglichkeit)	126
1.3	Überblick über die bei Unmöglichkeit in Frage kommenden Gesetzesnormen	128
2	**Schuldnerverzug**	**128**
2.1	Voraussetzungen des Verzugseintritts	129
2.2	Ansprüche des Gläubigers / Verzugsfolgen	130
2.2.1	Wahlmöglichkeiten des Gläubigers bei Schuldnerverzug	130
2.2.2	Besonderheiten beim Fixkauf / Fixhandelskauf	131
2.2.3	Haftungsverschärfung	131
3	**Gläubigerverzug (Annahmeverzug)**	**132**
3.1	Voraussetzungen des Annahmeverzuges	132
3.2	Rechtsfolgen des Annahmeverzuges	133
3.2.1	Ersatz der Mehraufwendungen	133
3.2.2	Verzinsung bei Geldschulden	134
3.2.3	Haftung bei Unmöglichkeit	134
3.2.4	Wahlrechte des Schuldners im Annahmeverzug	135
4	**Verletzung von vertraglichen Nebenpflichten**	**136**
4.1	Bedeutung und Inhalt von positiver Forderungsverletzung und culpa in contrahendo	136
4.2	Rechtsfolgen	138
4.3	Prüfschema bei positiver Forderungsverletzung und culpa in contrahendo	139
4.4	Positive Forderungsverletzung / culpa in contrahendo mit Schutzwirkung für Dritte	140
5	**Form der Schadensersatzansprüche (Positives / Negatives Interesse)**	**141**

H Besondere Schuldverhältnisse

1	**Kaufvertrag (§§ 433 ff. BGB)**	**142**
1.1	Spezielle Störungen beim Kaufvertrag	142
1.1.1	Nichtbestehen eines verkauften Rechts (§§ 437 ff. BGB)	142
1.1.2	Rechtsmängel (§§ 434, 440 BGB)	143
1.1.3	Sachmängel (§§ 459 ff. BGB)	144
1.1.3.1	Mängelarten und ihre rechtliche Einordnung	144
1.1.3.2	Haftung bei Qualitäts- oder Eigenschaftsmängeln („Sachmängelhaftung")	144
1.1.3.3	Verjährung der Gewährleistungsansprüche aus der Sachmängelhaftung	147

1.1.3.4	Besonderheiten beim zweiseitigen Handelskauf	147
1.1.3.5	Ausschluß/Einschränkung der Gewährleistung	149
1.2	Besondere Kaufvertragsarten	150
1.2.1	Kauf nach Probe (nach Muster), § 494 BGB	150
1.2.2	Kauf auf Probe (auf Besicht), § 495 ff. BGB	151
1.2.3	Vorkauf (§§ 504 ff. BGB)	152
1.3	Die Regelung der Allgemeinen Geschäftsbedingungen	153
1.3.1	Anwendungsbereich des AGB-Gesetzes (§§ 1, 23, 24 AGB-Gesetz)	153
1.3.2	Allgemeine Geschäftsbedingungen als Vertragsbestandteil (§ 2 AGB-Gesetz)	154
1.3.3	Inhaltskontrolle des AGB-Gesetzes (§§ 9, 10, 11 AGB-Gesetz)	155
1.3.4	Rechtsfolge bei unwirksamen AGB-Klauseln	158
1.3.5	Verfahrensrecht	159
1.4	Regelung von Haustürgeschäften	160
1.5	Regelung von Abzahlungsgeschäften	161
2	**Werkvertrag (§§ 631 ff. BGB)**	**162**
2.1	Pflichten der Vertragsparteien	163
2.2	Besonderheiten des Werkvertragsrechts bei Leistungsstörungen	163
2.2.1	Werkmängel	163
2.2.2	Leistungsstörungen auf seiten des Bestellers	164
2.3	Sicherung der Geldforderungen des Unternehmers	164
2.4	Kündigung des Vertrages	164
3	**Werkliefervertrag (§ 651 BGB)**	**165**
4	**Überblick: Kaufvertrag / Werkvertrag / Werkliefervertrag**	**166**
5	**Weitere Vertragsarten in Grundzügen**	**168**
5.1	Abgrenzung: Darlehens-/ Leih-/ Miet-/ Pachtvertrag	168
5.2	Abgrenzung: Kauf-/ Tausch-/ Schenkungsvertrag	168
5.3	Abgrenzung: Dienst-/ Werkvertrag/ Auftrag	169

I Handels- und Gesellschaftsrecht

1	**Kaufleute (§ 1 ff. HGB)**	**171**
1.1	Vollkaufmann / Minderkaufmann	172
1.2	Kaufmann kraft Grundhandelsgewerbe („Mußkaufmann"), § 1 HGB	172
1.3	Kaufmann kraft Eintragung („Kann"- und „Soll"kaufmann), §§ 2, 3 HGB	173
1.4	Kaufmann kraft Rechtsform („Formkaufmann"), § 6 HGB	173
2	**Handelsregister (§§ 8 ff. HGB)**	**174**
2.1	Eintragung	174
2.2	Veröffentlichung	174
3	**Firma des Kaufmanns (§§ 17 ff. HGB)**	**176**
4	**Stellvertretung/Vollmacht im Handelsrecht (§§ 48 ff. HGB)**	**177**
4.1	Einzelvollmacht/Artvollmacht und Generalvollmacht	177
4.2	Prokura	178
4.2.1	Besonderheiten hinsichtlich der Erteilung der Prokura	178
4.2.2	Umfang der Prokura	178
4.2.3	Besonderheiten hinsichtlich des Widerrufs der Prokura	178
5	**Grundzüge des Gesellschaftsrechts**	**179**
5.1	Einzelunternehmen	179
5.2	Gesellschaften	179
5.2.1	Einführung und Überblick	180
5.2.2	Personengesellschaften	180
5.2.2.1	Gemeinsame Merkmale der Personengesellschaften	180
5.2.2.2	Offene Handelsgesellschaft (OHG)	180
5.2.2.3	Kommanditgesellschaft (KG)	182
5.2.2.4	BGB-Gesellschaft	183

5.2.2.5	Stille Gesellschaft	183
5.2.3	Kapitalgesellschaften	184
5.2.3.1	Gemeinsame Merkmale der Kapitalgesellschaften	184
5.2.3.2	Gesellschaft mit beschränkter Haftung (GmbH)	185
5.2.3.3	Aktiengesellschaft (AG)	186
5.2.3.4	Kommanditgesellschaft auf Aktien (KGaA)	187
5.2.4	Eingetragene Genossenschaft	187
6	**Auflösung der Unternehmung**	189
6.1	Maßnahmen zur Erhaltung der Unternehmung	189
6.1.1	Sanierung	189
6.1.2	Vergleich	189
6.1.2.1	Arten des Vergleichs	189
6.1.2.2	Gerichtlicher und außergerichtlicher Vergleich	190
6.2	Auflösung des Unternehmens	191
6.2.1	Freiwillige Auflösung (Liquidation)	191
6.2.2	Konkurs	191
6.2.2.1	Antrag auf Eröffnung des Konkursverfahrens	191
6.2.2.2	Folgen der Konkurseröffnung	192
6.2.2.3	Feststellung und Verteilung der Konkursmasse	192
6.2.2.4	Zwangsvergleich	193
6.2.2.5	Beendigung des Konkursverfahrens	194

J Regelung des Wettbewerbs

1	**Rabattgesetz (RabG)**	196
1.1	Rabatte im Sinne des Rabattgesetzes	196
1.2	Erlaubte Rabatte	197
1.3	Rechtsfolgen bei Zuwiderhandlungen gegen des Rabattgesetz	198
2	**Zugabeverordnung (ZugabeVO)**	199
2.1	Zugaben im Sinne der Zugabeverordnung	199
2.2	Erlaubte Zugaben	200
2.3	Rechtsfolgen bei Zuwiderhandlungen	201
3	**Preisangabenverordnung (PAngV)**	201
3.1	Grundvorschriften (§ 1 PAngV)	202
3.1.1	Bruttopreise / Endpreise	202
3.1.2	Angabe der Verkaufs- oder Leistungseinheit	202
3.1.3	Wahrheit, Klarheit, Erkennbarkeit	202
3.2	Preisauszeichnungsformen (§ 2 PAngV)	203
3.3	Preisangabe bei Dienstleistungen (§ 3 PAngV)	204
3.4	Kredite (§ 4 PAngV)	205
3.5	Grundsätzliche Ausnahmen (§ 7 (1) PAngV)	205
3.6	Rechtsfolgen bei Zuwiderhandlungen gegen die Preisangabenverordnung	205
4	**Gesetz gegen unlauteren Wettbewerb (UWG)**	205
4.1	Irreführung	206
4.1.1	Besonders geregelte Tatbestände der Irreführung (§§ 6 – 6 e UWG)	206
4.1.1.1	Konkurswarenverkauf (§ 6 UWG)	206
4.1.1.2	Verkauf durch Hersteller an den Endverbraucher (§ 6 a UWG)	206
4.1.1.3	Kaufscheinhandel (§ 6 b UWG)	207
4.1.1.4	Progressive Kundenwerbung (§ 6 c UWG)	207
4.1.1.5	Beschränkung der Abgabemenge (§ 6 d UWG)	207
4.1.1.6	Verbot von Preisgegenüberstellungen (§ 6 e UWG)	208
4.1.2	Generalklausel über die Irreführung (§ 3 UWG)	210
4.1.2.1	Irreführung über geschäftliche Verhältnisse	210
4.1.2.2	Irreführung über die Ware/Leistung	211
4.1.2.3	Irreführung über Vorrat/Warenmenge	211
4.1.2.4	Irreführung über die Bezugsart/Bezugsquelle	212

4.1.2.5	Irreführung über den Preis	212
4.1.2.6	Irreführung über Anlaß des Verkaufs	212
4.2	Sonderveranstaltungen (§§ 7, 8 UWG)	213
4.2.1	Grundsätzliches Verbot von Sonderveranstaltungen	213
4.2.2	Ausnahmetatbestände: erlaubte Sonderveranstaltungen	214
4.2.2.1	Schlußverkäufe	214
4.2.2.2	Jubiläumsverkäufe	216
4.2.2.3	Räumungsverkäufe	216
4.3	Anschwärzung / Verleumdung (§§ 14, 15 UWG)	219
4.4	Benutzung fremder geschäftlicher Bezeichnungen (§ 16 UWG)	220
4.5	Bestechung (§ 12 UWG)	220
4.5.1	Aktive Bestechung	221
4.5.2	Passive Bestechung	221
4.6	Geheimnisverrat (§§ 17 – 20 a UWG)	222
4.7	Generalklausel des § 1 UWG	222
4.7.1	Unlautere Beeinflussung von Kunden	223
4.7.1.1	Nötigung und Belästigung von Kunden	223
4.7.1.2	„Verlockung"	225
4.7.1.3	Ausnutzung der Spiellust	229
4.7.1.4	Gefühls- und Vertrauensausnutzung	230
4.7.1.5	Ausnutzung geschäftlicher oder rechtlicher Unerfahrenheit	230
4.7.1.6	Laienwerbung	230
4.7.1.7	Täuschung	231
4.7.2	Behinderung der Mitbewerber	231
4.7.2.1	Behinderung durch Ausspannen von Kunden	231
4.7.2.2	Behinderung der Konkurrenzwerbung	232
4.7.2.3	Behinderung durch Betriebsstörung	232
4.7.2.4	Behinderung durch Preiskampf	232
4.7.2.5	Behinderung durch Bezugnahme in der Werbung	233
4.7.2.5.1	Bezug auf Konkurrenzware, -leistung, -preis	233
4.7.2.5.2	Alleinstellungs-, Spitzengruppenwerbung	235
4.7.2.5.3	Persönliche Bezugnahme	235
4.7.2.5.4	Ausnahmen / Zulässigkeit von Bezugnahmen	235
4.7.2.5.5	Werbung mit Warentests	236
4.7.2.6	Behinderung durch Ausspannen von Mitarbeitern	237
4.7.3	Ausbeutung fremder Leistung	237
4.7.3.1	Nachahmen fremder Erzeugnisse	237
4.7.3.2	Ausbeutung fremder Werbung	238
4.7.3.3	Ausbeutung fremden Rufs („Anlehnung")	239
4.7.3.4	Ausbeutung fremder Geheimnisse	239
4.8	Rechtsfolgen bei Verstößen gegen das UWG	239
4.9	Überblick: Tatbestände / Rechtsfolgen / Anspruchsberechtigte bei Verletzungen des UWG	240
5	**Rechtsfolgen bei Verstößen gegen die Wettbewerbsbestimmungen**	242
5.1	Anspruchsberechtigte (Aktivlegitimation), § 13 UWG	243
5.2	Anspruchsverpflichtete (Passivlegitimation), § 13 UWG	244
5.3	Anspruchsarten	245
5.3.1	Unterlassungsanspruch	245
5.3.2	Beseitigungsanspruch	245
5.3.3	Schadensersatzanspruch	246
5.4	Verjährung der Ansprüche	246
5.5	Rücktrittsrecht des Abnehmers (§ 13 a UWG)	247
5.6	Wettbewerbliches Notwehrrecht	247
5.7	Durchsetzung der Ansprüche	248
5.7.1	Abmahnung	248
5.7.1.1	Notwendigkeit der Abmahnung	248
5.7.1.2	Inhalt der Abmahnung	249
5.7.1.3	Kosten der Abmahnung	250
5.7.2	Einstweilige Verfügung	250

5.7.3	Verhalten bei erhaltener Abmahnung	251
5.7.3.1	Verhalten bei berechtigter Abmahnung	251
5.7.3.2	Verhalten und Ansprüche bei unberechtigter Abmahnung	251
5.7.3.3	Verhalten bei Mehrfachabmahnungen	252
5.7.3.4	Verhalten bei fehlender Legitimation des Abmahnenden	253
6	**Gesetz gegen Wettbewerbsbeschränkungen (GWB)**	**254**
6.1	Kartelle	255
6.1.1	Arten von Kartellen	255
6.1.2	Rechtliche Regelung von Kartellen	256
6.1.2.1	Erlaubte, anmeldungspflichtige Kartelle (§§ 2, 3, 5, 6 GWB)	256
6.1.2.2	Genehmigungspflichtige Kartelle (§§ 4–7, 11 GWB)	257
6.2	Kontrolle marktbeherrschender Unternehmen	257
6.2.1	Mißbrauchsaufsicht (§ 22 GWB)	258
6.2.2	Zusammenschlußkontrolle (§ 23 ff. GWB)	258
6.3	Verbot der vertikalen Preisbindung (§§ 15 ff. GWB)	259

K Arten der Kreditsicherung

1	**Personalkredite**	**260**
1.1	Einfacher Personalkredit	260
1.2	Verstärkter Personalkredit	260
1.2.1	Bürgschaft (§§ 765 ff. BGB)	261
1.2.2	Zession (Forderungsabtretung), § 398 BGB	262
1.2.3	Wechseldiskontkredit	262
2	**Realkredite**	**263**
2.1	Sicherung durch bewegliche Gegenstände	263
2.1.1	Lombardkredit (Faustpfand)	264
2.1.2	Sicherungsübereignung	264
2.2	Sicherung durch unbewegliche Gegenstände (Grundpfandrechte)	265
2.2.1	Grundbuch	265
2.2.2	Vergleich: Hypothek und Grundschuld	266
2.2.3	Arten der Grundpfandrechte	268

L Verfahrensrecht

1	**Aufbau der Zivilgerichtsbarkeit**	**270**
1.1	Instanzen im Zivilprozeß	270
1.2	Rechtsmittel (Berufung und Revision)	271
1.3	Klagearten im Zivilprozeß	272
1.4	Vergleich: Zivil- und Strafprozeß	273
2	**Schiedsrichterliches Verfahren**	**274**
3	**Mahnverfahren und Zwangsvollstreckung wegen Geldforderungen**	**276**
3.1	Vollstreckungstitel	276
3.2	Gerichtliches Mahnverfahren	277
3.3	Zwangsvollstreckung wegen Geldforderungen	281
3.3.1	Vollstreckung in bewegliche Sachen	281
3.3.2	Vollstreckung in Forderungen	282
3.3.3	Vollstreckung in unbewegliches Vermögen	282
4	**Zwangsvollstreckung wegen anderer Ansprüche**	**283**
4.1	Zwangsvollstreckung zur Erwirkung der Herausgabe von Sachen	283
4.2	Zwangsvollstreckung zur Erwirkung von Handlungen	284
4.3	Zwangsvollstreckung zur Erwirkung eines Unterlassens oder Duldens	284
4.4	Zwangsvollstreckung zur Abgabe einer Willenserklärung	285
Sachwortverzeichnis		**286**

A Einführung in das Recht

1 Funktionen und Entstehung von Recht

■ Funktionen des Rechts

Fall

Ein Einbrecher hat bei Friedel Frei die gesamte Wohnung verwüstet und die Stereoanlage gestohlen. Welche Rolle kommt der Rechtsprechung in einem solchen Fall zu?

Ordnungsfunktion	Aufstellung/Überwachung von Regeln, die ein geordnetes Zusammenleben ermöglichen
Schutzfunktion	Festsetzung/Verhängung von Sanktionsmaßnahmen für den Fall der Verletzung der aufgestellten Regeln; der Bürger muß sicher sein können, daß eine Verletzung nicht ohne Folgen bleibt
Ausgleichsfunktion	Festsetzung von Ausgleichsmaßnahmen für die Opfer von Rechtsverletzungen

■ Entstehung von Recht durch Gesetzgebung

Recht entsteht im Rahmen von gesetzgeberischen Maßnahmen durch
- Erlaß von **Gesetzen** durch die Gesetzgebungsorgane (Bundesrat und Bundestag)
- Erlaß von **Verordnungen** durch die Regierung oder einen Minister; dazu muß die Ermächtigung zum Erlaß in einem Gesetz enthalten sein

Beispiel:
Im Berufsbildungsgesetz wird der Bundesminister für Wirtschaft zum Erlaß von Ausbildungsverordnungen für die einzelnen Ausbildungsberufe ermächtigt.

■ Entstehung von Recht durch Rechtsfortbildung („Richterrecht")

Recht entsteht aber auch bei der **Ergänzung von Gesetzeslücken durch die Rechtsprechung** bei Anwendung von Rechtsnormen auf einen bestimmten Fall, obwohl die Norm den Fall nicht deckt.

Zu beachten ist aber, daß hier neues **Recht nur für diesen Einzelfall** geschaffen wird, selbst wenn es sich um die Entscheidung eines obersten Bundesgerichts handelt, denn im Gegensatz zu Gesetzen sind andere Gerichte nicht an die Entscheidung eines Gerichtes durch Rechtsfortbildung gebunden.

Erst wenn sich ein fester Gerichtsbrauch gebildet hat, entsteht auch für die Allgemeinheit neues Recht, nämlich das **Gewohnheitsrecht („herrschende Meinung")**.

2 Privatrecht / Öffentliches Recht

> **Fälle**
>
> 1. Gustav Gurke verlangt Schadensersatz von Karl Klotz, da ihm dieser ein Bier über den Anzug schüttete.
> 2. Gernot Groß beantragt bei der Baubehörde eine Baugenehmigung.
> – Ist der Vorgang jeweils dem privaten oder öffentlichen Recht zuzuordnen?
> – In welcher Beziehung stehen jeweils die Parteien zueinander?

2.1 Abgrenzung

- Das **Privatrecht** regelt die Rechtsbeziehungen zwischen Privatpersonen nach dem Prinzip der Gleichberechtigung.

- Das **öffentliche Recht** regelt die Beziehungen
  - zwischen Privatpersonen und staatlichen Hoheitsträgern nach dem Prinzip der Über- und Unterordnung; Privatpersonen müssen sich staatlichen Entscheidungen unterordnen (z.B. die Erteilung bzw. Nichterteilung einer Baugenehmigung, Dauer des Wehrdienstes, Höhe der Steuern),
  - zwischen staatlichen Hoheitsträgern (z.B. Gebietsänderungsvertrag zwischen zwei Gemeinden).

Auch wenn Körperschaften oder Anstalten des öffentlichen Rechts beteiligt sind, ist nicht unbedingt öffentliches Recht heranzuziehen. Entscheidend ist, ob sie in ihrer **Funktion als Hoheitsträger** oder wie „Privatleute" auftreten.

> **Beispiel:**
> Wenn die Stadt Köln von einem privaten Bauunternehmer ein Parkhaus errichten läßt, ist das Vertragsverhältnis dem Privatrecht zuzuordnen, in dem sich beide Parteien gleichberechtigt gegenüberstehen.

2.2 Zum Privatrecht gehörende Rechtsgebiete

■ **Allgemeines Privatrecht = „Bürgerliches Recht"**

Das allgemeine Privatrecht betrifft **jedermann**; die gesetzliche Grundlage ist das **Bürgerliche Gesetzbuch (BGB)**.

■ **Besonderes Privatrecht / „Sonderprivatrecht"**

Das Sonderprivatrecht trifft zusätzliche Spezialregelungen für bestimmte Bereiche oder Personengruppen, es besteht aus folgenden Bereichen:
- **Handelsrecht, als Sonderprivatrecht der Kaufleute** (Grundlagen z.B.: Handelsgesetzbuch HGB, GmbHgesetz, Scheckgesetz, Wechselgesetz).
- **Wirtschaftsrecht als Sonderprivatrecht der gewerblichen Wirtschaft**, insbesondere das Wettbewerbsrecht (Grundlagen z.B.: Rabattgesetz, Gesetz gegen unlauteren Wettbewerb UWG, Gesetz gegen Wettbewerbsbeschränkungen GWB)

- **Arbeitsrecht** als Sonderprivatrecht der unselbständigen Arbeitnehmer
  (z.B. Kündigungsschutzgesetz)
- **Immaterialgüterrecht** als Sonderprivatrecht, das das Recht der Immaterialgüter (Urheberrechte, Schutzrechte) regelt
  (z.B. Patentgesetz, Urheberrechtsgesetz)

Beziehungen zwischen dem allgemeinen und dem besonderen Privatrecht

Die Regelungen aus dem Sonderprivatrecht und die Regelungen des BGB **ergänzen einander**, so muß z.B. das Arbeitsrecht ergänzt werden durch die Kündigungsfristen, die in § 622 BGB geregelt sind.
Die allgemeinen Regelungen des BGB gelten grundsätzlich auch, wenn besondere Bereiche oder Personengruppen (z. B. Kaufleute) betroffen sind; sie gelten aber nur insofern, als nicht in Sondergesetzen abweichende Regelungen bestehen, denn:
Sonderrecht bricht Allgemeinrecht!

2.3 Zum öffentlichen Recht gehörende Gebiete

Dem öffentlichen Recht gehören folgende Bereiche an:
- **Staatsrecht**; es umfaßt u.a. das Recht der Staatsorganisation und das Recht des Bürgers gegenüber dem Staat; gesetzliche Grundlagen sind z.B. Grundgesetz, Länderverfassungsgesetz.
- **Verwaltungsrecht**; es regelt die Tätigkeit der öffentlichen Verwaltung
  (z.B. Polizeirecht, Baurecht, Steuerrecht, Beamtenrecht).
- **Völkerrecht** und **Europarecht**, welches die zwischenstaatlichen Rechtsbeziehungen regelt.
- **Prozeßrecht**, es regelt das Verfahren zur Rechtssprechung; rechtliche Grundlagen sind z.B.: Zivilprozeßordnung ZPO, Strafprozeßordnung StPO, Arbeitsgerichtsgesetz, Sozialgerichtsgesetz, Finanzgerichtsordnung).
- **Strafrecht**, es regelt die Tatbestände, bei denen im Interesse der Aufrechterhaltung der öffentlichen Ordnung nicht nur der betroffene Privatmann sondern auch der Staat Interesse an der Strafverfolgung hat und daher ein staatlicher Strafanspruch besteht (z.B: Mord, Brandstiftung; gesetzliche Grundlage ist das Strafgesetzbuch, StGB).
- **weitere Rechtsgebiete** sind z.B.: Sozialrecht, Finanzrecht, Steuerrecht, Haushaltsrecht, Kirchenrecht.

1. Wie „entsteht" Recht?
2. Was versteht man unter „Gewohnheitsrecht"?
3. Unterscheiden Sie zwischen dem Privatrecht und dem öffentlichen Recht.
4. Welche Bereiche gehören zum Privatrecht?

3 BGB und HGB als wichtigste Grundlagen des Privatrechts

3.1 Grundprinzip „Privatautonomie"

Das inhaltliche Grundprinzip des Zivilrechts ist geprägt durch den zu Ende des 19. Jahrhunderts – also zur Zeit der Entstehung des BGB und HGB – herrschenden Wirtschaftsliberalismus, bei dem die **freie Entwicklung der Einzelperson und die Sicherung des privaten Eigentums** eine entscheidende Rolle spielen.

Dies äußert sich allgemein schon durch das im Grundgesetz garantierte Recht auf freie Entfaltung der Persönlichkeit (Art. 2), spezieller im Prinzip der sog. „Vertragsfreiheit" und der Herrschaftsfreiheit über das Eigentum.

■ **Vertragsfreiheit und ihre Einschränkungen**

Das Prinzip der Vertragsfreiheit besteht aus den Komponenten:
- Formfreiheit: grundsätzlich bedürfen Rechtsgeschäfte keiner besonderen Form
- Inhaltsfreiheit: grundsätzlich können Rechtsgeschäfte jeden beliebigen Inhalt haben
- Abschlußfreiheit: grundsätzlich steht es im Ermessen des Einzelnen, ob er Verträge abschließt und mit wem er sie abschließt.

Ist allerdings ein Vertrag mit einem bestimmten Vertragspartner und Inhalt einmal geschlossen, so muß dieser auch entsprechend erfüllt werden (Prinzip der **Vertragstreue**), was notfalls mit Hilfe der Rechtsordnung durchsetzbar ist!

Das grundsätzlich geltende Prinzip der Vertragsfreiheit wird aber zum Schutz der schwächeren, unerfahrenen Partei der zum Schutz vor übereilten Entschlüssen **eingeschränkt**:

Komponente der Vertragsfreiheit	Beispiele für Einschränkungen
Formfreiheit	• Bürgschaften eines Privatmannes, Kündigungen von Wohnraum bedürfen der Schriftform (§§ 766, 564 a (1) BGB) • Kaufverträge und Übereignung von Grundstücken, Schenkungsversprechen bedürfen der notariellen Beurkundung (§§ 313, 925, 518 BGB)
Inhaltsfreiheit	• Verträge, die gegen ein gesetzliches Verbot verstoßen, sind nichtig (§ 134 BGB) • Verträge, die gegen die guten Sitten verstoßen (Unterfall: Wucher), sind nichtig (§ 138 (1), (2) BGB)
Abschlußfreiheit	• Zwang zum Vertragsabschluß („Kontrahierungszwang") für Eisenbahnbetriebe (§ 453 HGB)

■ Herrschaftsfreiheit über Eigentum

Auch die Herrschaftsfreiheit über das Eigentum wird zum einen per Gesetz grundsätzlich festgeschrieben, zum anderen bestehen auch hier Einschränkungen:

- Artikel 14 des Grundgesetzes gewährt ausdrücklich eine **Garantie des Eigentums und des Erbrechts**, also eine Verfügung über das Eigentum über den Tod hinaus; weist aber gleichzeitig auf gesetzlich bestimmte **Schranken** des Eigentumsrechts hin.
Deutlich wird auch gesagt, daß **Eigentum verpflichtet**; „sein Gebrauch soll zugleich dem Wohle der Allgemeinheit dienen", eine **Enteignung** „zum Wohle der Allgemeinheit" ist zulässig.
- Ebenso bestimmt § 903 BGB, daß der Eigentümer einer Sache mit ihr **nach Belieben** verfahren kann, trifft aber gleichzeitig die Einschränkung „..., **soweit nicht das Gesetz oder Rechte Dritter entgegenstehen,** ...".

3.2 Arten von Recht

■ Gegensatzpaar: billige Rechtsnormen – strenge Rechtsnormen

Fälle

1. Ein Schüler bietet seinem Lehrer 500,00 DM für eine bessere Note.
2. Ein Pensionsbesitzer vermietet einem unverheirateten Paar ein Doppelzimmer.

Beurteilen Sie bitte jeweils, ob der Vertrag gemäß § 134 bzw. § 138 BGB nichtig ist.

> Billige Rechtsnormen gewähren einen Ermessensspielraum bei der Beurteilung des Tatbestandes, strenge Rechtsnormen gewähren keinen Ermessensspielraum.

Beispiel:

§ 134 BGB (Nichtigkeit von Verträgen, die gegen ein gesetzliches Verbot verstoßen) ist eine strenge Rechtsnorm, da es entweder ein gesetzliches Verbot gibt (= Nichtigkeit des Vertrages) oder nicht (= Wirksamkeit des Vertrages).
Im Gegensatz dazu ist § 138 BGB (Nichtigkeit eines Rechtsgeschäfts, das gegen die guten Sitten verstößt) eine billige Rechtsnorm, da es bei der Beurteilung, ob ein Rechtsgeschäft gegen die guten Sitten verstößt, einen Ermessensspielraum gibt.

Weitere Beispiele für billige Rechtsnormen: §§ 829, 847, 157, 242, 276 (1) 2, 826 BGB.

■ Gegensatzpaar: dispositive Rechtsnormen – zwingende Rechtsnormen

Fall

Müller und Meier wollen eine OHG gründen und vereinbaren im Gesellschaftsvertrag: „Vom Gewinn erhält jeder Gesellschafter einen Anteil in Höhe von 10 % des eingebrachten Kapitals. Die Gesellschafter haften den Gläubigern nicht mit ihrem persönlichen Vermögen". Beurteilen Sie anhand der §§ 109, 121 und 128 HGB, ob beide Klauseln gültig sind.

Dispositive Rechtsnormen können von den Beteiligten verändert werden, sie werden nur angewandt, falls eine anderslautende Vertragsvereinbarung fehlt. Zwingende Rechtsnormen können nicht abgeändert oder ausgeschlossen werden, eine anderslautende Vertragsvereinbarung ist nichtig.

Beispiel:
Im Gegensatz zu § 128 HGB stellt § 121 HGB eine dispositive Rechtsnorm dar, da die Vertragspartner vertraglich eine andere als die gesetzlich vorgesehene Gewinnverteilung vereinbaren können.

Leider geht aus dem Gesetz nicht immer so deutlich wie aus dem § 109 HGB hervor, ob eine Norm eine zwingende oder dispositive Norm ist.

In den dispositiven Bestimmungen äußert sich das Prinzip der Vertragsfreiheit; sie bieten darüber hinaus den Vorteil, daß die Vertragspartner nicht gezwungen sind, alle Eventualitäten in den Vertrag aufzunehmen.

■ Gegensatzpaar: relatives Recht – absolutes Recht

Fall

Möll hat von Nöll ein Auto gekauft. Als Möll nicht zahlt, will Nöll von Mölls Vater die Zahlung verlangen. Kann er das?

Relative Rechte bestehen nur im Rechtsverhältnis bestimmter Personen zueinander, absolute Rechte gewähren dem Inhaber eine Rechtsposition gegenüber jedermann.

Die Rechte aus **Schuldverhältnissen** sind **relativer** Art.
Im genannten Fall kann Nöll nur von Möll Zahlung verlangen, da er nur mit diesem in einem Vertragsverhältnis steht.

Im Gegensatz dazu gewähren Rechte aus dem **Sachenrecht** (z.B. das Eigentumsrecht) eine Rechtsposition gegenüber **jedermann**.
So könnte Möll beim Diebstahl des neuen Wagens von jedermann, der sich als Dieb herausstellt, die Herausgabe verlangen.

Ob sich der Anspruch auf relatives oder absolutes Recht stützt, kann unter Umständen **weitreichende Konsequenzen** haben:

Beispiel:
Verkäufer V liefert dem Käufer K eine Ware auf Ziel. Bevor K gezahlt hat, fällt er in Konkurs. V nimmt mit seiner Kaufpreisforderung (schuldrechtlicher Erfüllungsanspruch) als einfacher Konkursgläubiger teil, die Geldforderung wird gering oder gar nicht befriedigt. Anders wäre die Situation, wenn V unter Eigentumsvorbehalt geliefert hätte: sein Eigentum (sachenrechtlicher Anspruch) an der Ware müßte jeder, auch die Konkursgläubiger, akzeptieren, V könnte die Herausgabe der Ware verlangen.

Die 3 Gegensatzpaare schließen einander nicht aus; man kann eine Gesetzesbestimmung sowohl in das eine wie auch in das andere Gegensatzpaar einordnen; so ist z.B. der § 138 BGB sowohl eine „billige" als auch eine „zwingende" Gesetzesbestimmung.

3.3 Struktur des Bürgerlichen Gesetzbuchs (BGB)

■ **Vom Allgemeinen zum Besonderen**

Das BGB ist nach der Systematik „Vom Allgemeinen zum Besonderen" gegliedert. So wurde den vier Büchern des BGB das erste Buch „Allgemeiner Teil" vorangestellt, der für das gesamte Bürgerliche Recht Gültigkeit hat. Auch innerhalb der Bücher des BGB findet sich diese Systematik wieder:

So werden z.B. im 2. Buch („Recht der Schuldverhältnisse") zunächst **allgemeine Regeln, die für alle Schuldverhältnisse gelten** (z.B. Begründung, Erlöschen von Schuldverhältnissen), fixiert. Erst im letzten Abschnitt werden die **Besonderheiten einzelner Schuldverhältnisse** (z.B. Kauf, Miete) geregelt.

Allgemeine Regeln gelten immer nur insoweit, als keine Sonderregeln bestehen!

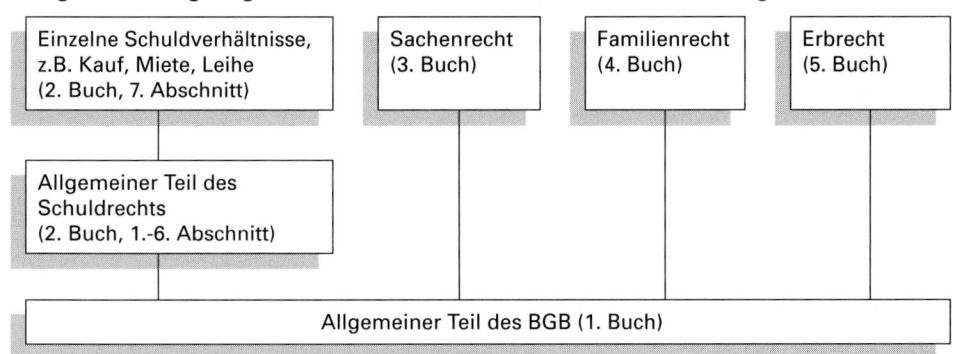

| Einzelne Schuldverhältnisse, z.B. Kauf, Miete, Leihe (2. Buch, 7. Abschnitt) | Sachenrecht (3. Buch) | Familienrecht (4. Buch) | Erbrecht (5. Buch) |

| Allgemeiner Teil des Schuldrechts (2. Buch, 1.-6. Abschnitt) |

| Allgemeiner Teil des BGB (1. Buch) |

■ **Ausklammerungsmethode**

Die Systematik des BGB läßt sich auch anhand der „Ausklammerungsmethode" beschreiben: **das, was mehreren Tatbeständen gemeinsam ist, wird nicht in jeder Regel wiederholt**, sondern steht „vor der Klammer" in einer **gemeinsamen Regel**:

Beispiel:
Der Kaufvertrag zielt ebenso wie der Tausch- und der Schenkungsvertrag auf die Übertragung von Eigentum; wie diese Übertragung erfolgt, wird für alle drei Fälle in einer Norm, nämlich dem § 929 BGB geregelt.

3.4 Verpflichtungs- und Verfügungsgeschäfte

> **Fall**
>
> Kunde K schließt mit Händler V einen Kaufvertrag ab.
> 6 Wochen später liefert V.
> 2 Wochen darauf zahlt K (bar)
> – Wie viele Rechtsgeschäfte wurden insgesamt getätigt?
> – Welche unterschiedlichen Folgen haben diese Rechtsgeschäfte?

Verpflichtungsgeschäft	Verfügungsgeschäft
Rechtsgeschäfte, die Verpflichtungen begründen	Rechtsgeschäfte, die ein Recht unmittelbar verändern
z.B. Abschluß eines Kaufvertrages; § 433 BGB (Entstehung eines Schuldverhältnisses) – V verpflichtet sich, dem K das Eigentum an der Ware zu verschaffen (§ 433 (1) BGB) – K verpflichtet sich zur Zahlung (§ 433 (2) BGB)	z.B. Übertragung des Eigentums; § 929 BGB (Erfüllung des Schuldverhältnisses) – V übereignet die Ware nach § 929 1 BGB: Einigung, daß das Eigentum an der Ware übergehen soll + Übergabe – K übereignet das Geld nach § 929 1 BGB: Einigung, daß das Eigentum am Geld übergehen soll + Übergabe
Das Verpflichtungsgeschäft ist der Grund für das Verfügungsgeschäft, daher auch: **Grund- oder Kausalgeschäft**	Das Verfügungsgeschäft dient der Erfüllung des Verpflichtungsgeschäfts, daher auch: **Erfüllungsgeschäft**

■ **Abstraktionsprinzip**

Das deutsche Recht trennt streng zwischen Rechtsgeschäften, bei denen eine Verpflichtung eingegangen wird (Verpflichtungsgeschäfte), und Rechtsgeschäften, die ein Recht unmittelbar verändern (Verfügungsgeschäfte). So geht z.B. durch den Kaufvertragsabschluß (Verpflichtungsgeschäft) noch kein Eigentum über, dies geschieht erst bei der Lieferung (Verfügungsgeschäft).

Die Trennung zwischen Verpflichtungs- und Verfügungsgeschäft hat weitreichende Konsequenzen:
wenn das **Verpflichtungsgeschäft** (z.B. der Kaufvertrag) **nicht besteht**, z.B. weil es
– von vornherein fehlt (Bsp.: Vertrag mit einem Geschäftsunfähigen),
– im nachhinein wegfällt (Bsp.: der Vertrag wird angefochten),
dann fehlt dem **Verfügungsgeschäft** (hier: der Übereignung) zwar jeglicher Rechtsgrund, es ist aber **trotzdem wirksam**.

Diese **Verselbständigung des Verfügungsgeschäftes** nennen wir Abstraktheit, daher der Ausdruck „**Abstraktionsprinzip**".

> **Fall**
>
> Bauer Arnold schließt am 14.6. mit Werner Brösel einen Kaufvertrag über die Kuh Berta und liefert Berta am 2.7. an Brösel aus.
> 1. Wer ist Eigentümer der Kuh? (§ 929 BGB)
> 2. Nach der Lieferung erkennt Bauer Arnold, daß er sich beim Vertragsabschluß vertippt hat; er wollte 2100,00 DM schreiben, hat aber 1200,00 DM geschrieben.
> Bauer Arnold ficht den Kaufvertrag rechtswirksam an, dieser ist damit unwirksam.
>   a) Ändern sich dadurch die Eigentumsverhältnisse?
>   b) Kann Arnold von Brösel noch den Kaufpreis aus § 433 (1) BGB verlangen?
>   c) Kann Arnold von Brösel die Herausgabe der Kuh nach § 985 BGB verlangen?

■ **Ungerechtfertigte Bereicherung**

Wenn das Verpflichtungsgeschäft fehlt, die Übereignung wegen des Abstraktionsprinzips aber trotzdem wirksam ist, kann die Sache nicht aus § 985 BGB (Herausgabeanspruch des Eigentümers) herausverlangt werden.

Der andere ist jedoch um die übereignete Sache **ungerechtfertigt bereichert**; daher kann der ehemalige Eigentümer die **Bereicherung aus § 812 (1) BGB** wieder herausverlangen.

Die Pflicht zur Herausgabe der Bereicherung erstreckt sich auf

- die **Sache selbst** (im Beispielfall die Kuh); § 812 (1) BGB
- gezogene **Nutzungen** (die Milch); § 818 (1) BGB
- **Ersatzgegenstände** (die Versicherungssumme, wenn die Kuh vom Blitz erschlagen wurde); § 818 (1) BGB

Ist die Herausgabe als solches unmöglich (Kuh oder Milch wurde schon verkauft), so hat der Bereicherte **Wertersatz** zu leisten (§ 818 (2) BGB).

■ **Wegfall der Bereicherung**

Der Herausgabeanspruch des „Entreicherten" aus § 812 BGB hat jedoch gegenüber dem Herausgabeanspruch des Eigentümers aus § 985 BGB einen **Nachteil**: ist der andere nicht mehr bereichert, weil z.B.

– die Sache zerstört wurde und kein Anspruch auf eine Versicherungssumme besteht,
– das beim Verkauf oder als Versicherungssumme erlangte Geld ausgegeben wurde,

so kann er sich auf den **Wegfall der Bereicherung** berufen (§ 818 (3) BGB), auch ein weitergehender Schadensersatzanspruch entfällt.

Hier gibt es allerdings 2 **Einschränkungen**:
– Wer **wußte**, daß er ungerechtfertigt bereichert ist, haftet, wenn er den Wegfall der Bereicherung verschuldet (§ 819 i.V.m. § 818 (4) BGB).
– Auf den Wegfall der Bereicherung kann sich nicht berufen, wer **normale Aufwendungen, die er sowieso gehabt hätte**, erspart hat.

Beispiel:

Brösel hat die Versicherungssumme für die vom Blitz erschlagene Kuh für die Bezahlung seiner Miete ausgegeben.

> Eine Verfügung, bei der das zugrundeliegende Verpflichtungsgeschäft fehlt, ist trotzdem wirksam (Abstraktionsprinzip).
> Der dadurch ungerechtfertigt Bereicherte ist aber zur Herausgabe seiner Bereicherung verpflichtet; wenn die Herausgabe unmöglich ist, muß der Bereicherte Wertersatz leisten (§§ 812 (1), 818 (1) und (2) BGB).
> Ist die Bereicherung weggefallen, so entfällt jegliche Verpflichtung (§ 818 (3) BGB).

[?]

1. Unterscheiden Sie Verpflichtungs- und Verfügungsgeschäft am Beispiel eines Tauschgeschäftes.
2. Was versteht man unter dem „Abstraktionsprinzip" und welche Konsequenzen hat es?
3. In welchen Fällen kann sich der Bereicherte nicht auf den Wegfall der Bereicherung berufen?
4. Antiquitätenhändler Ambrosius schließt am 5.4. mit Karl Käfer einen Kaufvertrag über eine antike Vase. Ambrosius liefert die Vase am 2.5. an Käfer aus.
Es stellt sich heraus, daß Ambrosius am 5.4. wegen starken Fiebers vorübergehend geistig gestört war, daher ist der Kaufvertrag nach § 105 (2) BGB nichtig.
a) Wer ist Eigentümer der Vase?
b) Kann Ambrosius von Käfer den Kaufpreis aus § 433 (2) BGB verlangen?
c) Kann Ambrosius die Herausgabe der Vase nach § 985 BGB verlangen?
d) Prüfen Sie bitte, ob sich aus § 812 (1) BGB etwas anderes ergibt.
e) Leider hat Käfer die Vase mittlerweile weiterveräußert (= verkauft und übereignet).
Kann Ambrosius in folgenden Fällen Ansprüche gegen Käfer geltend machen?
   – Käfer hat das Geld noch nicht ausgegeben
   – Käfer hat das Geld für eine Weltreise ausgegeben, was er sich sonst niemals hätte leisten können
   – Käfer hat das Geld für die Zahlung seiner längst fälligen Miete ausgegeben
f) Zwar hat Käfer die Vase nicht verkauft, er hat sie jedoch im Streit nach seiner Ehefrau geworfen. Kann Ambrosius in folgenden Fällen Ersatzansprüche gegen Käfer geltend machen?
   – Käfer wußte nichts von seiner ungerechtfertigten Bereicherung
   – Ambrosius hatte Käfer vorher schon informiert

3.5 Handelsgesetzbuch (HGB)

Das Handelsgesetzbuch ist neben anderen Bestimmungen (z.B. GmbH-Gesetz, Aktiengesetz, das Gesetz gegen unlauteren Wettbewerb) eine der Gesetzesgrundlagen, die das **Sonderprivatrecht der Kaufleute** zum Inhalt haben; entgegen seines Titels gilt es **nicht nur für den Handel**, sondern z.B. auch für Industrie, Urerzeugung und Handwerk.

3.5.1 Einseitige und zweiseitige Handelsgeschäfte

> Handelsgeschäfte sind die Geschäfte eines Kaufmanns i.S.d. HGB[1], die zum Betrieb seines Handelsgewerbes gehören (§ 343 HGB).

Wenn ein Kaufmann Handelsgeschäfte tätigt, so können seine Geschäftspartner auch Nichtkaufleute sein. Fraglich ist dann, inwieweit die Regelungen des bürgerlichen Gesetzbuches oder des Handelsgesetzbuches heranzuziehen sind.

Fall

Oma O. hat bei Händler Braun einen Lehnstuhl gekauft, der sich als wurmstichig erweist.
- Wann muß Oma O. den Mangel bei Braun anzeigen und welche Rechte hat sie?
- Wann muß Braun den Mangel bei seinem Lieferer anzeigen und welche Rechte kann er geltend machen?

Grundsätzlich gelten auch für Kaufleute die Regelungen des Bürgerlichen Gesetzbuches.

Beispiel:
So kann z.B. Händler Braun seinem Lieferanten gegenüber die gleichen Rechte aus der im BGB geregelten Sachmängelhaftung geltend machen wie Oma O. gegenüber Händler Braun.

Die Regelungen des BGB gelten für Kaufleute aber nur insoweit, als das HGB keine Sonderregelung trifft:

- besteht solch eine Sonderregelung im HGB, so gilt diese grundsätzlich für beide Teile, auch wenn das Rechtsgeschäft nur für eine Seite ein Handelsgeschäft ist (sog. „einseitige Handelsgeschäfte", § 345 HGB);

  Beispiele:
  - § 352 (2) HGB (Zinshöhe)
  - §§ 373–376 HGB (Handelskauf)

- falls das Gesetz es ausdrücklich verlangt (Formulierungen wie „Kaufleute untereinander...", „...ist der Kauf für beide Seiten ein Handelsgeschäft..."), gilt eine Regelung nur dann, wenn das Geschäft für beide Seiten ein Handelsgeschäft ist (sog. „zweiseitige Handelsgeschäfte").

  Beispiele:
  - §§ 377, 378 HGB (unverzügliche Rügepflicht)
  - § 379 HGB (Aufbewahrungspflicht)
  - §§ 346, 352 (1), 353, 368, 369–372, 391 HGB

Beispiel:
Händler Braun müßte also dem Lieferanten den Mangel unverzüglich anzeigen (§ 377 HGB), während sich Oma O. für die Rüge 6 Monate Zeit lassen kann (§ 477 BGB).

---

[1] siehe dazu Kapitel 1 im Themenkreis „Handels- und Gesellschaftsrecht"

> Trifft das Handelsgesetzbuch keine Sonderregelung, so gelten auch bei Handelsgeschäften die Regelungen des Bürgerlichen Gesetzbuches.
>
> Eine bestehende HGB-Regelung gilt grundsätzlich auch, wenn nur eine Seite als Kaufmann im Rahmen seines Handelsgewerbes handelt („einseitige Handelsgeschäfte"); in Ausnahmefällen gilt eine Regel über die Handelsgeschäfte nur dann, wenn ein zweiseitiges Handelsgeschäft vorliegt, dies wird aber vom Gesetz ausdrücklich angegeben.

3.5.2 Besonderheiten des Handelsrechts

Der Kaufmann bedarf nicht eines solchen Schutzes wie ihn das allgemeine Privatrecht gewährt, daher sind die Bestimmungen des HGB **freiheitlicher** und können eher **auf eine Vereinfachung und Beschleunigung des Rechtsverkehrs zugeschnitten** sein.

Dies wird deutlich, wenn man Regelungen des Handelsgesetzbuches mit den entsprechenden Regelungen des Bürgerlichen Gesetzbuches vergleicht:

Gegenstand der Regelung	BGB	HGB
Form der Bürgschaft	Schriftform erforderlich (§ 766 BGB)	auch mündlich möglich (§ 350 HGB)
Rechte des Bürgen	Recht der Einrede der Vorausklage (§ 771 BGB)	kein Recht der Einrede der Vorausklage (§ 349 HGB)
Rügefrist bei Mängeln	keine Rügefrist, Rüge irgendwann innerhalb der Gewährleistungsfrist von 6 Monaten (§ 477 BGB)	unverzügliche Rüge erforderlich (§ 377 HGB)
Nichtstun als Willenserklärung	bedeutet Ablehnung (Umkehrschluß aus § 151 BGB)	bedeutet Annahme, falls eine ständige Geschäftsbeziehung besteht (§ 362 HGB)
Verzinsung bei Zahlungsverzug	4 % (§ 288 BGB)	5 % (§ 352 HGB)
Fälligkeit der Verzugszinsen	ab Verzug (§ 288 i.V.m. § 284 BGB)	ab Fälligkeit (§ 353 HGB)
Vertragsstrafen	Klage auf Herabsetzung möglich, falls unverhältnismäßig hoch (§ 343 BGB)	Klage auf Herabsetzung nicht möglich (§ 348 HGB)

4 Bearbeitung von Fällen (Subsumtion)

Fall

Gustav Gurke hat Karl Klotz aus Unachtsamkeit ein Bier über den Anzug geschüttet, wobei den Klotz allerdings eine gewisse Mitschuld traf. Klotz verlangt Schadensersatz!

Vorgehensweise bei der Bearbeitung von Fällen:
- Gefordert wird: ein Tun oder Unterlassen
- Notwendig ist:
  - eine Anspruchsgrundlage in Form einer Anspruchsnorm, d.h. eine gesetzliche Regelung, die besagt, daß ein derartiges Tun oder Unterlassen gefordert werden kann.
  Beispiele für Anspruchsnormen: §§ 823 (1), 985, 812 (1), 826, 433, 280, 325 BGB.
  - Normen, die die Anspruchsnorm ergänzen (Ergänzungsnormen)
  - Normen, die die Wirkung der Anspruchsnorm wieder aufheben (Gegennormen)
- Zu prüfen ist: treffen die in den Gesetzesnormen genannten Voraussetzungen auf den konkreten Fall zu? (= „Subsumtion")

■ **Vorgehensweise und Formulierung anhand des Beispielfalles**

1. Schritt: Suchen der entsprechenden Normen
- Anspruchsnorm: hier § 823 (1) BGB (Schadensersatzanspruch bei Eigentumsverletzung)
- Ergänzungsnormen: hier § 276 (1) 2 BGB (Fahrlässigkeit) und §§ 249 ff. BGB (Art des Schadensersatzes)
- Gegennorm: hier § 254 BGB (Mitverschulden)

2. Schritt: Formulieren des sog. „Obersatzes" mit der Anspruchsnorm nach dem Schema:

Wer könnte	Was	Von wem	Woraus verlangen?
Klotz könnte	Schadensersatz	von Gurke	aus § 823 (1) BGB verlangen

3. Schritt: Voraussetzungen der Anspruchsnormen prüfen (= „Subsumtion")

Dabei ist Vorsicht vor dem geboten, was man „Tatbestandsquetsche" nennt: dem Versuch, den konkreten Tatbestand unter allen Umständen passend zu machen, auch wenn die Voraussetzungen der Norm dies nicht hergeben!

Voraussetzungen nennen	Voraussetzungen prüfen
– Gurke müßte eins der von § 823 (1) BGB geschützten Rechtsgüter verletzt haben	ja, Eigentum des Klotz (Anzug)
– dies müßte „vorsätzlich" oder „fahrlässig" geschehen sein	ja, Gurke ließ die erforderliche Sorgfalt außer acht und handelte somit fahrlässig i.S.d. § 276 (1) 2 BGB
– die Rechtsverletzung müßte außerdem widerrechtlich gewesen sein	ja, grundsätzlich ist jede Rechtsverletzung widerrechtlich, wenn nicht ein Rechtfertigungsgrund (z.B. Notwehr) vorliegt, dies ist nicht der Fall

4. Schritt: Ergebnis bzw. Zwischenergebnis formulieren:
- **Bestehen des Anspruchs:**
  hier: *Da die Voraussetzungen des § 823 (1) BGB erfüllt sind, kann Klotz Schadensersatz verlangen.*
- **Höhe/Art des Anspruchs:**
  hier: *Gem. § 249 BGB kann Klotz als Schadensersatz die Reinigung seines Anzugs bzw. den dazu erforderlichen Geldbetrag verlangen.*

5. Schritt: Prüfung eventuell in Frage kommender Gegennormen:
hier: *Es ist aber zu berücksichtigen, daß Klotz eine gewisse Mitschuld traf, daher ist nach § 254 BGB der Schadensersatz entsprechend zu mindern.*

6. Schritt: Prüfung weiterer Anspruchsnormen
Ein Anspruch kann häufig aus verschiedenen Anspruchsnormen hergeleitet werden („Anspruchskonkurrenz"). Dies hat den Vorteil, daß – wenn die Prüfung einer Anspruchsnorm ergibt, daß deren Voraussetzungen nicht erfüllt sind – unter Umständen eine andere Anspruchsnorm mit ihren anderen Voraussetzungen doch noch zum Ziel führt.

5 Ausübung und Schutz von Rechten
5.1 Rechtsmißbrauch (§§ 226, 242 BGB)

Fälle

1. Aßbach belästigt seine Nachbarn durch Roling-Stones-Genuß um Mitternacht. Nachbar Bärmann hat bereits eine Unterlassungsklage gegen Aßbach gewonnen. Nachbar Clöben, der dies weiß, möchte auch noch klagen, um Aßbach nochmals die Verfahrenskosten „anzuhängen".
2. Der Angestellte Ambers hat sich bei seinem ehemaligen Arbeitgeber dazu verpflichtet, innerhalb von 2 Jahren keinen Konkurrenzbetrieb zu eröffnen. Ambers eröffnet nach einem Jahr einen Konkurrenzbetrieb; sein ehemaliger Arbeitgeber klagt, obwohl er sein Geschäft schon aufgegeben hat.
3. Kurz vor Ablauf der Verjährung verzieht der Schuldner unbekannt. Während der Gläubiger nach seinem Verbleib forscht, verjährt die Schuld. Der Schuldner macht später im Prozeß die „Einrede der Verjährung" geltend.

> Jeder kann grundsätzlich die ihm zustehenden Rechte geltend machen. Ist die Rechtsausübung jedoch nur dazu bestimmt, einem anderen zu schaden, so ist sie unzulässig (Schikaneverbot des § 226 BGB).

Mittlerweile sieht die Rechtssprechung – unter Hinzuziehung des § 242 BGB – jede mißbräuchliche Rechtsanwendung, auch wenn sie noch nicht schikanös im Sinne des § 226 BGB ist, als unerlaubt an.

Beispiel:
Der gelieferte Fernseher versagt. Nach § 462 BGB hat der Käufer nun das Recht zur Wandelung (Rückgängigmachung des Kaufvertrages). Er möchte von diesem Recht Gebrauch machen, da er den Kauf mittlerweile sowieso bereut. Sein Verlangen ist aber unzulässig, wenn der Verkäufer den Schaden alsbald beheben kann.

5.2 Durchsetzung von Ansprüchen durch Selbsthilfe (§§ 229, 561, 704 BGB)

> **Fälle**
> 1. Ambrosius hat unter Eigentumsvorbehalt an einen Kunden ein Gemälde geliefert. Als der Kunde nach mehrmaliger Aufforderung immer noch nicht zahlt, möchte ihm Ambrosius einige seiner besonders kräftigen Angestellten vorbeischicken, um das Gemälde wieder zurückzuholen...
> 2. Ein Händler ertappt einen Dieb auf frischer Tat. Darf er ihn festhalten, wenn dieser sich weigert, seine Personalien anzugeben?

Nach unserer Rechtsordnung muß sich der Inhaber eines Rechts (z.B. Eigentumsrecht) zur Durchsetzung seiner aus diesem Recht erwachsenden Ansprüche (z.B. Herausgabeanspruch) der staatlichen Gerichte und Behörden bedienen; d.h. Klage erheben und ggf. das Urteil mit behördlicher Hilfe zwangsvollstrecken lassen.

Grundsätzlich ist die eigenmächtige Durchsetzung von Ansprüchen widerrechtlich.

Beispiel:
So darf der Gläubiger seinem säumigen Schuldner nicht einfach das Geld entwenden; der Verkäufer einer Ware, die unter Eigentumsvorbehalt geliefert wurde, darf nicht einfach bei Nichtzahlung die Ware wieder abholen!

Das Gesetz kennt allerdings Ausnahmen:

■ Die Selbsthilfe nach § 229 BGB

Die Wegnahme, Zerstörung, Beschädigung einer Sache, Festnahme eines Menschen ist unter folgenden **Voraussetzungen** zulässig:
- „obrigkeitliche Hilfe" (Polizei, einstweilige Verfügung) ist nicht rechtzeitig zu erlangen – ohne sofortiges Eingreifen ist Vereitelung des Anspruchs zu befürchten (§ 229 BGB).
- die Selbsthilfe geht nicht weiter als zur Abwendung der Gefahr erforderlich (§ 230 (1) BGB).

Sind diese Voraussetzungen gegeben, so ist die Selbsthilfe rechtmäßig, d.h. sie ist nicht strafbar, macht nicht schadensersatzpflichtig, und dem anderen steht kein Notwehrrecht zu!

Irrtümliche Selbsthilfe führt aber – auch bei unverschuldetem Irrtum – zur **Schadensersatzpflicht** (§ 231 BGB).

■ Pfandrecht der Vermieter und Gastwirte

Zur Sicherung ihrer Forderungen haben Vermieter und Gastwirte kraft Gesetzes ein Selbsthilferecht in Form eines Pfandrechtes am Eigentum ihrer Mieter/Gäste; beim Auszug des Mieters/Gastes dürfen sie Sachen an sich nehmen, um alle Forderungen (auch z.B. Forderungen wegen Beschädigungen) zu sichern (§ 561 bzw. § 704 BGB).

5.3 Notwehr (§§ 227, 228, 904 BGB)

> **Fall**
>
> Siegfried Sieg wird auf dem Heimweg von einem Pitbull-Terrier angefallen. In seiner Not will er eine Zaunlatte aus dem Zaun eines Gartenbesitzers reißen, der dieses aber erst nach einem Faustschlag von Siggi zuläßt. Siegfried streckt den Hund mit einem (leider tödlichen) Schlag nieder.
> a) Kann der Hundebesitzer gegen Siegfried Ansprüche aus § 823 (1) BGB geltend machen?
> b) Kann der Gartenbesitzer wegen der Körperverletzung Schadensersatz aus § 823 (1) BGB geltend machen?
> c) Kann der Gartenbesitzer gegen Siegfried wegen der Beschädigung des Zaunes Ansprüche aus § 823 (1) BGB oder einer anderen Anspruchsnorm geltend machen?

Grundsätzlich ist jeder Angriff auf fremde Rechtsgüter widerrechtlich; er ist daher strafbar (Strafrecht) bzw. führt zu Schadensersatzansprüchen (Zivilrecht). Die Rechtswidrigkeit wird jedoch beseitigt, wenn als Rechtfertigungsgrund der Schutz eigener oder fremder Rechte (Notwehr) vorliegt.

Rechtlich wird das, was man unter Notwehr im weiteren Sinne versteht, in 3 verschiedenen Arten unterteilt:

Notwehr (§ 227 BGB)	Notstand (§ 228 BGB) „defensiver" oder „Verteidigungs"-Notstand	Notstand (§ 904 BGB) „aggressiver" oder „Angriffs"-Notstand
Abwendung eines rechtswidrigen Angriffs auf eigenes oder fremdes Rechtsgut, der Angriff geht von einem **Menschen** aus	**Abwendung einer Gefahr** von eigenem oder fremdem Rechtsgut, die Gefahr geht von einer **Sache** aus	**Zerstörung, Beschädigung, Benutzung einer fremden Sache**, von der selbst keine Gefahr ausgeht, um eine anderweitige Gefahr von einem höherwertigen Rechtsgut abzuwenden.
Folge: keine Rechtswidrigkeit oder Strafbarkeit	**Folge:** keine Rechtswidrigkeit oder Strafbarkeit	**Folgen:** – Widerstand des Eigentümers ist widerrechtlich und löst Notwehrrecht aus – keine Rechtswidrigkeit oder Strafbarkeit, aber Schadensersatzpflicht gegenüber dem Eigentümer der Sache nach § 904 BGB

Rechtswidrigkeit liegt aber vor,
- bei Notwehr- bzw. Notstands**exzeß**
- bei fahrlässigem **Irrtum** darüber, daß eine Angriffssituation vorliegt („Putativnotwehr")

Folgen bei Notwehrexzeß oder Putativnotwehr:
- dem sich rechtswidrig **Verteidigenden** steht **kein Notwehrrecht** zu, er wird schadensersatzpflichtig,
- dem **Angreifer** steht nun wiederum das **Notwehrrecht** zu.

1. Unter welchen Voraussetzungen ist die Selbsthilfe zulässig?
2. Lieschen Maier ertappt auf dem Heimweg vom Karatekurs Karl Knuffke dabei, wie er ihr Fahrrad stehlen will. Darf sie ihre neu erworbenen Kenntnisse anwenden, um ihn davon abzuhalten?
3. Der vermeintliche „Zechpreller" wollte gar nicht die Zeche prellen, sondern nur draußen Zigaretten holen. Wegen seiner Festnahme durch den Gastwirt verpaßt er sein Flugzeug und verlangt Schadensersatz.
4. Ein Juwelier ertappt einen Dieb auf frischer Tat. Im Kampf zerreißt die Jacke des Diebes. Anschließend sperrt der Juwelier den Dieb 3 Tage in den Kellertresor ein.
Der Dieb verlangt Schadensersatz
a) wegen der zerrissenen Jacke und
b) wegen Freiheitsberaubung.
5. Worin unterscheiden sich Notwehr nach § 227 BGB und Notstand nach § 228 BGB?
6. Worin unterscheiden sich Notstand nach § 228 BGB und Notstand nach § 904 BGB?
7. Wodurch kann trotz des Vorliegens einer Verteidigungssituation Rechtswidrigkeit gegeben sein?
8. Angegriffen durch einen Betrunkenen schlägt der Angegriffene weiter auf den Betrunkenen ein, als dieser schon am Boden liegt.
Kann der Betrunkene Schadensersatzansprüche aus § 823 (1) geltend machen?
9. Peter Piller führt Siegfried Sieg gerade seinen neuen Ferrari vor, als sie sehen, daß sich am Hang ein führerloser LKW selbständig macht. Siegfried will den Ferrari als Prellbock benutzen; Piller wehrt sich heftigst und wird von Siegfried schwer verletzt.
Kann Piller von Siegfried aus § 823 (1) BGB Schadensersatz wegen der Körperverletzung verlangen, wenn der LKW
a) auf einen alten Schuppen,
b) auf einen gut besuchten Sportplatz zuraste?
10. Ein Passant will sich bei Siegfried Sieg abends im Stadtwald nach der Zeit erkundigen, Siegfried glaubt an einen Angriff und schlägt ohne zu zögern zu, der vermeintliche Angreifer wehrt sich; beide verlangen Schadensersatz nach § 823 (1) BGB voneinander.
Wer von den beiden wehrt einen rechtswidrigen Angriff von sich ab und kann sich daher auf das Notwehrrecht berufen?

B | Personen des Rechtsverkehrs

Fall

Als Tina Onassis starb, war ihre Tochter 4 Jahre alt. Konnte sie das Vermögen erben? Wenn ja, kann sie ihr Vermögen z.B. verschenken?

1 Rechtsfähigkeit („Rechtssubjektivität")

Fall

Beurteilen Sie den im Zeitungsartikel geschilderten Fall nach deutschem Recht.

Schwein und Hund erbten ein Vermögen

Iowa-City (ap) – Drei Tierfreunde aus dem US-Bundesstaat Iowa haben ihren heißgeliebten Haustieren ein Riesenvermögen vermacht. Der Schäferhund „Calamity Bob" und das Schwein „Mister Pig" erbten einen Teil des Nachlasses von umgerechnet über einer Million Mark, den Margo Lamp hinterließ, als sie mit 81 Jahren starb.

Margo Lamp ist kein Einzelfall, viele US-Bürger bedenken ihre treuen Vierbeiner im Testament. So vermachte auch Ellen Bengtson den größten Teil ihres Besitzes von rund 126 000 Mark dem Papagei „Chico" und „Pipi", ihrem Pudel. „Pipi" starb jedoch kurz nach der Testamentseröffnung und konnte von seinem Erbe nicht mehr profitieren.

Ungeklärt ist die finanzielle Ausstattung der vier Katzen „Clementine", „Martha", „Gene" und „Smudge". Sie hatten von ihrer Besitzerin Melody Stanton 21 000 Mark geerbt. Da die Frau jedoch auch Schulden hinterließ, will sich ihre Mutter um eine Freigabe der Erbschaft für die Tilgung bemühen.

Quelle: Kölner Stadtanzeiger

Unter Rechtsfähigkeit versteht man die Fähigkeit, Träger von Rechten (z.B. Eigentumsrecht) und Pflichten (z.B. Steuerpflicht) zu sein.
Rechtsfähig sind alle natürlichen und juristischen Personen.

1.1 Rechtsfähigkeit natürlicher Personen

Jede **natürliche Person**, also jeder Mensch, ist rechtsfähig; die Rechtsfähigkeit beginnt nach § 1 BGB mit der **Vollendung der Geburt** (= Abnabelung), sie endet mit dem **Tod**.

Zu beachten sind dabei die **Sonderregelungen für ein ungeborenes Kind**:
- es ist schon **erbfähig** (es gilt – falls es lebend zur Welt kommt – als vor dem Erbfall geboren; § 1923 (2) BGB);
- es hat im Falle der Tötung seines Unterhaltspflichtigen einen **Schadensersatzanspruch**; § 844 (2) BGB;
- es ist bereits **strafrechtlich geschützt** (z.B. § 218 StGB).

1.2 Rechtsfähigkeit juristischer Personen

Rechtsfähig sind nicht nur natürliche Personen, die Rechtsordnung gesteht auch einigen Gesellschaftsformen, den sog. **„juristischen Personen"** (der GmbH, AG, KGaA, der eingetragenen Genossenschaft, dem eingetragenen Verein) eine eigene Rechtspersönlichkeit zu.

Die Tatsache, daß eine eigenständige juristische Person besteht, hat weitgreifende Konsequenzen: sie **erleichtert den Rechtsverkehr** z.B. bei Klagen (verklagt wird die Gesellschaft, nicht jeder einzelne Gesellschafter), sie sorgt für eine **Beständigkeit der Gesellschaft** beim Tod oder Ausscheiden von Gesellschaftern und **begrenzt das wirtschaftliche Risiko der Gesellschafter** auf ihre Einlage, da für Verbindlichkeiten der Gesellschaft nur das Gesellschaftervermögen und nicht etwa das Privatvermögen der Gesellschafter haftet.

Die offene Handelsgesellschaft (OHG) und die Kommanditgesellschaft (KG) nehmen eine **Zwischenstellung** ein:

die Gesellschaft als solche ist **keine juristische Person** und somit grundsätzlich nicht rechtsfähig; andererseits wird sie **teilweise wie eine juristische Person behandelt**, was insbesondere in § 124 HGB deutlich wird: eine OHG kann „unter ihrer Firma Rechte erwerben und Verbindlichkeiten eingehen, Eigentum und andere dingliche Rechte an Grundstücken erwerben, vor Gericht klagen und verklagt werden".

Rechtsfähigkeit = Fähigkeit, Träger von Rechten und Pflichten zu sein			
	Rechtsfähig	„quasi" rechtsfähig	nicht rechtsfähig
natürliche Personen (alle Menschen)	juristische Personen – des Privatrechts (GmbH, AG, KGaA, e.V., e.G.) – des öffentl. Rechts (Bund, Länder, Gemeinden, Uni, FH, IHK usw.)	OHG, KG (Zwischenstellung: nicht rechtsfähig, tritt aber teilweise rechtlich eigenständig auf)	BGB-Gesellschaft
	Vertragspartner ist die Gesellschaft; bei Klage z.B. auf Zahlung: geklagt würde gegen die Gesellschaft (vertreten durch z.B. den Vorstand)		Vertragspartner sind die Gesellschafter; geklagt würde gegen alle namentlich aufzuführenden Gesellschafter
	Haftung mit dem Gesellschaftsvermögen		
		Haftung mit dem Privatvermögen der Gesellschafter	
	Gesellschaftsvermögen ist Eigentum der Gesellschaft	„Gesellschaftsvermögen" ist Gesamthandseigentum der Gesellschafter	
	Der Tod / Austritt eines Gesellschafters berührt das Bestehen der Gesellschaft nicht	Beim Tod / Austritt eines Gesellschafters Auflösung der Gesellschaft (falls keine anderslautende Vertragsvereinbarung besteht)	

2 Geschäftsfähigkeit

Von der Rechtsfähigkeit ist die Geschäftsfähigkeit zu unterscheiden:
Träger eines Rechtes – also rechtsfähig – zu sein heißt nämlich nicht, daß man über sein Recht auch verfügen kann: ein Rechtsfähiger kann zwar Eigentümer sein, das heißt aber nicht, daß er auch über sein Eigentumsrecht verfügen, die Sache also z.B. verschenken kann. Dies kann er nur, wenn er auch geschäftsfähig ist.

Besonders deutlich wird der Unterschied bei den juristischen Personen: eine Aktiengesellschaft ist zwar per Gesetz eine eigene Rechtspersönlichkeit, sie kann jedoch nicht selbst handeln und braucht daher natürliche Personen („Organe"), die geschäftsfähig sind, die also die Fähigkeit haben, Willenserklärungen abgeben zu können.

Geschäftsfähigkeit = Fähigkeit, rechtswirksame Willenserklärungen abgeben und somit Rechtsgeschäfte tätigen zu können.			
	Geschäftsunfähige	**Beschränkt Geschäftsfähige**	**Voll Geschäftsfähige**
Personenkreis	• Kinder bis zur Vollendung des 7. Lebensjahres (§ 104 Nr. 1 BGB) • dauernd Geisteskranke (§ 104 Nr. 2 BGB) • vorübergehend Geistesgestörte (§ 105 (2) BGB)	Minderjährige bis zur Vollendung des 18. Lebensjahres (§ 106 BGB)	Alle anderen
Folge	**Nichtigkeit** der Willenserklärung und damit auch des Rechtsgeschäftes (§ 105 BGB) → Der gesetzliche Vertreter muß also für den Geschäftsunfähigen handeln, z.B. für ihn einen Vertrag unterschreiben oder für ihn das Eigentum annehmen. Dadurch wird der Geschäftsunfähige Eigentümer / Verpflichteter aus dem Vertrag, nicht der gesetzliche Vertreter.	Grundsätzlich: **Schwebende Unwirksamkeit** des Rechtsgeschäftes (§§ 107, 108 BGB) d.h. • das Rechtsgeschäft ist **wirksam bei** vorheriger oder nachträglicher **Zustimmung des gesetzlichen Vertreters** • das Rechtsgeschäft ist **unwirksam bei fehlender Zustimmung** • schweigt der gesetzliche Vertreter auf eine Anfrage bezüglich seiner Zustimmung, so gilt dieses **Schweigen** nach 2 Wochen **als Ablehnung** (§ 108 (2) BGB) Ausnahmen (Das Rechtsgeschäft ist wirksam auch ohne Zustimmung): • **Taschengeldkäufe** (§ 110 BGB) • Rechtsgeschäfte, die **lediglich rechtliche Vorteile** bringen (§ 107 BGB) – Bsp.: die Annahme einer Schenkung Ein rechtlicher Nachteil entsteht immer, sobald mit dem Rechtsgeschäft irgendeine Verpflichtung eingegangen wird.	Das Rechtsgeschäft ist **wirksam**

Personen des Rechtsverkehrs 31

Ein Geschäftsunfähiger kann aber als **Bote** fremde Willenserklärungen **übermitteln!**	• **Eingehen von Arbeitsverhältnissen** der gestatteten Art (§ 113 BGB)
	• **Abwickeln von Arbeitsverhältnissen** (§ 113 BGB)
	  – Bsp.: kündigen, Lohn annehmen, Konto einrichten
	• Rechtsgeschäfte bei der **selbständigen Führung eines Erwerbsgeschäftes** (§ 112 BGB)
	  – Bsp.: Kaufverträge schließen, Angestellte einstellen usw.
	Die Führung des Geschäftes muß vorher vom gesetzlichen Vertreter und vom Vormundschaftsgericht genehmigt worden sein.

1. Unterscheiden Sie Rechtsfähigkeit und Geschäftsfähigkeit.
2. Der Wirt des „Roten Kamels" will klagen, weil die Mitglieder des „Gut Bolz e.V." beim Vereinsabend seine Kneipe verwüsteten – gegen wen muß er klagen?
3. Wer haftet für die Schulden aus dem Vereinsessen des „Gut Bolz e.V." beim Wirt des „Roten Kamels"?
4. Drei von 30 Vereinsmitgliedern des „Gut Bolz e.V." beschließen ihren Austritt aus dem Verein – welche Bedeutung hat das für das Bestehen des Vereins?
5. Erbonkel Egon hat in seinem Testament verfügt, daß das Kind seiner Nichte Clara sein Vermögen erben soll, falls Clara keine Kinder hat, soll Neffe Eugen alles erben. Als Egon stirbt, ist das Kind von Clara noch nicht geboren. Wie ist die Rechtslage?
6. Welche Wirkung hat die Willenserklärung eines Geschäftsunfähigen?
7. Ein 5jähriger kauft – mit vorheriger Einwilligung der Eltern – eine Tüte Bonbons. Kommt ein Kaufvertrag zustande?
8. Onkel Adalbert schenkt seiner 17jährigen Nichte ein goldenes Armband; die Eltern, die sich mit Adalbert nicht verstehen, sind nicht einverstanden. Ist die Übereignung rechtswirksam?
9. Siggi Hempel, 4 Jahre, kommt mit einem Einkaufszettel und abgezähltem Geld zum Händler um für seine Mutter eine Flasche Milch zu kaufen. Als er sie auf dem Heimweg fallen läßt, verlangt die Mutter das Geld zurück, mit der Begründung, der Kaufvertrag sei wegen Geschäftsunfähigkeit Siggis nichtig.
10. Harry Hempel, 7 Jahre alt, tauscht mit dem Sammler Fritz Fiesel seine alten Spielzeugautos gegen einen Teddy von Fiesel.
    a) Ist der Tauschvertrag gültig?
    b) Sind die Übereignungen gültig:
       – wer ist Eigentümer der Autos, die Harry an Fiesel übergeben hat?
       – wer ist Eigentümer des Teddy, den Fiesel an Harry übergeben hat?
    c) Wie ist die Rechtslage, wenn Harry den Teddy mittlerweile beim Spielen zerstört hat?
11. Händler Huber hat an einen Minderjährigen ein Fahrrad verkauft, ist sich nun aber nicht sicher, ob die Eltern einverstanden sind. Was kann er tun?

3 Deliktfähigkeit („Zurechnungsfähigkeit")

> **Fall**
>
> Thomas und Martin, beide 12 Jahre alt, spielen in einem alten Lagerhaus. Da es sehr kalt ist, zünden sie ein Feuer an, das bald auf das Gebäude übergreift, es entsteht ein Sachschaden von 2 Millionen Mark.
> a) Sind die beiden dem Eigentümer des Lagerhauses gegenüber schadensersatzpflichtig?
> b) Können die beiden strafrechtlich belangt werden?

Start ins Leben mit Schuldenberg
Auch Kinder haften für Schäden – Haftpflichtversicherung hilfreich

Betreten verboten – Eltern haften für Kinder! Dieser an Baustellen übliche Spruch ist falsch. Denn die gesetzliche Haftung sieht das nur dann so, wenn die Eltern ein Schuldvorwurf trifft. Der Bundesverband Deutscher Versicherungskaufleute (BVK) rät deshalb, bei teurem Unsinn jeder Art, der von Kindern angestellt wird, immer die Privathaftpflichtversicherung einzuschalten und nicht voreilig die eigene Brieftasche zu zücken.

Wenn etwa Kinder bis sieben Jahre auf Baustellen Schäden anrichten oder Nachbars Auto verunzieren, sind sie „nicht deliktfähig". Weder sie noch ihre Eltern haften. Anders sieht es aus, wenn ein Kind wiederholt mit Streichhölzern „gespielt" hat. Dann trifft die Eltern der Vorwurf, ihre Aufsichtspflicht verletzt zu haben.

Ist das Kind älter als sieben, ist es für seine Untaten selber verantwortlich. Spätestens dann handeln Eltern verantwortungslos, wenn sie keine Privathaftpflichtversicherung abgeschlossen haben, meinen die Versicherungskaufleute. Denn wenn eine unbedachte Handlung zu großen Schäden führt und weder das Kind noch die Eltern die Folgen finanziell gutmachen können, startet das Kind später unter Umständen mit einem riesigen Schuldenberg ins Leben.

Der BVK hält es für die freie Entscheidung eines jeden Erwachsenen, die etwa 130 DM pro Jahr für die private Haftpflichtversicherung einer Familie zu sparen und dafür im Ernstfall kräftig zu zahlen. Aber dasselbe Risiko seinen Kindern mit auf den Lebensweg zu geben, das – so meinen die Versicherungskaufleute – sei unverantwortlich. EB

Quelle: Kölner Stadtanzeiger

3.1 Deliktfähigkeit im Zivilrecht

Die Deliktfähigkeit im Zivilrecht entscheidet darüber, ob ein Schädiger dem Geschädigten gegenüber bei unerlaubten Handlungen oder Vertragsverletzungen (siehe § 276 (1)/3 BGB) schadensersatzpflichtig wird.

Deliktfähigkeit im Zivilrecht = Fähigkeit, zivilrechtlich verantwortlich sein zu können (d.h. schadensersatzpflichtig zu werden)				
	Nicht Deliktfähige (§§ 827, 828 (1) BGB)		**Beschränkt Deliktfähige** (§ 828 (2) BGB)	**Voll Deliktfähige**
Personenkreis	• Kinder bis zur Vollendung des 7. Lebensjahres • krankhaft Geistesgestörte • vorübergehend Bewußtlose, die unverschuldet in diesen Zustand geraten sind		• Minderjährige bis zur Vollendung des 18. Lebensjahres • Taubstumme	Alle anderen
Folge	keine Verantwortlichkeit		Verantwortlichkeit, wenn sie das Unrecht zur Tatzeit einsehen konnten	Volle Verantwortlichkeit
Falls weder Deliktfähigkeit noch eine Aufsichtspflichtverletzung vorliegt, so kann sich bei unerlaubten Handlungen trotzdem aufgrund der finanziellen Verhältnisse des Schädigers eine **Ersatzpflicht aus Billigkeitsgründen** ergeben (§ 829 BGB, sog. „Millionärskinderparagraph").				

■ **Haftung des Aufsichtspflichtigen bei unerlaubter Handlung eines Aufsichtsbedürftigen**

Im Zusammenhang mit der Frage nach der Deliktfähigkeit stellt sich immer die Frage, ob nicht neben oder statt des Aufsichtspflichtigen eine weitere Person für den Schaden haften muß, da eine Verletzung der Aufsichtspflicht vorliegt.

Eine Aufsichtspflicht kann bestehen:
• kraft Gesetzes (Eltern, Vormund, Ausbilder)
• kraft Vertrages (Kindermädchen, Wärter, Ärzte in Anstalt, Lehrer)

Das Maß der gebotenen Aufsicht bestimmt sich nach
• Alter, Eigenarten des Kindes
• Zumutbarkeit der Maßnahmen für den Aufsichtspflichtigen

Haftung von Aufsichtspflichtigem und / oder Aufsichtsbedürftigen (§§ 832, 840 BGB)		
	Verletzung der Aufsichtspflicht liegt vor	**Verletzung der Aufsichtspflicht liegt nicht vor** – da Aufsichtspflicht erfüllt wurde oder – der Schaden auch bei gehöriger Aufsicht entstanden wäre
Aufsichtsbedürftiger nicht deliktfähig	Aufsichtspflichtiger haftet allein	weder der Aufsichtspflichtige noch der Aufsichtsbedürftige haftet
Aufsichtsbedürftiger deliktfähig	Aufsichtspflichtiger und Aufsichtsbedürftiger haften gesamtschuldnerisch (§ 840 BGB)	Aufsichtsbedürftiger haftet allein

3.2 Deliktfähigkeit im Strafrecht („Straffähigkeit")

Die Deliktfähigkeit im Strafrecht entscheidet darüber, ob der Schädiger auch strafrechtlich z.B. mit einer Haft- oder Geldstrafe zur Verantwortung gezogen werden kann.

	Straffähigkeit = Fähigkeit, strafrechtlich verantwortlich sein zu können		
	Strafunfähige	Beschränkt Straffähige	Voll Straffähige
Personenkreis	• Kinder bis zur Vollendung des 14. Lebensjahres • krankhaft seelisch Gestörte (Schwachsinn, Abartigkeit)	Jugendliche zwischen 14 und 18 Jahren	alle anderen
Folge	nicht verantwortlich	**verantwortlich, falls** reif genug zur **Einsicht** und reif genug, nach dieser Einsicht zu handeln; die Bestrafung erfolgt nach Jugendstrafrecht	**voll verantwortlich**; sie sind aber bis 21 Jahre noch „Heranwachsende"; daher kann der Richter Jugendstrafrecht oder allgemeines Strafrecht anwenden

4 Parteifähigkeit und Prozeßfähigkeit

> **Fall**
> Ein 6jähriger hat ein Haus geerbt. Da das Dach nicht in Ordnung ist, wird ein Passant von herunterstürzenden Trümmern verletzt, der Passant klagt auf Schadensersatz.
> Wer ist Beklagter in diesem Prozeß? Wer muß die notwendigen Prozeßhandlungen vornehmen?

> Unter Parteifähigkeit versteht man die Fähigkeit, in einem Prozeß Kläger oder Beklagter zu sein, sie deckt sich grundsätzlich mit der Rechtsfähigkeit (§ 50 ZPO).
> Im Gegensatz dazu versteht man unter Prozeßfähigkeit die Fähigkeit vor Gericht selbst handeln zu können bzw. dafür selbst einen Vertreter zu bestellen. Sie hängt davon ab, inwieweit jemand geschäftsfähig ist (§ 52 ZPO).

Wer prozeßunfähig ist, muß vor Gericht bei Klagen durch den gesetzlichen Vertreter vertreten werden; es heißt dann z.B. in der Klageschrift: „Klage des Minderjährigen Sascha Hösel, vertreten durch seine Eltern Walter und Walfriede Hösel als gesetzliche Vertreter".

1. Unterscheiden Sie bitte Deliktfähigkeit und Straffähigkeit.
2. Unterscheiden Sie bitte Parteifähigkeit und Prozeßfähigkeit.
3. Ein 8jähriger wirft eine Fensterscheibe ein. Ist er schadensersatzpflichtig?
4. Ein 8jähriger fertigt aus einer VEBA-Aktie ein Papierschiffchen, um es auf dem Rhein schwimmen zu lassen. Ist er ersatzpflichtig?
5. Ein 6jähriger hat beim Spielen seinen Spielkameraden verletzt, die Eltern können nachweisen, daß sie ihre Aufsichtspflicht nicht verletzt haben.
   a) Muß der 6jährige und / oder seine Eltern haften?
   b) Wie wäre der Fall zu beurteilen, wenn der 6jährige in erheblich besseren Vermögensverhältnissen als sein verletzter Spielkamerad lebt?
6. Ein 14jähriger zündet beim Spiel mit Streichhölzern eine Scheune an.
   a) Muß er an den Eigentümer der Scheune Schadensersatz leisten?
   b) Kann er strafrechtlich z.B. mit einer Geld- oder Arreststrafe belangt werden?
7. Student Sigismund liegt im Vollrausch im Straßengraben. Als sich Passant Pütz besorgt über ihn beugt, schlägt ihm Sigismund das Nasenbein entzwei.
   a) Pütz verlangt Schadensersatz von Sigismund.
   b) Wie ist die Rechtslage, wenn Sigismund beweisen kann, daß ihm etwas ins Bier geschüttet wurde?

C Gegenstände des Rechtsverkehrs

Gegenstände des Rechtsverkehrs sind vor allem die körperlichen Sachen[1], die in der Regel natürlichen oder juristischen Personen in irgendeiner Weise zugeordnet sind. Diese Beziehungen von Personen und Sachen, die sogenannten „dinglichen Rechte", sind in den Rechtsnormen des Sachenrechts geregelt.

Als **dingliche Rechte** kommen in Betracht:
- das **Eigentum**, als umfassendes Recht an einer Sache
- **Belastungen des Eigentums** durch Nutzungs- und Verwertungsrechte als beschränkte dingliche Rechte (z.B. Hypothek, Erbbaurecht)

Die dinglichen Rechte sind absolute, d.h. jedermann gegenüber wirkende Rechte (während z.B. das Schuldrecht nur Rechte zwischen Gläubiger und Schuldner – relative Rechte – gewährt)

Die dinglichen Rechte sind im **dritten Buch des BGB** (§§ 854–1296) und seinen **Nebengesetzen** wie z.B. dem Wohnungseigentumsgesetz abschließend geregelt, eine Vertragsfreiheit in der Schaffung rechtlicher Beziehungen wie im Schuldrecht existiert im Sachenrecht nicht.

1 Einteilung der Sachen

Bei den Sachen unterscheidet man zwischen **beweglichen und unbeweglichen** Sachen und zwischen **vertretbaren und nicht vertretbaren** Sachen.

bewegliche Sachen („Fahrnis")	unbewegliche Sachen („Immobilien")
Übereignung durch Einigung und Übergabe (§§ 929 ff. BGB)	Übereignung durch Einigung und Grundbucheintrag (§ 873 BGB)
Belastung = „Verpfändung" durch Einigung und Übergabe an den Pfandgläubiger (§§ 1204 ff. BGB)	Belastung = Hypothek, Grundschuld durch Einigung und Grundbucheintragung (§§ 1113 ff. BGB)

vertretbare Sachen	nicht vertretbare Sachen
nur bestimmt nach allg. Kriterien wie Zahl, Maß, Gewicht, Farbe (§ 91 BGB) Bsp.: „1 VW Golf, Neuwagen, rot, Luxusausstattung"	– genau bestimmte Sachen Bsp.: „1 VW Golf, km Stand 48788, Beule vorne links" – Tiere

---

[1] Zu den Gegenständen des Rechtsverkehrs zählt man auch die unkörperlichen Gegenstände wie Rechte und Forderungen, auf die im Rahmen dieses Kapitels aber nicht näher eingegangen werden soll.

2 Wesen und Schutz des Eigentums

> Das Eigentum ist die rechtliche Herrschaft eines Rechtssubjekts über eine Sache.

Das Eigentumsrecht ist das umfassendste Herrschaftsrecht, siehe z.B. § 903 BGB: „Der Eigentümer kann, ..., mit der Sache nach Belieben verfahren..."

Allerdings ist auch das Eigentumsrecht **nicht unbeschränkt**, Grenzen sind Rechte Dritter (z.B. §§ 904, 986 BGB) und gesetzliche Verbote, wie z.B. des Rechtsmißbrauchs (§ 226 BGB).

Wichtige Gesetzesbestimmungen zum Schutz des Eigentums sind:
- § 985 BGB: **Herausgabeanspruch** des Eigentümers gegen den unrechtmässigen Besitzer
- § 1004 BGB: **Beseitigungs- und Unterlassungsanspruch** bei Störungen des Eigentums
- § 823 (1) BGB: **Schadensersatzanspruch** bei Untergang, Verschlechterung der Sache
- § 229 BGB: **Selbsthilferecht** des Eigentümers

3 Arten von Eigentum

■ **Alleineigentum**

■ **Miteigentum (Bruchteilseigentum)**

Meier, Müller, Schulze und Schmitz haben gemeinsam ein Haus gekauft.

Sie bilden eine sog. Bruchteilsgemeinschaft nach den §§ 741 ff. BGB:
- jeder ist Eigentümer eines **Bruchteils**
- jeder Eigentümer kann **selbständig über seinen Anteil verfügen**, ihn z.B. verkaufen oder belasten
- Entscheidend ist jedoch, daß es sich rechtlich nur um eine **ideelle Teilung** handelt, es findet keine reale Teilung in dem Sinne statt, daß jeder Alleineigentümer je eines Hausviertels oder einer der 4 Wohnungen wird.
Dies ist nach dem BGB bei Hauseigentum auch nicht möglich, weil es nach dem BGB kein Gebäude gibt, in dem verschiedene Wohnungen verschiedenen Eigentümern gehören; siehe §§ 93, 94, 946 BGB. (Wie sich die Miteigentümer untereinander über die Aufteilung einigen, ist eine davon unabhängige, nur das Innenverhältnis betreffende Sache).

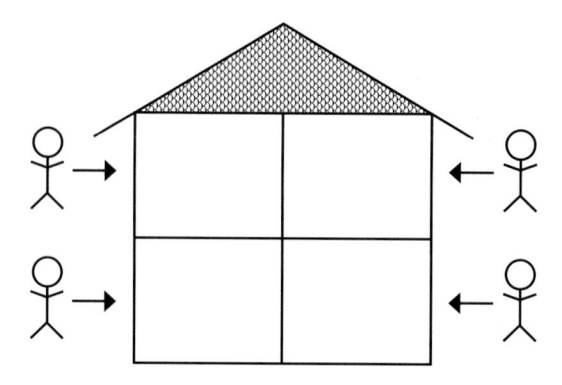

Da das Bruchteilseigentum eine gewisse Gefahr für die Hauseigentümer darstellt (siehe Artikel „Bruchteil eines Hauses..."), man aber aus Platzgründen die Möglichkeit zum Bau und Erwerb von übereinanderliegenden „Eigenheimen" schaffen wollte, trat 1951 das **Wohnungseigentumsgesetz (WEG)** in Kraft, welches eine neue Rechtsform des Miteigentums, das Wohnungseigentum, ermöglicht: das Wohnungseigentum nach dem WEG beinhaltet ein **Sondereigentum an einer Wohnung** in Verbindung mit einem **Miteigentumsanteil am Gemeinschaftseigentum** (Grundstück, Zentralheizung, Dach, Fundament usw.).

Behörden verhindern oft den Verkauf von Altbau-Wohnungen

Bruchteil eines Hauses für Eigentümer riskant

Kein besonderes Blatt im Grundbuch – Alle haften gemeinsam

Von Georg Westerkamp

Hamburg – In letzter Zeit häufen sich Offerten, in denen modernisierte Altbauwohnungen mit einer neuen Masche zum Kauf angeboten werden. Die Interessenten erwerben nicht, wie sie vielleicht glauben, Wohnungseigentum, sondern nur Bruchteilseigentum. Der Unterschied ist nur wenigen bewußt, obwohl der Erwerb von Bruchteilseigentum erhebliche Risiken birgt und dem Erwerber eben keine vollwertige Eigentümerstellung einräumt. (...)

Die Käufer der Wohnungen bilden eine Gemeinschaft bürgerlichen Rechts. So lassen sich modernisierte Altbauwohnungen auch ohne Abgeschlossenheitsbescheinigung einzeln verkaufen. Neu ist dieses Rechtsinstitut aber nicht. Seit Jahrzehnten wird es bei geschlossenen Immobilien-Fonds praktiziert. Die Mitglieder einer Bruchteilseigentumsgemeinschaft werden nicht individuelle Eigentümer einer Wohnung, was schon dadurch deutlich wird, daß für den Käufer kein eigenes Grundbuchblatt angelegt wird. Alle Erwerber sind nur zu einem Bruchteil am gesamten Objekt beteiligt und erhalten ein Sondernutzungsrecht an einer bestimmten Wohnung.

Für diese Wohnung ist der Käufer allein verfügungsberechtigt. Er kann also Mietverträge abschließen oder aufheben, die Wohnung selbst nutzen und so weiter. Wenn Eigenbedarf geltend gemacht wird, gilt für die so erworbenen Wohnungen nicht die dreijährige Kündigungssperre für Eigentumswohnungen. In einer „Grundlagenurkunde" zum notariellen Kaufvertrag werden Nutzung, Verwaltung und Veräußerung genauso oder ähnlich geregelt wie in den Teilungserklärungen über Eigentumswohnungen. Bei vielen Interessenten wird so der Eindruck erweckt, Bruchteilseigentum sei praktisch das gleiche wie Wohnungseigentum. (...)
Der wesentliche Unterschied zum Wohnungs- und Teileigentum liegt in Finanzierung und Haftung. Während eine Eigentumswohnung individuell finanziert und zur Sicherung der Finanzierung individuell mit Grundschulden belastet werden kann, finanziert beim Bruchteilseigentumsmodell eine Bank in der Regel alle Erwerber, und die einzelnen Finanzierungen werden durch eine Globalgrundschuld am Anwesen abgesichert.

Vertraglich wird den Erwerbern zugesichert, daß jeder Erwerber persönlich nur für seine Finanzierung haftet und nicht gesamtschuldnerisch für alle Miteigentümer. Gerät ein Bruchteilseigentümer in finanzielle Schwierigkeiten, droht Versteigerung des ganzen Objektes. Jeder „Eigentümer" läuft Gefahr, seinen Bruchteilseigentum zu verlieren und nur einen Anteil am Versteigerungserlös zu erhalten.
Dem können die übrigen Mitglieder einer Bruchteilseigentumsgemeinschaft nur dadurch begegnen, daß sie sich das Recht vorbehalten, den Miteigentumsanteil des notleidenden Eigentümers zum Verkehrswert zu kaufen, und sich dieses Recht durch eine Auflassungsvormerkung absichern lassen. Andernfalls laufen sie Gefahr, Eigentum und Wohnrecht zu verlieren. Auf Verlangen des Erwerbers müßten sie die Wohnung räumen. Der Mieterschutz griffe in einem solchen Fall nicht, weil Bruchteilseigentümer eben nicht Mieter sind.

Beleihung vielfach geringer
Die Marktpreise für Bruchteilseigentum sind ähnlich hoch wie für Wohnungseigentum. Man erwirbt aber eine deutlich schwächere Rechtsposition. Und schwieriger ist die Finanzierung von Bruchteilseigentum auch, da manche Banken wegen des geringen Wiederverkaufswertes und der genannten Risiken Bruchteilseigentum nur zu 50 bis 60 Prozent des Objektwertes beleihen.
Einige Notarkammern haben ihre Mitglieder aufgefordert, auf die Unterschiede zwischen Wohnungs- und Bruchteilseigentum deutlich hinzuweisen und die Beurkundung abzulehnen, wenn im Rahmen der Pflicht zur Sachaufklärung festgestellt werde, daß der Verkäufer durch irreführende Werbung beim Käufer den Eindruck erweckt habe, er erwerbe eine einzelne Wohnung wie beim Wohnungseigentum. Der Käufer müsse sich im klaren sein, daß er nicht eine selbständig belastbare Immobilie erwerbe und daß Bruchteilseigentum mit deutlich höheren Risiken bei Zahlungsunfähigkeit oder Zwangsvollstreckungsmaßnahmen gegen einen anderen Miteigentümer verbunden ist.
Quelle: Kölner Stadtanzeiger

■ Gesamthandseigentum (§§ 718 ff. BGB)

Eine Gesamthandsgemeinschaft liegt per Gesetz vor bei
- der BGB-Gesellschaft; §§ 718 ff. BGB
- der OHG, KG; §§ 105 (2), 161 (2) HGB
- der ehelichen Gütergemeinschaft; §§ 1416 BGB
- der ungeteilten Erbengemeinschaft; §§ 2032 ff. BGB

Sonstige Gesamthandsgemeinschaften können auch durch Vereinbarung nicht begründet werden, in anderen Fällen liegt also immer eine Bruchteilsgemeinschaft vor.

Jeder ist nicht nur Eigentümer eines Bruchteils sondern – zusammen mit den anderen – **Eigentümer der gesamten Sache.**

Verfügungen können daher **nur gemeinschaftlich**, „mit gesamter Hand" (bzw. im Rahmen einer Vertretungsmacht) getroffen werden;

Beispiele:
- Ein OHG-Gesellschafter kann bei seinem Ausscheiden den von ihm eingebrachten PKW nicht wieder mitnehmen.
- Ein Miterbe kann nicht über seinen Anteil an den einzelnen Nachlaßgegenständen verfügen; § 2033 BGB (jeder Erbe kann aber die Schließung eines sog. „Auseinandersetzungsvertrages" zur Teilung des Nachlasses verlangen).

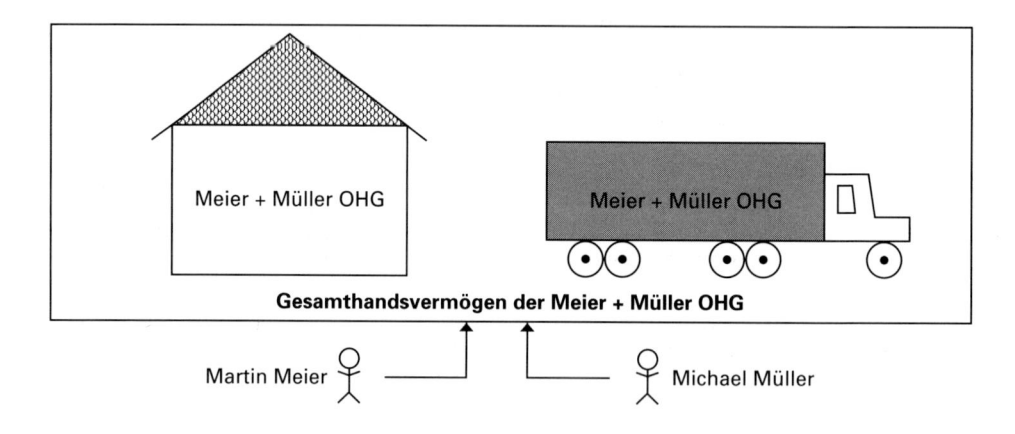

■ Treuhandeigentum

Das Treuhandeigentum ist eine Eigentumsform, die dem Treuhänder **nach außen die volle Rechtsstellung eines Eigentümers** verleiht, im **Innenverhältnis** (zwischen Treugeber und Treunehmer) jedoch nach Vertrag mehr oder weniger **beschränkt** ist.

Beispiel:
Bei der Sicherungsübereignung erwirbt der Kreditgeber als Sicherungsnehmer das Treuhandeigentum, er darf die sicherungsübereignete Sache nur bei Nichtzahlung verwerten.

Wenn der Treuhandeigentümer die Sache z.B. an einen Dritten verkauft, so ist der Verkauf nach außen voll wirksam; im Innenverhältnis ergibt sich jedoch eine Schadensersatzverpflichtung.

4 Erwerb des Eigentums an beweglichen Sachen per Rechtsgeschäft

4.1 Formen des Eigentumserwerbs per Rechtsgeschäft

Normalerweise vollzieht sich die Übereignung einer Sache durch **Einigung** über den Eigentumsübergang **und Übergabe** der Sache (§ 929 1 BGB).

In einigen Fällen erlangt der Erwerber jedoch Eigentum ohne die Übergabe der Sache:

Formen des Eigentumserwerbs per Rechtsgeschäft			
die Übereignung geschieht durch		Beispiele	Gesetzesbestimmungen
Einigung, daß das Eigentum übergehen soll	und **Übergabe**	Normalfall	§ 929 1 BGB
	die **Übergabe** entfällt, da der Erwerber schon im Besitz der Sache ist	Hugo hat Martins Auto ausgeliehen. Da es ihm gut gefällt, möchte Hugo das Auto erwerben; die Einigung über den Eigentumsübergang genügt hier.	§ 929 2 BGB
	die **Übergabe** entfällt, da der Veräußerer noch im Besitz bleiben soll, sie **wird ersetzt durch die Vereinbarung eines sog. „Besitzkonstituts"** (z.B. Leihvertrag)	• Peter verkauft Maria sein Auto, er möchte es aber noch eine Woche behalten; man einigt sich über den Eigentumsübergang und ersetzt die Übergabe durch den Abschluß eines Leihvertrages. • Sicherungsübereignung: Marx finanziert den Kauf seines Neuwagens mit einem Bankkredit, zur Sicherung soll der Wagen an die Bank übereignet werden. Man einigt sich über den Eigentumsübergang, und ersetzt die Übergabe durch die Vereinbarung, daß Marx im Besitz des Wagens bleiben soll.	§§ 930/868 BGB
	die **Übergabe** entfällt, da ein Dritter im Besitz der Sache ist, sie **wird ersetzt durch die Abtretung des Herausgabeanspruchs gegen den Dritten**	Händler Meier verkauft an einen Kunden eine Ware, die sich noch im Lager der Firma Müller befindet. Man einigt sich über den Eigentumsübergang, die Übergabe wird dadurch ersetzt, daß Meier an den Käufer den Herausgabeanspruch gegen Müller abtritt.	§ 931 BGB

4.2 Besonderheiten beim Eigentumserwerb per Rechtsgeschäft mit einem Nichteigentümer

4.2.1 Ermächtigung des Eigentümers (§ 185 BGB)

> **Fälle**
>
> 1. Petermann ermächtigt einen Freund, während Petermanns Urlaub dessen Fahrrad zu verkaufen.
> 2. Nicole bringt ihre gebrauchten Kleider in einen Second-Hand-Shop zum Verkauf.
> 3. Küchenhändler Meier bezieht vom Hersteller Küchengeräte unter Eigentumsvorbehalt und verkauft diese weiter.
> 4. Händler Schwarz nimmt bei der Bank einen Kredit auf und übereignet der Bank als Sicherheit sein Warenlager (Sicherungsübereignung), Schwarz verkauft aber weiterhin aus seinem Lager.
> 5. Ein bei Antiquitätenhändler Ambrosius angestellter Verkäufer verkauft an einen Kunden ein antikes Gemälde; Ambrosius, der das Gemälde lieber behalten hätte, verlangt Herausgabe vom Kunden mit der Begründung, der Angestellte sei von ihm nicht ermächtigt gewesen.
>
> Wird in den genannten Fällen der jeweilige Käufer der Sache rechtmäßiger Eigentümer?

Der Erwerb des Eigentums vom Nichteigentümer ist möglich, wenn dieser vom Eigentümer zur Veräußerung ermächtigt ist (§ 185 BGB).

Beim Kommissionsverkauf, Eigentumsvorbehalt und der Sicherungsübereignung muß diese Ermächtigung nicht ausdrücklich vereinbart werden, der Verkäufer gilt im Zweifel stillschweigend als ermächtigt.

Auch im Falle des Verkaufs durch Angestellte ist eine ausdrückliche Ermächtigung nicht erforderlich, da Ladenangestellte per Gesetz als ermächtigt gelten (§ 56 HGB).

4.2.2 Guter Glaube des Erwerbers (§§ 932 BGB, 366 HGB)

■ **Guter Glaube an das Eigentum des Veräußerers (§§ 932, 935 BGB)**

> **Fall**
>
> August Arg verleiht an Huber seine Stereoanlage (Wert 2000,00 DM); Huber verkauft diese an den ahnungslosen Gustav Gut für 1800,00 DM.
> a) Kann Arg von Gut Herausgabe der Anlage nach § 985 BGB verlangen?
> b) Wie wäre die Rechtslage, wenn Huber die Anlage nicht ausgeliehen, sondern von August gestohlen hätte?

Wenn die veräußerte Sache nicht Eigentum des Veräußerers ist, wird der Erwerber trotzdem Eigentümer, falls er beim Erwerb im guten Glauben an das Eigentum des Veräußerers war (§ 932 BGB).
Der gutgläubige Erwerb ist aber bei abhanden gekommenen (gestohlenen, verlorengegangenen) Sachen nicht möglich (§ 935 BGB).

■ Guter Glaube an die Ermächtigung des Veräußerer (§ 366 HGB)

Fall

Friedel Forsch bringt seinen Wagen zur Reparatur und TÜV-Abnahme zu Autohändler Armbrust. Armbrust verkauft diesen Wagen an den ahnungslosen Gutmann, dem er vorgespiegelt hat, er sei von Meier ermächtigt.
Kann Forsch von Gutmann die Herausgabe des Wagens nach § 985 BGB verlangen?

Auch wenn der Erwerber nicht daran glaubt, daß der Veräußerer Eigentümer ist, so kann er doch Eigentum erwerben, falls er beim Erwerb zumindest im guten Glauben an die Ermächtigung des Veräußerers durch den Eigentümer war (§ 366 HGB).
Voraussetzung ist jedoch, daß der Veräußerer Kaufmann ist und die Veräußerung im Rahmen seines Handelsgewerbes geschieht.

■ Ausgleichsansprüche des ehemaligen Eigentümers

§ 932 BGB und § 366 HGB regeln nur die Eigentumsverhältnisse, sie bestimmen aber keinen Ausgleichsanspruch für den ehemaligen Eigentümer.
Nach § 816 (1) BGB kann der ehemalige Eigentümer vom Nichtberechtigten **die Herausgabe des „Erlangten"**, d.h. des vollen Kaufpreises verlangen (auch, falls dieser über dem Wert der Sache liegt).

5 Erwerb des Eigentums an Sachen per Realakt (Tathandlung)

Der Erwerb des Eigentums ist nicht nur per Rechtsgeschäft (Einigung und Übereignung), sondern auch durch ein **tatsächliches Handeln (Tathandlung, „Realakt")** möglich. Da es sich nicht um ein Rechtsgeschäft handelt, ist die Geschäftsfähigkeit des Erwerbers zum Eigentumserwerb nicht erforderlich.

5.1 Aneignung herrenloser Sachen (§ 958 BGB)

Fälle

1. Meier nimmt einen Hund, der auf einer Autobahnraststätte ausgesetzt wurde, mit nach Hause. Wird Meier Eigentümer?
2. Huber findet im Wald ein Rehkitz und nimmt es mit nach Hause. Wird er Eigentümer?

Wer eine herrenlose Sache in Besitz nimmt, erwirbt das Eigentum an der Sache. Dies gilt nicht, wenn die Aneignung gesetzlich verboten ist (z.B. Naturschutzgesetze) oder Aneignungsrechte anderer (z.B. Jagdberechtigung) verletzt werden (§ 958 BGB).

5.2 Fund von besitzlosen Sachen (§ 965 ff. BGB)

Fälle

1. Huber nimmt eine entlaufene Katze mit nach Hause. Wird er Eigentümer der Katze?
2. Braun findet auf der Straße eine Uhr, die Schwarz verloren hat, und nimmt sie mit nach Hause. Wird er Eigentümer?

Der Finder einer Sache wird Eigentümer, falls er den Fund bei der Behörde angezeigt hat und sich der Verlierer nicht innerhalb von 6 Monaten gemeldet hat (§ 973 (1) BGB).
Ist die Fundsache aber nicht mehr als 10,00 DM wert, so erwirbt der Finder auch ohne Anzeige bei einer Behörde nach 6 Monaten das Eigentum (§ 973 (2) BGB).

Der ehemalige Eigentümer hat allerdings noch 3 Jahre lang ein Recht auf Herausgabe aus ungerechtfertigter Bereicherung (§§ 977, 812 (1) BGB).

5.3 Ersitzung (§ 937 BGB)

Fall

Arnold Arglos kauft von Meier eine goldene Uhr, nicht ahnend, daß es sich um Hehlerware handelt.
a) Kann Arglos nach § 932 BGB durch das Rechtsgeschäft mit Meier das Eigentum erwerben?
b) Arglos hat die Uhr 10 Jahre lang in seinem Besitz gehabt, als sich der Bestohlene meldet und Herausgabe verlangt. Muß Arglos die Uhr noch herausgeben?

Wer eine Sache 10 Jahre lang gutgläubig als ihm gehörend besessen hat (sog. „Eigenbesitz"), erwirbt das Eigentum an der Sache (§ 937 BGB).

5.4 Verbindung beweglicher Sachen miteinander oder mit einem Grundstück (§§ 946, 947 BGB)

5.4.1 Bestandteile und Zubehör (§§ 93 ff. BGB)

■ **Wesentliche Bestandteile**

Ein Bestandteil einer Sache ist deren wesentlicher Bestandteil,

- **im allgemeinen (§ 93 BGB):**
  wenn eine Trennung des Bestandteils von der Hauptsache nicht möglich ist, ohne daß
  – die Hauptsache oder der wesentliche Bestandteil **zerstört** wird oder
  – die **Verwertbarkeit / der Wert vermindert** wird (Bsp.: Uhrwerk einer Uhr)
- **bei Grundstücken (§ 94 (1) BGB):**
  wenn die Sachen **fest mit dem Grundstück verbunden** sind (Gebäude, Pflanzen), soweit sie nicht von vornherein zu einem vorübergehenden Zweck mit dem Grundstück verbunden sind (Scheinbestandteile).
- **bei Gebäuden (§ 94 (2) BGB):**
  wenn die Sachen **zur Herstellung eingefügt** sind (Fenster, Heizung, Fahrstuhl, Treppe usw.), soweit sie nicht nur zu einem vorübergehenden Zweck mit dem Gebäude verbunden sind (Scheinbestandteile).
  Da das Gebäude wiederum wesentlicher Bestandteil des Grundstücks ist, sind die im Gebäude eingefügten Sachen auch wesentliche Bestandteile des Grundstücks.

> Wesentliche Bestandteile einer Sache können nicht „Gegenstand besonderer Rechte" sein (§ 93 BGB): wem die Hauptsache gehört, dem gehört auch der wesentliche Bestandteil.

■ **Scheinbestandteile**

Sachen, die von vornherein **nur zu einem vorübergehenden Zweck** mit einem Grundstück oder Gebäude verbunden sind, werden nach § 95 BGB nicht deren Bestandteile; sie bleiben im rechtlichen Sinne selbständige bewegliche Sachen.

Beispiele:
Baubude, Baugerüst, Pflanzen einer Baumschule.

Eine Verbindung nur zu einem vorübergehenden Zweck liegt i.d.R. auch dann vor, wenn ein Mieter oder Pächter die Sachen einfügt (Bsp.: vom Mieter verlegter Teppichboden).

■ Zubehör

Zubehör sind bewegliche Sachen, die **dem wirtschaftlichen Zweck der Hauptsache dienen**, aber nicht deren Bestandteil sind (§§ 97, 98 BGB):

Beispiele:

Koffer der Schreibmaschine, Reserverad/Radio des KFZ, Fahrzeug eines Handelsbetriebs, Klavier eines Jazzclubs, Maschinen eines Gewerbebetriebs, Vieh, Geräte eines landwirtschaftlichen Betriebes.

> Zubehör kann – im Gegensatz zu wesentlichen Bestandteilen – Gegenstand besonderer Rechte sein („sonderrechtsfähig"), d.h., daß es ohne die Hauptsache übereignet/belastet werden kann.
> Da aber ein wirtschaftlicher Zusammenhang besteht, soll Zubehör im Zweifel das rechtliche Schicksal der Hauptsache teilen.

So wird z.B. eine Einbauküche im Zweifel – also falls keine anderslautende Vertragsvereinbarung besteht – beim Verkauf des Hauses automatisch mitverkauft.

Die Grenze zwischen Zubehör und wesentlichen Bestandteilen ist fließend, so ist z.B. im Fall einer Einbauküche rechtlich nicht eindeutig geklärt, ob sie nur Zubehör oder schon wesentlicher Bestandteil ist. Ist sie Zubehör, bliebe beim Einbau der Eigentumsvorbehalt des Küchenhändlers erhalten, ist sie wesentlicher Bestandteil, ginge der Eigentumsvorbehalt mit dem Einbau unter.

5.4.2 Verbindung beweglicher Sachen mit einem Grundstück (§ 946 BGB)

> **Fälle**
>
> 1. Ackermann hat auf dem Grundstück seines Freundes Finke ein Haus errichtet. Danach geraten die beiden in Streit. Kurz darauf steht Finke mit Familie und Möbelwagen vor der Tür und macht Rechte als Eigentümer geltend...
> 2. Bauunternehmer Bast errichtet auf dem Grundstück von Gustav Gans ein Haus mit Material, das dem Bast vom Baustofflieferanten Liebig unter Eigentumsvorbehalt geliefert wurde.
>   Als Bast die Baustoffe bei Liebig nicht bezahlt, möchte der Baustofflieferant seinen Eigentumsvorbehalt geltend machen.
> 3. Schreiner Schön baut in das Haus von Gustav Gans – unter Eigentumsvorbehalt – eine Treppe ein; als Gans nicht zahlt, will Schön die Treppe wieder ausbauen.
> 4. Bei seinem Umzug möchte der Mieter den von ihm verlegten Teppichboden mitnehmen, der Vermieter widerspricht.
> 5. Maurer Murx entwendet jeden Tag auf der Baustelle etwas Baumaterial und baut damit ein Haus auf seinem Grundstück, der Eigentümer des Materials verlangt Herausgabe.

> Wird eine bewegliche Sache mit einem Grundstück verbunden, so daß sie dessen wesentlicher Bestandteil wird, wird der Eigentümer des Grundstücks auch Eigentümer der mit dem Grundstück verbundenen Sache (§ 946 BGB).

§ 547a BGB gewährt jedoch unter Umständen dem Mieter ein **Wegnahmerecht**, auch wenn es sich um wesentliche Bestandteile handelt.
Voraussetzung ist aber, daß es sich um eine **noch körperlich faßbare Sache** handelt

> **Beispiele:**
> Wandschrank, Lichtanlage, Waschbecken, Ofen (nicht z.B. Tapeten, eingezogene Wände und Decken u.ä.)

Der Mieter ist dann verpflichtet, die Sache **in den früheren Zustand zu versetzen**; z.B. Löcher zuzugipsen (§ 258 (1) BGB), andernfalls wird er schadensersatzpflichtig.

Falls ein Wegnahmerecht besteht, kann der Mieter sich nicht auf § 946 BGB berufen und vom Vermieter Schadensersatz nach § 951 BGB verlangen: er muß entweder sein Wegnahmerecht geltend machen oder darauf verzichten, ohne einen Schadensersatz beanspruchen zu können.

5.4.3 Verbindung beweglicher Sachen miteinander (§ 947 BGB)

> **Fälle**
> 1. Werner und Wolfgang setzen die noch brauchbaren Teile ihrer alten Fahrräder zu einem neuen Rad zusammen. Wer ist Eigentümer des Rades?
> 2. Schreiner Schübel verwendet fremde (gestohlene/unter Eigentumsvorbehalt gelieferte) Scharniere für einen Schrank. Wer ist Eigentümer der Scharniere?

> Werden bewegliche Sachen so miteinander verbunden, daß sie wesentliche Bestandteile einer einheitlichen Sache werden, so werden die bisherigen Eigentümer Miteigentümer dieser Sache; ist eine der Sachen als Hauptsache anzusehen, so wird deren Eigentümer Alleineigentümer (§ 947 BGB).

5.5 Vermischung/Vermengung (§ 948 BGB)

> **Fall**
> Meier tankt an Tankstelle seinen halbvollen Tank voll. Wer ist Eigentümer des Benzins?

> Werden Stoffe wie Benzin, Wasser, Geld, Getreide, Sand u.ä. miteinander vermischt, so daß sie nicht mehr abgrenzbar / dem jeweiligen Eigentümer zuzuordnen sind, finden gemäß § 948 BGB die Vorschriften des § 947 BGB entsprechend Anwendung, d.h. es entsteht Miteigentum bzw. Alleineigentum.

5.6 Verarbeitung und Oberflächenbearbeitung (§ 950 BGB)

> **Fälle**
> 1. Schreiner Schübel fertigt aus dem vom Sägewerk „Kurz und Klein" unter Eigentumsvorbehalt gelieferten Holz einen Schrank. Wer ist Eigentümer des Schrankes?
> 2. Bäcker Bart backt Brot aus Mehl und Hefe, beides wurde ihm unter Eigentumsvorbehalt geliefert. Kann der Lieferant seinen Eigentumsvorbehalt geltend machen, wenn Bart nicht zahlt?
> 3. Künstler Keck formt aus gestohlenem Material eine Plastik. Wer ist Eigentümer der Plastik?

Der Unterschied zwischen einer Verbindung nach § 947 BGB und einer Verarbeitung nach § 950 BGB ist fließend, ein Kriterium für das Vorliegen einer Verarbeitung ist, ob eine **neue Sache mit einer neuen Bezeichnung** entsteht (Bsp.: Brot aus Mehl und Hefe).

> Wer durch Verarbeitung von Stoffen eine neue Sache herstellt, erwirbt das Eigentum an der neuen Sache, sofern nicht der Wert der Verarbeitung erheblich geringer ist als der Stoffwert (§ 950 BGB).

■ Herstellerbegriff

Der Hersteller einer neuen Sache wird also nach § 950 BGB deren Eigentümer.

Bedeutet das aber, daß z.B. der Arbeiter in einer Fabrik oder der Schneider, der einen Anzug aus vom Kunden geliefertem Stoff herstellt (Werkvertrag), Eigentümer der Sache wird?

Unter **Hersteller** im Sinne des § 950 BGB versteht man denjenigen, **in dessen Interesse oder Namen die Verarbeitung erfolgt**.

- Dies ist **nach allgemeiner Verkehrsanschauung** im Falle des Fabrikarbeiters der Betriebsinhaber, im Falle des Werkvertrages der Besteller.

- Werden jedoch unter Eigentumsvorbehalt gelieferte Rohstoffe verarbeitet, kann man nicht sagen, daß die Verarbeitung im Interesse des Rohstofflieferanten erfolgt: der § 950 greift voll und der Eigentumsvorbehalt des Lieferers geht unter. Die Lieferant kann dies nur umgehen, indem er ausdrücklich im Vertrag **vereinbart, daß für ihn hergestellt wird** (sog. „**Verarbeitungsklausel**", die eine Sonderform des Eigentumsvorbehaltes darstellt).[1]

---

[1] Siehe dazu Kapitel 6.3 in diesem Themenkreis.

Gegenstände des Rechtsverkehrs

	Verbindung, Vermischung, Verarbeitung und deren Rechtsfolgen			
	Grundstücksverbindung (§ 946 BGB)	**Fahrnisverbindung (§ 947 BGB)**	**Vermischung (§§ 947, 948 BGB)**	**Verarbeitung (§ 950 BGB)**
Sinn	Unmöglichkeit / Unwirtschaftlichkeit der Trennung			Höherbewertung der Herstellerleistung
Tatbestand	Verbindung beweglicher Sachen mit einem Grundstück	Verbindung beweglicher Sachen miteinander	Vermischung beweglicher Sachen	Verarbeitung zu einer neuen Sache
Voraussetzung	die bewegliche Sache wird wesentlicher Bestandteil i.S.d. § 94 BGB	i.S.d. § 93 BGB	Zuordnung zu bestimmtem Eigentümer / Trennung unmöglich	
Primäre Rechtsfolge	Grundstückseigentümer wird Eigentümer der Sachen (zwingendes Recht)	• Bisherige Eigentümer werden Miteigentümer • Eigentümer der Hauptsache wird Alleineigentümer	• Bisherige Eigentümer werden Miteigentümer • Eigentümer des Hauptbestandteils wird Alleineigentümer	Der Verarbeitende wird Eigentümer der neuen Sache, sofern er nicht für einen anderen herstellt
Sekundäre Rechtsfolge	§ 951 / 818 (2) BGB: Anspruch auf Ersatz in Geld für den Eigentumsverlust, falls das Geld nicht schon aus dem Grundgeschäft verlangt werden kann.			

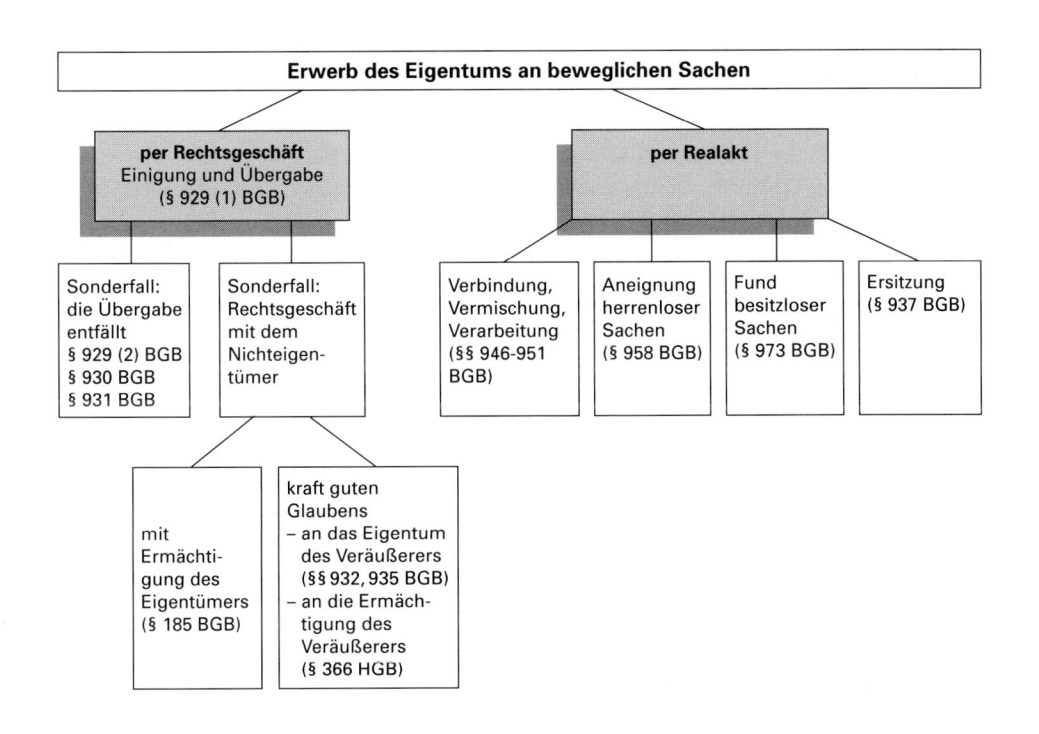

Erwerb des Eigentums an beweglichen Sachen

per Rechtsgeschäft
Einigung und Übergabe (§ 929 (1) BGB)

- Sonderfall: die Übergabe entfällt
  § 929 (2) BGB
  § 930 BGB
  § 931 BGB
- Sonderfall: Rechtsgeschäft mit dem Nichteigentümer
  - mit Ermächtigung des Eigentümers (§ 185 BGB)
  - kraft guten Glaubens
    – an das Eigentum des Veräußerers (§§ 932, 935 BGB)
    – an die Ermächtigung des Veräußerers (§ 366 HGB)

per Realakt

- Verbindung, Vermischung, Verarbeitung (§§ 946-951 BGB)
- Aneignung herrenloser Sachen (§ 958 BGB)
- Fund besitzloser Sachen (§ 973 BGB)
- Ersitzung (§ 937 BGB)

5.7 Ausgleichsansprüche des ehemaligen Eigentümers (§§ 951/812 ff. BGB)

Wer aufgrund von Verbindung, Vermischung oder Verarbeitung sein Eigentum verliert, kann nicht die Wiederherstellung des alten Zustandes oder die Herausgabe der Sache, sondern **nur noch Geld verlangen**.

Beispiele:
- Im Falle eines Kaufvertrages steht dem Lieferer der verarbeiteten Rohstoffe schon nach § 433 (2) BGB diese Zahlung zu.
- Wird aber gestohlene Ware verarbeitet, so besteht kein Grundgeschäft, aus dem der Geldbetrag verlangt werden könnte. In diesem Fall kann der ehemalige Eigentümer aus den §§ 951 / 812 ff. BGB (ungerechtfertigte Bereicherung) Wertersatz verlangen.

---

1. Unterscheiden Sie vertretbare Sachen und nicht vertretbare Sachen anhand eines Beispiels.
2. Welche Bestimmungen zum Schutz des Eigentums gibt es im BGB?
3. Unterscheiden Sie bitte Miteigentum und Gesamthandeigentum.
4. Drei Freunde kaufen ein Haus in der Form von Bruchteilseigentum.
   a) Woran kann man anhand des Grundbuches erkennen, daß Miteigentum und nicht Wohnungseigentum vorliegt?
   b) Welche Probleme können sich im Gegensatz zum Wohnungseigentum ergeben?
5. Normalerweise geschieht die Übereignung durch Einigung und Übergabe. Welche Fälle kennt das Gesetz, in denen eine Übereignung ohne Übergabe geschieht?
6. Welche rechtlichen Möglichkeiten des Eigentumserwerbs vom Nichteigentümer gibt es?
7. Unterscheiden Sie den Erwerb kraft guten Glaubens nach § 932 BGB und nach § 366 HGB.
8. Studentin Helga leiht von Martha ein Buch und verkauft es an Peter, dem sie vorgespiegelt hat, daß sie verfügungsbefugt sei. Kann Peter Eigentum erwerben?
9. Warum kann
   a) ein Mieter
   b) ein Dieb
   nicht durch Ersitzung nach § 937 BGB Eigentum erwerben?
10. Unterscheiden Sie herrenlose und besitzlose Sachen. Wie vollzieht sich jeweils der Eigentumserwerb?
11. Unterscheiden Sie Zubehör und wesentliche Bestandteile. Welche Bedeutung hat die Unterscheidung?
12. Mieter Meier hat in seine Mietwohnung einen Wandschrank eingebaut. Bei seinem Umzug möchte er den Schrank mitnehmen, der Vermieter beruft sich jedoch darauf, Eigentümer nach §§ 94 / 946 BGB geworden zu sein.
    Gibt es für Meier rechtliche Möglichkeiten, den Schrank auszubauen?
13. Ein Kunde hat bei Händler Hörsel eine Couch gekauft und auch schon bezahlt, möchte diese jedoch wegen seines bevorstehenden Umzuges noch nicht mitnehmen.
    a) Wieso ist Hörsel noch Eigentümer der Couch?
    b) Ändert sich die Rechtslage, wenn auf dem Kaufvertrag vermerkt wird: „Der Händler nimmt die Ware unentgeltlich in Verwahrung"?

6 Eigentumsvorbehalt

Fall
Klausel aus einem Kaufvertrag: „Die gelieferte Ware bleibt bis zur vollständigen Bezahlung Eigentum des Lieferanten"   Welche rechtlichen Konsequenzen hat diese Klausel?

6.1 Bedeutung des Eigentumsvorbehaltes

Ohne Eigentumsvorbehalt hat z.B. der Verkäufer beim Kaufvertrag **nur schuldrechtliche Ansprüche**, also relative Rechte gegenüber dem Käufer.

Die Bedeutung des lediglich in § 455 BGB explizit geregelten Eigentumsvorbehaltes liegt in erster Linie darin, daß sich der Verkäufer seine Eigentümerstellung und damit **zusätzlich einen sachenrechtlichen Anspruch** (das Eigentum ist ein absolutes Recht) sichert, den er auch jedem Dritten, z.B. anderen Konkursgläubigern gegenüber geltend machen kann.

	Kaufvertrag und Übereignung ohne Vereinbarung eines Eigentumsvorbehaltes	Kaufvertrag und Übereignung mit Vereinbarung eines Eigentumsvorbehaltes
Verpflichtungsgeschäft	Kaufvertragsabschluß	Kaufvertragsabschluß
Verfügungsgeschäft	Einigung, daß das Eigentum übergehen soll und Übergabe der Ware (§ 929 BGB)	Einigung, daß das Eigentum erst bei vollständiger Bezahlung übergehen soll und Übergabe der Ware
Rechtsfolgen bei Nichtzahlung		
• Rechtsstellung des Verkäufers	Der Verkäufer hat sein Eigentum mit der Übergabe verloren, daher hat er nur noch folgende schuldrechtliche Ansprüche gegen den Käufer: – auf Bezahlung der Ware (§ 433 BGB) oder – auf Rückgabe der Ware, falls er wegen Zahlungsverzug des Käufers zurückgetreten ist (§ 346 BGB)	Der Verkäufer ist trotz Übergabe Eigentümer geblieben, daher hat er neben den schuldrechtlichen Ansprüchen einen sachenrechtlichen Anspruch auf Herausgabe der Ware – gegen den Käufer (aus § 985 BGB) – gegen andere Gläubiger, falls diese die Ware pfänden lassen

Gegenstände des Rechtsverkehrs

• Rücktritt wegen Zahlungsverzuges	Rücktritt vom Kaufvertrag ist erst nach Ablauf einer Nachfrist möglich (§ 326 BGB)	Sofortiger Rücktritt möglich (§ 455 BGB)
• Verjährung	Die Möglichkeit des Rücktritts entfällt mit der Verjährung der Kaufpreisforderung (i.d.R. nach 2 oder 4 Jahren) → der Verkäufer kann nach Verjährung weder den Anspruch auf Zahlung noch den Anspruch auf Rückgabe der Ware durchsetzen	Auch wenn die Kaufpreisforderung verjährt ist, kann der Verkäufer noch einen sachenrechtlichen Anspruch auf Herausgabe der Ware durchsetzen, denn dieser verjährt erst nach 30 Jahren
• Konkurs des Kunden	Geht der Kunde in Konkurs, so hat der Verkäufer – nur einen schuldrechtlichen Anspruch auf Zahlung bzw. – nur einen schuldrechtlichen Anspruch auf Rückgabe der Ware aus § 346 BGB, falls der Rücktritt erfolgt ist. Dieser Anspruch wird im Konkurs des Käufers in eine Geldforderung umgewandelt. In beiden Fällen sind die Ansprüche im Konkurs des Kunden nur nicht bevorrechtigte Forderungen.	Der Verkäufer kann im Konkurs des Käufers statt der schuldrechtlichen Ansprüche auch einen Anspruch auf Aussonderung (= Herausgabe) der Ware geltend machen, da er Eigentümer ist.

Beim Grundstücksverkauf ist ein Eigentumsvorbehalt nicht möglich (§ 925 (2) BGB).

6.2 Problematik des einfachen Eigentumsvorbehalts

Fälle

1. Lieferant Lustig hat an Händler Hase einen Schreibtisch unter Eigentumsvorbehalt geliefert, Hase hat diesen an Lehrer Leer verkauft. Als Hase nicht bezahlt, will Lustig von Leer die Herausgabe des Schreibtisches verlangen. Kann er das?
2. Ein Baustofflieferant hat an einen Bauunternehmer Material unter Eigentumsvorbehalt geliefert, das zum Bau des Hauses von Werner Brösel verwendet wird. Als der Bauunternehmer nicht zahlt, will der Baustofflieferant Herausgabe von Brösel verlangen.
3. Schreiner Schön hat von einem Sägewerk Holz unter Eigentumsvorbehalt bezogen und dieses zu einem Schrank verarbeitet. Als Schön nicht zahlt, will das Sägewerk diesen herausverlangen.

> Der einfache Eigentumsvorbehalt, also die Vereinbarung, daß der Verkäufer bis zur vollständigen Bezahlung Eigentümer der Ware bleibt, geht in folgenden Fällen unter:
> - beim Weiterverkauf an einen Dritten, falls dieser gutgläubig ist
>   - nach § 932 BGB (der Dritte glaubt, daß die Ware Eigentum des Verkäufers ist)
>   - nach § 366 HGB (der Dritte hält den Verkäufer zwar nicht für den Eigentümer, glaubt aber, daß der Verkäufer zumindest zum Verkauf der Ware ermächtigt ist)
> - wenn die gelieferte Sache wesentlicher Bestandteil eines Hauses oder Grundstücks wird (siehe § 946 i.V.m. § 93 bzw. § 94 BGB)
> - bei Verbindung, Vermischung oder Verarbeitung der gelieferten Ware (siehe §§ 947 ff. BGB)

6.3 Lösungsmöglichkeiten

Die Probleme des einfachen Eigentumsvorbehaltes versucht man im Geschäftsleben dadurch zu umgehen, daß man zusätzlich Sonderformen des Eigentumsvorbehaltes vereinbart, die allerdings auch ihre Schwachstellen haben.

■ „Erweiterter" Eigentumsvorbehalt

Beispiele:

Klauseln aus allgemeinen Geschäftsbedingungen:

„Die gelieferte Ware bleibt Eigentum des Lieferanten bis zur vollständigen Bezahlung des Kaufpreises und auch sämtlicher, dem Lieferanten gegen den Käufer zustehenden Forderungen."

„Der Verkäufer bleibt Eigentümer der Ware bis zur vollen Bezahlung seiner sämtlichen, auch zukünftig entstehenden Forderungen aus der Geschäftsverbindung, auch wenn der Kaufpreis für besonders bezeichnete Forderungen bezahlt ist."

> Beim erweiterten Eigentumsvorbehalt behält sich der Verkäufer sein Eigentum auch an den schon bezahlten Waren vor, bis alle Waren bezahlt sind.

Schwachstelle des erweiterten Eigentumsvorbehaltes:
wenn alle Waren bereits verkauft oder verarbeitet sind, läuft der erweiterte Eigentumsvorbehalt leer.

■ „Verarbeitungsklausel"

Beispiele:

Klauseln aus allgemeinen Geschäftsbedingungen:
„Ein Eigentumserwerb des Käufers an unseren Gegenständen gem. § 950 BGB im Falle einer Verarbeitung ist ausgeschlossen. Eine etwaige Verarbeitung erfolgt durch den Käufer für den Lieferanten; dieser bleibt grundsätzlich Eigentümer der durch die Verarbeitung entstandenen Sache, diese dient als Vorbehaltsware zur Sicherung der Ansprüche des Lieferanten."

„Bei Verarbeitung mit anderen, nicht dem Lieferanten gehörenden Waren, erwirbt der Lieferant das Miteigentum im Verhältnis der von ihm gelieferten Ware zu dem Wert der von den anderen Lieferanten stammenden Ware."

> Unter der Verarbeitungsklausel versteht man die Vereinbarung, daß
> - der Käufer die neue Sache für den Lieferanten herstellt;
>   als „Hersteller" i.S.d. § 950 BGB gilt dann der Lieferant des Rohstoffs, dadurch wird er zum Eigentümer der mit den Rohstoffen hergestellten Ware
>   und/oder
> - der Lieferant eines Rohstoffes Miteigentümer der mit den Rohstoffen hergestellten Ware wird.

Schwachstellen der Verarbeitungsklausel:
- Sie ist **sinnlos bei Sachen, die wesentliche Bestandteile von Grundstücken** werden, da § 946 BGB vertraglich nicht abänderbar ist.
- Beim Verkauf der neu hergestellten Sache verliert der Lieferer sein Eigentum an ihr.
- Im Konkurs darf der Käufer nicht Aussonderung, sondern **nur Absonderung** der neuen Sachen verlangen.

■ „Nachgeschalteter" Eigentumsvorbehalt

Beispiel:

Klausel aus allgemeinen Geschäftsbedingungen:
„Der Käufer ist zum Weiterverkauf der Ware berechtigt, jedoch nur unter Eigentumsvorbehalt.
Der Käufer tritt hiermit bereits das vorbehaltene Eigentum an uns ab."

> Beim nachgeschalteten Eigentumsvorbehalt ermächtigt der Lieferer den Käufer nur dann zum Weiterverkauf, falls dieser an den Endabnehmer ebenfalls unter Eigentumsvorbehalt liefert.

Schwachstelle des nachgeschalteten Eigentumsvorbehaltes:
zahlt der Endabnehmer oder wird die Ware verarbeitet / verbunden, so verliert der Lieferer trotzdem sein Eigentum.

■ „Verlängerter" Eigentumsvorbehalt

Beispiel:
Klauseln aus allgemeinen Geschäftsbedingungen:
„Veräußert der Käufer die von uns gelieferte Ware, so tritt er schon jetzt die ihm aus der Veräußerung zustehenden Forderungen gegen den Abnehmer an uns ab."
„Bei Veräußerung der gelieferten Waren gelten alle dafür vereinnahmten Beträge als Inkasso für uns. Beim Käufer eingehende Beträge sind unverzüglich an uns abzuführen, bis alle unsere Forderungen gedeckt sind."

> Beim verlängerten Eigentumsvorbehalt werden vom Käufer im voraus dessen zukünftige Forderungen gegen die Abnehmer an den Lieferanten abgetreten. Der verlängerte Eigentumsvorbehalt bietet die Möglichkeit, auf die Forderung gegen den Endabnehmer zurückzugreifen, wenn auch die Ware selbst nicht mehr greifbar ist.

Man unterscheidet
- **offene Zession**: der Endabnehmer weiß von der Abtretung, muß an den Lieferer zahlen,
- **stille Zession**: der Endabnehmer weiß nichts von der Abtretung, muß an den Händler zahlen.

Schwachstellen des verlängerten Eigentumsvorbehaltes:
- Der Endabnehmer kann eventuell **Einwendungen** (z.B. wegen mangelhafter Ware) oder **Gegenforderungen** geltend machen und zahlt daher nicht.
- Bei einer stillen Zession besteht die **Gefahr, daß der Händler das vom Kunden gezahlte Geld nicht weiterleitet**.
- Geht der Händler vor der Weiterleitung des vom Endabnehmer gezahlten Geldes in Konkurs, so hat der Lieferer nur eine nicht bevorrechtigte Forderung.
- Wurde die Forderung vorher **schon einmal abgetreten** (z.B. an eine Bank zur Kreditsicherung), so hat die erste Abtretung Priorität.
- Endabnehmer mit starker Machtposition haben häufig Klauseln in ihren Allgemeinen Geschäftsbedingungen, in denen sie dem Händler die Abtretung der gegen sie gerichteten Forderung an den Lieferanten untersagen (**„Abtretungsverbot"**), dann läuft der verlängerte Eigentumsvorbehalt leer.

Wegen der Schwachstellen der einzelnen Formen kombiniert man in der Praxis sicherheitshalber immer mehrere / alle Formen des Eigentumsvorbehaltes miteinander, in der Hoffnung, daß eine der Formen die Forderung letztlich doch noch sichert.

6.4 Vereinbarung des Eigentumsvorbehalts

> **Fall**
>
> Händler Ohnesorg hat an einen Kunden eine Ware ausgeliefert, als der Kunde nicht zahlt, beruft sich Ohnesorg darauf, daß er sein Eigentum zurückhaben möchte. Der Kunde verlangt daraufhin zumindest eine Klausel in Ohnesorgs Allgemeinen Geschäftsbedingungen zu sehen, in denen sich der Händler bei Nichtzahlung das Eigentum vorbehält.
> Ohnesorg, der keine AGBs hat, ist der Meinung, daß es doch selbstverständlich sei, daß das Eigentum ohne Bezahlung nicht übergehe. Zu Recht?

> Grundsätzlich geht das Eigentum mit der Übergabe über (§ 929 1 BGB), die Bedingung, daß zuvor bezahlt sein muß, erwähnt das Gesetz nicht.
> Daher muß ein Eigentumsvorbehalt ausdrücklich vor der Übergabe von den Parteien vereinbart werden.

■ **Zeitpunkt der Vereinbarung des Eigentumsvorbehaltes**

Der Eigentumsvorbehalt bezieht sich zwar auf das Erfüllungsgeschäft, meist wird er aber schon im Kaufvertrag vereinbart; er muß aber **spätestens unmittelbar vor der Übergabe** erklärt werden.

Daher ist es zu spät, wenn der Eigentumsvorbehalt erst auf einer nach der Lieferung zugeschickten Rechnung erklärt wird.

Ebenso ist es, wenn der Eigentumsvorbehalt auf dem Lieferschein erklärt wird und die Annahme durch Angestellte erfolgt, die mit der vertraglichen Ausgestaltung nichts zu tun haben (z.B. Lagerarbeiter).

■ **Einverständnis durch schlüssiges Handeln**

Ist der Käufer mit einem vom Verkäufer erklärten Eigentumsvorbehalt nicht einverstanden und nimmt trotzdem die Ware an, so ist darin eine **stillschweigende Zustimmung** zu sehen.

Allerdings kann **nur der einfache Eigentumsvorbehalt** durch die Annahme akzeptiert werden; weitere Vereinbarungen (verlängerter/erweiterter Eigentumsvorbehalt, Verarbeitungsklausel) sind nach wie vor unwirksam.

■ **Vereinbarung in Allgemeinen Geschäftsbedingungen**

Der einfache Eigentumsvorbehalt kann grundsätzlich auch durch eine Klausel in den Allgemeinen Geschäftsbedingungen vereinbart werden; eine Vereinbarung der Sonderformen ist gegenüber Nichtkaufleuten aber nur per individueller Absprache möglich.

Gegenstände des Rechtsverkehrs 57

?

1. Wenn ein Käufer nicht zahlt, hat der Verkäufer nach § 326 BGB das Recht, vom Kaufvertrag zurückzutreten und dadurch seine Ware zurückzubekommen. Worin besteht dann noch der Sinn des Eigentumsvorbehaltes?
2. Erläutern Sie die Probleme des einfachen Eigentumsvorbehaltes.
3. Durch welche Vereinbarungen versucht man, die Probleme des einfachen Eigentumsvorbehaltes zu umgehen?
4. Worin bestehen wiederum die Schwachstellen dieser Lösungsmöglichkeiten?
5. Ein Baustofflieferant hat in seinen Allgemeinen Geschäftsbedingungen folgende Klausel: „Die Ware bleibt bis zur vollständigen Bezahlung unser Eigentum. Sollte sie verarbeitet werden, so stellt der Kunde für uns her."
Bauunternehmer Brassel verwendet die gelieferten Materialien beim Bau eines Einfamilienhauses für Werner Brösel
a) Welche Probleme ergeben sich für den Baustofflieferer, wenn der Bauunternehmer nicht zahlt?
b) Durch welche Vereinbarung kann der Lieferer versuchen, dieses Problem zu lösen?
6. Wann muß ein Eigentumsvorbehalt spätestens vereinbart werden?
7. Welche der Sonderformen kommt im Verkehr mit dem Letztverbraucher überhaupt nur in Frage und in welcher Form muß sie vereinbart worden sein?

7 Besitz von Sachen

Der Besitz ist die tatsächliche Herrschaft eines Rechtssubjektes über eine Sache.

Anders als das Eigentum ist der Besitz keine rechtliche Zuordnung der Sache, sondern **lediglich eine tatsächliche Beziehung** zwischen dem Besitzer und einer Sache; durch die Wegnahme erlangt auch der Dieb Besitz, aber kein Eigentum. Besitzer kann also auch jemand sein, der kein Recht zum Besitz hat.

7.1 Schutz des Besitzes bei verbotener Eigenmacht (§§ 858 – 862 BGB)

Fälle

1. Braun leiht Klotz sein Fahrrad. Eines Tages erwischt Klotz den Mersel, der das Fahrrad stehlen will, auf frischer Tat...
2. Brassel kippt Müll auf das von Brösel gemietete Grundstück.
3. Mückermann parkt die von Brösel gemietete Garage zu.
Welche Möglichkeiten hat der Besitzer in diesen Fällen?

■ Verbotene Eigenmacht

„Verbotene Eigenmacht" i.S.d. § 858 liegt vor, wenn
- der Besitz widerrechtlich **gestört** wurde oder
- der Besitz widerrechtlich **entzogen** wurde.

Es handelt sich auch um verbotene Eigenmacht, wenn z.B. der Verleiher nach Ablauf der Mietzeit sein Eigentum oder wenn der Verkäufer seine unter Eigentumsvorbehalt gelieferte Ware wegen Nichtzahlung eigenmächtig zurückholt!

■ „Gewaltrechte"

Im Augenblick der Tat hat der Besitzer folgende Rechte:
- **Besitzwehr** nach § 859 (1) BGB (Wehren gegen die Wegnahme / Unterfall der Notwehr)
- **Besitzkehr** nach § 859 (2) BGB (Wegnahme mit Gewalt / Unterfall der Selbsthilfe)

■ Rechte, die im Wege einer Klage geltend zu machen sind

Nach der Tat kann der Besitzer noch **1 Jahr** lang folgende Ansprüche im Wege der Klage geltend machen:
- **Wiedereinräumung** des Besitzes nach § 861 BGB,
- **Unterlassen** der Störung nach § 862 BGB.

7.2 Schutz des Besitzers gegen Herausgabeansprüche des Eigentümers (§ 986 BGB)

Fall

Müsel hat sich bereit erklärt, Brösel für eine Woche sein Auto zu leihen. Als Müsel nach 5 Tagen sein Auto selbst braucht, verlangt er als Eigentümer nach § 985 BGB Herausgabe.

Ist ein Besitzkonstitut (z.B. Mietverhältnis) vereinbart, und verlangt der Eigentümer Herausgabe, so kann der rechtmäßige Besitzer (z.B. der Mieter) dem Eigentümer entgegenhalten, daß er zum Besitz berechtigt ist (§ 986 BGB).

7.3 Begriffserklärungen: Besitz

Eigenbesitzer (§ 872 BGB)	Fremdbesitzer
wer eine Sache als ihm gehörend besitzt, z.B. Eigentümer, aber auch der Dieb	wer als Besitzer das Eigentum eines anderen respektiert, z.B. Mieter, Vormund, Pfandnehmer, Käufer unter Eigentumsvorbehalt

Die Unterscheidung ist z.B. wichtig für die „Ersitzung" nach § 937 BGB.

■ Mittelbarer / Unmittelbarer Besitz beim Besitzmittlungsverhältnis des § 868 BGB

Besitzt jemand eine Sache als Mieter, Entleiher, Verwahrer, Pfandnehmer oder in einem ähnlichen Verhältnis („Besitzkonstitut"), so ist er unmittelbarer Besitzer, er hat die tatsächliche Herrschaft über die Sache.

Nach § 868 BGB gilt jedoch auch die andere Seite (der Vermieter, Verleiher, Pfandgeber u.ä.) als Besitzer, obwohl er die Sache nicht in seiner Gewalt hat (sog. „mittelbarer" Besitzer).

Der **Besitzbegriff** wird durch § 868 **über die tatsächliche Sachherrschaft hinaus ausgedehnt**. Dadurch stehen dem Eigentümer der Sache z.B. auch die Gewaltrechte des Besitzschutzes zu; er kann diese Rechte aber nur gegen Dritte und nicht gegen den unmittelbaren Besitzer geltend machen (siehe § 986 BGB).

■ Besitzdiener

Hat jemand die tatsächliche Gewalt über eine Sache, übt sie aber in einem **weisungsunterworfenen Verhältnis** aus (Angestellte, Arbeiter, auch Kinder), so ist er „Besitzdiener". Als mittelbarer und unmittelbarer Besitzer im rechtlichen Sinne gilt der andere (z.B. der Dienstherr), **der Besitzdiener „übt nur den Besitz für ihn aus"** (§ 855 BGB), d.h.:

- Da der Besitzdiener nicht Besitzer ist, kann er keine Besitzschutzrechte gegen den Besitzer geltend machen.
- Da er für den Besitzer den Besitz ausübt, kann er für den Besitzer die Gewaltrechte gegen Dritte ausüben.
- Wenn der Besitzdiener die Sache unbefugt übereignet, gilt diese als abhanden gekommen i.S.d. § 935 BGB, somit ist ein gutgläubiger Eigentumserwerb an der Sache nicht möglich.

---

1. Welche „Gewaltrechte" stehen dem Besitzer einer Sache zu?
2. Ein Mieter wird dauernd durch den Roling-Stones-Genuß der Nachbarn um Mitternacht gestört. Was kann der Mieter gegen die Nachbarn unternehmen, wenn der Vermieter sich nicht selbst um die Sache kümmert?
3. Unterscheiden Sie Eigenbesitz und Fremdbesitz.
4. Was versteht man unter einem Besitzdiener?
5. Der bei Antiquitätenhändler Ambrosius als Bote beschäftigte Brügel soll ein restauriertes Gemälde zum Kunden zurückbringen.
   a) Auf dem Weg zum Kunden will ein Dieb dem Brügel das Bild entwenden – welche Rechte stehen dem Brügel zu?
   b) Brügel veräußert das Gemälde unterwegs an den ahnungslosen Gustav Gut. Kann Gut das Eigentum nach § 932 BGB erwerben?

D Rechtsgeschäfte

Ein Rechtsgeschäft ist die gewollte Herbeiführung einer ganz bestimmten Rechtsfolge durch Abgabe von mindestens einer Willenserklärung.

1 Willenserklärung

Kern eines Rechtsgeschäftes ist die Willenserklärung, daher ist es grundsätzlich erforderlich, daß man überhaupt rechtswirksame Willenserklärungen abgeben kann.[1]

Fall

Wortlos schiebt Heiner Hastig dem Kioskbesitzer ein Markstück zu, dieser gibt ihm ebenso wortlos einen „Kölner Stadtanzeiger". Ist ein Kaufvertrag zustandegekommen?

Die Willenserklärung kann durch eine **ausdrückliche (mündliche oder schriftliche) Erklärung** geschehen, ebenso kann aber der Wille durch **schlüssiges Handeln** erklärt werden.

Beispiele:
Kopfnicken, Besteigen des Karussells, Ingebrauchnahme unbestellter Ware.
Auch **Nichtstun** ist eine Willenserklärung, die in der Regel aber Ablehnung bedeutet.[2]

2 Herbeiführung einer Rechtsfolge

Die Rechtsfolge besteht in der **Begründung oder Änderung von Rechtsbeziehungen**
- zwischen Personen (z.B. Begründung eines Schuldverhältnisses durch Abschluß eines Kaufvertrages, Vereinbarung eines höheren Gehaltes, Kündigung eines Vertrages) oder
- zwischen Personen und Sachen (z.B. Übereignung eines Autos).

Gegebenenfalls sind für den Eintritt der Rechtsfolge neben der Abgabe von Willenserklärungen noch **weitere Voraussetzungen** erforderlich;

Beispiele:
- Eine Übereignung erfordert nicht nur die Einigung über den Eigentumsübergang, sondern auch die Übergabe der Sache bzw. den Grundbucheintrag bei Immobilien.
- Ein Vermögenübergang aufgrund einer Erbschaft setzt nicht nur ein Testament, sondern leider auch den Tod des Erblassers voraus.

---

[1] *siehe dazu Themenkreis B, Kapitel 2*
[2] *siehe dazu Themenkreis D, Kapitel 6.1*

Rechtsfolgen werden aber **nicht ausschließlich durch Rechtsgeschäfte herbeigeführt** und sind auch **nicht immer gewollt**.

Beispiele:
- Wenn Student Sigismund mit dem Fahrrad den Lehrer Leer überfährt, tritt auch ohne Rechtsgeschäft eine von Sigismund gar nicht gewünschte Rechtsfolge ein: zwischen ihm und Lehrer Leer entsteht durch diese unerlaubte Handlung per Gesetz ein Schuldverhältnis, aus dem Sigismund zur Zahlung von Schadensersatz verpflichtet ist.[1]
- Wenn Bauherr Biesel die unter Eigentumsvorbehalt gelieferten Fenster einbaut, geht das Eigentum durch den Einbau (sog. „Realakt") auf Biesel über und der Eigentumsvorbehalt geht unter; eine Rechtsfolge, die vielleicht Biesel, nicht jedoch dem Lieferanten der Fenster gefallen wird.[2]
- Wenn Mieter Müller während des Urlaubs des Vermieters einen Klempner bestellt und bezahlt, weil der Keller unter Wasser steht, so entsteht aus dieser „Geschäftsführung ohne Auftrag" per Gesetz ein Schuldverhältnis zwischen Müller und seinem Vermieter, aus dem der Vermieter zur Zurückzahlung von Müllers Aufwendungen verpflichtet ist.[3]

Rechtsfolgen können entstehen durch						
Rechtsgeschäfte	Realakte z.B. Verbindung, Vermischung, Verarbeitung	unerlaubte Handlungen	erlaubte, aber zum Schadensersatz verpflichtende Handlungen, z.B. Notstand nach § 904 BGB	ungerechtfertigte Bereicherung	Geschäftsführung ohne Auftrag	Vertragsverletzungen

?

Betrachten Sie einen Tag im Leben des Studenten Sigismund.
Worin besteht jeweils die Rechtsfolge? Wurde sie durch ein Rechtsgeschäft oder durch eine andere Möglichkeit herbeigeführt?
1. Zum Frühstück brät Sigismund Spiegeleier mit Speck, die Kaufmann K (unter Eigentumsvorbehalt) gestern anlieferte.
2. Nach dem Frühstück gelingt es ihm, mit seinem Arbeitgeber ein höheres Entgelt für seinen Aushilfsjob zu vereinbaren.
3. Anschließend fährt er zu seinem neuen Vermieter zwecks Abschluß eines Mietvertrages.
4. Er steckt ein Kündigungsschreiben an seine alte Vermieterin in den Briefkasten.
5. Leider verursacht er anschließend einen Unfall, bei dem der Wagen seines Gegners einen Totalschaden davonträgt.
6. Als vorsichtiger Mann setzt Sigismund danach sein Testament auf.
7. Als S nach Hause kommt, findet er den Postboten mit einem Paket für seinen Vermieter an, für das er die Zustellgebühr auslegt.

---
[1] siehe dazu Themenkreis F „Schuldverhältnisse aufgrund von Rechtsverletzungen"
[2] siehe dazu Themenkreis C.5 „Erwerb des Eigentums per Realakt"
[3] siehe dazu Themenkreis D.5.7 „Geschäftsführung ohne Auftrag"

3 Arten von Rechtsgeschäften

3.1 Einseitige Rechtsgeschäfte – Zweiseitige Rechtsgeschäfte

> **Fall**
>
> Händler Bartel schließt mit dem Verkäufer Murx einen Arbeitsvertrag.
> Da Bartel aber mit Murx überhaupt nicht zufrieden ist, kündigt er Murx innerhalb der Probezeit.
> Wie viele Willenserklärungen sind jeweils zum Eintritt der Rechtsfolge erforderlich?

3.1.1 Einseitige Rechtsgeschäfte

> **Fall**
>
> Peter Pan setzt 100,00 DM für denjenigen als Belohnung aus, der ihm seinen entlaufenen Hund Fifi wiederbringt („Auslobung"). Hat seine Nachbarin, die Fifi zurückbringt, ohne von der Belohnung zu wissen, einen Anspruch auf das Geld?

> Für das Zustandekommen eines einseitigen Rechtsgeschäfts ist nur eine Willenserklärung notwendig (Bsp: Testament, Kündigung, Auslobung).
>
> Man unterscheidet:
> - Einseitige Rechtsgeschäfte mit nicht empfangsbedürftiger Willenserklärung. Die Willenserklärung wird wirksam mit ihrer Abgabe (Testament, Auslobung).
> - Einseitige Rechtsgeschäfte mit empfangsbedürftiger Willenserklärung (Kündigung).
>
> Die empfangsbedürftige Willenserklärung wird wirksam
> – bei Anwesenden, am Telefon: mit Vernehmen durch den Empfänger,
> – bei Abwesenden mit dem Zugang der Willenserklärung beim Empfang.

Die Abwesenheit des Empfängers steht dem Zugang bei empfangsbedürftigen Willenserklärungen nicht entgegen, denn eine **Willenserklärung gilt als zugegangen**, wenn 2 Voraussetzungen erfüllt sind:
- Die Willenserklärung ist in den **Machtbereich** des Empfängers gelangt (z.B. Briefkasten, Postfach, Anrufbeantworter).
- **Unter normalen Umständen ist mit ihrem Zugang zu rechnen.**

Beispiel:
Rudi Klawubke wirft am Abend des 30.9. um 23 Uhr ein Kündigungsschreiben an seinen Vermieter in dessen Briefkasten; der Vermieter ist bis zum 14.10. in Urlaub. Der Brief gelangt zwar am 30.9. in den Machtbereich des Empfängers, unter normalen Umständen ist jedoch mit dem Zugang am nächsten Morgen zu rechnen, und das auch, wenn der Vermieter in Urlaub ist.

3.1.2 Zweiseitige Rechtsgeschäfte

> **Fall**
> Kowalski schließt mit dem Autohändler Arnold einen Kaufvertrag über einen Jaguar auf Kredit, zur Sicherheit schließt Arnold einen Bürgschaftsvertrag mit Kowalskis Freundin Gisela. Wie viele Willenserklärungen sind jeweils erforderlich, und für welche Seite ergeben sich Verpflichtungen aus dem Vertrag?

> Für das Zustandekommen eines zweiseitigen Rechtsgeschäftes sind zwei übereinstimmende Willenserklärungen notwendig (z.B. alle Verträge).
> Man unterscheidet bei zweiseitigen Rechtsgeschäften:
> - einseitig verpflichtende Rechtsgeschäfte:
>   nur eine Vertragspartei übernimmt Leistungspflichten, die andere hat nur Rechte (z.B. Bürgschaft, Schenkungsversprechen)
> - zweiseitig verpflichtende Rechtsgeschäfte:
>   beide Vertragsparteien übernehmen Leistungspflichten (z.B. Kaufvertrag, Mietvertrag)

Je nachdem, in welchem Umfang die Parteien Verpflichtungen übernehmen, unterscheidet man bei den zweiseitig verpflichtenden Rechtsgeschäften noch in:

- **Streng zweiseitig verpflichtende (= „gegenseitige") Rechtsgeschäfte**, bei denen die Parteien **gleichwertige Pflichten** übernehmen (z.B. Kaufvertrag, Mietvertrag, entgeltlicher Auftrag).

  Sie sind erkennbar am Prinzip des „do ut des" („ich gebe nur, weil du gibst"): so gibt der Verkäufer die Ware nur her, weil er dafür Geld bekommt, der Vermieter überläßt die Wohnung nur, weil er die Mietzahlung erhält.

  Für gegenseitige Rechtsgeschäfte gelten **Sonderregelungen** (§§ 320 ff. BGB)!

- **Unvollkommen zweiseitig verpflichtende Rechtsgeschäfte**, bei denen die Parteien **ungleichwertige Pflichten** übernehmen (z.B. unentgeltlicher Auftrag, der Beauftragte hat die Hauptpflicht, den Auftrag auszuführen, der Auftraggeber muß dem Beauftragten aber lediglich die Auslagen erstatten und keine Gegenleistung entrichten).

Rechtsgeschäfte				
Einseitige Rechtsgeschäfte (eine Willenserklärung zum Zustandekommen erforderlich)		Zweiseitige Rechtsgeschäfte (mindestens 2 Willenserklärungen zum Zustandekommen erforderlich)		
mit nicht empfangsbedürftiger Willenserkärung	mit empfangsbedürftiger Willenserklärung	Einseitig verpflichtendes Rechtsgeschäft	Zweiseitig verpflichtendes Rechtsgeschäft	
Willenserklärung wird wirksam mit ihrer Abgabe	Willenserklärung wird wirksam – bei Anwesenden, am Telefon: mit ihrem Vernehmen – bei Abwesenden (§ 130): mit ihrem Zugang	nur eine Vertragspartei übernimmt Leistungspflichten, die andere hat nur Rechte	Beide Parteien übernehmen Leistungsverpflichtungen	
			Vollkommen oder streng zweiseitig (= „gegenseitig")	Unvollkommen zweiseitig
			Beide Parteien haben gleichwertige Hauptpflichten	Eine Partei hat Hauptpflichten, die andere Nebenpflichten

3.2 Formfreie – formbedürftige Rechtsgeschäfte

Fall

Hartmut Huber hat per Handschlag einen Mietvertrag abgeschlossen, ist dieser Vertrag gültig?

Grundsätzlich bedürfen Rechtsgeschäfte keiner besonderen Form, es sei denn, daß per Vertragsvereinbarung oder Gesetz eine bestimmte Form vorgeschrieben ist.

Als **Formvorschriften** kommen in Frage:

- **die vertraglich vereinbarte („gewillkürte") oder gesetzliche Schriftform**
  (= schriftliche Niederlegung und **eigenhändige Unterschrift** nach § 126 BGB)

  Gesetzlich vorgeschrieben ist die Schriftform z.B. für
  – Bürgschaften eines Privatmannes (§ 766 BGB)
  – befristete Mietverträge über mehr als 1 Jahr (§§ 566 / 580 BGB)
  – Kündigungen von Mietverhältnissen (§ 564 a BGB)
  – Kreditverträge (Ratenkäufe) nach § 4 (1) 1 VerbrKrG

- **die öffentliche Beglaubigung**
  (= schriftliche Niederlegung und **Beglaubigung der Unterschrift** durch einen Notar nach § 129 BGB)

  Gesetzlich vorgeschrieben ist die öffentliche Beglaubigung z.B. für
  – Anmeldungen zur Eintragung ins Handelsregister (§ 12 HGB)
  – Anmeldungen zur Eintragung ins Vereinsregister (§ 77 BGB)
  – Anmeldungen zur Eintragung ins Grundbuch (§§ 29, 30 Grundbuchordnung GBO)

- **die notarielle Beurkundung**
  (= schriftliche Niederlegung und **Beglaubigung von Unterschrift und Inhalt** durch einen Notar, wobei der Notar die Parteien auch über den Sachverhalt aufklärt)

  Gesetzlich vorgeschrieben ist die notarielle Beglaubigung z.B. für
  – das Schenkungsversprechen (§ 518 GBG)
  – Kaufverträge bei Grundstücken (§ 313 BGB)
  – die Einigung über den Eigentumsübergang bei Grundstücken („Auflassung" nach § 873 BGB)

Rechtsfolge bei Formmängeln

Bei Nichtbeachtung der gewillkürten oder gesetzlich vorgeschriebenen Form ist das Rechtsgeschäft i.d.R. **nichtig** (§ 125 BGB).

In einigen Fällen ist aber eine „**Heilung**" des Formmangels möglich, so wird z.B. bei einer Bürgschaft, die nur mündlich eingegangen wurde, der Formmangel geheilt, wenn der Bürge gezahlt hat (§ 766 2 BGB).

3.3 Verpflichtungsgeschäfte – Verfügungsgeschäfte

Verpflichtungsgeschäfte sind Rechtsgeschäfte, die eine **Verpflichtung zu einer Leistung** begründen (z.B. Abschluß eines Kaufvertrages).

Verpflichtungsgeschäfte sind vorwiegend im Schuldrecht des BGB zu finden, dabei handelt es sich in der Regel um zweiseitige und nur ausnahmsweise um einseitige Rechtsgeschäfte (Bsp. Auslobung).

Verfügungsgeschäfte sind Rechtsgeschäfte, durch die **unmittelbar ein Recht verändert** wird (z.B. Übereignung nach § 929 ff. BGB).

Verfügungsgeschäfte finden sich meist im Sachenrecht, es gibt aber auch Verfügungsgeschäfte im Schuldrecht (z.B. Erlaß oder Abtretung einer Forderung nach §§ 387, 398 BGB) oder im Erbrecht (Vermögensübergang durch Testament nach § 1937 BGB).

3.4 Abstrakte Rechtsgeschäfte

Abstrakte Rechtsgeschäfte sind solche, die von **einem zugrundeliegenden Geschäft unabhängig** sind.

Dies ist in der Regel der Fall bei **Verfügungsgeschäften**: so ist z.B. die Übereignung wirksam, auch wenn der zugrundeliegende Kaufvertrag unwirksam ist.[1]

Es gibt aber auch **abstrakte Verpflichtungsgeschäfte**. So ist z.B. das Eingehen einer Scheck- oder Wechselverbindlichkeit abstrakt, da der Gläubiger ohne Rücksicht auf Einwendungen aus dem Grundgeschäft Zahlung verlangen kann. Ein Wechselschuldner kann z.B. nicht geltend machen, daß das zugrundliegende Geschäft (z.B. ein Kaufvertrag) unwirksam ist oder daß die gelieferte Ware mangelhaft war.

---

1. Worin liegt der Unterschied zwischen einseitigen und zweiseitigen Rechtsgeschäften?
2. Wie werden einseitige Rechtsgeschäfte unterteilt? Nennen Sie auch jeweils ein Beispiel.
3. Wie werden zweiseitige Rechtsgeschäfte unterteilt? Nennen Sie bitte auch ein Beispiel.
4. Warum entfällt bei zweiseitigen Rechtsgeschäften die Unterteilung in empfangsbedürftig / nicht empfangsbedürftig?
5. Welche gesetzlichen Formvorschriften für Rechtsgeschäfte gibt es? Nennen Sie bitte jeweils ein Beispiel.
6. Was versteht man unter abstrakten Rechtsgeschäften?
7. Ein Händler hat bei einem Lieferanten Waren auf Kredit gekauft, die Forderung des Händlers wurde mit einem Wechsel abgesichert. Als der Wechsel fällig ist, weigert sich der Händler, diesen einzulösen, weil ein Großteil der Ware mangelhaft war. Wie ist die Rechtslage?
8. Egon hat seiner Freundin Edda zu Weihnachten einen Rolls Royce versprochen. Am Weihnachtsabend beruft sich Edda auf das Schenkungsversprechen.
   a) Ist ein wirksamer Schenkungsvertrag zustande gekommen?
   b) Wie wäre die Rechtslage, wenn Egon ihr tatsächlich den Rolls Royce geschenkt hätte und nun die Schenkung bereuen würde – könnte er sich auf Formmangel des Vertrages berufen (§ 518 (2) BGB)?

4 Vernichtung von Willenserklärungen/Rechtsgeschäften

Fälle

1. Nach Abschicken eines Angebots stellt Händler Braun fest, daß er sich vertippt hat; er telefoniert sofort mit seinem Kunden und widerruft sein Angebot.
2. Auch Händler Schwarz hat sich vertippt, er stellt dies jedoch erst nach der Lieferung an den Kunden fest und ficht den Vertrag an.
3. Ein Kreditvermittler bietet seinem Kunden einen Kredit zu 40 % Zinsen an.

Zu welchem Zeitpunkt und warum werden die Willenserklärungen / Rechtsgeschäfte unwirksam?

---

[1] Siehe dazu Kapitel A.3.4 „Verpflichtungs- und Verfügungsgeschäfte".

Rechtsgeschäfte 67

Ein Rechtsgeschäft bzw. eine Willenserklärung kann aus verschiedenen Gründen / zu verschiedenen Zeitpunkten „vernichtet" werden.	
Vor Zugang der Willenserklärung	**Nach Zugang der Willenserklärung**
durch rechtzeitigen **Widerruf** der Willenserklärung (§ 130 BGB)	das Rechtsgeschäft kommt erst gar nicht zustande: **Nichtigkeit von Anfang an**	das Rechtsgeschäft kommt zunächst zustande, wird aber, da eine Anfechtung erfolgt, **rückwirkend unwirksam**

4.1 Nichtigkeit von Anfang an

Fälle

1. Müsel verkauft an Brüsel ein Grundstück. Um Grunderwerbssteuer zu sparen, geben die beiden im notariell beurkundeten Vertrag an, der Kaufpreis sei 200 000,00 DM, obwohl sie sich in einem internen Kaufvertrag auf einen tatsächlichen Preis von 250 000,00 DM geeinigt haben.
   a) Wieso ist der notariell beurkundete Vertrag nichtig?
   b) Wieso ist der interne Kaufvertrag nichtig?
2. Muckermann stürzt vollkommen erschöpft in eine Kneipe und ruft: „100,00 DM für ein wirklich kühles Bier!". Der Wirt bringt das Bier und verlangt 100,00 DM...

Die Willenserklärung / das Rechtsgeschäft ist in folgenden Fällen von Anfang an unwirksam:

- Dissens (Nichtübereinstimmung der Willenserklärungen nach §§ 154, 155 BGB)
- Geschäftsunfähigkeit (§ 105 (1) BGB)
- vorübergehende Störung der Geistestätigkeit; § 105 (2) BGB
- beschränkte Geschäftsfähigkeit, falls die Zustimmung des gesetzlichen Vertreters fehlt und keine Ausnahme wie z.B. Taschengeldkauf vorliegt (§§ 106 ff. BGB)
- Scheingeschäfte (Geschäfte, die mit Einverständnis des Vertragspartners nur zum Schein geschlossen werden, um i.d.R. einem Dritten zu schaden nach § 117 BGB)
- Scherzgeschäfte (offensichtlich nicht ernst gemeinte Willenserklärung nach § 118 BGB)
- Formmängel, falls eine gewillkürte oder gesetzliche Form vorgeschrieben ist (§ 125 BGB)
- Rechtsgeschäfte, die gegen ein gesetzliches Verbot verstoßen (§ 134 BGB)
- sittenwidrige Rechtsgeschäfte (Unterfall: Wucher) nach § 138 BGB

4.2 Nichtigkeit nach Anfechtung (§§ 119 ff. BGB)

In einigen Fällen ist das Rechtsgeschäft nicht von Anfang an nichtig; **das Rechtsgeschäft kommt zunächst zustande** und es bleibt den Vertragsparteien überlassen, ob sie das Rechtsgeschäft anfechten und damit seine Nichtigkeit herbeiführen wollen.

4.2.1 Anfechtungsgründe

Grundsätzlich gilt „Vertrag ist Vertrag". Daher läßt der Gesetzgeber **nur aus ganz bestimmten Gründen** die Anfechtung eines Rechtsgeschäftes zu. Nach dem vorliegenden Anfechtungsgrund richtet sich der Zeitraum, in dem das Rechtsgeschäft angefochten werden kann.

	Anfechtungsgründe und Anfechtungsfristen	
Gründe	Irrtümer (§§ 119 (1), 119 (2), 120 BGB)	Täuschung / Drohung (§ 123 BGB)
	• **Erklärungsirrtum** (man sagt etwas anderes, als man wollte: versprechen, verschreiben)	Das Rechtsgeschäft kam nur deswegen zustande, weil einer der Vertragspartner von der anderen Seite
	• **Inhaltsirrtum** (man sagt zwar, was man wollte, irrt aber über die Bedeutung des Gesagten)	• arglistig **getäuscht** oder
		• widerrechtlich **bedroht** wurde
	• **Irrtum über** für dieses Geschäft **wesentliche Eigenschaften** – **einer Person** (Kreditwürdigkeit, Alter, Zuverlässigkeit, Unbestraftheit, Sachkunde) – **einer Sache** (Material, Herkunft, Alter, Bebaubarkeit, Echtheit, Ertragsfähigkeit)	
	• **Übermittlungsirrtum** (Bote übermittelt falsche Nachricht / an falschen Empfänger)	
	Kein Anfechtungsgrund ist der sog. „**Motivirrtum**", d.h. wenn man sich über den Grund für das Rechtsgeschäft irrte.	
Fristen	Die Anfechtung muß **unverzüglich nach Entdecken des Irrtums** erfolgen, sie ist gar nicht mehr möglich, wenn seit der Abgabe der Willenserklärung mehr als 30 Jahre verstrichen sind (§ 121 BGB).	Die Anfechtung muß **innerhalb eines Jahres nach Entdecken der Täuschung** bzw. **nach Wegfall der Zwangslage** erfolgen, auch hier dürfen aber nicht mehr als 30 Jahre verstrichen sein (§ 124 BGB).

4.2.2 Form der Anfechtung

Die Anfechtung erfolgt durch **rechtzeitige** (innerhalb der Anfechtungsfristen liegende) **Erklärung gegenüber dem Anfechtungsgegner** (§ 143 BGB).
Die Anfechtung ist ein **einseitiges empfangsbedürftiges Rechtsgeschäft**.
Falls also ein zulässiger Grund gegeben ist und die Anfechtung rechtzeitig durch Erklärung erfolgte, so tritt die Nichtigkeit durch die Erklärung nur **einer** Partei ein.

4.2.3 Folgen der Anfechtung

■ **Unwirksamkeit des Rechtsgeschäftes**

Mit der Anfechtung wird das Rechtsgeschäft **rückwirkend unwirksam**, es gilt **von Anfang an** als nichtig; § 142 (1) BGB.

Damit sind auch alle Ansprüche auf Vertragserfüllung nichtig, bereits erfolgte Leistungen sind aus § 812 (1) BGB (ungerechtfertigte Bereicherung) zurückzugewähren.

In folgenden Ausnahmefällen ist das Rechtsgeschäft erst ab Anfechtung nichtig:

- bei Anfechtung der Ehe
- bei Anfechtung von Arbeitsverträgen
- bei Anfechtung von Gesellschaftsverträgen

■ **Schadensersatzansprüche**

Der Anspruch auf Erfüllung ist zwar nicht mehr gegeben, es können aber eventuell Schadensersatzansprüche gegeben sein.

- bei Anfechtung wegen Irrtums:

    Der Anfechtende muß der anderen Partei den Schaden, der dadurch entstanden ist, daß der andere auf die Gültigkeit des Vertrages vertraute (sog. „Vertrauensschaden" oder „negatives Interesse") nach § 122 BGB ersetzen (z.B. Kosten für Transport).

> **Fall**
>
> Möbelfabrikant Baum bietet dem Brumm eine Ledergarnitur zum Preis von 2300,00 DM an. Brumm kauft 5 Garnituren, und läßt diese durch einen Frachtführer abholen (Kosten: 100,00 DM) und lagert sie zunächst in einem fremden Lager ein (Kosten: 300,00 DM). Eine Woche später bemerkt Baum, daß er beim Angebot 2300,00 DM statt 3200,00 DM geschrieben hat und ficht unverzüglich an. Brumm hätte die Garnituren zu je 4000,00 DM weiterverkaufen können, es wären ihm allerdings noch 500,00 DM Kosten entstanden.
> – Welchen Gewinn hätte Brumm machen können, wenn das Geschäft zustandegekommen wäre? (sog. „positives Interesse")
> – Wie hoch ist Brumms negatives Interesse?
> – Wie hoch ist Brumms Schadensersatzanspruch?

- bei Anfechtung wegen arglistiger Täuschung oder widerrechtlicher Drohung:

    Hier kann es nicht sein, daß der Anfechtende den Schaden ersetzen muß, er ist ja der Geschädigte. Hier muß derjenige, der täuschte / drohte, Schadensersatz leisten.

    Eine Anspruchsnorm findet sich allerdings nicht in den §§ 119 ff. BGB, sondern im Deliktsrecht: § 826 BGB (vorsätzliche sittenwidrige Schädigung).

1. Aus welchen Gründen kann ein Rechtsgeschäft von Anfang an nichtig sein?
2. Welche Gründe läßt das Gesetz für eine Anfechtung zu?
3. Liegt in folgenden Fällen ein Anfechtungsgrund vor? Wenn ja – welcher?
   a) Ein Berliner bestellt in einer Kölner Kneipe einen „halben Hahn". Statt des erwarteten Hähnchens bekommt er jedoch ein Käsebrötchen.
   b) Händler Hartwig will ein Angebot zu 4300,00 DM unterbreiten, er schreibt jedoch 3400,00 DM.
   c) Braun schließt einen Arbeitsvertrag mit einem neuen LKW-Fahrer ab, erst im Nachhinein stellt sich heraus, daß dieser keinen in Deutschland gültigen Führerschein hat.
   d) Wie wäre die Rechtslage in c), wenn es sich um die Einstellung eines Fahrradkuriers gehandelt hätte?
   e) Braun kauft bei Schwarz einen Original Picasso, dieser stellt sich im Nachhinein als Fälschung heraus:
      – auch Schwarz war von der Echtheit überzeugt
      – Schwarz wußte, daß das Gemälde nicht echt war.
   f) Anzeige im Kölner Stadtanzeiger: „Zimmer zu vermieten, nicht an Studenten"; Weil sich Student Sigismund (25. Semester) als Studienrat ausgibt, erhält er das Zimmer.
   g) Studienrat Sauber möchte am liebsten an Studenten vermieten. Sigismund, der Saubers studentenfreundliche Gesinnung nicht kennt, gibt sich als Dozent aus. Als Sauber 3 Monate später die Wahrheit erfährt, kommt ihm dies sehr gelegen, um anzufechten, da Sigismund seiner Meinung nach zu häufig Arbeitstreffen mit seinen Kolleginnen hat...
   h) Händler Horn schickt seinen Auszubildenden mit einer Bestellung über 200 Stück zum Großhändler, der Auszubildende bestellt versehentlich 300 Stück.
   i) Meier kauft Aktien in der Erwartung, daß die Kurse steigen werden. Die Kurse sinken jedoch.
   j) Müsel will von seinem Nachbarn ein Haus kaufen. Als dieser jedoch nicht zum Verkauf bereit ist, läßt Müsel durchblicken, daß er eine von dem Nachbarn begangene Unterschlagung anzeigen will.
   k) Brause stellt einen neuen Verkäufer für den 1.4. ein, da er ein florierendes Sommergeschäft erwartet. Ende Februar zeigt sich, daß die Geschäfte schlechter laufen als erwartet.

5 Vertretung / Vollmacht (§ 164 ff. BGB)

Fall
Brösel bittet Müsel, doch für ihn bei Klawubke ein Faß Bier zu bestellen.
Von wem kann Klawubke Zahlung verlangen?

Wirkung der Vertretung:
Der Stellvertreter empfängt bzw. gibt Willenserklärungen an Stelle des Vertretenen ab, es ist so, als handele der Vertretene selbst:
- eine Willenserklärung wird dem Vertretenen gegenüber wirksam, sobald sie dem Vertreter zugeht;
- ein vom Vertreter getätigtes Geschäft verpflichtet/berechtigt direkt den Vertretenen, nicht den Vertreter (§ 164 BGB).

Damit die Wirkung der Vertretung eintreten kann, sind folgende **Voraussetzungen** erforderlich:
- Die Stellvertretung ist grundsätzlich **zulässig** (nicht bei persönlichen Erklärungen wie z.B. bei Eheschließung, Testamentserrichtung).
- Eine Vertretungsmacht **besteht** überhaupt.
- Der Vertreter **überschreitet nicht den Umfang** seiner Vertretungsmacht.
  Der Umfang der Vertretungsmacht richtet sich grundsätzlich nach der vertraglichen Vereinbarung, bei den Vollmachten des Handelsrechts bestimmt jedoch das Gesetz den Umfang der Vertretungsmacht.
- Der Vertreter handelt in **fremdem Namen („Offenkundigkeitsprinzip")**.
  Daß der Vertreter in fremdem Namen handelt, muß nicht ausdrücklich gesagt werden, falls es aus den Umständen entnehmbar ist (z.B. Ladenangestellter).
  Wird nicht deutlich, daß für einen anderen gehandelt wird, so tritt die Wirkung des getätigten Rechtsgeschäftes für den Vertreter selbst ein (§ 164 (2) BGB), es sei denn, es handelt sich um Bargeschäfte des täglichen Lebens.

5.1 Bestehen der Vertretungsmacht

Eine Vertretungsbefugnis kann per Rechtsgeschäft erteilt werden oder per Gesetz bestehen.

5.1.1 Vertretungsmacht per Gesetz

In bestimmten Fällen muß eine Vertretungsmacht nicht ausdrücklich erteilt worden sein, da sie schon **per Gesetz** besteht.

Beispiele:
- Eltern (§ 1629 BGB), Vormund, Pfleger
- Eheleute untereinander zur Deckung des Lebensbedarfs (§ 1357 BGB)
- vertretungsberechtigter Gesellschafter einer Personengesellschaft

Keine echten gesetzlichen Vertreter sind die Organe von juristischen Personen (Vereinsvorstand, GmbH-Geschäftsführer), da sie für die juristische Person selbst und nicht in deren Vertretung handeln.

5.1.2 Vertretungsmacht per Rechtsgeschäft (Vollmacht)

Von „**Vollmacht**" spricht man, wenn es sich um eine **durch Rechtsgeschäft erteilte Vertretungsmacht** handelt.
Eine Vollmacht wird **im allgemeinen** erteilt
- durch einseitige empfangsbedürftige **Erklärung gegenüber dem zu Bevollmächtigenden**; sog. „**Innenvollmacht**";
- oder durch einseitige, empfangsbedürftige **Erklärung gegenüber dem Dritten**, mit dem der Vertreter zu tun haben wird, sog. „**Außenvollmacht**" (§ 167 BGB).

Bei den Vollmachten **des Handelsrechts** gelten teilweise noch zusätzliche Sonderregelungen, so muß z.B. die Prokuraerteilung ins Handelsregister eingetragen werden.[1]

---
[1] Siehe dazu Kapitel I.4 „Stellvertretung/Vollmacht im Handelsrecht".

5.2 Erlöschen von Vollmachten

Die Vollmacht erlischt durch
- Auftragserledigung bei einer Einzelvollmacht
- Zeitablauf bei einer befristeten Vollmacht
- Widerruf der Vollmacht
- Tod des Bevollmächtigten
- eintretende Geschäftsunfähigkeit des Bevollmächtigten

Für die Vollmachten des Handelsrechts gelten wieder zusätzliche Sonderregelungen. So ist z.B. der Widerruf der Prokura ins Handelsregister einzutragen.

5.3 Rechtsfolgen bei Vertretung ohne Vertretungsmacht

Fall
Viermann verkauft im Namen von Guntermann an den Knösel ein Turnierpferd für 10 000,00 DM. Das Pferd war aber tatsächlich 12 000,00 DM wert. Knösel erscheint einige Tage später mit einem für 100,00 DM geliehenen Transporter, um das Pferd abzuholen. a) Welche Ansprüche kann Knösel geltend machen, wenn Viermann überhaupt keine Vertretungsmacht hatte und dies wußte? b) Welche Ansprüche kann Knösel geltend machen, wenn die von Guntermann erteilte Vollmacht wegen einer für Viermann nicht erkennbaren Geisteskrankheit des Guntermann nichtig war?

Schließt jemand einen Vertrag für einen anderen, **ohne Vertretungsmacht** zu haben, (er hat gar keine Vertretungsmacht oder überschreitet deren Umfang), so ist der Vertrag schwebend unwirksam.

Der Vertrag kann vom Vertretenen genehmigt werden (sog. „Eintrittsrecht"); bis zur Genehmigung hat der Vertragspartner ein Widerrufsrecht; §§ 174, 178, 184 BGB.

Falls die **Genehmigung verweigert** wird, muß der Vertreter gemäß § 179 BGB haften:
- **Wußte** er von seiner fehlenden Vertretungsmacht, kann der Vertragspartner vom Vertreter **Vertragserfüllung oder Schadensersatz wegen Nichterfüllung** (positives Interesse) verlangen.
- Handelte er **unbewußt** ohne Vertretungsmacht, so kann der Vertragspartner nur Ersatz des **Vertrauensschadens** (negatives Interesse) verlangen.
- **Wußte** der **Vertragspartner** von der fehlenden Vertretungsmacht, so entfällt die Haftung.

5.4 Insichgeschäfte

> **Fall**
>
> Prokurist Pauls zahlt sich sein Gehalt aus und beschließt außerdem, sich ab dem nächsten Monat eine Gehaltserhöhung zu gönnen. Beurteilen Sie anhand des § 181 BGB.

> Der Vertreter kann im Namen des Vertretenen mit sich selbst keine Rechtsgeschäfte (sog. „Insichgeschäfte") tätigen.
>
> Ausnahmen:
> - Er erhält die Erlaubnis des Vertretenen.
> - Der Vertreter erfüllt mit dem Insichgeschäft nur eine Verbindlichkeit.
> - Das Insichgeschäft bringt dem Vertretenen lediglich einen rechtlichen Vorteil.

Durch den Abschluß des Insichgeschäfts überschreitet der Vertreter seine Vertretungsmacht.

5.5 Schutz des Geschäftspartners beim Handeln von Vertretern

> **Fall**
>
> Vermieter Vogel hat dem Brause Inkassovollmacht erteilt, dies auch seinen Mietern mitgeteilt. Vogel widerruft dem Brause gegenüber die Vollmacht; Brause kassiert jedoch bei den ahnungslosen Mietern ab und verschwindet. Haben die Mieter schuldbefreiend gezahlt?

Beim Handeln von Vertretern müssen Geschäftspartner insbesondere davor geschützt werden, daß sich der Vertretene nicht im nachhinein darauf beruft, daß eine Vertretungsmacht gar nicht bestanden habe.

Diesen **Schutz** gewährt das Gesetz durch verschiedene Regelungen. Es besteht aber grundsätzlich **kein Schutz bei „Bösglaubigkeit"**, also Kenntnis des Dritten von der fehlenden Vertretungsmacht.

- Wer eine Vollmacht durch Erklärung gegenüber dem Geschäftspartner erteilt (Außenvollmacht), ist solange daran gebunden, bis sie **dem Geschäftspartner** (nicht nur dem Vertreter) **gegenüber widerrufen** wird (§ 170 BGB).
- Wer wissentlich geschehen läßt, daß jemand für ihn als Vertreter auftritt, kann sich nicht darauf berufen, daß er nicht ausdrücklich eine Vollmacht erteilt hat, sog. „**Duldungsvollmacht**". (Eine Prokura kann allerdings nicht durch Duldung erteilt werden.)

- Wenn ein Geschäftspartner nach Treu und Glauben annehmen muß/den Eindruck haben muß, daß der Vertretene das Handeln duldet, kann sich der Vertretene nicht auf Mangel an Vollmacht berufen, sog. **„Anscheinsvollmacht"**.

Beispiel:
Kaufmann Körtel beauftragt den Müsel nur, die Verhandlungen für ein größeres Geschäft zu führen, Müsel unterzeichnet dann aber auch den Vertrag.

Dritte werden in solchen Fällen regelmäßig davon ausgehen, daß die dem Erscheinungsbild entsprechende Vollmacht auch tatsächlich erteilt wurde bzw. daß das Auftreten des Vertreters dem Geschäftsherrn nicht hätte verborgen bleiben können und daher von ihm geduldet werde.

5.6 Unterscheidung Vertreter / Bote

Siggi Hempel, 4 Jahre, wird mit Einkaufszettel und abgezähltem Geld zum Kaufmann geschickt, um Lebensmittel zu kaufen. Kommt ein Kaufvertrag zustande?

Der Bote leitet nur eine fremde Willenserklärung weiter, ohne einen Handlungsspielraum zu haben, während der Vertreter eigene Willenserklärungen abgibt und dabei eine gewisse Handlungsfreiheit hat.
Die von einem Boten empfangene Willenserklärung wird erst wirksam, wenn sie dem Auftraggeber zugegangen ist.
Während der Vertreter mindestens beschränkt geschäftsfähig sein muß (vgl. § 165 BGB), kann der Bote auch geschäftsunfähig sein.

?

1. Prokurist Pauls schließt einen Kaufvertrag für einen neuen Firmen-LKW ab. Welche Wirkung hat der Vertragsabschluß für den Geschäftsinhaber?
2. Welche Voraussetzungen müssen für eine wirksame Stellvertretung gegeben sein?
3. Wie bekommt man Vertretungsmacht?
4. Wonach richtet sich der Umfang der Vertretungsmacht?
5. Was versteht man unter einer Vollmacht?
6. Welche Gründe gibt es für das Erlöschen von Vollmachten?
7. Erläutern Sie die Rechtsfolgen, wenn ein Vertreter ohne Vertretungsmacht handelt.
8. Ambrosius hat an der Kasse ein Schild: „Nur Brösel inkassoberechtigt". Er duldet aber, daß Brause vom Kunden Knapp kassiert. Muß Knapp nochmals zahlen?
9. Gustav beauftragt den Viktor, für ihn bei Karl ein Fahrrad für ca. 500,00 DM zu kaufen. Karl verkauft Viktor ein Fahrrad, daß er nur von Opa O. geliehen hatte.
    a) Viktor wußte davon nichts, als er jedoch mit dem Rad zu Gustav kommt, erkennt dieser es als das Fahrrad des O. Hat Gustav gutgläubig erworben? (Ziehen Sie zur Beurteilung § 166 (1) BGB hinzu.)
    b) Wie wäre die Rechtslage, wenn Gustav genau gewußt hätte, daß Karl kein eigenes Fahrrad hat, dieses aber dem Viktor wohlweislich nicht gesagt hat? (§ 166 (2) BGB)
10. Wodurch unterscheidet sich ein Bote von einem Stellvertreter?

5.7 Geschäftsführung ohne Auftrag (§§ 677 ff. BGB)

> **Fälle**
> 1. Unterwegs zu einem Termin sieht Steuerberater Schmitt wie ein Mann von einer Brücke stürzt. Schmitt springt hinterher, rettet den Mann, schafft ihn per Taxi ins Krankenhaus.
>   a) Schmitts Anzug ist danach ruiniert, er erlitt einen Verdienstausfall und das Taxi hat 30,00 DM gekostet. Schmitt verlangt Ersatz dieser Kosten.
>   b) Wie ist die Rechtslage, wenn es sich um einen Selbstmörder handelte, der gar nicht gerettet werden wollte?
>   c) Bei der Rettungsaktion zerbrach die Brille des Mannes infolge einer Unachtsamkeit von Schmitt. Wird Schmitt schadenersatzpflichtig?
> 2. Nachbar Penibel benutzt die Abwesenheit Brauses, um dessen nach Penibels Geschmack völlig „verlotterten" Garten durch einen Gärtner „aufmöbeln" zu lassen; Brause ist entsetzt über die Zerstörung seines Biotops, dessen Anlegung ihn 10 000,00 DM gekostet hatte.
>   a) Ansprüche des Penibel gegen Brause, wenn er an den Gärtner 5000,00 DM zahlte?
>   b) Ansprüche des Brause gegen Penibel?

> Eine Geschäftsführung ohne Auftrag liegt vor, wenn jemand („Geschäftsführer") ungerufen, also ohne Vertrag, Angelegenheiten im Sinne eines anderen („Geschäftsherr") erledigt.

Beispiele:

Geschäftsführung ohne Auftrag:

Bezahlen der Stromrechnung / Zustellgebühr für den Nachbarn, Zurückbringen entlaufener Tiere, Hilfe bei Bewußtlosen, Rettung eines Selbstmörders, Beauftragen eines Klempners bei einem Wasserrohrbruch, während der Vermieter in Urlaub ist u.ä.

5.7.1 Rechte des Geschäftsführers

Der Geschäftsführer kann den **Ersatz seiner Aufwendungen** verlangen (§ 683 BGB).

■ **Voraussetzungen**

Voraussetzung für den Anspruch auf Ersatz ist, daß es sich um eine **berechtigte GoA** handelte:

- die Geschäftsführung muß dem wirklichen oder objektiv mutmaßlichen Willen des Geschäftsherrn entsprochen haben (§ 677 BGB) oder
- die Geschäftsführung muß im öffentlichen Interesse liegen (Selbstmörder) nach § 679 BGB.

Bei **unberechtigter GoA** hat der Geschäftsführer **keinen Anspruch**, auch dann nicht, wenn er unverschuldet fälscherlicherweise annimmt, seine Geschäftsführung sei berechtigt.

Beispiel:

Mieter Müsel vernimmt Brandgeruch in der Nachbarwohnung und tritt die Tür ein, wobei er sich verletzt und seine Jacke zerrissen wird; es stellt sich heraus, daß der Nachbar nur einen scharf angebratenen Sauerbraten zubereitete ...

■ **Umfang des Ersatzes**

Der Aufwendungsersatz erfaßt **alle Aufwendungen**, die dem Geschäftsführer entstanden sind, dazu zählt auch der Ersatz eines dem Geschäftsführer entstandenen **Schadens** und ein etwaiger **Verdienstausfall**.
Nicht unter den Aufwendungsersatz fällt eine **Vergütung** für seine Bemühungen, es sei denn, daß diese in den beruflichen Bereich des Geschäftsführers fallen.

Beispielfall:

Bei einem Wasserrohrbruch in Abwesenheit des Vermieters übernimmt Lehrer Leer, der mal wieder Ferien hat, erfolgreich die Reparatur. Er kann zwar 50,00 DM für verwendetes Material, nicht aber 100,00 DM als Vergütung für seine Mühe verlangen. Anders wäre der Fall, wenn es sich nicht um einen Lehrer, sondern um einen Klempner gehandelt hätte.

5.7.2 Rechte des Geschäftsherrn

Der Geschäftsherr hat folgende Ansprüche:
- den Anspruch auf **Herausgabe** alles Erlangten (§§ 667 i.V.m. 681 BGB).

Beispiel:

Meier hat für seinen Nachbarn ein Paket angenommen.

- den Anspruch auf **Ersatz eines Schadens**, den der Geschäftsführer bei der Ausführung schuldhaft verursacht. Grundsätzlich hat der Geschäftsführer dabei jedes Verschulden zu vertreten; falls die GoA jedoch zur Abwendung einer drohenden Gefahr diente, muß er nur für Vorsatz und grobe Fahrlässigkeit haften (§ 680 BGB).

- falls es sich um eine **unberechtigte GoA** handelte, ist der Geschäftsführer so zu stellen, wie er ohne das Tätigwerden des Geschäftsführers stehen würde. Dieser **Schadensersatzanspruch** besteht auch dann, wenn dem Geschäftsführer „ein sonstiges Verschulden nicht zur Last fällt", also auch dann, wenn die Ausführung selbst ordnungsgemäß war (§ 678 BGB).

5.7.3 Verhältnis des Geschäftsführers zu Dritten

Fall

Lehrer Leer bestellt aufgrund eines weiteren Wasserrohrbruchs diesmal einen Klempner. Kann dieser vom Vermieter die Bezahlung der Rechnung verlangen?

Die Regelungen über die GoA betreffen nur das Verhältnis zwischen Geschäftsführer und Geschäftsherrn. Für das **Außenverhältnis** gelten die Regelungen über die **Vertretungsmacht**.
Selbst wenn eine berechtigte GoA vorliegt, läßt das nicht darauf schließen, daß der Geschäftsführer Vertretungsmacht hat; der Geschäftsführer kann den Geschäftsherrn also nicht nach außen verpflichten.

1. Was versteht man unter „Geschäftsführung ohne Auftrag"? Nennen Sie Beispiele.
2. Welche Ansprüche hat der Geschäftsführer aus der GoA?
3. In welchen Fällen wird der Geschäftsführer schadensersatzpflichtig?
4. Willi Bieder geht mit Dackel im Wald spazieren, als er plötzlich verdächtige Geräusche hört. Nachdem er sich mühsam einen Weg durchs Dickicht gebahnt hat, entdeckt er allerdings nur ein Liebespaar. Bieder verlangt Ersatz für seine zerrissene Jacke. Rechtslage?
5. Autofahrer Arendt fährt auf einer Landstraße, ihm kommt der Radfahrer Rudi entgegen. Als Rudi fast auf der Höhe von Arendt ist, läuft ihm ein Kaninchen vor das Fahrrad, wodurch Rudi stürzt. Arendt reißt das Steuer herum, um Rudi nicht zu überfahren, gerät dadurch mit seinem Fahrzeug auf einen Acker und überschlägt sich, wobei der Wagen einen Totalschaden und Arendt einen Unterarmbruch erleidet. Arendt will von Rudi Schadensersatz verlangen.
   a) Worin besteht das Problem, wenn er seinen Anspruch auf § 823 (1) BGB stützen will?
   b) Prüfen Sie die Rechtslage unter Anwendung der Bestimmungen der GoA.

6 Zustandekommen von Verträgen (§§ 145 ff. BGB)

Fälle

1. Bei einer Wohnungsbesichtigung mit 28 anderen potentiellen Mietern ruft Klawubke entzückt: „Ich nehme sie!!" Ist ein Mietvertrag zustande gekommen?
2. Sieglinde sieht im Schaufenster die Bluse ihrer Träume; sie betritt den Laden und ruft: „Die oder keine!". Kann Sieglinde Herausgabe verlangen, weil ein Kaufvertrag zustande gekommen ist?
3. Brassel erhält vom Buchclub „Das moderne Buch" unverlangt ein Buch zugeschickt, das er unausgepackt liegenläßt. Kann der Buchclub Zahlung verlangen, weil ein Vertrag zustandegekommen ist?

6.1 Antrag und Annahme

> Jeder Vertrag kommt durch einen Antrag (= zeitlich 1. Willenserklärung) auf Abschluß des Vertrages und die Annahme (= 2. Willenserklärung) dieses Antrags zustande (§ 151 BGB).
> Antrag + Annahme = Vertrag (Entstehung von Verpflichtungen)

Ein **Antrag** im rechtlichen Sinne liegt aber nur vor, wenn es sich um eine **an eine bestimmte Person gerichtete** Willenserklärung zum Abschluß eines Vertrages handelt. Daher ist z.B. eine Schaufensterauslage kein Antrag im rechtlichen Sinne, sondern nur eine Aufforderung zur Abgabe eines Antrages (sog. **„invitatio ad offerendum"**). Durch die daraufhin erfolgende Willenserklärung stellt die andere Seite nur einen Antrag; der Kaufvertrag kommt noch nicht zustande.

Die **Annahme** muß nicht unbedingt ausdrücklich erklärt werden, sie kann auch durch schlüssiges Handels erfolgen (§ 151 BGB). In irgendeiner Form muß sie aber erfolgen!

Schweigen / Nichtstun bedeutet daher i.d.R. Ablehnung, nur ausnahmsweise gilt Schweigen / Nichtstun als Annahme z.B.:

- Bei **Schweigen eines Kaufmann auf Anträge** (§§ 362, 346 HGB):
  - bei Zusendung von unbestellter Ware unter Kaufleuten in ständiger Geschäftsbeziehung
  - bei Erteilung eines Auftrags unter Kaufleuten in ständiger Geschäftsbeziehung (z.B. Bankkunde erteilt Bank Auftrag zum Kauf von Aktien)
  - bei vom mündlich geschlossenen Vertrag abweichendem Bestätigungsschreiben unter Kaufleuten
  - bei Mehrlieferung, Falschlieferung an einen Kaufmann (siehe §§ 377, 378 HGB)
- bei **Schenkungen** ohne Willen des Beschenkten (§ 516 (2) BGB)
- wenn der Käufer eine Sache **auf Probe** erhalten hat (§ 496 2 BGB)
- bei Schweigen auf eine **verspätet zugegangene Annahme** (§ 149 BGB)

Beim **Kaufvertragsabschluß** können Antrag und Annahme auf unterschiedliche Art und Weise geschehen, z.B.:

Antrag	Annahme
Verkäufer: Angebot	Käufer: Bestellung
Käufer: Bestellung	Verkäufer: Auftragsbestätigung oder Lieferung
Verkäufer: Lieferung unbestellter Ware	Käufer: – Zahlung / Ingebrauchnahme – ausnahmsweise Schweigen

6.2 Bindung an den Antrag

Fall

Buchhändler Buchowski erhält am 24.10. folgendes Angebot:
„200 Mängelexemplare „Harald Trapp – Der Kaufvertrag" zum Sonderpreis von 6,80 DM pro Stück."
Buchowski ruft am 25.10. beim Verlag an, und bestellt 200 Exemplare. Er muß aber leider erfahren, daß die Mängelexemplare ausverkauft sind.
Kann Buchowski Lieferung zum Angebotspreis verlangen, weil ein Vertrag zustandegekommen ist?

Grundsätzlich ist der Antrag auf Abschluß eines Vertrages verbindlich (§ 145 BGB), zum Entstehen des Vertrages (und damit der Verpflichtungen) ist nur noch die Annahme (evtl. also nur ein simples „ja") erforderlich.
Aber: der Antrag kann erlöschen bzw. die Bindung kann eingeschränkt sein durch:

- Freizeichnungsklauseln wie „Unverbindliches Angebot", „Menge freibleibend", „Preis freibleibend" usw. (§ 145 BGB)
- Überschreiten der
  - vom Antragenden gesetzten Annahmefrist (§ 148 BGB)
  oder der
  - gesetzlichen Annahmefrist (§ 147 BGB)
- Abänderungen bei der Annahme (§ 150 (2) BGB)
- rechtzeitiger Widerruf des Antrags (§ 130 BGB)

In allen Fällen ist eine vermeintliche „Annahme" nur ein neuer Antrag (§ 150 BGB)

■ **Gesetzliche Annahmefrist**

§ 147. [**Annahmefrist**] (1) Der einem Anwesenden gemachte Antrag kann nur sofort angenommen werden. Dies gilt auch von einem mittels Fernsprechers von Person zu Person gemachten Antrag.
(2) Der einem Abwesenden gemachte Antrag kann nur bis zu dem Zeitpunkt angenommen werden, in welchem der Antragende den Eingang der Antwort unter regelmäßigen Umständen erwarten darf.

§ 149. [**Verspätet zugegangene Annahmeerklärung**] Ist eine dem Antragenden verspätet zugegangene Annahmeerklärung dergestalt abgesendet worden, daß sie bei regelmäßiger Beförderung ihm rechtzeitig zugegangen sein würde, und mußte der Antragende dies erkennen, so hat er die Verspätung dem Annehmenden unverzüglich nach dem Empfange der Erklärung anzuzeigen, sofern es nicht schon vorher geschehen ist. Verzögert er die Absendung der Anzeige, so gilt die Annahme als nicht verspätet.

Wann der Antragende die Annahme unter regelmäßigen Umständen erwarten darf, hängt von der **Art und Weise des Antrags** ab; wobei man **zur Berechnung** annimmt, die Annahme würde auf dem **gleichen Wege** erfolgen wie der Antrag.

Beispiel:

Hat Händler Hösel an einen Kunden am 15. 2. ein Angebot per Brief geschickt, so rechnet er zum Postweg des Angebots 1–2 Tage Bedenkzeit und die Dauer einer brieflichen Rückantwort hinzu; er kann also nach ca. 6–7 Tagen mit einer Annahme rechnen.

6.3 Kaufmännisches Bestätigungsschreiben

Fall

Händler Hurtig schließt telefonisch mit Lieferanten Lustig einen Vertrag über die Lieferung von 200 Beistelltischen. 2 Tage später erhält er ein Schreiben, in dem Lustig den Vertrag über die Lieferung der 200 Tische bestätigt.
a) Wann ist der Vertrag zustandegekommen?
b) Wie wäre die Rechtslage, wenn die Bestätigung über die Lieferung von 220 Tischen lauten würde?

Das kaufmännische Bestätigungsschreiben bestätigt unter Kaufleuten lediglich einen – mündlich, telefonisch, telegrafisch – bereits zustande gekommenen Vertrag (Beweisgründe).

Das kaufmännische Bestätigungsschreiben (Grundlage: § 346 HGB / Handelsbräuche) ist damit streng von der Auftragsbestätigung zu trennen, die erst zum Entstehen des Vertrages führt.

In der Praxis wird i.d.R. die Bezeichnung „Auftragsbestätigung" auch für das kaufmännische Bestätigungsschreiben gebraucht, was von beiden im rechtlichen Sinne vorliegt, ist eine Frage der Auslegung, nicht der Bezeichnung!

Abweichungen im kaufmännischen Bestätigungsschreiben muß vom Empfänger unverzüglich widersprochen werden:
- Widerspricht er, so ist das Schreiben ohne Bedeutung, es gilt das bereits mündlich Vereinbarte.
- Widerspricht er nicht, so gilt sein Schweigen als Zustimmung zum Inhalt der kaufmännischen Bestätigung; es sei denn, daß der Inhalt des Schreibens vom zuvor mündlich Vereinbarten objektiv so weit abweicht, daß der Absender nicht mit dem Einverständnis des Empfängers rechnen konnte (z.B. „wir bestätigen unter Ausschluß jeder Garantie...").

6.4 Dissens

Zum Zustandekommen eines Vertrages ist es erforderlich, daß die abgegebenen Willenserklärungen übereinstimmen. Bei der Nichtübereinstimmung unterscheidet man:

- **Offener Dissens**
  Die Parteien sind sich bewußt, daß sie sich über einen Punkt nicht geeinigt haben (Der Verkäufer verlangt z.b. 1000,00 DM, der Käufer will aber nur 900,00 DM zahlen).

- **Versteckter Dissens**
  Die Parteien glauben, daß sie sich geeinigt haben, was aber nicht der Fall ist, weil:
  - die Parteien einen wesentlichen Punkt übersehen haben (z.B. Lieferzeit),
  - die Parteien, ohne es zu merken, verschiedene Erklärungen abgegeben haben (V macht ein Angebot zu 98,00 DM, K bestellt versehentlich zu 89,00 DM, was V überliest),
  - die Erklärungen objektiv mehrdeutig sind
    (A telegraphiert „Liefere sofort Ware X"; B zurück: „o.K.!" Beide wollen liefern).

■ **Rechtsfolge bei Dissens**

Falls es sich um einen wesentlichen Punkt handelt, gilt der Vertrag im Zweifel als nicht geschlossen (§§ 154, 155 BGB).

6.5 Abgrenzung: Versteckter Dissens – Irrtum

Fall
Lehrer Leer bestellt in der Kneipe „einen 103" in Erwartung eines spanischen Brandys. Eine halbe Stunde später erscheint der Ober mit einer riesigen Fischplatte, die auf der Speisekarte die Nr. 103 hat. Muß Lehrer Leer die Fischplatte bezahlen bzw. Schadensersatz leisten, auch wenn er die Fischplatte nicht abnimmt?

Versteckter Dissens	Irrtum
jeder erklärt, was er erklären wollte, irrt aber über die Erklärung des anderen	einer erklärt, was er nicht erklären wollte (bzw. irrt über die Bedeutung)
erklärter Wille des A ungleich erklärter Wille des B → Irrtum über Willenserklärung des **anderen**	Erklärung des A ungleich Wille des A → Irrtum über die **eigene** Willenserklärung
Rechtsfolgen: • Vertrag kommt nicht zustande (§ 155 BGB) • kein Erfüllungsanspruch, daher auch kein Schadensersatzanspruch	Rechtsfolgen: • Vertrag kommt zunächst zustande, wird erst nichtig, falls Anfechtung erfolgt (§§ 119 ff. BGB) • Schadensersatzanspruch in Höhe des negativen Interesses (§ 122 BGB)

1. Grundsätzlich ist ein Antrag auf Abschluß eines Vertrages verbindlich. Welche Möglichkeiten der Einschränkung / Aufhebung der Bindung an einen Antrag gibt es?
2. Was versteht man unter einer „invitatio ad offerendum"?
3. In welchen Ausnahmefällen bedeutet das Schweigen auf einen Antrag die Annahme des Antrags?
4. Worin besteht der Unterschied zwischen einer Auftragsbestätigung und einem kaufmännischen Bestätigungsschreiben?
5. Ein Händler erhält ein Angebot mit dem Vermerk: „gültig bis 31.7.19.."; die Bestellung erfolgt am 1.8. Kann er Lieferung verlangen?
6. Eingang eines am 1.12. datierten schriftlichen Angebots am 3.12. Eingang der vom 16.12. datierten Bestellung am 17.12. Kommt ein Vertrag zustande?
7. Eingang eines am 1.12 datierten schriftlichen Angebots am 3.12. Eingang der vom 3.12. datierten Bestellung am 17.12. Am 28.12. ruft der Kunde an und verlangt Lieferung. Ist ein Vertrag zustande gekommen? Beurteilen Sie unter Hinzuziehung des § 149 BGB.
8. Ein Lieferer unterbreitet ein telefonisches Angebot um 10.30. Rückruf und Bestellung erfolgen um 14.20 Uhr. Ist ein Vertrag zustande gekommen?
9. Ein Kunde bestellt schriftlich zum Preis von 1500,00 DM, eine Woche später erhält er eine Auftragsbestätigung zum Preis von 1700,00 DM. Ist ein Vertrag zustande gekommen?
10. 1 Stunde nach Absender des schriftlichen Angebots stellt der Verkäufer einen Kalkulationsfehler fest. Was kann er tun?
11. Ein Kunde in einem Selbstbedienungsladen muß an der Kasse erfahren, daß die Preisauszeichnung falsch war. Kann er verlangen, daß er die Ware zu dem ausgezeichneten Preis erhält?
12. Bei einer Auktion bietet der Auktionator ein Gemälde zu 10 000,00 DM an, ein Kunde bietet durch Heben der Hand. Ist ein Kaufvertrag zustande gekommen?
13. Fabrikant Füsel und Händler Hastig einigen sich telefonisch, daß Füsel an Hastig die Ware X zum Preis von 30000,00 DM in 10 Tagen liefern soll. Am folgenden Tag schreibt Füsel an Hastig: „Ich bestätige unsere gestrige Vereinbarung über den Kauf der Ware X zu 30 000,00 DM, Liefertermin in 20 Tagen, wenn möglich, früher".
Hastig antwortet nicht, verlangt aber nach 10 Tagen Lieferung. Hastig vertritt die Meinung, es gelte die mündliche Vereinbarung. Füsel meint, es gelte der Inhalt des Schreibens. Beurteilen Sie die Rechtslage.

7 Wichtige Generalklauseln

Generalklauseln sind heranzuziehen, wenn **keine spezielle Regelung** besteht.

7.1 Generalklauseln für die Auslegung von Willenserklärungen (§§ 133, 157 BGB)

Fall
Meier bestellt bei „Intercar" telefonisch einen „Leihwagen". Bei Abholung des Wagens weigert sich Meier zu zahlen, da er doch einen Leihvertrag (= unentgeltlich) abgeschlossen habe.

> Bei der Auslegung einer Willenserklärung ist der wirkliche Wille maßgeblich und nicht der buchstäbliche Ausdruck. Die Willenserklärung ist nach Treu und Glauben auszulegen; was unter „Treu und Glauben" zu verstehen ist, richtet sich nach der Verkehrssitte (§§ 133, 157 BGB).

So ist nicht maßgeblich, ob von einem „Leihwagen" die Rede ist; die Auslegung nach Treu und Glauben ergibt hier, daß in Wirklichkeit nicht „leihen" sondern „mieten" gemeint war.

7.2 Generalklauseln für die Erfüllung von Verträgen (§ 242 BGB)

Fall
Vereinbart wurde im Leihvertrag, daß Muckermann das entliehene Fahrrad am 1.2. zurückgeben muß. Er schellt daher am 1.2. abend um 23 Uhr beim Verleiher.

> Verträge sind so zu erfüllen, wie Treu und Glauben es erfordern; was unter „Treu und Glauben" zu verstehen ist, richtet sich nach der Verkehrssitte (§ 242 BGB).

§ 242 BGB ist dann heranzuziehen, wenn spezielle Regelungen nichts „hergeben" über:

- **die Art und Weise der Leistung**
  Theoretisch kann Muckermann zwar das entliehene Fahrrad bis 24 Uhr zurückgeben, nach Treu und Glauben kann der Entleiher jedoch fordern, daß die Rückgabe nicht zur „Unzeit" erfolgt.

- **Ausweitung der Hauptpflichten auf bestimmte Nebenpflichten, z.B.**
  - **Fürsorgepflichten** (der Vermieter muß z.b. einem erblindeten Mieter das Halten eines Blindenhundes gestatten)
  - **Aufklärungspflichten** (bemerkt z.b. ein Vertragspartner den Irrtum der anderen Partei, so muß er ihn darauf hinweisen)
  - **Mitwirkungspflichten** (der Mieter muß z.b. den vom Vermieter wegen einer Reparatur beauftragten Handwerkern Zugang gestatten)
  - **Allgemeine Schutzpflichten** (Ladeninhaber müssen z.b. für den Schutz ihrer Kunden sorgen, (sog. „Verkehrssicherungspflicht"); Juweliere müssen die ihnen zur Reparatur anvertrauten Sachen gegen Diebstahl versichern; Vermieter gewerblicher Räume dürfen nicht nebenan an die Konkurrenz vermieten u.ä.)

- **Einschränkungen der Leistungspflichten wegen Unzumutbarkeit**
  Beispiel:
  Am Tag der Premiere verunglückt das Kind der Sängerin schwer, nach dem Grundsatz der Vertragstreue kann von ihr ein Auftritt verlangt werden, dem könnte sie aber nach § 242 BGB entgegensetzen, daß ihr die Leistung nicht zugemutet werden kann.

- **„Wegfall der Geschäftsgrundlage"**
  Beim „Wegfall der Geschäftsgrundlage" handelt es sich um einen Sonderfall der Einschränkungen der Leistungspflicht in Fällen, in denen sich unvorhersehbar die Grundlagen für den Vertrag ändern oder wegfallen.

  Beispiele:
  - Pauli pachtet die Gaststätte am Sportplatz für 10 Jahre. Nach 5 Jahren wird der Sportplatz in einen anderen Stadtteil verlegt, der Verpächter beruft sich auf den Grundsatz „Vertrag ist Vertrag" und fordert, daß Pauli weitere 5 Jahre „ausharrt";
  - Krämer schloß mit einer Brauerei einen Vertrag für 10 Jahre über Bierlieferungen in den Iran, 3 Jahre später hatte er wegen der iranischen Revolution keine Abnehmer mehr...

Rechtsfolge bei Wegfall der Geschäftsgrundlage: Anspruch auf Anpassung an die veränderten Bedingungen, eventuell sogar Vertragsauflösung.

E | Grundlagen der Schuldverhältnisse

1 Wesen und Entstehung von Schuldverhältnissen

„Kraft des Schuldverhältnisses ist der Gläubiger berechtigt, vom Schuldner eine Leistung zu fordern. Die Leistung kann auch in einem Unterlassen bestehen" (§ 241 BGB).

Schuldverhältnisse können lt. § 305 BGB entstehen

- durch Vertrag:
  - Otto verkauft Lotte sein Fahrrad für 300,00 DM
  - Meier vermietet an Müller eine Wohnung
  - Braun schließt einen Ausbildungsvertrag mit Schwarz
- kraft Gesetzes, insbesondere aufgrund einer Rechtsverletzung:[1]

  Beispiel:
  Fahrradfahrer Friederich überfährt Opa O. auf dem Zebrastreifen. Per Gesetz (§ 823 (1) BGB) entsteht zwischen Friederich und O. ein Schuldverhältnis, aufgrund dessen Opa O. von Friederich Schadenersatz verlangen kann.

2 Leistungsverweigerungsrechte

2.1 Verweigern der Vorleistung (§ 321 BGB)

Fälle

1. Käufer und Verkäufer haben Lieferung am 1.4. und Zahlung am 2.5. vereinbart. Am 28.3. erfährt der Händler, daß der Käufer nach Vertragsschluß einen Offenbarungseid leistete. Am 1.4. verlangt der Käufer trotzdem vertragsgemäße Lieferung.
2. Käufer und Verkäufer haben im Kaufvertrag vereinbart, daß der Käufer im voraus bezahlen soll. Einen Tag vor dem Zahlungstermin erfährt der Käufer, daß über den Verkäufer der Konkurs eröffnet wurde. Der Verkäufer verlangt vertragsgemäße Zahlung.

Im Falle einer wesentlichen Vermögensverschlechterung der anderen Vertragspartei kann die Vorleistung verweigert werden, bis die Gegenleistung bewirkt ist (§ 321 BGB).

---

[1] Die aufgrund von Rechtsverletzungen kraft Gesetz entstehenden Schuldverhältnisse werden im Themenkreis F „Schuldverhältnisse aufgrund von Rechtsverletzungen" behandelt.

2.2 Verweigern der Gegenleistung (§§ 320, 323 BGB)

Fälle

1. Ein antiker Schrank wurde leider am Tag vor der Lieferung bei einem Brand vollkommen zerstört. Der Verkäufer verlangt trotzdem vertragsgemäße Bezahlung zum Zahlungstermin...
2. Das Schlafzimmer des Kunden Kurz sollte am 15.10. geliefert werden. Am 15.10. liefert der Verkäufer nur den Schrank / alles bis auf den Spiegel. Als Zahlungstermin war der 16.10. vereinbart. Kann Kurz jeweils die gesamte Bezahlung verweigern oder kommt er in Verzug?

Kann die Leistung nicht mehr erbracht werden, so kann die andere Seite die Gegenleistung nach § 323 (1) BGB verweigern (Einrede des gar nicht erfüllten Vertrages).
Kann die Leistung noch erbracht werden, so kann die Gegenleistung nach § 320 (1) BGB verweigert werden, bis die Leistung vollständig / ordnungsgemäß erbracht wurde. Grundsätzlich kann dabei die volle Gegenleistung zurückgehalten werden, es sei denn, daß der ausstehende Teil sehr geringfügig ist; § 320 (2) BGB (Einrede des noch nicht erfüllten Vertrages).

3 Leistungsart

3.1 Vollständige Leistung – Teilleistung (§ 266 BGB)

Fall

Das Schlafzimmer des Penibel soll am 15.10. geliefert werden, es wird geliefert:
a) nur der Schrank
b) alles bis auf den Spiegel.
Penibel verweigert jeweils die Annahme. Kommt er dadurch in Annahmeverzug?

Nach § 266 BGB ist der Schuldner zu Teilleistungen nicht berechtigt, es sei denn, daß eine vertragliche Vereinbarung oder Treu und Glauben dies rechtfertigen.

3.2 Stückschuld – Gattungsschuld

Fall

Meier kauft bei Autohändler Arthur einen roten VW-Golf, gebraucht, KM-Stand 37.678, Beule vorne links. Müller bestellt bei Arthur einen roten VW-Golf, Neuwagen, Luxusausstattung. Wodurch unterscheiden sich die beiden Arten der Leistung?

Stückschuld	**Gattungsschuld**
Geschuldet wird eine nach **individuellen** Merkmalen bestimmte Leistung	Geschuldet wird eine nur nach **allgemeinen** Merkmalen bestimmte Leistung.

■ **Konsequenzen der Unterscheidung**

Die Unterscheidung hat insbesondere beim Untergang einer geschuldeten Sache weitreichende **Konsequenzen**:

Kann der Schuldner ohne sein Verschulden die Leistung nicht erbringen, so wird er bei einer **Stückschuld** von der Leistungspflicht frei (§ 275 BGB).

Beispiel:
Der von Meier gekaufte Gebrauchtwagen wird beim Transport zu Meier aufgrund eines von Autohändler Arthur nicht verschuldeten Unfalls zerstört. Arthur kann und muß nicht mehr leisten.

Bei der **Gattungsschuld** wird der Schuldner nicht von der Leistungspflicht frei, solange die Gattung noch existiert (§ 279 BGB).

Beispiel:
Der von Müller bestellte Neuwagen verbrennt in der Halle des Autohändlers Arthur. Arthur muß entweder einen anderen Wagen besorgen oder Schadenersatz leisten.

Gattungsschulden können aber zu Stückschulden werden, und zwar dann, wenn der Schuldner das Erforderliche getan hat (sog. „Konkretisierung"; § 243 (2) BGB).[1]

Beispiel:
Es wurde vereinbart, daß Müller den von ihm gekauften Neuwagen abholt. In diesem Fall hat der Verkäufer das Erforderliche getan, wenn er den Wagen bereitstellt. Er schuldet dann nur noch diesen einen, konkreten Wagen und wird bei dessen Untergang von der Leistungspflicht frei.

■ **Abgrenzung vertretbare / nicht vertretbare Sachen und Gattungsschulden / Stückschulden**

Die schuldrechtliche Unterscheidung „Gattungsschuld/Stückschuld" kann, sie muß aber nicht mit der sachenrechtlichen Unterscheidung „vertretbare/nicht vertretbare Sachen" übereinstimmen.

Während die sachenrechtliche Unterscheidung eine **objektive** ist, hängt es bei der schuldrechtlichen Unterscheidung von den **vertraglichen Gegebenheiten** ab, ob eine Stück- oder eine Gattungsschuld vorliegt; so können z.B. die nach Sachenrecht **vertretbaren** Sachen im Schuldrecht **Stückschulden** sein;

Beispiel:
Ein Neuwagen ist sachenrechtlich eine vertretbare Sache, will der Käufer aber unbedingt das Ausstellungsstück haben, liegt schuldrechtlich eine Stückschuld vor.

---
[1] Siehe Kapitel 5.2 „Holschuld", „Schickschuld" und „Bringschuld".

4 Leistungszeit

> **Fälle**
>
> 1. Meier hat beim Möbelhaus Bursch einen dort vorrätigen Schrank bestellt, wobei vergessen wurde, einen genauen Liefertermin zu vereinbaren. Wann kann Meier Lieferung verlangen?
> 2. Amann gewährt dem Behmann ein Darlehen, das am 1.4. zurückzuzahlen ist. Am 1.4. klingelt Behmann den Amann um 23.30 aus dem Bett, um seine Schulden zu zahlen ...
> 3. Der Fischhändler F. liefert am vereinbarten Tag, aber erst um 20.30 Uhr beim Delikatessenhändler D. Sahneheringe an; D's Laden ist schon geschlossen; gerät D. in Annahmeverzug oder F. in Lieferverzug?

4.1 Fälligkeit

> Die Leistungszeit gibt an, ab wann die Leistung fällig ist, d.h. mit anderen Worten „einklagbar" ist; daher ist die Fälligkeit auch von Bedeutung für den Verjährungsbeginn und den Verzugszeitpunkt.

Man unterscheidet folgende Fälle:

Fälligkeitstermin vereinbart				Kein Fälligkeitstermin vereinbart
Bei Vertragsschluß kalendermäßig bestimmter Termin		Bei Vertragsschluß nicht kalendermäßig bestimmter Termin		§ 271 BGB: Fälligkeit sofort (ab Vertragsabschluß)
Terminkauf	Fixkauf (das Geschäft steht und fällt mit der Termineinhaltung)			
	durch Zusatz „fix" erkennbar	durch Umstände erkennbar „Zweckkauf"		
– „15.4." – „3 Wochen nach Ostern" – „38. Kalenderwoche"	– „15.4. fix" – „3 Wochen nach Ostern fix" – „38. Kalenderwoche fix"	– „15.4." für die Lieferung einer Hochzeitstorte		– „Lieferung 4 Wochen nach Rechnungstellung" – „Lieferung nach Eintreffen der Ware" – „Lieferung baldigst"

■ „Circa"-Termine

Fraglich ist, ab wann die Leistung im Falle eines im Handel häufig vorkommenden Termins wie „Lieferung in ca. 8 Wochen" fällig ist, denn erst ab Fälligkeit kann der Kunde die Lieferung einklagen bzw. den Händler in Verzug setzen. Der „ca.-Termin" ist zwar grundsätzlich ein **unbestimmter Termin** („ca."), er ist andererseits **aber auch bestimmt** („8 Wochen"). Nur als Faustregel läßt sich sagen, daß 1–2 Wochen nach Überschreitung der 8 Wochen Fälligkeit gegeben ist, erst dann kann der Kunde die Lieferung einklagen bzw. den Lieferer in Verzug setzen.

Ebenso problematisch ist die Formulierung „baldigst" o.ä. Solche Fälle können nur unter Hinzuziehung der Rechtssprechung entschieden werden, welche sich nach den individuellen Gegebenheiten richtet; so tritt bei einer solchen Vereinbarung z.B. im Möbelhandel die Fälligkeit der Lieferung nach 6–8 Wochen ein. Erst danach kann der Kunde den Händler durch eine Mahnung in Verzug setzen!

■ Leistung zu üblichen Zeiten

Grundsätzlich ist die Leistungsvornahme am Fälligkeitstag bis 24.00 Uhr möglich (§ 188 (1) BGB). Aus dem § 242 BGB folgt jedoch, daß der Schuldner nur **zu üblichen Zeiten** leisten darf, eine Leistung zu „Unzeiten" wie im Fall 2 würde dem Grundsatz von Treu und Glauben widersprechen. Darüber hinaus stellt § 358 HGB klar, daß diese übliche Zeit bei Kaufleuten die **gewöhnliche Geschäftszeit** ist (was in manchen Handelszweigen auch nachts sein kann!).

4.2 Berechnung von Fristen (§§ 186 ff. BGB)

Fälle
1. Ein Gläubiger setzt seinem Schuldner am 2.6. eine Nachfrist von 3 Tagen. Wann endet die Frist – am. 4. oder 5.6.?
2. Müsel mietet zu Ausstellungszwecken ab dem 2.6. Räume für 3 Tage an. Wann endet das Mietverhältnis – am 4. oder 5.6.?

■ Vorgehensweise bei der Fristberechnung

1. Schritt: Feststellung der **Fristart** (Stunden-, Tage-, Wochen-, Monats-, Jahresfrist oder Fristen, die diese Zeiträume zusammenfassen (z.B. ¼ Jahr)

2. Schritt: Feststellung, wodurch der **Fristbeginn** bestimmt ist:
   – durch ein in den Tag fallendes **Ereignis,** wie z.B. die Abgabe einer Willenserklärung, der Schadenseintritt usw. (§ 187 (1) BGB),
   – durch den **Tagesbeginn,** wie z.B. bei der Anmietung von Räumen (§ 187 (2) BGB).

3. Schritt: Berechnung des **Fristendes** (gem. §§ 188 (1) und 188 (2) BGB)

	Fristbeginn nach § 187 (1) BGB z.B. Setzung einer Nachfrist am 2.6.	Fristbeginn nach § 187 (2) BGB z.B. Anmietung von Räumen ab dem 2.6.
Tagesfrist	„am 2.6. von 3 Tagen" Fristbeginn: 3.6. Fristende: 5.6.	„ab 2.6. für 3 Tage" Fristbeginn: 2.6. Fristende: 4.6.
Wochenfrist	„am Mittwoch, 2.6. von 4 Wochen" Fristende: entsprechender Wochentag + 4 Wochen	„ab Mittwoch, 2.6. für 2 Wochen" Fristende: vorhergehender Wochentag + 2 Wochen
Monatsfrist	„am 2.6. von 1 Monat" Fristende: entsprechendes Datum + 1 Monat	„ab 2.6. für 1 Monat" Fristende: (entsprechendes Datum – 1 Tag) + 1 Monat
Jahresfrist	„am 2.6.90 von 1 Jahr" Fristende: entsprechendes Datum + 1 Jahr	„ab 1.6. für ein Jahr" Fristende: (entsprechendes Datum – 1 Tag) + 1 Jahr

■ **Sonderregelungen**

Fälle

1. Am 31.1. setzt ein Gläubiger eine Nachfrist von einem Monat. Wann endet die Frist?
2. Die alte Zahlungsfrist endet am 20.9. Am 12.8. bittet der Schuldner um Aufschub um einen Monat, der gewährt wird. Wann muß er zahlen?
3. Einem Beklagten wird am Samstag, dem 31.1.19.., ein Versäumnisurteil zugestellt. Er kann gegen dieses innerhalb von 2 Wochen Widerspruch einlegen. Der Widerspruch des Verurteilten geht dem Gericht am Montag, dem 16.2.19.. zu. Zu spät?
4. Als Darlehensgeber und Darlehensnehmer vor 4 Jahren die Rückzahlung am 20.3. vereinbarten, wußten Sie noch nicht, daß dieser Tag ein Karfreitag sein würde.
   a) Wann ist die Rückzahlung fällig?
   b) Bis wann sind Zinsen / ab wann Verzugszinsen fällig?

Beim Fehlen des entsprechenden Monatstages bei Monatsfristen endet die Frist mit dem letzten Tag des Monats (§ 188 (3) BGB).

Bei Fristverlängerungen beginnt die neue Frist nach § 190 BGB ab dem Ablauf der alten Frist (und nicht ab dem Tage der Verlängerung).

Fällt der Fristbeginn auf einen Sonn-/Feiertag oder Samstag, so beginnt die Frist erst am darauffolgenden Werktag um 0.00 Uhr.

Fällt der Fristablauf auf einen Sonn-/Feiertag oder Samstag, so endet die Frist erst am darauffolgenden Werktag um 24.00 Uhr.

4.3 Verjährung von Ansprüchen (§§ 194 ff. BGB)

> **Fall**
>
> Händler Happig hat am 10.1.01 an den Lehrer Leer eine Stereoanlage geliefert, zahlbar am 10.2.01. Aufgrund eines Fehlers der Buchhaltung fällt dem Happig erst am 11.2.03 auf, daß Leer immer noch nicht bezahlt hat.

4.3.1 Wesen der Verjährung

> Verjährung = Ablauf einer gesetzlichen Frist; danach hat der Schuldner ein dauerndes Leistungsverweigerungsrecht (§ 222 (1) BGB).
> Der Anspruch kann nach Ablauf der Frist nicht mehr erzwungen werden, der Anspruch erlischt aber nicht: wurde trotz Verjährung geleistet, kann das Geleistete nicht zurückgefordert werden (§ 222 (2) BGB).

Nicht nur der Anspruch auf Zahlung des Kaufpreises, sondern jeder **Anspruch**, also jedes **„Recht von einem anderen ein Tun oder Unterlassen zu verlangen"** (§ 194 BGB), kann verjähren.

Der Verjährung unterworfen ist allein der materielle Anspruch, **das Recht zur Klage verjährt nicht**. Daher kann grundsätzlich ein Anspruch auch nach Ablauf der Verjährung noch eingeklagt werden; es liegt nämlich beim Schuldner, ob er im Prozeß die sogenannte **„Einrede der Verjährung"** geltend macht. Tut er dies nicht, kann er rechtskräftig z.B. zur Zahlung verurteilt werden.

4.3.2 Verjährungsfristen

Die **regelmäßige** Verjährungsfrist beträgt 30 Jahre (§ 195 BGB).
Sie gilt grundsätzlich für alle Ansprüche, falls nicht durch Rechtsgeschäft oder Spezialgesetze eine kürzere Frist bestimmt ist (§ 225 BGB).
Da dies häufig der Fall ist, ist die regelmäßige Frist praktisch die Ausnahme.

Die wichtigsten Verjährungsfristen und ihr Beginn bei Ansprüchen auf Bezahlung einer erbrachten Leistung:

Verjährungsfrist	Ansprüche auf Bezahlung einer erbrachten Leistung	Fristbeginn
2 Jahre	eines Gewerbetreibenden gegen einen Privatmann (§ 196 (1) BGB)	mit dem Schluß des Kalenderjahres, in dem der Anspruch entstanden bzw. fällig geworden ist (§ 201 BGB).
4 Jahre	eines Gewerbetreibenden gegen einen Gewerbetreibenden (§ 196 (2) BGB)	
30 Jahre	eines Privatmannes (gegen einen Gewerbetreibenden oder Privatmann), § 195 BGB	mit Entstehung des Anspruchs, nicht jedoch vor Fälligkeit (§ 198 BGB).

\multicolumn{3}{c}{**Weitere Verjährungsfristen und Sonderregelungen**}
Frist	**Ansprüche**	**von den §§ 198 und 201 BGB abweichende Sonderregelungen über den Fristbeginn**
6 Monate	des Käufers auf Schadensersatz beim Fehlen zugesicherter Eigenschaften und auf Wandlung/Minderung bei Mängeln	mit Ablieferung der Sache (§ 477 BGB)
	des Bestellers (Werkvertrag) auf Beseitigung des Mangels	mit Abnahme des Werkes (§ 638 BGB)
2 Jahre	der Gastwirte, Transportunternehmer, Arbeitnehmer, Rechtsanwälte, Lehrer, Ärzte	/
	des gewerbsmäßigen Vermieters	/
3 Jahre	des Geschädigten auf Schadensersatz aus unerlaubter Handlung bei Kenntnis des Schadens / des Täters	mit Kenntnis des Schadens und des Täters (§ 852 BGB)
4 Jahre	auf wiederkehrende Leistungen (Zinsen, Renten, Unterhalt, Miete bei nichtgewerblichen Vermietern)	/
5 Jahre	des Bestellers (Werkvertrag) auf Mängelbeseitigung bei Arbeiten an einem Bauwerk	mit Abnahme des Werkes (§ 638 BGB)
	des Staates wegen Steuerschulden (§ 228 Abgabenordnung)	mit Ablauf des Kalenderjahres, in dem der Anspruch fällig geworden ist (§ 229 AO)
30 Jahre	des Darlehensgebers auf Rückzahlung des Darlehens	/
	des Käufers auf Leistung	/
	des Käufers auf Schadensersatz bei arglistiger Täuschung über Mängel	umstritten, lt. BGH: mit Ablieferung der Sache (§ 477 BGB)
	des Vertragspartners auf Schadensersatz wegen – Nichterfüllung – positiver Forderungsverletzung – culpa in contrahendo – Verzug	mit der Entstehung des Schadens
	des Eigentümers auf Herausgabe des Eigentums (bei Ersitzung aber schon nach 10 Jahren nach § 937 BGB)	/
	des Vertragspartners auf Rückgewähr der erbrachten Leistungen nach Rücktritt vom Vertrag nach § 346 ff. BGB)	/
	des Geschädigten auf Schadensersatz aus unerlaubter Handlung ohne Kenntnis der Tat / des Täters (§ 852 BGB)	mit Begehen der unerlaubten Handlung
	aus rechtskräftigen Urteilen, Schiedssprüchen, gerichtlichen Vergleichen, Konkurstabellen und Vollstreckungsbescheiden	ab Rechtskraft

4.3.3 Unterbrechung der Verjährung

Fall

Rudi Klawubke hatte an Händler Hurtig am 15.12.01 1000,00 DM zu zahlen. Aufgrund eines Fehlers in Hurtigs Buchhaltung wird übersehen, daß Klawubke den Zahlungstermin überschritten hat. Am 15.3.02 bittet Klawubke schriftlich um eine Stundung des Betrages für weitere 6 Monate.
Welche Auswirkungen hat diese Bitte auf die Verjährung?

Die Verjährung kann durch eine Unterbrechung verhindert werden, denn ab dem Tag der Unterbrechung beginnt die ursprüngliche Verjährungsfrist neu zu laufen (§ 217 BGB).

Beginn der Verjährung 31.12.01	Unterbrechung der Verjährung 15.3.02	ursprüngliches Ende der Verjährung 31.12.03	neues Ende der Verjährung 15.3.04
ursprüngliche Verjährungsfrist			
	neue Verjährungsfrist		

■ **Gründe für eine Unterbrechung der Verjährung (§§ 208 f.):**

● **Anerkennung** des Anspruchs durch den Schuldner
(= jede Bezugnahme auf die Forderung, wie Stundungsbitte, Abschlagszahlung, Zinszahlung)

● **Gerichtliche Geltendmachung** des Anspruchs durch den Gläubiger
(Klageerhebung, Zustellung eines Gerichtlichen Mahnbescheids, Anmeldung der Forderung im Konkurs)

Hierbei ist folgende Besonderheit zu beachten:
Die Unterbrechung dauert nur an, bis der Prozeß entschieden, ein Vollstreckungsbescheid erwirkt oder das Konkursverfahren beendigt wurde. Danach beginnt gegebenenfalls die für rechtskräftige Urteile/Vollstreckungsbescheide und Ansprüche aus Konkurs gültige 30jährige Verjährungsfrist, auch wenn die ursprüngliche Frist kürzer war.

Beispiel:
Händler Hurtig hatte an den Angestellten Meier geliefert (Anspruch auf Zahlung verjährt innerhalb von 2 Jahren). Da Meier nicht zahlt, erwirkt Hurtig ein Urteil auf Zahlung gegen Meier. Der Anspruch auf Zahlung aus dem Urteil verjährt dann erst innerhalb von 30 Jahren, die Frist läuft ab Rechtskraft des Urteils.

4.3.4 Hemmung der Verjährung

Fall

Aufgrund der Stundungsbitte von Karl Klawubke im obigen Fall ist Händler Hurtig bereit, die Zahlung für weitere 6 Monate zu stunden. Welche Auswirkungen hat dies auf die Verjährung?

Der Zeitraum der Hemmung wird nicht in die Verjährungsfrist eingerechnet (§ 205 BGB). Rechnerisch addiert man daher den Zeitraum der Hemmung auf die alte Frist.

Auf das oben errechnete Fristende (15.3.04) wären also noch 6 Monate zu addieren, die Verjährung würde nun am 15.9.04 enden.

■ **Die wichtigsten Gründe für die Hemmung der Verjährung (§§ 202 ff.):**
- **Stundungsgewährung** (§ 202 BGB)
- **Stillstand der Rechtspflege** innerhalb der letzten 6 Monate der Verjährungsfrist. Durch einen Stillstand der Rechtspflege aufgrund z.B. von Krieg, Schließung der Gerichte, höherer Gewalt (z.B. Naturkatastrophen) wird der Gläubiger an der Rechtsverfolgung gehindert; daher tritt für die Dauer des Stillstandes Hemmung der Verjährung ein (§ 203 BGB).
- **Gerichtsferien**; § 223 Zivilprozeßordnung (Dauer: 15.7.–15.9, § 199 Gerichtsverfassungsgesetz)

[?]

1. Unterscheiden Sie bitte Unterbrechung und Hemmung der Verjährung.
2. Nennen Sie Gründe für
   a) die Unterbrechung und
   b) die Hemmung der Verjährung.
3. Übernehmen Sie bitte die folgende Tabelle und ergänzen Sie:

Kaufvertragsabschluß am 1.11.01; Lieferung am 13.12.01 Fälligkeit der Zahlung am 15.1.02		
bei Verjährungsfrist von	Fristbeginn mit Ablauf des ...	Fristende mit Ablauf des ...
2 Jahren	31.12.02	31.12.04
4 Jahren		
30 Jahren		
2 Jahren und Unterbrechung am 28.1.03		
2 Jahren und Hemmung um 3 Monate		

4. Fa. Weiler hat mit dem Angestellten Meier am 1.6.01 einen Kaufvertrag über eine Heizungsanlage geschlossen und diese am 3.7.01 geliefert. Am 1.7.04 hat Meier noch nicht gezahlt. Kann Meier die Einrede der Verjährung geltend machen?

5. Am 19.10.01 schlossen Möbelfabrikant X und Möbelhändler Y einen Kaufvertrag. Wann verjährt der Anspruch auf Zahlung
   a) wenn über die Fälligkeit der Zahlung keine Vereinbarung getroffen
   b) wenn als Zahlungstermin der 3.1.02 vereinbart wurde?
6. Wann verjährt im folgenden Fall der Anspruch auf Zahlung?
   a) 02.04.01: Lieferung eines Händlers an den Angestellten Meier.
   30.07.03: gerichtlicher Mahnbescheid
   07.01.04: Klageerhebung wegen Widerspruchs des Schuldners
   07.07.05: Urteil auf Zahlung
   b) Wie ändert sich die Rechtslage in a), wenn am 30.7.03 nur ein Mahnbrief erfolgt wäre?
   c) Wie ändert sich die Verjährungsfrist in a), wenn es am 7.1.04 nicht zur Klageerhebung kommt, sondern ein vom Händler beantragter Vollstreckungsbescheid rechtskräftig wird?
7. Zwischen 2 Kaufleuten wurde als Zahlungstermin der 18.3.01 vereinbart.
   a) Am 7.1.02 bittet der Schuldner um Stundung. Wann ist der Anspruch verjährt?
   b) Die Stundung wird am gleichen Tage gewährt, und zwar für weitere 8 Monate. Wann verjährt der Anspruch nun und wann ist der neue Zahlungstermin?
8. Darlehensgewährung am 5.5.01, rückzahlbar nach einem Jahr. Verjährungseintritt?
9. Kauf eines Gebrauchtwagens vom Stammtischkollegen am 12.6.01. Verjährungsfrist?
10. Am 20.10.01 liefert ein Händler an einen Einzelhändler. Der Händler schickt einen Mahnbrief am 18.10.05 Am 24.10.05 schreibt der Einzelhändler an den Großhändler: „Bezugnehmend auf ihr Schreiben muß ich Ihnen mitteilen, daß Ihre Forderung verjährt ist...". Welche Rechtsfolge ergibt sich durch dieses Schreiben?

5 Leistungsort

Fall

Karl aus Köln bittet bei der Hamburger Versandfirma „Permanent Noise" um Zusendung einer CD-Sammlung aus einer limitierten Auflage; Karl erhält eine Auftragsbestätigung, in der ihm als Liefertermin der 15.7. mitgeteilt wird.
Am 15.7. sind die CDs noch nicht eingetroffen, da sie erst an diesem Tag versendet wurden. Ist „Permanent Noise" im Lieferverzug?

5.1 Wesen und Bedeutung des Leistungsortes

Der Leistungsort ist der Ort, an dem Schuldner rechtzeitig das zur Leistung Erforderliche tun.[1]

- Mit dem Leistungsort hängt es zusammen, **was der Schuldner wann und wo tun muß.**
- Vom Leistungsort hängt es ab, auf wessen Gefahr der Warentransport oder die Versendung des Geldes erfolgt (sogenannter **„Gefahrübergang"** auf den Gläubiger).
- Nach dem Leistungsort bestimmt sich, wo zu klagen ist (**„Gerichtsstand"**).

---

[1] Landläufig, z.B. in Allgemeinen Geschäftsbedingungen, wird der Leistungsort als „Erfüllungsort" bezeichnet. Dies ist strenggenommen – zumindest bei Schickschulden – nicht ganz korrekt; so hat der Verkäufer bei der Schickschuld das Erforderliche getan, wenn er die Ware an die Transportperson übergibt (Leistungsort = Sitz des Verkäufers). Erfüllung tritt aber erst ein, wenn die Ware beim Kunden ankommt (Erfüllungsort = Sitz des Käufers).

5.2 „Holschuld", „Schickschuld" und „Bringschuld"

Begriff	liegt vor, wenn...	Schuldner hat das Erforderliche getan[1] mit
„Holschuld" (Leistungsort = Sitz des Schuldners)	... der Leistungsort beim Schuldner ist → der Schuldner muß für die **Bereitstellung** sorgen	Absonderung/Bereitstellung
„Schickschuld" / „Versendungskauf" (Leistungsort = Sitz des Schuldners, aber Absendungspflicht)	... der Leistungsort zwar beim **Schuldner** ist, aber zusätzlich eine **Versendung** vereinbart wurde → der Schuldner muß für die **Absendung** sorgen	Übergabe an die Transportperson
„Bringschuld" (Leistungsort = Sitz des Gläubigers)	... der Leistungsort beim **Gläubiger** ist → der Schuldner muß für das **Ankommen** sorgen	Übergabe an den Gläubiger am Sitz des Gläubigers

5.3 Festlegung des Leistungsortes (§ 269 BGB)

Fall

Im Vertrag zwischen Karl und „Permament Noise" wurde keine Vereinbarung über den Leistungsort getroffen.
– Wo ist der Leistungsort?   – Liegt eine Hol-, Schick- oder Bringschuld vor?

Vertraglich kann jeder Ort als Leistungsort vereinbart werden, fehlt eine Vereinbarung, so ist der Ort aber eventuell aus den Umständen entnehmbar (z.B. Dachreparatur).
Ist der Leistungsort weder vereinbart noch aus den Umständen zu entnehmen, so gilt die gesetzliche Regelung:
Leistungsort ist der Sitz des jeweiligen Schuldners (§ 269 BGB).

Warenschuld	Geldschuld
gesetzlicher Leistungsort für eine Warenlieferung ist der **Sitz des Warenschuldners**, beim Kaufvertrag also der Sitz des Verkäufers	gesetzlicher Leistungsort für eine Geldlieferung ist der **Sitz des Geldschuldners**, beim Kaufvertrag also der Sitz des Käufers
Der Verkäufer leistet rechtzeitig, wenn er die Ware zum Liefertermin an seinem Sitz bereitstellt	Der Käufer leistet rechtzeitig, wenn er das Geld zum Zahlungstermin an seinem Sitz absendet
bei fehlender Vereinbarung sind Warenschulden also **HOLschulden**	bei fehlender Vereinbarung sind Geldschulden also **SCHICKschulden**

[1] Gleichbedeutend mit Eintritt der Konkretisierung lt. § 243 (2) BGB bei Gattungsschulden.

Zu beachten ist folgende **Besonderheit**:
In bestimmten Fällen des Versendungskaufes, den sog. „**Zuschickungskäufen des täglichen Lebens**", geht die Rechtssprechung davon aus, daß stillschweigend eine **Bringschuld** vereinbart wurde, daß also der Leistungsort am Sitz des Käufers ist.

Dies ist insbesondere dann der Fall, wenn folgende Umstände zusammentreffen:
- Händler und Kunde sitzen am gleichen Ort (sog. „**Platzkauf**") und
- Auslieferung durch den Händler mit dem **eigenen Wagen**.

?

1. Was versteht man unter dem „Leistungsort"?
2. Welche rechtliche Bedeutung hat der Leistungsort?
3. Unterscheiden Sie Holschuld, Schickschuld und Bringschuld.
4. Ist die Warenlieferung in folgenden Fällen Hol-, Schick- oder Bringschuld?
    a) Es besteht weder eine Vereinbarung über den Leistungsort noch über eine Versendung der Ware.
    b) Es besteht keine Vereinbarung über den Leistungsort, es wird aber Versendung mit der Bundesbahn vereinbart.
    c) Eine Klausel in den Allgemeinen Geschäftsbedingungen des Verkäufers lautet: „Erfüllungsort (= Leistungsort) ist der Sitz des Verkäufers".
    d) Wie c), aber zusätzlich wird eine Vereinbarung über die Versendung der Ware getroffen.
    e) Eine Klausel in den Allgemeinen Geschäftsbedingungen des Verkäufers lautet: „Erfüllungsort (= Leistungsort) ist der Sitz des Käufers".
    f) Wie e), aber zusätzlich wird eine Vereinbarung über die Versendung der Ware getroffen.
    g) Es besteht keine Vereinbarung über den Leistungsort, es wird aber „Lieferung frei Haus" vereinbart. Kann man aus der Übernahme der Kosten durch den Verkäufer schließen, daß er auch den Leistungsort zum Sitz des Kunden verlegen will? (§ 269 (3) BGB).
5. Ein Lieferer in München schließt einen Kaufvertrag mit einem Kunden in Bremen. Als Liefertermin wurde der 15.4. vereinbart; was muß der Verkäufer wann tun, um rechtzeitig zu leisten...
    a) bei fehlender Vereinbarung über den Leistungsort,
    b) bei vertraglich vereinbartem Leistungsort Bremen,
    c) bei der Vereinbarung, daß die Ware per Post versandt wird?
6. Als Zahlungstermin wurde der 15.5. vereinbart; was muß der Käufer wann tun, um rechtzeitig zu leisten...
    a) bei fehlender Vereinbarung über den Leistungsort,
    b) bei Vertragsklausel: „Leistungsort für beide Teile ist der Sitz des Verkäufers"?
    c) Gerät der Käufer jeweils in Verzug, wenn das Geld trotz rechtzeitiger Absendung nicht zum Zahlungstermin beim Verkäufer ist?

5.4 Gefahrübergang auf den Kunden bei der Warenlieferung (§§ 446 f. BGB)

Fall

Als die von Karl aus Köln bestellten CDs am 30.7. immer noch nicht angekommen sind, steht zu befürchten, daß sie auf dem Postwege verlorengegangen sind.
Muß Karl zahlen, obwohl er keine Ware erhalten hat?

Vom Leistungsort hängt es auch ab, auf wessen Gefahr der Warentransport erfolgt. **Am Leistungsort geht nämlich die Gefahr des zufälligen Unterganges der Ware auf den Käufer über**; der Verkäufer kann dann trotz Vernichtung/Beschädigung der Ware Zahlung verlangen.

Dabei heißt „zufälliger" Untergang, daß **weder den Käufer noch den Verkäufer oder deren Gehilfen eine Schuld trifft**. Hat ein Dritter die Zerstörung verschuldet, so gilt dies im Verhältnis zwischen Käufer und Verkäufer auch als „zufälliger" Untergang! Ob der Geschädigte anschließend von diesem Dritten, z.B. vom Spediteur, der die Vernichtung verschuldet hat, Schadensersatz verlangen kann, interessiert im Zusammenhang mit dem Gefahrübergang nicht.

Der Gefahrübergang auf den Kunden bei der Warenlieferung

Fragestellung: Muß der Käufer trotz zufälliger Zerstörung, Beschädigung der Ware dem Verkäufer den Kaufpreis (die Gegenleistung) zahlen?

Ob der Käufer zahlen muß, hängt davon ab, ob die Gefahr des zufälligen Unterganges auf ihn übergegangen ist.

Die Gegenleistungsgefahr geht grundsätzlich am Leistungsort auf den Käufer über, d.h.

- bei der Holschuld (§ 446 BGB) mit Übergabe an den Käufer im Laden des Verkäufers
- bei der Bringschuld (§ 446 BGB) mit Übergabe an den Käufer an dessen Sitz
- bei der Schickschuld (§ 447 BGB) mit der Übergabe an die Transportperson

---

1. Ein Käufer in Bonn bestellt beim Verkäufer in Krefeld. Geben Sie – bezogen auf die Warenschuld – bitte jeweils an (Tabellenform):
Hol-, Schick- oder Bringschuld? Leistungsort? Wann geht die Gefahr über? Auf wessen Gefahr erfolgt der Transport nach Bonn?
   a) Versendungskauf mit Spedition
   b) Versendungskauf mit Wagen des Verkäufers
   c) keine Vereinbarung über den Leistungsort oder die Versendung
   d) als Leistungsort wurde der Sitz des Käufers vereinbart.

2. Ein Käufer in Kerpen und ein Lieferant in Heidelberg vereinbaren einen Versendungskauf.
   a) Die Ware wird stark beschädigt, weil der Spediteur sie im Regen stehen ließ. Der Verkäufer verlangt Zahlung! (Subsumieren Sie bitte!)
   b) Ändert sich in Fall a) die Rechtslage, wenn Lieferung „frei Haus" vereinbart wurde?
   c) Ändert sich in Fall a) die Rechtslage, wenn lt. AGB des Verkäufers der Leistungsort der Sitz des Kunden ist?

3. Ein Verkäufer aus Köln liefert mit eigenem LKW an einen Kunden in Köln; es besteht keine Vereinbarung über den Leistungsort. Kann der Verkäufer vom Käufer Zahlung verlangen, wenn die Ware bei einem Unfall aufgrund eines geplatzten Reifens vernichtet wird?

5.5 Gefahrübergang auf den Verkäufer bei der Zahlung (§ 270 BGB)

Fall
Karl aus Köln hat trotz des Verlusts seiner Ware schweren Herzens an die Firma „Permanent Noise" den Kaufpreis für die CD-Sammlung überwiesen.
Muß er sogar nochmals zahlen, wenn das Geld nicht ankommt?

> **Der Gefahrübergang auf den Verkäufer bei der Zahlung**
> Fragestellung: „Muß der Käufer bei Verlust des Geldes nochmals zahlen?
> Hinsichtlich des Gefahrüberganges sind Geldschulden eine Art „Bringschuld": die Gefahr geht erst am Sitz des Gläubigers über; die Übermittlungsgefahr trägt also der Schuldner (Sonderregel des § 270 BGB).

> Falls keine anderslautende Vertragsvereinbarung vorliegt, sind **Geldschulden** also
> - hinsichtlich der Rechtzeitigkeit der Leistung Schickschulden (der Verkäufer trägt das Verzögerungsrisiko),
> - hinsichtlich des Gefahrüberganges aber eine Art Bringschuld (der Käufer trägt das Verlustrisiko)
> Man spricht daher bei Geldschulden auch von einer „qualifizierten Schickschuld".

Trifft also – bei gesetzlicher Regelung – das Geld trotz rechtzeitigen Absendens verspätet beim Gläubiger ein, so hat der Schuldner dafür nicht einzustehen (er kommt nicht in Verzug); kommt das Geld allerdings nicht an, so muß der Schuldner nochmals leisten.

?

Der Käufer in Krefeld hat mit dem Verkäufer in Bonn als Zahlungstermin den 12.3. vereinbart.
a) Wann hat der Käufer rechtzeitig geleistet?
b) Kann der Verkäufer verlangen, daß der Käufer nochmals zahlt, wenn das Geld unterwegs aufgrund eines Verschuldens des Geldinstituts verlorengeht?

5.6 Gerichtsstand

Fall
Wo hätte Karl aus Köln im Verzugsfalle die Lieferung seiner bei der in Hamburg sitzenden Firma „Permanent Noise" bestellten CDs einklagen müssen, wo müßte „Permanent Noise" die Zahlung einklagen?

Grundlagen der Schuldverhältnisse

> Der Gerichtsstand gibt an, welches Gericht örtlich bei einer Klage zuständig ist; er ist in der Zivilprozeßordnung (ZPO) geregelt.

Der **allgemeine** Gerichtsstand ist der Wohn- bzw. Geschäftssitz des Beklagten, daneben gilt es eine Reihe von **besonderen** Gerichtsständen:
- so ist z.b. bei unerlaubten Handlungen das Gericht zuständig, in dessen Bezirk die Handlung begangen wurde;
- der besondere Gerichtsstand bei Vertragsverletzungen richtet sich nach dem gesetzlichen Leistungsort:

> Besonderer gesetzlicher Gerichtsstand bei Vertragsverletzungen ist der jeweilige gesetzliche Leistungsort, also der Sitz des jeweiligen Schuldners (§ 29 ZPO).

Beispiel:
Wenn der Warenschuldner „Permanent Noise" aus Hamburg die CD-Sammlung nicht liefert, muß der Käufer in Hamburg klagen. Wenn der Geldschuldner Karl aus Köln nicht zahlt, muß der Verkäufer in Köln klagen.

> Bei Verträgen unter Vollkaufleuten kann eine vom gesetzlichen Leistungsort abweichende Gerichtsstandsvereinbarung getroffen werden, es gilt:
>
> Gerichtsstand bei Verträgen unter Vollkaufleuten = vertraglicher Gerichtsstand (Bsp. „Gerichtsstand für beide Teile ist der Sitz des Verkäufers")
>
> Fehlt bei Verträgen unter Kaufleuten eine Gerichtsstandsvereinbarung, so gilt:
>
> Gerichtsstand = vertraglicher Leistungsort
>
> Fehlt auch die Leistungsortvereinbarung, so gilt:
>
> Gerichtsstand = gesetzlicher Leistungsort

?

1. Mustafa M. aus Istanbul bezieht im Möbelhaus Hund in Köln Möbel, um diese mit nach Istanbul zu nehmen.
   a) Wo müßte das Möbelhaus klagen, wenn M. nicht zahlt?
   b) Ändert sich die Rechtslage, wenn in den Allgemeinen Geschäftsbedingungen des Möbelhauses folgende Klausel zu finden ist: „Gerichtsstand für beide Teile: Sitz des Verkäufers"?
2. Hersteller Hepp in Hamburg liefert an den Einzelhändler Erich in Köln.
   a) Wo müßte Erich klagen, wenn Hepp verspätet liefert und vereinbart wurde: „Gerichtsstand für beide Teile: Sitz des Verkäufers"?
   b) Wo müßte Erich klagen, wenn über den Gerichtsstand keine Vereinbarung getroffen wurde, aber eine Bringschuld vereinbart wurde?
   c) Wo müßte Erich klagen, wenn weder über den Gerichtsstand noch über den Leistungsort eine Vereinbarung getroffen wurde?
3. Erläutern Sie die Bedeutung der Klausel: „Erfüllungsort (= Leistungsort) für beide Teile Sitz des Verkäufers".

F Schuldverhältnisse aufgrund von Rechtsverletzungen

Fall

Radfahrer Rudi hat den Bürgersteig als Radweg benutzt und dabei Fräulein Eff überfahren. Die Eff hat dabei eine Gehirnerschütterung erlitten, außerdem ist ihr bestes Kostüm ruiniert.
– Kann die Eff Ansprüche geltend machen?
– Wenn ja, in welchem Umfang?

1 Verschulden und Rechtswidrigkeit

Eine **Haftungsverpflichtung** entsteht grundsätzlich nur dann, wenn der Schaden durch eine **rechtswidrige** Handlung **verschuldet** wurde.

Schuldhaftes Handeln kann nicht nur aus einem **Tun**, sondern auch aus einem **Unterlassen** bestehen.

Beispiel:
Weil Händler Hastig eine am Boden liegende Bananenschale nicht entfernt hat, rutscht ein Kunde aus und verletzt sich schwer.

1.1 Verschulden

■ **Verschuldensgrade**

Verschulden liegt vor, wenn **Vorsatz** oder **Fahrlässigkeit** gegeben ist.

Vorsatz bedeutet: Wille zum Handeln und Bewußtsein des schädlichen Erfolges.

Wird der schädliche Erfolg gewollt, so spricht man vom **„unmittelbaren Vorsatz"**.

Beispiel:
Siggi Hempel demoliert aus Rache das Motorrad von Gustav Gurke.

Wird der schädliche Erfolg zwar nicht gewollt, aber billigend in Kauf genommen, so spricht man von **„bedingtem Vorsatz"**.

Beispiel:
Ein Autofahrer erzwingt sich die Vorfahrt, dabei nimmt er ein Rammen des anderen Wagens in Kauf.

Fahrlässigkeit bedeutet: Außerachtlassen der erforderlichen Sorgfalt (§ 276 (1)BGB).

Werden dabei einfachste, naheliegende Überlegungen außer acht gelassen, liegt eine Leichtfertigkeit vor, die beim Normalbürger die Reaktion „das ist ja unglaublich" hervorrufen würde, so spricht man von **„grober Fahrlässigkeit"**.

Beispiele:
Rotlicht überfahren,
Kurven schneiden,
Alkohol am Steuer.

Im Gegensatz dazu handelt es sich um **„leichte Fahrlässigkeit"**, wenn der Schaden durch Gedankenlosigkeit, („Schludrigkeit"), passiert.

Beispiele:
Der Verkäufer vergißt den Liefertermin.
Die Auslieferer lassen die Ware fallen.

> Zufall bedeutet, daß der Schaden von keiner Seite verschuldet worden ist.

Wenn keinen der Beteiligten ein Verschulden trifft, spricht man auch vom **„einfachen Zufall"**.
Im Gegensatz dazu erfordert die **„höhere Gewalt"** zusätzlich ein **außergewöhnliches, von außen kommendes Ereignis**, dessen schädigende Wirkung auch bei äußerster, aber zumutbarer Sorgfalt nicht hätte verhindert werden können:

Beispiel:
Ein Passant wird durch – wegen eines Erdbebens – herabstürzende Haustrümmer verletzt.

■ Verschuldensprinzip im deutschen Schadensersatzrecht

Grundsätzlich haftet der Schädiger nur bei Verschulden, also Vorsatz oder Fahrlässigkeit.

Beispiel:
Meier wird auf der Straße plötzlich ohnmächtig und fällt in eine Schaufensterscheibe; da Meier kein Verschulden trifft, haftet er nicht.

In Ausnahmefällen besteht aber eine **vom Verschulden unabhängige Einstandspflicht**:
- bei der sog. **„Gefährdungshaftung"** knüpft das Gesetz eine Schadensersatzpflicht allein an die Tatsache, daß bestimmte Sachen / Einrichtungen geeignet sind, anderen Schaden zuzufügen.

Beispiele:
- Haftung des Betreibers von Schienenfahrzeugen, Atomkraftwerken
- Haftung des KFZ-Halters
- Haftung des Tierhalters (§ 833 BGB)
- Haftung des Produzenten (Produkthaftungsgesetz)
- **Gewährleistung** bei Sach- oder Werkmängeln (§§ 459 ff. bzw. 631 ff. BGB)
- Haftung bei **irrtümlicher Selbsthilfe** (§ 231 BGB)
- Haftung des **Gastwirtes** für Schäden am Eigentum der Gäste (§ 701 BGB)

Ebenso kennt das Gesetz Fälle, in denen eine **vom eigenen Verschulden unabhängige Einstandspflicht** besteht; z.b. bei der Haftung für Gehilfen gemäß § 278 BGB.

Andererseits kann es sein, daß trotz eines Verschuldens **keine Schadensersatzverpflichtung** entsteht, wenn der Schädiger für den von ihm verursachten Schaden **wegen fehlender Deliktfähigkeit** nicht verantwortlich gemacht werden kann.

Beispiel:
Ein 5jähriger verletzt seinen Spielkameraden.

■ **Beweislast für Verschulden**

Fälle

1. Als Gustav Gurke sein demoliertes Motorrad vorfindet, vermutet er, daß Siggi Hempel der Täter war.
2. Die Ware kommt beim Käufer beschädigt an, wahrscheinlich war sie mangelhaft verpackt.

Wer trägt in beiden Fällen jeweils die Beweislast?

Sieht das Gesetz keine andere Regelung vor, so gilt:

bei vertraglicher Haftung muß der Schuldner sein Nichtverschulden beweisen (§ 282 BGB), bei außervertraglicher Haftung muß der Geschädigte das Verschulden des Schädigers beweisen.

1.2 Rechtswidrigkeit

Grundsätzlich ist jede Verletzung der Rechte anderer rechtswidrig.

In Ausnahmefällen sind jedoch **Rechtfertigungsgründe** für die Rechtsverletzung gegeben, die die Widerrechtlichkeit beseitigen.

Beispiele:
- hoheitliche Befugnisse (Verhaftung, Enteignung, Beschlagnahme)
- gesetzlich gewährte Befugnisse (z.B. Notwehr)[1]

2 Schadensarten

Fall

Opa O. wird beim Überqueren des Fußgängerüberweges von einem Auto erfaßt; ihm entstehen Arztkosten wegen eines Beinbruches, Reinigungskosten für seinen besten Ausgehanzug und außerdem leidet er noch wochenlang an Schmerzen.
– Inwieweit entstehen hier Schäden als Folge eines anderen Schadens?
– Worin liegt der Unterschied zwischen den genannten Schäden?

---

[1] *Siehe dazu Kapitel A 5.3*

■ **Vermögensschäden**

Man unterscheidet:

- **Vermögensschäden**, die auftreten **als Folge** einer Verletzung der in § 823 (1) BGB genannten Rechte
  (z.B. Arztkosten als Folge einer Körperverletzung / Reparaturkosten, Minderwert als Folge einer Beschädigung des Eigentums)
- **reine Vermögensschäden**
  (z.B. Mehrpreis für einen Deckungskauf bei Lieferverzug, Zinsentgang u.ä.)

■ **Immaterielle Schäden („Schmerzensgeld")**

Beispiel:

Schmerzen, Narben, Schock, entgangene Heiratschancen.

---

1. Unterscheiden Sie die verschiedenen Verschuldensgrade.
2. Welche Rechtfertigungsgründe für Rechtsverletzungen gibt es?
3. Was versteht man unter dem „Verschuldensprinzip" im deutschen Schadensersatzrecht?
4. In welchen Fällen kann eine Einstandspflicht für einen Schaden gegeben sein, auch wenn kein Verschulden vorliegt? Nennen Sie bitte Beispiele.
5. Erläutern Sie, wer bei Schäden die Beweislast trägt.
6. Welche Schadensarten kann man unterscheiden?
7. Sind die folgenden Vermögensschäden reine Vermögensschäden oder Folge einer Schädigung der in § 823 (1) BGB genannten Rechte?
   a) Durch Brandstiftung brennt das Geschäftsgebäude der XY-GmbH ab; der Wiederaufbau kostet Millionen, außerdem entgeht dem Unternehmen durch den Betriebsstillstand ein Gewinn von 100 000,00 DM.
   b) Weil der Hersteller in Lieferverzug gerät, entgeht dem zu spät belieferten Händler ein Gewinn von 5000,00 DM.

3 Anspruchsgrundlagen für Schadensersatzansprüche

Damit der Geschädigte einen Schadensersatzanspruch geltend machen kann, braucht er eine **Anspruchsgrundlage**, also eine Gesetzesbestimmung, die Schadensersatzansprüche gewährt.
Wenn die Prüfung der Anspruchsnorm ergibt, daß ihre Voraussetzungen auf den konkreten Fall zutreffen, kann der Geschädigte Schadensersatz verlangen: es entsteht ein **gesetzliches Schuldverhältnis!**
Im BGB finden sich diese Anspruchsnormen im Bereich der unerlaubten Handlungen (sog. „Delikthaftung", §§ 823 ff. BGB), daneben sind weitere Anspruchsgrundlagen aus verschiedenen Sondergesetzen maßgeblich (z.B. Produkthaftungsgesetz, Straßenverkehrsgesetz).

3.1 Schadensersatz aus Delikthaftung (Haftung für unerlaubtes Handeln)

3.1.1 Delikthaftung wegen Verletzung eines absoluten Rechts (§§ 823 [1] und 831 BGB)

Fall

Als Händler Happich bei einem Kunden eine Lampe installiert, wird durch die umfallende Leiter des Händlers nicht nur der Kunde schwer verletzt, ebenso geht eine wertvolle Glasschale des Kunden zu Bruch.
a) Welche Ansprüche kann der Kunde gegen Händler Happich geltend machen?
b) Kann der Kunde auch dann Ansprüche gegen Happich geltend machen, wenn nicht dieser selbst, sondern einer seiner Monteure den Schaden verursacht hat?

3.1.1.1 Absolute Rechte des § 823 (1) BGB

Die Bestimmungen der §§ 823 (1) und 831 BGB gewähren einen Schadensersatzanspruch bei der Verletzung eines sogenannten **„absoluten Rechtes"**:

- Verletzungen von **Körper, Gesundheit, Freiheit, Eigentum**,
- Verletzungen der **sonstigen** absoluten Rechte:
  a) alle **dinglichen Rechte** (Hypothek, Grundschuld, Dienstbarkeiten, Vorkaufsrechte u.a.),
     z.B. Verletzung des Hypothekenrechts durch Wegschaffen eingebauter Materialien.
  b) **Immaterialgüterrechte**
     z.B. Verletzung des Patentrechts des Urheberrechts.
  c) **Namensrechte** (auch Wappenrechte, Firmenrechte),
     z.B. Verwendung des Signums einer politischen Partei auf einem gegen sie gerichteten Wahlplakat.
  d) das **Recht auf Achtung und Entfaltung der Persönlichkeit** (Persönlichkeitsrecht),
     z.B. heimliche Bild- / Tonaufnahmen, Überwachung der Arbeitnehmer durch versteckte Kameras, Nichtberücksichtigung von Bewerberinnen wegen ihres Geschlechts.
  e) der (rechtmäßige) **Besitz**
  f) das **Recht am „eingerichteten und ausgeübten Gewerbebetrieb"**,
     z.B. rechtswidrige Streiks, fahrlässig oder bewußt falsche Warentests o.ä.

Das Vermögen als solches fällt nicht unter die nach den §§ 823 (1) / 831 BGB geschützten Rechte. Ersetzt werden kann nur ein Vermögensschaden, der als **Folge** einer Verletzung der in § 823 (1) BGB genannten Rechte entsteht, nicht aber der **reine** Vermögensschaden.

Beispiel:
Der Besuch aus Japan telefonierte stundenlang mit seiner Großmutter in Tokio, außerdem ließ er während seiner Abwesenheit den Heizlüfter brennen.
Die hohe Telefon-/Stromrechnung ist nicht durch § 823 (1) BGB gedeckt, da hier ein reiner Vermögensschaden entsteht. Gerät allerdings wegen des Heizlüfters das Mobiliar in Brand, so liegt eine Verletzung eines absoluten Rechts (Eigentum) vor. Der daraus folgende Vermögensschaden durch z.B. den Kauf neuer Möbel wäre durch § 823 (1) BGB gedeckt.

3.1.1.2 Haftung für eigenes Handeln und Haftung für Gehilfen

§ 823 (1) BGB gewährt einen Schadensersatzanspruch gegen den Schädiger für dessen **eigenes Handeln**, § 831 BGB begründet dagegen die **Haftung des Geschäftsherrn** für Rechtsverletzungen, die nicht er selbst, sondern die von ihm bestellten **Hilfspersonen** („Verrichtungsgehilfen") begangen haben. Das Verschulden des Geschäftsherrn liegt in diesem Fall bei der fehlerhaften Auswahl und Überwachung des Verrichtungsgehilfen.

Gesetzesbestimmung	§ 823 (1) BGB	§ 831 BGB
Tatbestand	Haftung des Schädigers für sein **eigenes** Handeln	Haftung des Geschäftsherrn für das Handeln der von ihm bestellten **Hilfspersonen** („Verrichtungsgehilfen")
Voraussetzungen	Verletzung eines der in **§ 823 (1) BGB** genannten Rechte	
		durch einen Verrichtungsgehilfen (Verrichtungsgehilfe ist, wer bei der ihm übertragenen Tätigkeit weisungsgebunden ist; i.d.R. Angestellte)
	die Rechtsverletzung war **widerrechtlich**	
		Der Schaden entstand durch die **Ausführung** der Verrichtung (nicht z.B. wenn der Monteur nur die Montage als Gelegenheit benutzt, um dem Kunden eine Uhr zu stehlen)
	Verschulden (Vorsatz oder Fahrlässigkeit) des Schädigers	**Verschulden** des Geschäftsherrn bei Auswahl und Anleitung des Gehilfen wird **vermutet** (die Prüfung entfällt daher)
Rechtsfolge	der Schädiger muß haften	der Geschäftsherr muß haften, es sei denn, er kann die **Verschuldensvermutung widerlegen** (sog. „**Exkulpation**"). Dazu muß er beweisen, daß er Sorgfalt walten ließ bei • der Auswahl des Gehilfen und der Geräte, • der Anleitung des Gehilfen, falls eine außergewöhnliche Tätigkeit vorlag.

3.1.1.3 Unterschiede zwischen deliktischer und vertraglicher Haftung für Gehilfen

Fall

Kundin Kösel bricht sich im Laden von Händler Hösel ein Bein, als sie über einen von der Putzfrau stehengelassenen Putzeimer stolpert. Sie verlangt Schadensersatz von Hösel.
a) Welches Problem ergibt sich bei einer deliktischen Haftung des Händlers aus § 831 BGB?
b) Kann Frau Kösel Ansprüche aus vertraglicher Haftung gegen Hösel geltend machen
  - wenn sie gekaufte Ware abholen wollte
  - wenn sie sich nur im Laden nach einem Geschenk umsehen wollte, dieses aber noch nicht gekauft hatte?

Neben Ansprüchen aus deliktischer Haftung kann der Geschädigte gegebenenfalls auch Ansprüche aus vertraglicher Haftung, aufgrund einer **Verletzung vertraglicher Nebenpflichten** (sog. „positive Forderungsverletzung" bzw. „culpa in contrahendo") geltend machen.[1]

Voraussetzung ist allerdings,
- daß ein **Vertragsverhältnis besteht oder** sich zumindest **in der Anbahnung** befindet.
- Zum zweiten muß sich die Schädigung aufgrund einer **Verletzung vertraglicher Nebenpflichten** (z.B. Sorgfaltspflicht) ergeben haben.
- Außerdem muß ein **Verschulden** im Sinne des § 276 BGB vorliegen.

Auch hier besteht eine **Einstandspflicht für das Verschulden von Hilfspersonen** (**„Erfüllungsgehilfen"**); denn nach § 278 BGB muß man sich ein Verschulden von Personen, derer man sich zur Erfüllung bedient, **wie ein eigenes Verschulden zurechnen lassen.**

Es sind jedoch grundlegende Unterschiede zwischen deliktischer und vertraglicher Haftung für Gehilfen zu beachten:

Unterschiede zwischen deliktischer und vertraglicher Haftung für Gehilfen	
Deliktische Haftung für Gehilfen	**Vertragliche Haftung für Gehilfen**
§ 831 BGB	pFV/cic mit § 278 BGB
• Verrichtungsgehilfe • nur, wer bei der Tätigkeit weisungsgebunden ist (Bsp.: Angestellte, nicht aber z.B. ein Spediteur)	• Erfüllungsgehilfe • jeder, dessen Hilfe man sich zur Erfüllung der Vertragspflichten bedient (Bsp.: Angestellte, aber auch der Spediteur bei einer Bringschuld)
Haftung des Geschäftsherrn für eigenes Verschulden, das darin liegt, daß er bei der Auswahl und Anleitung des Gehilfen nicht die genügende Sorgfalt beachtete	Haftung des Geschäftsherrn für fremdes Verschulden
Exkulpationsmöglichkeit besteht	Exkulpationsmöglichkeit besteht nicht
Anspruch umfaßt auch Schmerzensgeld, da Bereich der deliktischen Haftung	Anspruch umfaßt kein Schmerzensgeld, da Bereich der vertraglichen Haftung

[1] siehe dazu ausführlich Kapitel G 4 „Verletzung von vertraglichen Nebenpflichten"

3.1.2 Delikthaftung wegen vorsätzlicher sittenwidriger Schädigung (§ 826 BGB)

> **Fälle**
>
> 1. Immer, wenn Brösel einem Kaufinteressenten seine Eigentumswohnung zeigt, herrscht schrecklicher Lärm in der Nachbarwohnung. Brösel kann sich das gar nicht erklären, er erfährt aber 3 Monate nachdem er die Wohnung mit großen Preisabstrichen verkauft hat, daß sein Nachbar absichtlich Lärm veranstaltete, um Brösel, den er nicht leiden kann, zu schaden.
> 2. Müsel verkauft an Brösel seinen Gebrauchtwagen, verschweigt aber, daß die Bremsen nicht ganz in Ordnung sind. Für Brösel entstehen hohe Reparaturkosten.
> – Welches Problem ergibt sich in beiden Fällen, wenn Brösel Schadensersatz aus § 823 (1) BGB geltend machen will?
> – Ändert sich die Rechtslage in Fall 2, wenn Brösel einen schweren Unfall erleidet und Schadensersatz wegen der Körperverletzung geltend machen will?

Wer einem anderen vorsätzlich und in einer gegen die guten Sitten verstoßenden Weise einen Schaden zufügt, ist zum Ersatz verpflichtet (§ 826 BGB).
Im Gegensatz zu § 823 (1) BGB kann der zu ersetzende Schaden auch in einem reinen Vermögensschaden bestehen.

Beispiele:

- Bewußte Schädigung des Verkaufswerts eines Nachbargrundstücks durch Bordellbetrieb
- Verleitung zum Vertragsbruch durch Übernahme der Vertragsstrafe, die vom Verkäufer an einen verhaßten Konkurrenten zu zahlen wäre
- Unaufgeforderte Hausbesuche von Bestattungsunternehmen in Sterbefällen
- Zahlung von Schmiergeldern an Einkäufer

3.1.3 Delikthaftung des Tierhalters (§ 833 BGB)

Wird durch ein Tier ein Mensch getötet oder der Körper / die Gesundheit verletzt oder eine Sache beschädigt, so ist der Tierhalter zum Schadensersatz verpflichtet (§ 833 BGB).
Die Haftung ist verschuldensunabhängig (Gefährdungshaftung), bei Nutztieren ist aber eine Exkulpation möglich.

Beispiel:

Obwohl fest angeleint, reißt sich Pinscher Pippo auf einem Spaziergang mit Fräulein Eff plötzlich los und fällt einen Fußgänger an.

3.1.4 Delikthaftung wegen fehlerhafter Produkte („Produkthaftung" nach § 823 (1) BGB)

Fall

Bauer Bolte impfte seine Hühner mit einem Serum gegen die Hühnerpest, das er beim Händler Hänsel gekauft hatte; Hänsel hatte den Impfstoff bei einem Chemiefabrikanten bezogen. Kurz nach der Impfung waren die Hühner tot – Folge einer Verunreinigung des Serums, die wahrscheinlich bei der Produktion entstanden war.
a) Welche Ansprüche kann Bolte gegen Händler Hänsel geltend machen?
b) Kann Bolte Ansprüche gegen den Hersteller geltend machen?

Die Produkthaftung ist die Haftung des Herstellers für Sach- und Personenschäden, die als Folge eines (Konstruktions-, Fabrikations- oder Instruktions-) Fehlers von Produkten entstehen. Sie deckt nicht die Schäden am Produkt selbst.

Die Produkthaftung nach § 823 (1) BGB ist eine **Rechtsfortbildung** dieser Gesetzesbestimmung. Sie wurde aus folgenden Gründen notwendig:

- Ersatzansprüche des Kunden **gegen den Händler** scheitern an dessen fehlendem Verschulden, die Sachmängelhaftung ersetzt nur den Schaden am Produkt selbst.

- Für Ersatzansprüche des Kunden **gegen den Hersteller** aus Vertrag fehlt es an der Vertragsbeziehung, Ansprüche aus Delikt scheitern i.d.R. daran, daß der Geschädigte das Verschulden des Herstellers beweisen müßte.

Haftungsbegründender Tatbestand bei der Produkthaftung aus § 823 (1) BGB ist das Inverkehrbringen eines fehlerhaften Produktes. Die Besonderheit der Produkthaftung aus dem § 823 (1) BGB liegt in der Umkehrung der Beweislast: ein Verschulden des Herstellers wird vermutet, nun muß der Hersteller den Beweis seines Nichtverschuldens erbringen (Exkulpationsnachweis).

3.2 Produkthaftung nach dem Produkthaftungsgesetz (ProdHaftG)

Der Unternehmer muß nun voll haften
Wenn Produkte fehlerhaft sind
Verschulden gibt nicht mehr den Ausschlag

Von Paul Bellinghausen

Köln – Zum Jahresbeginn ist das neue Produkthaftungsgesetz in Kraft getreten. Für fehlerhafte Produkte übernimmt nun der Unternehmer die volle Haftung, unabhängig davon, ob ihn ein Verschulden trifft oder nicht. Dies, sagt Bundesjustizminister Hans A. Engelhard, ist ein großer Schritt vorwärts für einen besseren Verbraucherschutz.

Wurde früher ein Verbraucher durch ein fehlerhaftes Produkt geschädigt, haftete der Hersteller für den Schaden, sofern er ihn verursacht hatte. Dabei mußte der geschädigte Verbraucher dem Hersteller Verschulden nachweisen. Das war sehr schwierig. Eine Grundsatzentscheidung des Bundesgerichtshofs von 1968 hat die Beweislast umgekehrt. Seither mußte der Hersteller nachweisen, daß ihn kein Verschulden trifft.

Diesen Nachweis konnte er in der Regel bei Fabrikationsfehlern führen. Der geschädigte Verbraucher saß trotz geänderter Rechtsprechung immer noch am kürzeren Hebel. Das ist jetzt anders. Werden durch den Fehler eines Produkts Schäden an Leib und Leben eines Menschen verursacht oder wird eine Sache beschädigt, so muß der Hersteller den entstandenen Schaden ersetzen, ohne daß es dabei auf sein Verschulden ankäme. Dabei haftet neben dem tatsächlichen Hersteller jeder, der sich als Hersteller ausgibt. In die Haftung einbezogen sind auch Zulieferer und bei Einfuhren vor allem aus Billigländern die inländischen Importeure.

Die verschuldensunabhängige Haftung gilt für alle Produkte – von Ausnahmen abgesehen. Dazu zählen die Arzneimittel; für sie gelten die Normen des Arzneimittelgesetzes. Ausgenommen sind auch landwirtschaftliche Urprodukte und Jagderzeugnisse im unverarbeiteten Zustand. Nicht gehaftet nach dem neuen Gesetz wird schließlich für Entwicklungsrisiken, die nach dem Stand von Wissenschaft und Technik zu der Zeit, da der Hersteller das Produkt in den Verkehr brachte, noch nicht erkannt werden konnten.

Bei Körper- und Gesundheitsschäden spielt es für den Schadenersatzanspruch keine Rolle, wer der Geschädigte ist. Ob es sich um einen privaten Endverbraucher, einen unbeteiligten Dritten, einen gewerblichen Käufer oder einen Arbeiter handelt, der mit dem Produkt arbeitet: Sie alle sind durch die Neuregelung geschützt. Ist die Körperverletzung oder der Tod durch ein Produkt oder gleiche Produkte mit demselben Fehler verursacht worden, so haftet der Hersteller für Personenschäden bis zur Höchstgrenze von 160 Millionen DM. Daneben bleibt die verschuldensabhängige Produkthaftung bestehen.

Bei Sachschäden sind nur Sachen ersatzfähig, die für den privaten Gebrauch oder Verbrauch vorgesehen sind. Dabei muß sich der Geschädigte mit 1125 DM selbst am Schaden beteiligen. Nur was darüber hinausgeht, muß dem privaten Verbraucher erstattet werden. Sachschäden im gewerblichen Bereich werden nicht ersetzt. Hier bleibt es bei den geltenden Regeln des Produkthaftungsrechts.

Schmerzensgeld deckt das Gesetz nicht ab. Der Geschädigte kann selbstverständlich außerhalb dieses Gesetzes Ansprüche stellen. Er muß dann freilich auch künftig Verschulden des Herstellers nachweisen.

Den Verbraucherschützern geht das neue Gesetz nicht weit genug. Sie bemängeln die Haftungshöchstgrenze, den Selbstbehalt bei Sachschäden, die Ausklammerung von Schmerzensgeld und Entwicklungsrisiken sowie der Landwirtschaft: Dadurch werde eine ganze Branche privilegiert.

Quelle: Kölner Stadtanzeiger 8.1.90

Weil der Tatbestand der Produkthaftung bisher nur als Rechtsfortbildung aus § 823 (1) BGB geregelt war, konnte als Grundlage für Entscheidungen immer nur die Vielzahl von gerichtlich entschiedenen Einzelfällen herangezogen werden. Daher trat 1990 das **Produkthaftungsgesetz** in Kraft.

Im Gegensatz zur Produkthaftung aus § 823 (1) BGB gibt es hier **keine Schmerzensgeldansprüche**, da das Produkthaftungsgesetz nicht der deliktischen Haftung zuzuordnen ist, außerdem bestehen **Haftungshöchstgrenzen**.

Bei **Sachschäden** werden – wie bei der Produkthaftung aus § 823 (1) BGB – nicht die Schäden am Produkt selbst, sondern nur die **Schäden an anderen Sachen ersetzt**, es besteht aber eine **Selbstbeteiligung** des Geschädigten, außerdem muß es sich um einen Schaden an einer **privat genutzten** Sache handeln.

Andererseits gibt es nach dem Produkthaftungsgesetz für den Hersteller **keine Exkulpationsmöglichkeit**, außerdem weitet das Gesetz den **Herstellerbegriff** aus und sieht eine **Händlerhaftung** vor, falls der Hersteller nicht festzustellen ist.

Rechtsgrundlagen für die Produkthaftung		
Rechtsgrundlage	**§ 823 (1) BGB (Rechtsfortbildung)**	**Produkthaftungsgesetz**
Beweislast hinsichtlich des Kausalzusammenhangs Schaden – Produkt	trägt der Geschädigte	trägt der Geschädigte
Beweislast hinsichtlich des Verschulden des Herstellers	Verschulden des Herstellers wird angenommen, er kann sich aber exkulpieren	entfällt, da Verschuldensunabhängige Haftung
Umfang des Schadensersatzanspruchs	– Vermögensschäden, die aus Personen- oder Sachschäden resultieren – nicht: reine Vermögensschäden	
	Schmerzensgeld	kein Schmerzensgeld
	keine Haftungshöchstgrenze	Haftungshöchstgrenze bei Personenschäden: 160 Mio.
	keine Selbstbeteiligung	Selbstbeteiligung bei Sachschäden: 1125,00 DM
	keine Unterscheidung zwischen privat und gewerblich genutzten Sachen	Ersatz von Sachschäden nur bei privat genutzten Sachen
Verjährung	– 30 Jahre ab Schadenseintritt – ab Kenntnis des Schadens/Schädigers aber 3 Jahre	– 10 Jahre ab Inverkehrbringen des Produkts – ab Kenntnis des Schadens/Schädigers aber 3 Jahre
Händlerhaftung	nicht vorgesehen	vorgesehen

Beide Rechtsgrundlagen bestehen **nebeneinander**, je nach Lage des Falles kann nach der einen oder anderen vorgegangen werden; ein **Vermischen** der jeweiligen Vorteile beider Bestimmungen ist aber **nicht möglich**.

Hersteller bzw. Händler-Haftung beim Produkthaftungsgesetz

- Der **Hersteller von Grundstoffen und Teilprodukten** ist zum Schadensersatz verpflichtet, aber nur insoweit, als der Schaden durch den Fehler des Grundstoffes oder Teilproduktes verursacht worden ist (§ 4 (1) 1 ProdHaftG).

- Der **Hersteller des Endproduktes** (= Erzeugnis, wie es für den Verbraucher bestimmt ist), ist zum Schadensersatz verpflichtet (§ 4 (1) 1 ProdHaftG).
  Als Hersteller eines Endproduktes gilt aber auch, wer ohne eigene Fertigung
  – vorgefertigte Einbauteile verwendet oder zusammensetzt,
  – lediglich die Endmontage übernimmt,
  – die gewünschte Ware mittels bestimmter Anweisungen bez. Konstruktion, Material und Fertigung von Dritten herstellen läßt („mittelbarer Hersteller"), falls er den Produktionsprozeß beeinflussen kann.

- Neben dem Hersteller ist auch der sog. **„Quasihersteller"** zum Schadensersatz verpflichtet, der den Eindruck erweckt, er sei der Hersteller, weil er auf dem Produkt/der Verpackung o.ä. sein Warenzeichen oder ähnliche Kennzeichen anbringt (z.B. Versandhäuser, Handelsketten), § 4 (1) 2 ProdHaftG.
  Der Quasihersteller haftet aber nur, wenn „...der Verbraucher Vorsichtsmaßnahmen unterlassen hat, die er bei Kenntnis des tatsächlichen Herstellers vorgenommen hätte".

- Neben dem Hersteller ist der **Importeur**, der eine Ware in ein EG-Land aus einem Land außerhalb der EG bringt, zum Schadensersatz verpflichtet. (Innerhalb der EG bedarf es wegen des einheitlichen Produkthaftungsrechtes dieses Schutzes nicht).

- Der **Händler anonymer Produkte** ist zum Schadensersatz verpflichtet. Er haftet anstelle des Herstellers, Quasi-Herstellers oder Importeurs, falls dieser nicht festgestellt werden kann und nicht innerhalb von 3 Monaten vom Händler benannt wird.

3.3 Gefährdungshaftung nach Straßenverkehrsgesetz (§ 7 StVG)

Fall

Beim Ausliefern der Ware beschädigen die Auslieferungsfahrer von Händler Hösel den am Straßenrand – ausnahmsweise vorschriftsmäßig – geparkten Porsche von Friedel Forsch. Welche Ansprüche kann Forsch gegen Hösel geltend machen?

Der Halter eines KFZ haftet auch ohne (eigenes) Verschulden (Gefährdungshaftung).

Die Ersatzpflicht ist nur ausgeschlossen, wenn ein **„unabwendbares Ereignis"** vorliegt, das nicht auf einem Versagen des Fahrzeuges beruhte.

Beispiele:

- völlig verkehrswidriges Fußgängerverhalten,
- unvorhersehbare Vorfahrtverletzung,
- nicht aber plötzlich in die Fahrbahn laufende Kinder oder Versagen der Lenkung.

1. Nennen Sie die gesetzlichen Anspruchsgrundlagen für Schadensersatzansprüche aus dem Bereich der Delikthaftung und erläutern Sie jeweils deren Voraussetzungen.
2. Was versteht man unter einer „Gefährdungshaftung"? Nennen Sie auch Beispiele.
3. Welche Rechte sind durch § 823 (1) BGB geschützt?
4. Worin besteht der Unterschied zwischen § 823 (1) BGB und § 831 BGB?
5. Was versteht man unter „Produkthaftung"?
6. Worin besteht die Umkehr der Beweislast bei der Produkthaftung aus § 823 (1) BGB?
7. Erläutern Sie Vorteile und Nachteile, die die Neuregelung der Produkthaftung nach dem neuen Produkthaftungsgesetz gegenüber der Produkthaftung nach § 823 (1) BGB hat.
8. Worin bestehen die Unterschiede zwischen der Haftung für „Verrichtungsgehilfen" im Deliktsrecht und der Haftung für „Erfüllungsgehilfen" im Vertragsrecht?
9. Prüfen Sie in Form einer Subsumtion die Anspruchsgrundlagen
   a) aus deliktischer und
   b) aus vertraglicher Haftung
   für den Eingangsfall in Bezug auf die Haftung des Händlers für das Handeln des Monteurs, dieser lautet: als der Monteur des Händlers Happich bei einem Kunden eine Lampe installiert, wird durch die umfallende Leiter des Händlers nicht nur der Kunde schwer verletzt, ebenso geht eine wertvolle Glasschale des Kunden zu Bruch.

4 Form / Höhe des Schadensersatzes (§§ 249 ff. BGB)

Fall
Aufgrund überhöhter Geschwindigkeit ist Friedel Forsch mit seinem Porsche auf den alten DAF von Opa O. aufgefahren. Opa O. erleidet einen Beinbruch, der ihm noch längere Zeit dauernd Schmerzen verursacht und dazu führt, daß er nicht seinem Nebenverdienst als Nachtwächter nachgehen kann; allerdings war Opa O. auch nicht angeschnallt. Kann Opa O. Schadensersatz verlangen und welcher Art sind seine Ansprüche?

Nachdem festgestellt wurde, daß ein **Schadensersatzanspruch überhaupt besteht** (Anspruchsgrundlage), ist unter Hinzuziehen von Ergänzungsnormen zu prüfen, **in welcher Form/Höhe** der Anspruch zu gewähren ist.
Die Ergänzungsnormen gelten grundsätzlich – mit Ausnahme des § 847 BGB – unabhängig davon, ob die Anspruchsgrundlage aus der **deliktischen** oder **vertraglichen** Haftung oder sonstigen Bereichen stammt.

4.1 Wiederherstellung des alten Zustandes („Naturalrestitution"), § 249 BGB

Grundsätzlich hat der Geschädigte einen **Anspruch auf die Wiederherstellung** des alten Zustandes (z.B. Reparatur, Reinigung, Heilung, Widerruf der Ehrenkränkung, auch Ersatzfahrzeug bis Reparaturende).

Dabei kann der Geschädigte wählen zwischen:
- einer Wiederherstellung **durch den Schädiger selbst** nach § 249 Satz 1 BGB (der Schädiger repariert z.B. selbst, beauftragt eine Werkstatt, beschafft Ersatzwagen),
- einer **Geldleistung** für die Wiederherstellung an den Geschädigten, dieser nimmt dann die Wiederherstellung selbst vor oder gibt sie selbst in Auftrag (§ 249 Satz 2 BGB).

Ebenso kann der Geschädigte eine Geldleistung verlangen, falls im erstgenannten Fall die Frist für die Wiederherstellung durch den Schädiger abgelaufen ist (§ 250 BGB).

4.2 Geld für die Wiederbeschaffung / den Ausgleich des „merkantilen Minderwerts" (§ 251 BGB)

- Statt der Wiederherstellung kann der Geschädigte **Geld für die Wiederbeschaffung** verlangen, wenn die **Wiederherstellung nicht möglich** ist (§ 251 (1) BGB).

Beispiel:
Der DAF von Opa O. ist so stark beschädigt, daß eine Reparatur unmöglich ist.

- Neben der Wiederherstellung kann der Geschädigte Geldersatz zum **Ausgleich des Minderwerts** verlangen, wenn die **Wiederherstellung nicht genügend** ist (§ 251 (1) BGB).

Beispiel:
Der DAF konnte zwar noch repariert werden, erleidet aber als Unfallwagen einen Wertverlust.

- Alternativ zur Wiederherstellung kann der **Schädiger** darauf bestehen, daß er **stattdessen Geld für die Wiederbeschaffung** leistet, wenn die **Wiederherstellung unverhältnismäßig teuer** ist (§ 251 (2) BGB).

Beispiel:
Opa O., der sehr an seinem Wagen hängt, wünscht eine Reparatur, dem Kostenvoranschlag zufolge wird diese aber mehr kosten, als der Wagen wert ist.

Für KFZ-Schäden ist als Faustregel die **30%-Grenze** zugrunde zu legen: erst wenn die Reparaturkosten den Wert um mehr als 30 % überschreiten, kann der Schädiger die Reparatur ablehnen und nur die Wiederbeschaffung ersetzen.
Ersetzt wird der **Wiederbeschaffungswert (Verkehrswert)**, z.B. der Preis eines gleichwertigen gebrauchten KFZ; ein etwaiger **Restwert** ist anzurechnen.

4.3 Entgangener Gewinn (§ 252 BGB)

Entgegen der Überschrift des § 252 BGB erstreckt sich der Schadensersatz nicht nur auf einen entgangenen Gewinn, sondern auf **alle Vermögensvorteile, die dem Geschädigten durch die Schädigung entgehen**, so z.B. auch für einen Verdienstausfall, einen Nutzungsausfall für Fahrzeuge u.ä.

Beispiel:
Opa O. steht auch der Ersatz seines durch den Unfall erlittenen Verdienstausfalls zu.

Es muß dabei nicht bewiesen werden, daß der Gewinn aus einem konkreten Geschäft entgangen ist, es reicht, wenn **nach dem gewöhnlichen Lauf der Dinge ein Gewinn zu erwarten** wäre (sog. **„abstrakte"** Gewinnermittlung (§ 252 Satz 2 BGB).

Beispiel:
Durch ein Verschulden des Lieferanten wird ein antiker Schrank beim Transport zum Händler vernichtet. Nach dem gewöhnlichen Lauf der Dinge würde ein Händler durch den Verkauf des Schrankes einen Gewinn erzielen, er kann daher diesen Gewinn fordern, auch wenn er nicht ein konkretes Geschäft nachweisen kann.

4.4 Immaterielle Schäden („Schmerzensgeld"), §§ 253, 847 BGB

Schmerzensgeld für falsche Dauerwelle

Siegen (dpa) – Wer nach einem Friseurbesuch angesichts der neugestylten Haartracht geschockt den Salon verläßt, hat Chancen, vor Gericht Genugtuung für „seelische Qualen" zu erlangen: Ein Amtsrichter in Siegen sprach am Dienstag einer Frau 200 Mark Schmerzensgeld zu, weil ihre körperliche und seelische Unversehrtheit durch eine verpfuschte Dauerwelle „in nicht unerheblichem Maße beeinträchtigt worden sei".
Das Gericht kam nach eineinhalbjährigem Prozeß, der drei Sachverständige beschäftigt hatte, zu dem Ergebnis, daß bei der Haarbehandlung der Kundin Fehler gemacht wurden. Ein Foto der Frau und ein „corpus delicti" in Form einer Locke dokumentieren das Malheur: Überkrausung der blonden Mähne durch zu starkes Dauerwellenmittel. Obendrein muß der Figaro 54,40 Mark für einen Gerichtssachverständigen und 39,50 Mark für den ersten Haarschnitt der Klägerin nach dem Malheur zahlen.
(Az.: 6C3010/88)

Quelle: Kölner Stadtanzeiger

Grundsätzlich können immaterielle Schäden **nicht durch Geld ersetzt** werden. Das BGB gewährt daher nur in einigen, explizit im Gesetz erwähnten **Ausnahmefällen** einen Schadensersatz in Geld (gemeinhin „Schmerzensgeld" genannt) für die Beeinträchtigung des Wohlbefindens durch z.B. Schmerzen, schweren Schock, Ehrverlust:

- nach **§ 847 BGB**, der aber eine **Gesundheits-/Körperverletzung** oder **Freiheitsentzug** voraussetzt.

Beispiel:
Opa O. kann kein Schmerzensgeld verlangen, weil ihn der Verlust seines heiß geliebten DAF hart getroffen hat.

Nur **ausnahmsweise** kann nach § 847 BGB der immaterielle Schaden auch bei **Verletzung des allgemeinen Persönlichkeitsrechts** ersetzt werden. Dies gilt aber nur, falls eine Genugtuung durch Unterlassen bzw. Gegendarstellung nicht erreichbar ist.

Beispiel:
Der bekannte Industrielle I. fand sein bei einem Reitturnier aufgenommenes Bild im Rahmen einer Werbung für potenzsteigernde Mittel wieder; eine Gegendarstellung hätte die Rufschädigung wahrscheinlich eher verschlimmert, daher wurde ihm vom BGH ausnahmsweise ein „Schmerzensgeld" zugesprochen („Herrenreiterfall").

Schmerzensgeld aus § 847 BGB ist aber grundsätzlich nur möglich, falls die **zugrundeliegende Anspruchsnorm aus der Delikthaftung** (§§ 823 ff. BGB) stammt, daher z.B. nicht bei

– Produkthaftung, die aus dem neuen Produkthaftungsgesetz abgeleitet ist
– Haftung aus dem Straßenverkehrsgesetz
– Haftung aus vertraglichen Anspruchsgrundlagen

Beispiel:
Kundin Kösel wird durch ein Verschulden eines Angestellten verletzt und leidet seitdem unter Schmerzen. Begründet sie ihre Ansprüche auf der Verletzung von vertraglichen Nebenpflichten (da die Delikthaftung aus § 831 BGB am Exkulpationsnachweis des Händlers scheitert), so umfaßt der Schadensersatzanspruch kein Schmerzensgeld.

- **nach § 651 f. (2) BGB** im Falle von entgangenen Urlaubsfreuden.

4.5 Einschränkung der Anspruchshöhe wegen Mitverschuldens (§ 254 BGB)

Bei **Mitverschulden** des Geschädigten bei der Schadensentstehung oder -abwendung (beiderseitiges Verschulden) ist abzuwägen, wem welcher Schuldanteil zuzurechnen ist. Das Ergebnis kann dazu führen, daß die **Ersatzpflicht gemindert** wird oder sogar ganz **entfällt** (§ 254 BGB).

Beispiele:
- Überqueren einer Hauptverkehrsstraße trotz nahegelegenen Überweges,
- Nichttragen eines Sturzhelmes/Sicherheitsgurtes,
- Laufen über frisch gewachsten Boden,
- schnelles Fahren über Schlaglöcher,
- Streicheln eines fremden Tieres,
- Nichtaufsuchen eines Arztes trotz nicht geringfügiger Körperverletzung,
- Nichtanstellen von Preisvergleichen bei längerer Notwendigkeit eines Mietwagens.

❓

1. Grundsätzlich kann ein Geschädigter „Naturalrestitution" verlangen. Was versteht man darunter?
2. Unter welcher Voraussetzung kann der Geschädigte statt der Wiederherstellung Geld für die Wiederbeschaffung verlangen?
3. Unter welcher Voraussetzung kann der Schädiger darauf bestehen, nicht die Reparaturkosten, sondern die Wiederbeschaffungskosten zu ersetzen?
4. Erläutern Sie, in welchen Fällen das Gesetz einen Ersatz von immateriellen Schäden vorsieht.
5. Müller-Lüdenscheid hat einen blauen Sessel bestellt, aber einen grünen erhalten. Er entschließt sich, diesen zu behalten. Kann er Schadensersatz wegen geringerer Freude verlangen?
6. Siggi Hempel hat die Katze des Nachbarn solange gereizt, bis sie zubiß. Da er anschließend nicht zum Arzt gegangen ist, zieht er sich auch noch eine Blutvergiftung zu. Kann er den vollen Schadensersatz vom Tierhalter verlangen?

5 Drittschadensliquidation

Fall

Lebensmittelhändler Gustav Gans hat beim Eierhof „Legegut" eine Ladung Eier bestellt, es wurde Versendung mit einer von „Legegut" zu beauftragenden Spedition vereinbart. Aufgrund einer Fahrlässigkeit der Spedition erhält Gans einen LKW voller zerbrochener Eier. Da Gans nach § 447 BGB die Transportgefahr trägt, ist er trotzdem gezwungen, die Eier zu bezahlen. Dem Eierhof ist daher kein Schaden entstanden, deshalb hat er kein Interesse daran, gegen die Spedition vorzugehen.
a) Gans möchte daher selbst gegenüber der Spedition den Schaden geltend machen. Welche Probleme ergeben sich bei einer Delikthaftung aus den §§ 823 (1) und 826 BGB? Welches Problem ergibt sich bei einer Haftung aus der Verletzung von vertraglichen Nebenpflichten?
b) Hätte der Eierhof „Legegut" ebenfalls diese Probleme, wenn ihm ein Schaden entstanden wäre und er gegen die Spedition vorgehen wollte?
c) Wer hätte den Schaden, wenn eine Bringschuld vereinbart worden wäre?

Wenn
– einer den Schaden hat, aber keine Anspruchsgrundlage
– der andere eine Anspruchsgrundlage hätte, aber keinen Schaden
– und diese Schadensverlagerung zufällig geschieht, der Schädiger also eigentlich damit rechnen müßte, daß er einen Schadensersatz zahlen muß,

dann
kann der Geschädigte verlangen, daß die Ansprüche an ihn abgetreten oder für ihn geltend gemacht werden (sog. „Drittschadensliquidation")

> **Fall**
>
> Auf den Fall bezogen bedeutet das:
> - Der Eierhof „Legegut" macht gegen den Spediteur den Schaden von Gustav Gans im eigenen Namen geltend und ist nach § 281 BGB verpflichtet, an Gans den Schadensersatz herauszugeben oder
> - der Eierhof „Legegut" tritt die Ansprüche gegen den Spediteur an Gustav Gans ab (wozu er nach § 281 BGB verpflichtet ist) und Gans macht den Schaden im eigenen Namen geltend.

Zu einer **Schadensverlagerung** kommt es:
- durch die Regeln der **Gefahrtragung** (siehe Beispielfall)
- wenn ein Dritter den Schaden als **Versicherer** trägt
- wenn der **Arbeitgeber** gesetzlich zur **Lohnfortzahlung** verpflichtet ist

Beispiel:

Ein Arbeitnehmer wird bei einem Unfall verletzt.
Der Arbeitnehmer hat zwar die Anspruchsgrundlage, den Schaden hat aber
- sein Arbeitgeber, da dieser lt. Gesetz den Lohn fortzahlen muß und/oder
- seine Krankenversicherung, da sie für die Heilbehandlung (und ab der 7. Woche für die Lohnfortzahlung) aufkommen muß.

Prüfen Sie bei nachfolgend genannten Ansprüchen jeweils im Wege einer Subsumtion alle in Frage kommenden Anspruchsgrundlagen.
Prüfen Sie dabei
- ob Ansprüche grundsätzlich bestehen und gegebenenfalls
- Art/Umfang des Schadensersatzes.

Fall:
Möbelhändler Möbius schloß mit Karl Klöben einen Kaufvertrag über eine Eßzimmereinrichtung. Der langjährig bei Möbius beschäftigte Monteur Murx lieferte aus, wobei folgendes passierte:
1. Wegen Murx' ungeschicktem Hantieren wurde Klöbens Glasvitrine zerstört.
   Welche Ansprüche kann Klöben gegen Möbius geltend machen?
2. Ebenso ließ Murx eine Schranktür auf Klöbens Fuß fallen.
   a) Klöben verlangt Ersatz der Heilbehandlung und Schmerzensgeld von Möbius.
   b) Klöbens Arbeitgeber verlangt Erstattung der Lohnfortzahlung von Möbius.
3. Murx konnte der Versuchung nicht wiederstehen und hat Klöben eine goldene Uhr gestohlen.
   a) Welche Ansprüche hat Klöben gegen Möbius?
   b) Welche Ansprüche hat Klöben gegen Murx?
4. Murx hat beim Zurücksetzen des LKW den PKW eines Nachbarn beschädigt.
   a) Welche Ansprüche hat der Nachbar gegen Möbius?
   b) Welche Ansprüche hat der Nachbar gegen Murx?
5. Murx ist auf den empört herbeieilenden Nachbarn losgegangen. Als dieser sich wehrte, zerriß er Murx' Jacke.
   Kann Murx Ansprüche gegen den Nachbarn geltend machen?
6. 5 Monate später bricht Klöben mit einem der gelieferten Eßzimmerstühle zusammen und zieht sich eine Gehirnerschütterung zu. Ein Fabrikationsfehler ist nicht auszuschließen.
   a) Welche Problematik ergibt sich hinsichtlich der Ansprüche Klöbens gegen Möbius?
   b) Ist eine anderweitige Lösung möglich?

G Allgemeine Leistungsstörungen im Schuldverhältnis

Fälle

1. Kösel hat bei Wuppich eine antike Vitrine gekauft, diese wird jedoch bei einem Brand vernichtet.
2. Gans hat bei Ballman den Bau seines Hauses in Auftrag gegeben, zum vereinbarten Termin ist das Haus noch nicht verputzt.
3. Aufgrund eines Verkehrsunfalls hat Mauser innerhalb eines Monats eine Schadensersatzzahlung an Oma O. zu leisten, nach 2 Monaten hat Mauser immer noch nicht gezahlt.
4. Als die Auslieferungsfahrer einen Schrank abliefern wollen, ist der Kunde nicht zu Hause.
5. Bei der Abholung seines reparierten Wagens wird Friedel Forsch schwer verletzt, als er in der Werkstatt über einen liegengelassenen Wagenheber stolpert.

Welche Ansprüche können hier jeweils geltend gemacht werden?

Um etwaige Ansprüche aus der Verletzung eines Schuldverhältnisses prüfen zu können, muß zunächst entschieden werden, welche der Leistungsstörungen im konkreten Fall vorliegt.

Die allgemeinen Leistungsstörungen im Schuldverhältnis:

1. Der Schuldner leistet gar nicht (Unmöglichkeit)
2. Der Schuldner leistet zu spät (Schuldner- oder Leistungsverzug)
3. Verspätete Annahme der Leistung durch den Gläubiger (Gläubiger- oder Annahmeverzug)
4. Verletzung vertraglicher Nebenpflichten (Positive Forderungsverletzung und Culpa in Contrahendo)

Da die genannten Störungen **grundsätzlich bei jedem Schuldverhältnis vorkommen** können, nennt man sie **„allgemeine" Leistungsstörungen**. So kann z.B. nicht nur der Verkäufer mit der Warenlieferung in Verzug geraten (Kaufvertrag), sondern auch der Mieter mit der Mietzahlung (Mietvertrag), der Bauunternehmer mit der Fertigstellung des Neubaus (Werkvertrag) oder der Schädiger mit der Zahlung von Schadensersatzansprüchen (kein Vertrag, gesetzliches Schuldverhältnis).

Im Gegensatz dazu gibt es **spezielle Störungen**, die **nur bei bestimmten Vertragsarten** vorkommen, wie z.B. der Sachmangel (Kaufvertrag); diese werden im Rahmen der Darstellung der jeweiligen Vertragsart behandelt.

1 Unmöglichkeit

Fälle

1. Bauer A schließt am 28.1. um 11 Uhr mit dem Bauern B einen Kaufvertrag über die Kuh Berta, Bauer A wußte aber nicht, daß die Kuh in der vorhergehenden Nacht vom Blitz erschlagen wurde.
2. Bauer C schließt mit dem Bauern D am 28.11. um 11 Uhr ebenfalls einen Kaufvertrag über die Sau Martha ab, nachmittags um 16 Uhr wird Martha leider im Stall von einem herabstürzenden Balken erschlagen.

Wo liegt bei diesen beiden Fällen der Unterschied im Hinblick auf den Eintrittszeitpunkt der Unmöglichkeit?

Man unterscheidet
- Nachträgliche Unmöglichkeit („Unmöglichwerden"):
  Eintritt der Unmöglichkeit nach Vertragsschluß
- Anfängliche Unmöglichkeit:
  Eintritt der Unmöglichkeit vor Vertragsschluß

1.1 Unmöglichkeit nach Vertragsschluß (nachträgliches Unmöglichwerden)

Fall

Verkäufer Viebig schließt mit der Kundin Kiebig einen Kaufvertrag über einen – vom Lieferanten L hergestellten – Schaukelstuhl ab. Es wird keine Vereinbarung über den Leistungsort getroffen, Viebig soll aber den Stuhl per Spedition an die Kiebig liefern lassen. Durch ein Verschulden des Spediteurs wird der Stuhl bei der Auslieferung irreparabel beschädigt.
- Die Kiebig verlangt Lieferung.
- Viebig verlangt trotz Beschädigung des Stuhls von der Kiebig vertragsgemäße Bezahlung.

Bei der nachträglichen Unmöglichkeit sind folgende Fragen zu unterscheiden:
- Leistungsgefahr: wird der Schuldner beim Untergang (= Zerstörung, irreparable Beschädigung) der Sache von der Leistungspflicht und damit auch von Schadensersatzansprüchen frei?
- Gegenleistungsgefahr: wird der andere Vertragspartner von seiner Pflicht zur Gegenleistung (Zahlung) frei, oder muß er trotz Untergangs der Sache diese bezahlen?

1.1.1 Leistungsgefahr

Ob der Schuldner von der Leistungspflicht und damit von Schadensersatzansprüchen wegen Nichterfüllung aus § 325 BGB frei wird, hängt beim nachträglichen Unmöglichwerden davon ab, ob der Schuldner die Unmöglichkeit zu vertreten hat.

Der Schuldner hat die Unmöglichkeit zu vertreten, wenn die Sache untergeht durch:
- eigenes Verschulden (§ 276 BGB)
- Verschulden seiner Erfüllungsgehilfen (§ 276 BGB i.V.m. § 278 BGB)
- Zufall, falls es sich um eine Gattungsschuld handelt (§ 279 BGB)
- Zufall, falls er sich im Leistungsverzug befindet (§ 287 (2) BGB)

In den ersten beiden Fällen kann sich aber eine Haftungserleichterung für den Schuldner ergeben, falls sich der Gläubiger im Annahmeverzug befand (§ 300 (1) BGB).

■ **Allgemeines Subsumtionsschema für die Leistungsgefahr, bezogen auf den Kaufvertrag**

Die geschuldete Sache ist untergegangen, der Käufer verlangt Lieferung (Primäranspruch § 433 (1) BGB) bzw. Schadensersatz wegen Nichterfüllung (Sekundäranspruch § 325 BGB).

Der Käufer könnte vom Verkäufer die **Lieferung aufgrund von § 433 (1) BGB** verlangen.

Der Verkäufer würde jedoch als **Gegennorm § 275 BGB (Freiwerden von Leistungspflicht wegen Unmöglichkeit)** geltend machen. Damit der Verkäufer von der Leistungspflicht frei wird, müßten folgende **Voraussetzungen** des § 275 BGB vorliegen:
   a) Es liegt eine **nachträgliche Unmöglichkeit** vor,
   b) der Verkäufer hat diese Unmöglichkeit **nicht zu vertreten**.

Allgemeine Leistungsstörungen im Schuldverhältnis

Prüfung: Der Verkäufer **hätte** die Unmöglichkeit **zu vertreten** im Falle von ...

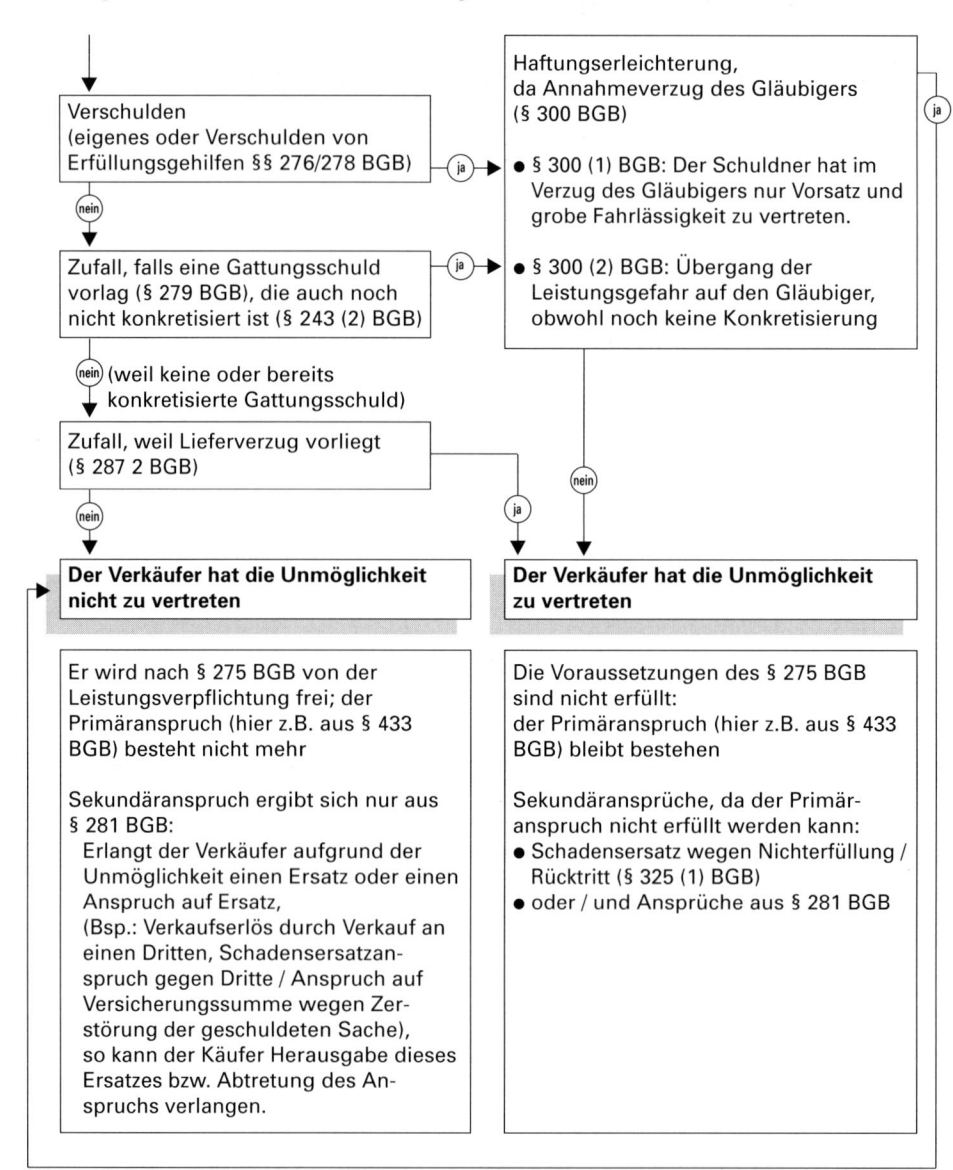

```
                                    Haftungserleichterung,
                                    da Annahmeverzug des Gläubigers
Verschulden                         (§ 300 BGB)                              ─(ja)
(eigenes oder Verschulden von
Erfüllungsgehilfen §§ 276/278 BGB) ─(ja)─► • § 300 (1) BGB: Der Schuldner hat im
                                          Verzug des Gläubigers nur Vorsatz und
    (nein)                                grobe Fahrlässigkeit zu vertreten.
      ▼
Zufall, falls eine Gattungsschuld ─(ja)─► • § 300 (2) BGB: Übergang der
vorlag (§ 279 BGB), die auch noch          Leistungsgefahr auf den Gläubiger,
nicht konkretisiert ist (§ 243 (2) BGB)    obwohl noch keine Konkretisierung

   (nein) (weil keine oder bereits
          konkretisierte Gattungsschuld)
      ▼
Zufall, weil Lieferverzug vorliegt
(§ 287 2 BGB)                                         (nein)

   (nein)                                              (ja)
      ▼                                                 ▼
Der Verkäufer hat die Unmöglichkeit     Der Verkäufer hat die Unmöglichkeit
nicht zu vertreten                      zu vertreten

Er wird nach § 275 BGB von der          Die Voraussetzungen des § 275 BGB
Leistungsverpflichtung frei; der        sind nicht erfüllt:
Primäranspruch (hier z.B. aus § 433     der Primäranspruch (hier z.B. aus § 433
BGB) besteht nicht mehr                 BGB) bleibt bestehen

Sekundäranspruch ergibt sich nur aus    Sekundäransprüche, da der Primär-
§ 281 BGB:                              anspruch nicht erfüllt werden kann:
  Erlangt der Verkäufer aufgrund der    • Schadensersatz wegen Nichterfüllung /
  Unmöglichkeit einen Ersatz oder einen   Rücktritt (§ 325 (1) BGB)
  Anspruch auf Ersatz,                  • oder / und Ansprüche aus § 281 BGB
  (Bsp.: Verkaufserlös durch Verkauf an
  einen Dritten, Schadensersatzan-
  spruch gegen Dritte / Anspruch auf
  Versicherungssumme wegen Zer-
  störung der geschuldeten Sache),
  so kann der Käufer Herausgabe dieses
  Ersatzes bzw. Abtretung des An-
  spruchs verlangen.
```

Fall

Subsumtion für den Beispielfall (Kiebig verlangt Lieferung des Schaukelstuhles) unter Anwendung des Schemas:

„Die Kiebig könnte von Viebig aus § 433 (1) BGB Lieferung verlangen.

Viebig könnte aber einwenden, daß er aufgrund des § 275 BGB von der Lieferpflicht frei geworden ist."

Prüfung der Voraussetzungen des § 275 BGB:

Voraussetzungen nennen	Voraussetzungen prüfen
„a) Vorliegen einer nachträglichen Unmöglichkeit	es liegt eine nachträgliche Unmöglichkeit vor, da die Ware nach Vertragsschluß untergegangen ist
b) Verkäufer Viebig hat diese Unmöglichkeit **nicht zu vertreten** Zu vertreten hätte Viebig:	
• eigenes Verschulden nach § 276 BGB	nicht zu vertreten, denn Viebig handelte nicht selbst
• Verschulden von Erfüllungsgehilfen nach § 278 BGB	nicht zu vertreten, denn es handelte sich um eine Schickschuld, der Spediteur ist bei einer Schickschuld nicht Erfüllungsgehilfe des Verkäufers
• Zufall, wenn es sich um eine Gattungsschuld handelte (§ 279 BGB)	nicht zu vertreten: der Schaukelstuhl war zwar ursprünglich eine Gattungsschuld, er wurde aber, da es sich um eine Schickschuld handelt, bei Übergabe an den Spediteur gemäß § 243 (2) BGB zu einer Stückschuld konkretisiert
• Zufall, wenn Lieferverzug vorliegt (§ 287 (2) BGB)	nicht zu vertreten, denn es liegt kein Lieferverzug vor

Ergebnis: Viebig hat die Unmöglichkeit nicht zu vertreten, er wird nach § 275 BGB von der Verpflichtung zur Leistung frei; daher entfallen auch Schadensersatzansprüche wegen Nichterfüllung!
Falls Viebig aufgrund der Unmöglichkeit einen Ersatz (z.B. Versicherungssumme) oder einen Anspruch auf Ersatz (z.B.: Schadensersatzanspruch gegenüber der Spedition) erlangt, kann die Kiebig aber aus § 281 BGB Herausgabe des Ersatzes oder Abtretung des Ersatzanspruches verlangen."

1.1.2 Gegenleistungs- oder Preisgefahr

Wenn der Schuldner die Unmöglichkeit nicht zu vertreten hat, wird er zwar von der Leistung frei, fraglich ist aber, ob er nicht dadurch einen Schaden hat, daß er den **Anspruch auf die Gegenleistung (z.B. den Kaufpreis) verliert.**

Dies hängt davon ab, ob er bestimmte **Gegennormen, die ihm den Anspruch auf die Gegenleistung erhalten**, geltend machen kann.

■ **Allgemeines Subsumtionsschema für die Gegenleistungsgefahr, bezogen auf den Kaufvertrag**

Die geschuldete Sache ist untergegangen, der Verkäufer verlangt trotzdem Bezahlung aus § 433 (2) BGB.

Der Verkäufer könnte vom Käufer die **Zahlung aufgrund von § 433 (2) BGB** verlangen.

Der Käufer würde jedoch als Gegennorm den § 323 (1) BGB (Freiwerden von der Gegenleistung wegen Unmöglichkeit) geltend machen:

Wenn der Verkäufer die Unmöglichkeit nicht zu vertreten hatte, wendet der Käufer ein, daß er von der Gegenleistungspflicht frei geworden ist, da die Leistung nicht mehr erfolgen kann (§ 323 (1) BGB)	Wenn der Verkäufer die Unmöglichkeit zu vertreten hatte, wendet der Käufer ein, daß er von der Gegenleistungspflicht „erst recht" frei wird, da der Verkäufer den Untergang zu vertreten hat (§ 323 (1) BGB „erst recht")[1].

Der Verkäufer wiederum wendet eine der Gegennormen ein, die ihm den Anspruch auf die Gegenleistung trotz Unmöglichkeit der Leistung erhält:

- § 324 (1) BGB
  (Der Käufer hat den Untergang der Sache selbst verschuldet)

- § 324 BGB
  (Der Käufer war im Annahmeverzug, als die Unmöglichkeit eintrat

- § 446 BGB
  (Die Gegenleistungsgefahr ist bei einer Hol- oder Bringschuld durch Übergabe an den Käufer auf diesen übergegangen)

- § 447 BGB
  (Die Gegenleistungsgefahr ist bei einer Schickschuld durch Übergabe an die Transportperson auf den Käufer auf diesen übergegangen)

- § 323 (2) BGB
  (Der Käufer hat seinen Anspruch aus § 281 BGB geltend gemacht – Herausgabe des Ersatzes / Abtretung des Ersatzanspruches –, daher ist er auch zur Zahlung des Kaufpreises verpflichtet.)

Fall

Subsumtion für den Beispielfall (Viebig verlangt Bezahlung des Schaukelstuhles) unter Anwendung des Schemas.

„Viebig könnte von der Kiebig aufgrund des § 433 (2) BGB Zahlung verlangen.
Die Kiebig könnte aber einwenden, daß sie aufgrund des § 323 (1) BGB von der Verpflichtung zur Gegenleistung frei geworden ist, da die Leistung unmöglich geworden ist.
Darauf könnte Viebig entgegnen, daß ihm der Anspruch erhalten bleibt."

---

[1] *§ 323 BGB scheint – von der Überschrift her – nur für den Fall der vom Schuldner nicht zu vertretenden Unmöglichkeit zu gelten; wenn der Verkäufer aber den Untergang der Ware zu vertreten hat, kann der Käufer sich „erst recht" auf den Wegfall der Gegenleistungspflicht berufen. Das Gesetz verweist auch deutlich darauf in § 325 (1) BGB, letzter Satz!*

Prüfung der anspruchserhaltenden Gegennormen:

Gegennorm und deren Voraussetzungen nennen	Voraussetzungen der jeweiligen Gegennorm prüfen
„Anspruchserhalt aus § 324 (1) BGB, weil die Kiebig den Untergang selbst verschuldet hat?	nein, der Kiebig hat den Untergang der Sache nicht verschuldet
Anspruchserhalt aus § 324 (2) BGB, weil die Kiebig im Annahmeverzug war?	nein, ein Annahmeverzug lag nicht vor
Anspruchserhalt aus § 446 BGB, da eine Hol- oder Bringschuld vorlag und die Gefahr auf die Kiebig übergegangen ist?	nein, es liegt weder eine Hol- noch eine Bringschuld vor
Anspruchserhalt aus § 447 BGB, da eine Schickschuld vorliegt und die Gefahr auf die Kiebig übergegangen ist?	ja, es lag ein Versendungskauf vor und die Gefahr ist durch die Übergabe an den Spediteur auf die Kiebig übergegangen.

Ergebnis: Viebigs Anspruch auf die Gegenleistung aus § 433 (2) BGB bleibt erhalten, da nach § 447 BGB die Gegenleistungsgefahr auf die Kiebig übergegangen ist.
„Falls Viebig einen Anspruch auf Schadensersatz z.B. gegen die Spedition hat und die Kiebig hat die Abtretung dieses Anspruchs verlangt (§ 281 BGB), so hätte Viebig auch einen Anspruch auf Zahlung aus dem § 323 (2) BGB."

1. Unterscheiden Sie bitte die Begriffe „nachträgliches Unmöglichwerden" und „anfängliche Unmöglichkeit".
2. Wovon hängt es ab, ob der Verkäufer bei der nachträglichen Unmöglichkeit haften muß?
3. Unterscheiden Sie bitte die Begriffe „Leistungsgefahr" und „Gegenleistungsgefahr".
4. In welchen Fällen hat der Verkäufer den Untergang der zu liefernden Ware zu vertreten, obwohl ihn kein Verschulden trifft?
5. In welchem Fall hat der Verkäufer den Untergang der zu liefernden Ware nicht zu vertreten, obwohl er den Untergang durch leichte Fahrlässigkeit verschuldet hat?
6. Eine zu liefernde Ware ist leider irreparabel beschädigt worden, der Verkäufer hatte dies nicht zu vertreten. Er befürchtet aber nun, daß der Käufer sich weigern wird, den Kaufpreis zu zahlen. Erläutern Sie bitte die Gesetzesbestimmungen, aufgrund derer dem Verkäufer der Anspruch auf die Zahlung erhalten bleiben könnte.
7. Die Kiebig schließt trotz ihrer schlechten Erfahrungen mit Viebig einen Vertrag über eine Matratze ab. Vor der Lieferung (Schickschuld!) wird Viebigs Lager mit allen Matratzen zerstört, da der Blitz eingeschlagen hat.
   a) Die Kiebig verlangt Lieferung.
   b) Viebig verlangt vertragsgemäße Bezahlung. Subsumieren Sie bitte.
8. Viebig will vereinbarungsgemäß zum Liefertermin einen Glastisch beim Kunden Klotzig abliefern (vereinbarter Leistungsort = Sitz des Klotzig); als er bei Klotzig ankommt, ist dieser jedoch nicht zu Hause und die Fahrer nehmen den Tisch wieder mit. Als sie diesen bei Viebig wieder ins Lager bringen wollen, stolpert einer der Fahrer und läßt den Tisch fallen.
   a) Klotzig verlangt Lieferung.
   Subsumieren Sie bitte.
   b) Wie wäre in a) zu subsumieren, wenn die Fahrer den Tisch zwar unversehrt ins Lager transportiert hätten, dieser dort aber infolge eines Brandes (Blitzschlag) zerstört worden wäre?
   c) Viebig verlangt Zahlung.
   Subsumieren Sie bitte.

126 Allgemeine Leistungsstörungen im Schuldverhältnis

9. Käufer und Verkäufer schließen einen Kaufvertrag über einen Gebrauchtwagen. V vergißt, daß für den 10.10. die Anlieferung vereinbart wurde. In der darauffolgenden Nacht wird dem V der Wagen aus der Garage gestohlen. Der Käufer kann nachweisen, daß er den Wagen gewinnbringend weiterverkaufen konnte und verlangt Schadensersatz wegen Nichterfüllung in Höhe des entgangenen Gewinns von 1000,00 DM.
a) Die Garage war nicht verschlossen.
b) Die Garage war verschlossen.

1.2 Unmöglichkeit vor Vertragsabschluß (anfängliche Unmöglichkeit)

Fall

Um 11 Uhr morgens schließt Händler Huber mit Karl Kunde einen Kaufvertrag über einen antiken Schrank ab.
– Huber wußte nicht, daß der Schrank schon um 8 Uhr von einem Brand vernichtet worden war.
– Huber wußte nicht, daß sein Prokurist den Schrank schon um 10 Uhr an einen anderen Kunden verkauft hatte.
In welchem der Fälle ist die Leistung (theoretisch) noch möglich?

Die Rechtsfolgen hängen bei der anfänglichen Unmöglichkeit davon ab, ob objektive oder subjektive Unmöglichkeit vorliegt.

Objektive Unmöglichkeit	Subjektive Unmöglichkeit („Unvermögen")
Niemand kann leisten: Untergang, Diebstahl, Verlust der Sache bei Stückschulden	Nur der Schuldner kann nicht leisten, eine andere Person (Lieferant, Käufer 2) könnte es aber: • Untergang, Diebstahl, Verlust der Sache bei Gattungsschulen • Veräußerung der Sache an einen anderen bei Gattungs- und Stückschulden
Rechtsfolge: Der Vertrag ist **nichtig** (§ 306 BGB) • **Primäre Ansprüche** (Leistungspflichten aus dem Vertrag) **entfallen** für beide Seiten. • **Ersatz des Vertrauensschadens**, falls der Schuldner die Unmöglichkeit kannte oder kennen mußte, d.h. aus Fahrlässigkeit nicht kannte (Sekundäranspruch aus § 307 BGB).	Rechtsfolge: Der **Vertrag bleibt bestehen** (§ 306 BGB gilt nicht!) • Die Leistungspflicht bleibt bestehen, kann aber vom Schuldner nicht erfüllt werden. • Diese Unmöglichkeit hat der Schuldner auch ohne Verschulden zu vertreten, daher muß er **Schadensersatz wegen Nichterfüllung** leisten (Sekundäranspruch aus § 325 (1) BGB analog).

■ Beispiel für eine Subsumtion

Fall

Im Einstiegsfall (um 11 Uhr morgens schließt Händler Huber mit Karl Kunde einen Kaufvertrag über einen antiken Schrank ab; Huber wußte nicht, daß der Schrank schon um 8 Uhr von einem Brand vernichtet worden war) erscheint Karl Kunde am Liefertermin bei Huber und verlangt Lieferung oder ersatzweise Schadensersatz für den entgangenen Gewinn aus dem Weiterverkauf und die nutzlos aufgewendeten Transportkosten.

„K könnte von Huber Lieferung aus § 433 (1) BGB verlangen.

Huber könnte aber entgegnen, daß aufgrund des § 306 BGB der Vertrag nichtig ist, und er daher von der Leistungspflicht frei geworden wäre."

Prüfen der Voraussetzungen des § 306 BGB:

Voraussetzungen nennen	Voraussetzungen prüfen
„a) Vorliegen einer Unmöglichkeit vor Vertragsschluß	ja, Vernichtung der geschuldeten Sache bereits um 8 Uhr, der Vertragsschluß erfolgte erst um 11 Uhr
b) Es handelt sich um eine objektive Unmöglichkeit	da es sich bei einem antiken Schrank um eine Stückschuld handelt, die untergegangen ist, kann niemand mehr leisten, es liegt somit eine objektive Unmöglichkeit vor

Ergebnis: Die Voraussetzungen des § 306 BGB sind erfüllt; Huber wird von der Leistungspflicht (Primäranspruch) frei. Daher besteht auch kein Anspruch des Kunden auf Ersatz des entgangenen Gewinns (= Schadensersatz wegen Nichterfüllung / positives Interesse).

Als Sekundäranspruch käme unter Umständen Schadensersatz aus § 307 BGB (Vertrauensschaden / negatives Interesse) – d.h. hier Ersatz der nutzlos aufgewendeten Transportkosten – in Betracht, falls Huber die Unmöglichkeit bei Vertragsschluß kannte oder hätte kennen müssen; dazu gibt der Fall aber keine Anhaltspunkte."

---

1. Wovon hängen die Rechtsfolgen bei einer anfänglichen Unmöglichkeit ab?
2. Nennen Sie ein Beispiel für eine objektive und eine subjektive Unmöglichkeit.
3. Führen Sie die Subsumtion für den Einstiegsfall (um 11 Uhr morgens schließt Händler Huber mit Karl Kunde einen Kaufvertrag über einen antiken Schrank ab; Huber wußte nicht, daß sein Prokurist den Schrank schon um 10 Uhr an einen anderen Kunden verkauft hatte) durch, wenn der Kunde Lieferung verlangt.

1.3 Überblick über die bei Unmöglichkeit in Frage kommenden Gesetzesnormen

	Anfängliche Unmöglichkeit		Nachträgliche Unmöglichkeit	
	objektiv	subjektiv	Leistungsgefahr	Gegenleistungsgefahr
Einreden gegen den Erfüllungsanspruch (Primäranspruch)	§ 306 BGB (Vertrag nichtig)	§ 306 BGB gilt nicht (Vertrag bleibt bestehen)	§ 275 (1) BGB (Befreiung von der Leistungspflicht bei nicht zu vertretender Unmöglichkeit)	§ 323 (1) BGB (Befreiung von der Gegenleistungspflicht, da keine Leistung erfolgte)
Ergänzend oder als Gegennorm hinzuzuziehen			Was hat der Schuldner zu vertreten? • §§ 276/278 BGB (Verschulden) • § 287 BGB (auch Zufall bei Lieferverzug) • §§ 279, 243 (2) BGB (auch Zufall bei Gattungsschuld)	Anspruchserhalt aus: • § 324 (1) BGB (Verschulden des Gläubigers) • § 324 (2) BGB (Annahmeverzug) • §§ 446/447 BGB (Gefahrübergang) • § 323 (2) BGB (Herausgabe des Ersatzes)
Anspruchsgrundlagen für den Sekundäranspruch	§ 307 BGB (negatives Interesse)	• § 325 (1) BGB (Schadenersatz oder Rücktritt) oder/und • § 281 BGB (Herausgabe eines Ersatzes bzw. Abtretung des Ersatzanspruches)		

2 Schuldnerverzug

Im Gegensatz zur Unmöglichkeit ist beim Verzug die **Erbringung der Leistung noch möglich**, der Schuldner leistet aber **verspätet**. Bei zweiseitig verpflichtenden Verträgen kann jede Vertragspartei mit ihrer jeweiligen Leistung in Verzug geraten, so bezieht sich die gesetzliche Regelung des Schuldnerverzuges z.B. im Falle des Kaufvertrages sowohl auf den **Lieferungs- als auch auf den Zahlungsverzug**.

Fälle

1. Ottfried Freitag hat mit dem Händler vereinbart, daß der an ihn zu liefernde Koffer 30 Tage nach Lieferung bezahlt werden soll. Am 10.2. erfolgt die Lieferung, am 20.3. muß der Händler feststellen, daß Freitag noch nicht gezahlt hat.
2. Händler Hase hat beim Lieferanten einen Schrank bestellt, Liefertermin ca. 15.1. Am 20.1. hat der Lieferant noch nicht geliefert.
– Wodurch kommt es jeweils zum Verzugseintritt?
– Welche Rechte können geltend gemacht werden?

2.1 Voraussetzungen des Verzugseintritts

Damit der Gläubiger überhaupt Ansprüche aus dem Verzug geltend machen kann, muß der Verzug eingetreten sein. Dieser Verzugseintritt ist an die folgenden Voraussetzungen geknüpft:
- die Leistung ist fällig[1]
- Mahnung
- der Schuldner hat die Verzögerung zu vertreten

■ Mahnung durch den Gläubiger (= Inverzugsetzung) nach § 284 (1) BGB

Ausnahmen, bei denen der **Verzug ohne Mahnung** eintritt:
- die Leistungszeit ist zum Zeitpunkt des Vertragsschlusses kalendermäßig **bestimmt** (Bsp.: 15.4. / 15.4. fix / 2 Wochen nach Ostern, nicht aber: 2 Wochen nach Rechnungseingang)
- der Schuldner erklärt von sich aus, daß er verspätet leisten wird (**„Selbstinverzugsetzung"**)

Falls eine Mahnung zum **Verzugseintritt** notwendig ist, tritt der Verzug **mit Zugang der Mahnung** ein.

Eine Mahnung vor Fälligkeit ist wirkungslos.

■ Vertretenmüssen (§ 285 BGB)

Der Schuldner muß die Verzögerung vertreten:
- bei eigenem **Verschulden** / Verschulden von Erfüllungsgehilfen (§§ 276/278 BGB)
- auch **ohne Verschulden** in folgenden Fällen (aus § 279 BGB):
  – bei Geldschulden;
  – hatte der Schuldner eine Ware zu **beschaffen**, kann er sich auch dann nicht entschuldigen, wenn der Grund für die Verzögerung in einer **unverschuldeten finanziellen Mittellosigkeit** lag.

Grundsätzlich geht das Gesetz davon aus, daß der Schuldner den Verzug zu vertreten hat, d.h., daß er sich **entschuldigen** muß (Beweislast!). Die eigene **Nichtbelieferung ist i.d.R. keine Entschuldigung**, da Lieferzeiten von Lieferanten einkalkuliert werden müssen (werden diese nicht berücksichtigt, liegt Verschulden nach den §§ 276 / 278 BGB vor).

---
[1] zur Fälligkeit siehe Kapitel E 4.1

2.2 Ansprüche des Gläubigers / Verzugsfolgen

2.2.1 Wahlmöglichkeiten des Gläubigers bei Schuldnerverzug

Wahlmöglichkeiten	Voraussetzungen
a) Gegenleistung verweigern und abwarten (§ 320 BGB)	Verzug ist eingetreten

b) Erfüllung verlangen und Ersatz des Verspätungsschadens; § 286 (1) BGB
 	
z.B.: Mahnkosten; entgangener Gewinn, da Weiterverkauf scheitert; Miete für eine Ersatzwohnung bei verspäteter Herstellung des Hauses.
 	
Eine Mahnung, die erst in Verzug setzt, gehört nicht zum Verzugsschaden und darf nicht berechnet werden!
 	
c) Zusätzlich zum Verspätungsschaden kann der Gläubiger bei Geldschulden verlangen:
• pauschal:
  – 4 % Zinsen beim einseitigen Handelskauf (§ 288 (1) BGB)
  – 5 % Zinsen beim zweiseitigen Handelskauf (§ 352 (1) HGB)
• auch mehr, falls
  – vorherige Vereinbarung oder
  – nachweisbar höhere Kreditzinsen / höherer Verlust von Anlagezinsen (§ 288 (2) BGB)
Beim zweiseitigen Handelskauf sind Zinsen nicht erst ab Verzugseintritt, sondern schon ab Fälligkeit zu berechnen; § 353 HGB
	Verzug ist eingetreten

d) Ablehnung der Leistung und Schadensersatz wegen Nichterfüllung (§ 326 BGB)[1] z.B. Mehrkosten für den Deckungskauf Der Schadensersatz beinhaltet auch den o.g. Verspätungsschaden e) Ablehnung der Leistung und Rücktritt (§ 326 BGB)[1]	Zusätzlich zum Verzugseintritt: Setzung einer angemessenen Nachfrist mit Androhung der Ablehnung und Fristablauf. Die Nachfrist kann unter folgenden Voraussetzungen entfallen: • da wegen des Verzugseintritts das Interesse weggefallen ist (§ 326 (2) BGB)[1] • bei Fixgeschäften (§§ 361 BGB / 376 (1) HGB) • wegen Zwecklosigkeit, da der Schuldner endgültig erklärt, er werde nicht liefern

---

[1] Für Rücktritt und Schadensersatz ist nur bei gegenseitigen Verträgen § 326 BGB heranzuziehen, ansonsten gilt § 286 BGB.

2.2.2 Besonderheiten beim Fixkauf/Fixhandelskauf

■ **Anzeige beim Erfüllungsanspruch**

Beim **Fixhandelskauf** bleibt der Erfüllungsanspruch aus § 286 (1) BGB nur bestehen, wenn der Gläubiger sein Interesse daran sofort anzeigt, das HGB geht hier **ohne weiteres** von einem **Interessenwegfall** aus (§ 376 (1) 2 HGB).

■ **Rücktritt**

Für den Rücktritt sind Verschulden, Mahnung, Fristsetzung entbehrlich, eine **Fristüberschreitung genügt** (§§ 361 BGB / 376 (1) HGB).

■ **Schadensersatz wegen Nichterfüllung**

Schadensersatz wergen Nichterfüllung kann **beim Fixhandelskauf auch ohne** (beim bürgerlichen Fixkauf aber nur mit) **Nachfrist** verlangt werden; die übrigen Voraussetzungen der §§ 286/326 BGB (insbesondere Verschulden) müssen aber sowohl beim Fixhandelskauf als auch beim bürgerlichen Fixkauf gegeben sein.

■ **Absolute Fixgeschäfte**

Liegt ein sog. „absolutes Fixgeschäft" vor, d.h. die **Leistung ist nicht mehr nachholbar**, so gelten die Regeln über die **Unmöglichkeit** (§§ 323 f. BGB). Die Grenze zwischen normalem („relativen") und absolutem Fixgeschäft ist fließend: wenn Weihnachtskugeln zu spät für das Weihnachtsgeschäft ankommen, so sind sie **relativ** uninteressant, da in der nächsten Saison noch verkäuflich; wohingegen verspätete Weihnachtsbäume **absolut** uninteressant sind.

2.2.3 Haftungsverschärfung

Tritt während eines Verzuges des Schuldners **Unmöglichkeit** ein, so hat der Schuldner auch eine von ihm **unverschuldete Unmöglichkeit zu vertreten** (§ 287 Satz 2 BGB).

?

1. Unterscheiden Sie bitte „Verzug" und „Unmöglichkeit".
2. Welche Voraussetzungen müssen für den Verzugseintritt gegeben sein?
3. Unter welchen Voraussetzungen kann eine Mahnung entfallen?
4. Welche Voraussetzungen müssen für den Verzugseintritt bei einem Fixkauf gegeben sein?
5. Bei einem Kaufvertrag zwischen Händler Hastig und Oma O. wurde keine Vereinbarung über Verzugszinsen getroffen. Kann Hastig bei Zahlungsverzug der Oma O. trotzdem Zinsen berechnen?
6. In einem Kaufvertrag zwischen Lieferant Liebig und Händler Hiesig wird vereinbart, daß Hiesig zwei Wochen nach Rechnungserhalt zahlen soll; die Rechnung geht am 1.4. bei Hiesig ein. Am 30.4. erhält Hiesig von Liebig eine Mahnung, da er noch nicht gezahlt hat.
    a) Wann ist die Zahlung fällig?
    b) Ab wann ist Hiesig im Verzug?
    c) Ab wann kann Liebig dem Hiesig Zinsen berechnen und zu welchem Prozentsatz?

7. Übernehmen Sie bitte folgende Übersicht und ergänzen Sie:

Terminvereinbarung:	keine	„ca. 15.4."	„am 15.4."	„am 15.4. fix"
Mahnung für Verzugseintritt erforderlich?	?	?	?	?
Nachfrist vor Ablehnung der Leistung erforderlich?	?	?	?	?

8. Landwirt Ludwig bestellt beim Händler Hans Konservendosen; Liefertermin 15.11. Ludwig richtet sich auf diesen Termin ein und schlachtet am 14.11. Hans liefert jedoch am 15.11. nicht, so daß ein Teil der Wurst verdirbt. Ludwig hat Mahnkosten von 20,00 DM, außerdem einen Schaden wegen der verdorbenen Wurst von 500,00 DM. Kann er beides geltend machen?
9. Romeo und Julia bestellen bei Konditor Schlang eine Hochzeitstorte für 50,00 DM. Als zum vereinbarten Zeitpunkt die Gäste vor dem kuchenlosen Tisch sitzen, wird der Trauzeuge zum Konditor geschickt, um eine neue Torte zu holen, diese kostet allerdings 60,00 DM. Als Schlang 2 Stunden später erscheint, entschuldigt er sich damit, in einen Verkehrsstau geraten zu sein. Romeo und Julia weigern sich, die Torte abzunehmen, sie verlangen zudem Schadensersatz!
    – Ist das Verlagen berechtigt?
    – Falls ja, in welcher Höhe besteht der Ersatzanspruch?
10. Händler und Hersteller schließen am 15.10. einen Kaufvertrag, Liefertermin 20.10. Der Hersteller hat am 25.10. jedoch noch nicht geliefert.
    a) Dem Händler entgeht dadurch ein Weiterverkauf, der im 500,00 DM Gewinn gebracht hätte. Welche Gesetzesnormen sind heranzuziehen, falls der Händler die Ware trotzdem noch haben will / falls er die Ware nicht mehr haben möchte?
    b) Um den Weiterverkauf zu sichern, bezieht der Händler die Ware bei einem anderen Hersteller. Als der Hersteller doch noch liefert, weigert sich der Händler nicht nur, die Ware abzunehmen, er verlangt auch Schadensersatz für die Mehrkosten des Deckungskaufs. Sind die erforderlichen Voraussetzungen gegeben?
    c) Der Endabnehmer hatte dem Händler eine Nachfrist gesetzt, nach deren Ablauf er vom Kaufvertrag zurückgetreten war. Der Händler möchte nun ebenfalls vom Kaufvertrag mit dem Hersteller zurücktreten. Muß er dazu eine Nachfrist setzen?
11. Ein Gebrauchtwagen sollte am 31.3. geliefert werden, der Händler hatte jedoch den Termin vergessen. Am 1.4. ist er daher auf dem Weg zum Kunden, wobei er ohne Verschulden einen Totalschaden verursacht. Wird er nach § 275 BGB von der Leistungspflicht (und damit von Schadensersatzansprüchen) frei oder muß er haften?

3 Gläubigerverzug (Annahmeverzug)

Fälle

1. Als die Auslieferungsfahrer zum vereinbarten Termin die Ware bei Werner Brüsel abliefern wollen, ist dieser nicht zu Hause, die Fahrer nehmen die Ware daher wieder mit.
2. Brüsel ist zwar bei der Anlieferung zu Hause, nicht jedoch zur vereinbarten Zahlung bereit.
    – Kommt Brüsel jeweils in Annahmeverzug?
    – Falls er im Annahmeverzug ist – welche Rechte kann der Verkäufer geltend machen?

3.1 Voraussetzungen des Annahmeverzuges

Annahmeverzug liegt vor, wenn eine angebotene, ordnungsgemäße Leistung zur rechten Zeit, am rechten Ort durch einen leistungsfähigen Schuldner vom Gläubiger nicht angenommen wird.

Die Leistung muß angeboten worden sein

Grundsätzlich erforderlich ist ein **tatsächliches Angebot** der Leistung „wie sie zu bewirken ist" (§ 294 BGB), d.h., daß der Gläubiger nichts weiter zu tun braucht, als zuzugreifen.

Ausnahmen:
- Ein **wörtliches Angebot** genügt, falls
  - der Gläubiger die Annahme im voraus verweigert oder
  - der Gläubiger mitwirken (z.b. die Ware abholen) muß (§ 295 BGB).
- Ein Angebot kann ganz **entfallen**, falls durch den Gläubiger eine Mitwirkungshandlung zu einer bestimmten Zeit vorzunehmen war (z.b. Anprobe des bestellten Maßanzuges), aber unterblieben ist (§ 296 BGB).

Die Leistung muß ordnungsgemäß, zur rechten Zeit, am rechten Ort erfolgt sein

Die Nichtannahme unvollständiger (vgl. § 266 BGB), falscher, mangelhafter, nicht zur rechten Zeit oder nicht am Leistungsort gelieferter Ware begründet keinen Annahmeverzug.

Bei Handelsgeschäften kann die „rechte Zeit" nur die gewöhnliche Geschäftszeit sein (§ 358 HGB), je nach Branche kann auch die Nacht oder z.b. der Sonntag eine gewöhnliche Geschäftszeit sein.

Der Schuldner muß tatsächlich leistungsfähig gewesen sein

Annahmeverzug kann nur eintreten, wenn der Schuldner zur Leistung überhaupt in der Lage ist; liegt bereits Unmöglichkeit oder Lieferverzug vor, so kann kein Annahmeverzug eintreten.

Es muß eine Nichtannahme der Leistung erfolgt sein

Das Gesetz versteht dabei unter Nichtannahme auch, wenn
- der Gläubiger die erforderliche **Mitwirkung** (z.B. Abholung) **unterläßt** oder
- der Gläubiger bei einer Zug-um-Zug-Vereinbarung zwar zur Annahme bereit ist, aber nicht zur **Gegenleistung** (§ 298 BGB).

Entschuldigungsgründe des Gläubigers für die Nichtannahme sind i.d.R. **irrelevant**, da Verschulden für den Gläubigerverzug nicht erforderlich ist. Annahmeverzug tritt daher z.B. auch dann ein, wenn der Gläubiger infolge eines entschuldbaren Irrtums die Ware für nicht ordnungsgemäß hält und zurückweist oder wenn er sie wegen ¬eines Streiks seiner Arbeitnehmer nicht annehmen kann.

3.2 Rechtsfolgen des Annahmeverzugs

3.2.1 Ersatz der Mehraufwendungen

Der Gläubiger muß dem Schuldner die **durch den Annahmeverzug verursachten Mehraufwendungen** wie Lagerkosten, Erhaltungskosten (auch z.B. erforderliche Versicherung), Kosten des erfolglosen Angebots (zusätzliche Transportkosten, Mahnung, Androhung) ersetzen (§ 304 BGB).

3.2.2 Verzinsung bei Geldschulden

Kann der Schuldner eines Geldbetrages diesen nur deswegen nicht rechtzeitig zurückzahlen, weil der Gläubiger z.B. nicht zu Hause war, so entfällt die Verzinsung ab Annahmeverzug (§ 301 BGB).

3.2.3 Haftung bei Unmöglichkeit[1]

> **Fall**
>
> Autohändler Ambrosius sollte an Friedel Forsch am Vormittag des 4.5. einen Neuwagen ausliefern, vereinbart war eine Bringschuld. Da Forsch nicht zu Hause ist, nimmt Ambrosius den Wagen wieder mit und gerät auf dem Rückweg in einen Unfall (Totalschaden).

Tritt nach dem Annahmeverzug Unmöglichkeit ein, so ergeben sich folgende Besonderheiten:

■ **Haftungserleichterung bezüglich der Leistung (§ 300 BGB)**
- **Der Schuldner hat eine leichte Fahrlässigkeit nicht mehr zu vertreten, falls er die Unmöglichkeit verschuldet hat** (§ 300 (1) BGB als Gegennorm zu § 276 BGB).
  Beispiel:
  Falls den Ambrosius ein Verschulden an dem Unfall trifft, so hat er wegen des Annahmeverzuges des Forsch dieses Verschulden nur zu vertreten, wenn es sich um grobe Fahrlässigkeit oder Vorsatz handelte.

- **Übergang der Leistungsgefahr auf den Gläubiger** bei noch nicht konkretisierten Gattungsschulden (§ 300 (2) als Gegennorm zu § 279 BGB).
  Beispiel:
  Trifft den Ambrosius kein Verschulden an dem Unfall, so könnte er die Unmöglichkeit trotzdem aufgrund von § 279 BGB zu vertreten haben, da eine Gattungsschuld vorliegt, die auch noch nicht konkretisiert wurde (Bringschuld!). Die Übergabe an den Kunden (= Konkretisierung bei Bringschulden) ist durch dessen Abwesenheit aber gar nicht möglich, daher geht im Falle des Annahmeverzuges per Gesetz die Leistungsgefahr auf Forsch über.

■ **Anspruchserhalt bezüglich der Gegenleistung (§ 324 (2) BGB)**
Der **Schuldner behält im Annahmeverzug den Anspruch auf die Gegenleistung** bei von ihm nicht zu vertretender Unmöglichkeit (§ 324 (2) BGB als Gegennorm zu § 323 (1) BGB).
Beispiel:
Sollte sich Friedel Forsch nach § 323 (1) BGB weigern, den Wagen zu bezahlen, so könnte Ambrosius sich auf § 324 (2) BGB als anspruchserhaltende Gegennorm berufen.

---
[1] Siehe dazu auch Kaptiel G 1.1 „Unmöglichkeit nach Vertragsschluß"

3.2.4 Wahlrechte des Schuldners im Annahmeverzug

■ **Anspruch auf Vertragserfüllung**

Der Schuldner kann aus dem Vertrag (beim Kaufvertrag z.B. aus § 433 (2) BGB) vom Gläubiger die **Annahme verlangen**.

Trotz des Annahmeverzuges bleibt aber die **Leistungspflicht des Schuldners** bestehen, er kann nicht gegen den Willen des Gläubigers vom Vertrag zurücktreten, z.B. weil er die Ware anderweitig braucht; eine gütliche Einigung wäre erforderlich.

■ **Recht des Schuldners auf Hinterlegung oder Selbsthilfeverkauf**

Beim Annahmeverzug hat der Schuldner ein **Recht auf Hinterlegung und/oder Verkauf** der geschuldeten, aber nicht angenommenen Sache. Dabei ergeben sich – je nachdem, ob ein bürgerlicher Kauf oder ein Handelskauf vorliegt – einige **Unterschiede**:

Recht des Schuldners auf Hinterlegung oder Selbsthilfeverkauf	
beim bürgerlichen Kauf	beim ein- oder zweiseitigen Handelskauf
Hinterlegung gem. § 372 f. BGB: – nur hinterlegungsfähige Sachen – nur an einem öffentlichen Ort (Amtsgericht) Nur, falls nicht hinterlegungsfähig: Selbsthilfeverkauf (i.d.R. öffentliche Versteigerung) auf Kosten des Gläubigers gem. §§ 383 ff. BGB	Hinterlegung gem. § 373 HGB: – alle Sachen – an jedem sicheren Ort (Haftung nach §§ 276 / 278 BGB) Oder: Selbsthilfeverkauf (i.d.R. öffentliche Versteigerung) auf Kosten des Gläubigers gem. § 373 HGB

Der Selbsthilfeverkauf ist **erst zulässig nach Androhung** (§§ 384 (1), (3) BGB bzw. 373 (2) HGB).

Ausnahmen:

- sog. „Notverkauf" (verderbliche Ware) oder
- wenn die Androhung „untunlich" ist
  (Bsp.: Aufenthaltsort des Gläubigers ist dem Schuldner nicht bekannt)

Der Gläubiger muß vorher von Zeit und Ort und nachher vom Ergebnis der Versteigerung **benachrichtigt** werden (§§ 384 (2) BGB bzw. 373 (5) HGB).

Durch den Selbsthilfeverkauf wandelt sich der Anspruch des Gläubigers auf Lieferung in einen Anspruch auf Herausgabe des Verkaufserlöses um, dieser Anspruch wird gegen die Kaufpreisforderung des Verkäufers **aufgerechnet**, d.h.:

- der Mehrerlös muß an Gläubiger herausgegeben werden, bzw.
- die Kaufpreisforderung bleibt in Höhe eines Mindererlöses bestehen
  (§§ 387, 388, 389 BGB).

❓

1. Unter welchen Voraussetzungen kommt ein Gläubiger in Verzug?
2. Erläutern Sie näher, was der Gesetzgeber unter „Nichtannahme" versteht.
3. Wie ändern sich die Haftungsregeln bei der Unmöglichkeit, wenn Annahmeverzug vorliegt?
4. Kniesel wird aufgrund der Fernsehsendung „YZ Bekannt" mit einem gesuchten Verbrecher verwechselt und festgenommen. Daher kann er nicht den bei Ambrosius bestellten Lieferwagen pünktlich abholen. Kommt Kniesel in Annahmeverzug, falls
   a) Ambrosius den Wagen abholbereit fertigmachen ließ,
   b) Amrosius erfahren hat, daß Kniesel festgenommen wurde und daher annahm, daß Kniesel den Wagen nicht zum vereinbarten Termin abholen könne und ihn nicht abholbereit fertigmachen ließ?
5. Als der Verkäufer dem Kunden die termingerechte Lieferung ankündigt, teilt ihm der Kunde mit, daß er die gekaufte Maschine (Bringschuld) nicht annehmen könne, da seine Unternehmung einem Brandanschlag zum Opfer fiel. Muß der Verkäufer die Maschine gemäß § 294 erst zum Kunden bringen, damit dieser in Annahmeverzug gerät?
6. Händler Happig hat mit einem Kunden für den 12.6. zwischen 10 und 12 Uhr die Anlieferung eines neuen Glastisches (Bringschuld) vereinbart. Nachdem die Auslieferungsfahrer vergeblich bis 12.15 Uhr auf den Kunden gewartet haben, nehmen Sie den Tisch wieder mit; auf dem Rückweg wird der Tisch zerstört.
   a) Wird Happig nach § 275 BGB von der Pflicht zu liefern frei, wenn
   – die Beschädigung bei einem Unfall wegen leichter Fahrlässigkeit der Fahrer geschah,
   – der Tisch zerstört wurde, weil die Fahrer ihn nicht im Wagen befestigt hatten,
   – der Tisch ohne jegliches Verschulden der Fahrer zerstört wurde (beachten Sie, daß es sich um eine Gattungs- und Bringschuld handelt)?
   b) Falls Happig nicht mehr leisten muß – könnte er trotzdem Bezahlung vom Kunden verlangen?

4 Verletzung von vertraglichen Nebenpflichten

4.1 Bedeutung und Inhalt von positiver Forderungsverletzung und culpa in contrahendo

Fälle

1. Steuerberater Schröder soll für Klawubke eine Bilanz erstellen. Schröder entdeckt einige Zeit vor dem Abgabetermin einen schweren Fehler, korrigiert diesen jedoch und liefert pünktlich eine fehlerfreie Bilanz ab. Inzwischen hatte Klawubke jedoch im Vertrauen auf bestimmte Vorinformationen Geschäfte vorgenommen und einen schweren Schaden erlitten.
   – Woran scheitern jeweils die Ansprüche des Klawubke aus den §§ 823 (1) und 826 BGB?
   – Woran scheitern Ansprüche aus der Mängelhaftung?
2. Karl König verletzt sich beim Abholen gekaufter Ware schwer, als er über einen Putzeimer stolpert, den die Putzfrau vergessen hatte.
   – Woran scheitert der Anspruch aus dem § 831 BGB i.d.R.?
3. Ein Händler verkauft an einen Kunden eine Maschine. Als sie in Betrieb genommen wird, explodiert sie infolge eines Fabrikationsfehlers des Herstellers. Hierbei entsteht in der Werkstatt des Kunden ein erheblicher Schaden. Wird der Schaden in der Werkstatt von der Sachmängelhaftung abgedeckt?

Schon kurz nach Inkrafttreten des BGB stellte sich heraus, daß es zu **Schäden** kommen kann, die **durch die bestehenden gesetzlichen Regelung nicht gedeckt** sind.

■ **Bestehende Vorschriften über die unerlaubte Handlung erweisen sich als unzureichend:**
- Die §§ 823 (1), 831 BGB decken **keine reinen Vermögensschäden**.
- Für § 826 BGB, der auch reine Vermögensschäden abdeckt, ist eine **vorsätzliche** sittenwidrige **Schädigung** erforderlich.
- Hinzukommt, daß bei Schädigungen des Gläubigers durch Hilfspersonen des Schuldners (§ 831 (1) BGB) die **Exkulpationsmöglichkeit** besteht.
- Die deliktischen Ansprüche **verjähren innerhalb von 3 bzw. 10 Jahren** (§ 852 BGB).

■ **Auch die speziellen Regelungen über die Vertragsstörungen (Haftung bei Verzug, Unmöglichkeit oder Mängeln) decken die Schäden nicht:**
- Eine solche **Störung liegt nicht vor**, wenn nur eine Nebenpflicht verletzt ist.

Beispiel:
Ein Kfz-Meister wurde beauftragt, die Bremsbeläge zu erneuern, er führt diese Arbeit sorgfältig aus, vergißt aber, den Fahrzeughalter darauf hinzuweisen, daß die Bremsflüssigkeit ausgelaufen war.

- Es liegt zwar eine dieser Vertragsstörungen vor, aber sie **deckt** den entstandenen **Schaden nicht oder nur unzureichend.**

Beispiel:
Bauer Bolte verkauft an einen Reitstall Pferdefutter, das aufgrund einer Nachlässigkeit Boltes giftige Bestandteile enthält, 2 Pferde gehen ein. Nach den Regeln über die Sachmängelhaftung kann der Reitstall neues Futter oder sein Geld zurückerhalten; ein Schadensersatzanspruch ist aber an das Vorliegen einer arglistigen Täuschung oder das Fehlen zugesicherter Eigenschaften gebunden, und selbst wenn diese Voraussetzungen gegeben wären, ist der Ersatz von solchen Folgeschäden umstritten.

Wegen dieser Unzulänglichkeiten der bestehenden Regelungen wurden zwei – heute allgemein gewohnheitsrechtlich anerkannte – Rechtsinstitute geschaffen:
- „Positive Forderungsverletzung" (pFV), auch „positive Vertragsverletzung"(pVV), in Analogie zu den §§ 280/286 bzw. 325/326 BGB,
- „culpa in contrahendo" (cic), in Analogie zu § 307 BGB.

Die **culpa in contrahendo** unterscheidet sich von der positiven Forderungsverletzung inhaltlich nur dadurch, daß bei der schädigenden Handlung **noch kein Vertrag** besteht, der Schaden passiert im Stadium der **Vertragsanbahnung.**

Beispiele für culpa in contrahendo:
1. Auf der Suche nach einem Schreibtischstuhl in Brauses Laden wird Kundin K durch einen zusammenstürzenden Warenstapel verletzt, den ein Auszubildender wohl etwas zu hoch auftürmte.
2. Krause macht mit einem Wagen eine Probefahrt. Weil der Wagen nicht in Ordnung ist, bleibt Krause in einer einsamen Gegend liegen. Die Taxikosten zurück betragen 150,00 DM...

3. Händler Brause steht bei Vertragsverhandlungen mit dem Lieferanten Listig kurz vor dem Abschluß, nur die genaue Rabatthöhe ist noch nicht geklärt. Kurz darauf erfährt Brause von einem günstigeren Geschäft, fühlt sich aber schon an den Vertrag mit Listig gebunden. Listig verweigert anschließend ohne triftigen Grund den Vertragsabschluß.
4. Grundstücksverkäufer Grün hatte, obwohl selbst unsicher, dem Käufer versichert, für einen Grundstückskaufvertrag genüge die Schriftform. Daher war der Vertrag nichtig (§ 125 BGB). Dem Käufer entstehen Mehrkosten, da bis zum rechtskräftigen Vertragschluß die Baukosten gestiegen sind.

Die Rechtsinstitute „Positive Forderungsverletzung" und „culpa in contrahendo" dienen der Schließung einer Gesetzeslücke:
- sie erfassen die Fälle schuldhafter Nebenpflichtverletzungen, die durch die speziellen Vertragsstörungen nicht erfaßt werden
- sie decken auch Mangelfolgeschäden, die aus der Schlechterfüllung einer Hauptpflicht entstanden sind
- sie gewähren auch den Ersatz reiner Vermögensschäden
- es besteht keine Exkulpationsmöglichkeit für Gehilfen
- die Verjährungsfrist beträgt in der Regel 30 Jahre[1]

Sie gewähren allerdings keinen Anspruch auf Ersatz immaterieller Schäden (z.B. Schmerzensgeld), da diese nur aus deliktischen, nicht aber vertraglichen Anspruchsgrundlagen ableitbar sind (siehe §§ 253, 847 BGB).

4.2 Rechtsfolgen

■ **Rechtsfolgen bei positiver Forderungsverletzung**

- **Ersatz des durch die Pflichtverletzung entstandenen Schadens** (§§ 280/286 BGB analog). Der Umfang des Schadenersatzes erstreckt sich nicht auf immaterielle Schäden!

- **Rücktritt oder Schadenersatz wegen Nichterfüllung** (§§ 325/326 BGB analog)
  Dies aber nur, falls bei gegenseitigen Verträgen der Vertragszweck durch die Pflichtverletzungen so gefährdet ist, daß eine **Fortsetzung unzumutbar** wäre, was insbesondere bei Dauerschuldverhältnissen, wie z.B. Sukzessivlieferverträgen, der Fall ist.

Beispiel:
Die Brauerei B hatte dem Gastwirt G, der sich verpflichtet hatte, wöchentlich 2 hl Bier abzunehmen, bereits mehrfach ungenießbares Bier geliefert. G lehnt weitere Lieferungen ab.

■ **Rechtsfolgen bei culpa in contrahendo**

Der Geschädigte ist **so zu stellen, wie er ohne die Pflichtverletzung stehen würde** (§ 307 BGB analog). Der Umfang des Schadensersatzes erstreckt sich nicht auf immaterielle Schäden.

---

[1] handelt es sich um Mangelfolgeschäden aus der Sachmängelhaftung, so verjähren diese allerdings genauso wie die entsprechenden Ansprüche aus der Sachmängelhaftung, also normalerweise in 6 Monaten (bzw. in 30 Jahren, wenn eine arglistige Täuschung vorliegt).

4.3 Prüfschema bei positiver Forderungsverletzung und culpa in contrahendo

Positive Forderungsverletzung		Culpa in contrahendo
Fall: K verletzt sich beim Abholen einer bei V gekauften Ware, als er über einen Putzeimer stolpert, den die Putzfrau des H vergessen hatte. K verlangt von V Schadensersatz.	Fall: V verkauft an K eine bei ihm produzierte Maschine. Als K sie in Betrieb nehmen will, explodiert sie infolge eines Fabrikationsfehlers. Hierbei entsteht in der Werkstatt erheblicher Schaden. K verlangt von V Ersatz des Schadens in der Werkstatt.	Fall: Auf der Suche nach einem Schreibtischstuhl in V's Laden wird K durch einen zusammenstürzenden Warenstapel verletzt, den ein Auszubildender zu hoch auftürmte. K verlangt von V Schadenersatz.
Voraussetzung: Bestehen eines Schuldverhältnisses (z.B. Vertrag)		Voraussetzung: Ein Schuldverhältnis (z.B. Vertrag) besteht noch nicht, befindet sich aber in der Anbahnung
es besteht ein Kaufvertrag	es besteht ein Kaufvertrag	Indem sich die Kundin in den Laden des V begibt, um eine Ware auszusuchen, befindet sich ein Kaufvertrag in der Anbahnung
Voraussetzung: Der Schaden ist nicht abgedeckt durch sonstige Regelungen über Vertragsstörungen		entfällt, da kein Vertrag vorliegt
es liegt weder Verzug, noch Unmöglichkeit oder ein Sachmangel vor.	– Verzug, Unmöglichkeit liegt nicht vor – die Sachmängelhaftung ersetzt zwar die zerstörte Maschine, einen weitergehenden Schadensersatz jedoch nur beim Fehlen zugesicherter Eigenschaften oder arglistiger Täuschung (§§ 463 / 480 (2) BGB)	
Voraussetzung: Verletzung einer vertraglichen Nebenpflicht (Sorgfalts-, Auskunfts-, Anzeige-, Geheimhaltungspflicht usw.) oder Schlechterfüllung einer Hauptpflicht, wodurch ein Folgeschaden entstand.		Voraussetzung: Verletzung einer vorvertraglichen Nebenpflicht
Es handelt sich um die Verletzung einer vertraglichen Nebenpflicht; durch das Stehenlassen des Eimers wurde die Sorgfaltspflicht verletzt.	Es handelt sich um die Schlechterfüllung einer Hauptpflicht (Hauptpflicht = Lieferung mangelfreier Ware), aus der als Folgeschaden der Schaden in der Werkstatt entstand.	Es handelt sich um die Verletzung einer vorvertraglichen Nebenpflicht; durch das überhöhte Auftürmen wurde die Sorgfaltspflicht verletzt.
Voraussetzung: Verschulden (Vorsatz, grobe oder leichte Fahrlässigkeit) gem. §§ 276 / 278 BGB		
Beim Stehenlassen des Eimers handelt es sich zumindest um leichte Fahrlässigkeit. Zwar handelte der Händler nicht selbst, aber er haftet für das Verschulden seiner Erfüllungsgehilfen genauso wie für eigenes Verschulden (§ 278 BGB).	Das Vorhandensein eines Fabrikationsfehler läßt auf das Vorliegen eines Verschulden schließen.	Das überhöhte Auftürmen ist zumindest leichte Fahrlässigkeit. Zwar handelte der Händler nicht selbst, aber er haftet für das Verschulden seiner Erfüllungsgehilfen genauso wie für eigenes Verschulden (§ 278 BGB).

4.4 Positive Forderungsverletzung / culpa in contrahendo mit Schutzwirkung für Dritte

> **Fälle**
>
> 1. Fabrikant Fröhlich bietet seinen Arbeitnehmern ein Kantinenessen an, das er von einer Großküche bezieht. Durch die Lieferung giftiger Pilze trägt ein Arbeitnehmer schwere Gesundheitsschäden davon. Welches Problem ergibt sich, wenn der Arbeitnehmer Schadensersatz verlangen will?
> 2. Kundin Kiebig sucht bei Händler Brause nach einem Schreibtisch. Ihr Sohn Karli verletzt sich schwer, als er auf einer Bananenschale ausrutscht. Welches Problem ergibt sich, wenn Karli Schadensersatz verlangen will?

> Auch wenn der Vertrag nicht mit ihnen selbst geschlossen wird, sind Dritte unter Umständen in die vertraglichen / vorvertraglichen Schutz- und Sorgfaltspflichten einbezogen.
>
> Werden Sie durch Pflichtverletzungen geschädigt, haben sie einen eigenständigen vertraglichen Anspruch aus positiver Forderungsverletzung bzw. culpa in contrahendo (Analogie zu § 328 BGB).

Damit die Haftung des Schuldners nicht uferlos ausgedehnt wird, ist jedoch der **geschützte Personenkreis beschränkt**. Geschützt sind z.B. Arbeitnehmer, Familienangehörige, Mieter des Vertragspartners, nicht jedoch z.B. Besucher oder der Endverbraucher bei einem Kaufvertrag zwischen Hersteller und Händler.

> § 831 läßt sich (...) mit Hilfe des § 278 gelegentlich auch dort ausmanövrieren, wo der Verletzte am Abschluß des Vertrages oder an dem Zustandekommen der vertragsähnlichen (vorvertraglichen) Rechtsbeziehung persönlich nicht beteiligt war. Erforderlich ist dafür allerdings, daß der Verletzte der Vertragsbeziehung so nahe steht, daß man annehmen kann, es entfalte die Vertragsbeziehung **Schutzwirkungen** auch zu seinen Gunsten.
>
> Paradigmatisch ist der **„Gasbadeofenfall"** (RGZ 127, 219): Hier hatte ein Mieter mit einem Unternehmer einen Werkvertrag über die Reparatur eines in der Mietwohnung angebrachten Gasbadeofens geschlossen. Infolge eines dem Monteur unterlaufenen Fehlers explodierte der Ofen, wodurch eine bei dem Mieter angestellte Reinmachefrau verletzt wurde. Ihr wurden – obwohl sie am Abschluß des Werkvertrages selbst nicht beteiligt war – eigene „vertragliche" Schadenersatzansprüche gegen den Unternehmer zuerkannt, mit der Folge, daß dieser sich hinsichtlich seines Monteurs nicht nach § 831 entlasten konnte, vielmehr gemäß § 278 für das Verschulden des Monteurs wie für eigenes einzustehen hatte. – Vgl. BGH JZ 1976, 776 mit Anm. Kreuzer: Einem Kind, das seine Mutter beim Einkauf in einen Selbstbedienungsladen begleitet und sich dort bei einem Sturz über ein Salatblatt verletzt hat, können unter dem Gesichtspunkt eines Vertrags mit Schutzwirkung für Dritte Schadensersatzansprüche aus Verschulden bei Vertragsabschluß gegen den Ladeninhaber zustehen. Gewiß wird mit dieser Entscheidung nur dasjenige zuendegedacht, was in der Rechtsprechung auch bisher schon angelegt war. Indessen wird jeder, der noch nicht gänzlich betriebsblind geworden ist, sich ein gewisses Staunen darüber nicht versagen können, wie verwegen mittlerweile die Brücken konstruiert werden, mit deren Hilfe die Rechtsprechung die deliktrechtliche Fallabwicklung zu vermeiden und das gelobte Land des Vertragsrechts zu erreichen sucht.
>
> *Quelle: Kötz, Deliktsrecht, Ffm 1992*

5 Form der Schadenersatzansprüche (Positives / Negatives Interesse)

Fälle

1. Der Kunstliebhaber Knüsel erwirbt bei Händler Ambrosius einen Picasso. Beim Abholen der Ware stellt sich heraus, daß es sich um eine Picassokopie handelt, Ambrosius ficht daher den Vertrag rechtswirksam an. In welcher Höhe kann Knüsel Ansprüche gegen Ambrosius geltend machen, wenn er für die Abholung des Bildes einen Wagen gemietet hatte, der ihn 150,00 DM kostete? (§ 122 BGB)
2. Knüsel erwirbt außerdem bei Ambrosius eine antike Vitrine für 5000,00 DM und verkauft diese vor der Anlieferung durch Ambrosius zu 7000,00 DM weiter, es wären ihm allerdings für die Überarbeitung noch Kosten in Höhe von 800,00 DM entstanden. Auf dem Transport wird die Vitrine durch ein Verschulden des Ambrosius zerstört. In welcher Höhe kann Knüsel Ansprüche gegen Ambrosius geltend machen? (§ 325 BGB).

In einigen Fällen gewährt das Gesetz dem Geschädigten den Ersatz des sog. „negativen Interesses", in anderen jedoch den Ersatz des sog. „positiven Interesses".

Ersatz des „positiven Interesses"	Ersatz des „negativen Interesses"
z.B. bei Verzug (§ 326 BGB) oder Nachträglicher Unmöglichkeit (§ 325 BGB)	z.B. bei Anfechtung (§ 122 BGB) oder Anfänglicher Unmöglichkeit (§ 307 BGB)
Zu ersetzen ist der **„Nichterfüllungsschaden"**, d.h. der Schaden, der durch die Nichterfüllung des – entstandenen – Rechtsgeschäftes erwachsen ist.	Zu ersetzen ist der **„Vertrauensschaden"**, d.h. der Schaden, der durch das Vertrauen auf die Gültigkeit des – unwirksamen – Rechtsgeschäftes erwachsen ist.
Bsp: entgangener Gewinn	Bsp: nutzlos aufgewendete Transportkosten
→ der Geschädigte wird **vermögensmäßig so gestellt, als wäre das Rechtsgeschäft ordnungsgemäß erfüllt worden.**	→ der Geschädigte wird **vermögensmäßig so gestellt, als wäre von dem Rechtsgeschäft nie die Rede gewesen.**

[?]

1. Unterscheiden Sie „Nichterfüllungsschaden" und „Vertrauensschaden".
2. Verkäufer Vogel schließt mit dem Kunden K1 einen Kaufvertrag über seinen Gebrauchtwagen zu 2000,00 DM; Vogels Gewinn hätte dabei 200,00 DM betragen. Als der Kunde K2 dem Vogel am nächsten Tag 2300,00 DM bietet, bedauert Vogel sehr, daß er den Wagen leider nicht an den Käufer K2 verkaufen kann. Am übernächsten Tag ficht Käufer K1 den Kaufvertrag wegen Irrtums rechtswirksam an; Vogel, der sich sofort an Käufer K2 wendet, muß erfahren, daß dieser mittlerweile kein Interesse mehr hat. Vogel möchte gegenüber K1 Schadensersatzansprüche geltend machen.
    - Wie hoch ist Vogels negatives Interesse?
    - Wie hoch ist Vogels positives Interesse?
    - In welcher Höhe kann Vogel letztlich Ansprüche gegen K1 geltend machen? (§ 122 BGB)

H Besondere Schuldverhältnisse

Die spezifischen Besonderheiten einiger Schuldverhältnisse sind im Rahmen des 2. Buches des BGB (**„Recht der Schuldverhältnisse"**) im 7. Abschnitt (**„Einzelne Schuldverhältnisse"**) geregelt. Grundsätzlich gelten aber auch für diese Schuldverhältnisse die allgemeinen Regelungen des 1. – 6. Abschnitts.

1 Kaufvertrag (§§ 433 ff. BGB)

Der Kaufvertrag ist – wie alle Verträge – ein **zweiseitiges Rechtsgeschäft**: er kommt durch zwei übereinstimmende Willenserklärungen (Antrag und Annahme) zustande.

Der Kaufvertrag ist ein **gegenseitiger (= streng zweiseitig verpflichtender) Vertrag**:
- nach § 433 (1) BGB verpflichtet sich der **Verkäufer**, dem Käufer die Kaufsache zu übergeben und ihm das Eigentum zu verschaffen;
- nach § 433 (2) BGB verpflichtet sich der **Käufer**, den Kaufpreis zu zahlen und den gekauften Gegenstand anzunehmen.

Der Abschluß des Kaufvertrages beinhaltet nur das **Verpflichtungsgeschäft**, also die Anbahnung einer Rechtsänderung, die eigentliche Rechtsänderung erfolgt durch die Übereignung nach den §§ 929 ff. BGB (Erfüllungsgeschäft).

Kaufgegenstände können nicht nur **bewegliche und unbewegliche Sachen**, sondern auch **Rechte, Patente, Forderungen** und sogar **Chancen** (Lotto, Lose) sein. Auch **Vermögensmassen**, z.B. eine Unternehmung als Gesamtheit von Sachen, Rechten und immateriellen Werten, können Kaufgegenstand sein.

1.1 Spezielle Störungen beim Kaufvertrag

Wie bei allen Schuldverhältnissen können auch beim Kaufvertrag die allgemeinen Leistungsstörungen (Verzug, Unmöglichkeit, Verletzung von vertraglichen Nebenpflichten) vorkommen. Es finden sich aber auch **spezifische Störungen, die es nur beim Kaufvertrag gibt**:
- das Nichtbestehen eines verkauften Rechtes
- Rechtsmängel
- Sachmängel

1.1.1 Nichtbestehen eines verkauften Rechts (§§ 437 ff. BGB)

Fall
Aßmann verkauft dem Bertmann am 10.1 seine Forderung gegenüber dem Colmann, die aber nicht mehr besteht, da Colmann am 7.1. schon gezahlt hat.

Beim Nichtbestehen eines verkauften Rechtes greift die Spezialregelung des
§ 437 (1) BGB:
- der Kaufvertrag ist gültig, der Verkäufer garantiert das Bestehen der Forderung;
- der Verkäufer haftet daher auch ohne Verschulden wegen Nichterfüllung
  (§§ 440, 325 BGB)

Der Verkäufer haftet aber nur für den Bestand, nicht für die Durchsetzbarkeit
(Güte, Bonität) der Forderung.

Beispiele:
Verkauf einer bereits verjährten Forderung
Verkauf eines nicht bestehenden Patentrechts

1.1.2 Rechtsmängel (§§ 434, 440 BGB)

Fälle

1. Vogel verkauft an Kagel ein Geschäftshaus, Kagel möchte das Haus selbst nutzen. Er kann dies jedoch nicht, da die Geschäftsräume für weitere 10 Jahre an den Mieter Mogel vermietet sind. Mogel macht nämlich § 571 BGB („Veräußerung bricht nicht Miete") geltend, wodurch er nach § 986 BGB die Räumung verweigern kann.
2. Varig verkauft an Kästner ein Haus, das zugunsten der XY-Bank mit einer Hypothek belastet ist.

Welche Ansprüche kann der Käufer jeweils gegenüber dem Verkäufer geltend machen?

Ein Rechtsmangel liegt vor, wenn der zu übereignende Gegenstand nicht frei von Rechten Dritter ist (z.B. Nutzungsrechte, Pfandrechte, Patentrechte)

Der Käufer hat beim Vorliegen von Rechtsmängeln einen Anspruch auf Beseitigung des Rechtsmangels; § 434 BGB. Falls die Beseitigung des Rechtsmangels nicht erfolgt:
- Verweigern der Gegenleistung bis zur Beseitigung (§§ 440, 320 BGB)
- Rücktritt oder Schadensersatz wegen Nichterfüllung (§§ 440, 325 / 326 BGB)

Die Gewährleistung ist in folgenden Fällen ausgeschlossen:
- gesetzlich: Kenntnis des Käufers vom Mangel bei Vertragsschluß (§ 439 (1) BGB)
  – Ausnahme: trotz Kenntnis besteht ein Beseitigungsanspruch bei Grundpfandrechten (§ 439 (2) BGB)
- vertraglich: Vereinbarung eines Verzichtes auf die Beseitigung

Beispiele:
Vorliegen von Rechtsmängeln:
- Verkauf eines Hauses, in dem Opa O. ein eingetragenes, lebenslanges Wohnrecht hat
- Verkauf eines Postens Ware, der momentan im Lagerhaus des Liebig liegt; der Verkäufer tritt seinen Herausgabeanspruch gegen Liebig an den Käufer ab (§ 931 BGB). Liebig hat aus der Lagerhaltung aber noch Forderungen gegen den Verkäufer und macht, als der Käufer die Ware abholen will, sein Zurückbehaltungsrecht gemäß § 369 HGB geltend.

1.1.3 Sachmängel (§§ 459 ff. BGB)

> **Fall**
>
> Möbelhändler Möbius erhält am 1. April mehrere Lieferungen. Bei der Überprüfung muß er folgendes feststellen:
> - ein Tisch ist mit erheblichen Kratzern geliefert worden
> - statt Garderobenständern wurden Garderobenschränke geliefert
> - statt der 10 bestellten Stühle liefert man 15
>
> Außerdem stellt sich nach einiger Zeit heraus, daß ein als „garantiert formaldehyd-arm" gekaufter Schrank erheblich über den zulässigen Emissionswerten liegt.
> a) Welche Arten von Mängeln kann man hier unterscheiden?
> b) Welche Rechte kann Möbius geltend machen?
> c) Wann verjähren die Ansprüche des Möbius?

1.1.3.1 Mängelarten und ihre rechtliche Einordnung

Mängel in der Qualität	Mängel in der Eigenschaft	Mängel in der Menge		Mängel in der Art
Die Ware hat einen Fehler (z.B. beschädigt, verdorben, schlecht verarbeitet)	Fehlen einer zugesicherten Eigenschaft	es wird zuviel geliefert	es wird zuwenig geliefert	Falschlieferung (sog. „Aliudlieferung")
Die Rechtsfolgen richten sich nach der **Sachmängelhaftung** (§§ 459 ff. BGB)		zu behandeln wie die Zusendung unbestellter Ware.	Kann die fehlende oder richtige Ware noch geliefert werden, so richten sie die Rechtsfolgen nach den Regeln über den **Verzug,** ansonsten sind die Regeln über die **Unmöglichkeit** heranzuziehen.	

1.1.3.2 Haftung bei Qualitäts- oder Eigenschaftsmängeln („Sachmängelhaftung")

> Beim Vorliegen von Qualitäts- oder Eigenschaftsmängeln kann der Käufer wahlweise verlangen:
> - Wandlung (Rückgängigmachung des Kaufvertrages); §§ 459 (1), 462 BGB.
> - Minderung (Herabsetzung des Kaufpreises); §§ 459 (1), 462 BGB.
> - Ersatzlieferung, falls eine Gattungsware gekauft wurde; §§ 459 (1), 480 (1) BGB.
> - Schadensersatz, falls der Mangel arglistig verschwiegen wurde oder eine zugesicherte Eigenschaft fehlt; §§ 459 (2), 463, 480 (2) BGB.

Besondere Schuldverhältnisse

■ Durchführung der Wandlung (§§ 467, 346 ff. BGB)

Die Durchführung der Wandlung erfolgt gemäß § 467 BGB nach den Vorschriften über den **Rücktritt** (§§ 346 ff. BGB):

- **Rückgabe** der Ware / des Kaufpreises
- bei Verschlechterung der Ware muß der Käufer **Schadensersatz** leisten
- der Verkäufer muß dem Käufer die „**Vertragskosten**" ersetzen
  (z. B. Kosten für die Mängelanzeige, Maklergebühr, Montage, Transport)

■ Berechnung der Minderung (§ 472 BGB)

Fall

Karl Kunde hat ein „Schnäppchen" gemacht; er hat bei Viktor Verkäufer eine Vase im Wert von 1200,00 DM für nur 900,00 DM erstanden. Erst zu Hause entdeckt er, daß die Vase einen Fehler im Muster aufweist, ein Sachverständiger schätzt, daß die Vase dadurch nur 800,00 DM wert ist. Viktor Verkäufer ist daher bereit, an Karl Kunde 100,00 DM zurückzuerstatten. Karl Kunde ist damit nicht einverstanden, da ihm dadurch der ursprüngliche Preisvorteil verlorengeht.

Um den ursprünglichen Preisvorteil zu erhalten, bestimmt § 472 BGB für die Berechnung der Minderung:

$$\text{Preis nach Minderung} = \frac{\text{Wert mit Mangel} \cdot \text{Kaufpreis}}{\text{Wert ohne Mangel}}$$

Welchen Betrag kann Karl Kunde demnach zurückfordern?

■ Ersatzlieferung/Nachlieferung (§ 480 BGB)

Falls ein Mangel an einer Gattungsware vorliegt, kann der Käufer auch die Lieferung einer neuen, mangelfreien Ware verlangen; sollte auch die Ersatzlieferung mangelhaft sein, kann der Kunde auch auf die Wahlrechte zurückgreifen.

Unbedingt zu beachten ist der **Unterschied zwischen „Ersatzlieferung" und „Umtausch"**, die Begriffe werden (leider) häufig synonym verwendet:

- bei der **Ersatzlieferung** handelt es sich um einen **gesetzlichen Anspruch** des Käufers beim Vorliegen von Sachmängeln, der auch dann besteht, wenn die Ware z.B. als Sonderangebot verkauft wurde. Etwas anderes kann sich nur ergeben, wenn die Ware ausdrücklich wegen dieses Fehlers günstiger verkauft wurde. Der Kunde hat jedoch beim Auftreten anderer Mängel alle Ansprüche aus der Sachmängelhaftung!

- um einen **Umtausch** handelt es sich hingegen, wenn der Kunde eine andere Ware haben möchte, weil ihm die gekaufte Ware doch nicht gefällt, doch zu klein ist usw. Hier liegt kein gesetzlicher Anspruch vor, die Gewährung liegt allein im Ermessen des Händlers (**Kulanz**).

■ Schadensersatz wegen Nichterfüllung (§§ 463 / 480 (2) BGB)

> Falls der Ware eine zugesicherte Eigenschaft fehlt oder der Mangel arglistig verschwiegen wurde, kann der Käufer statt der Wandlung, Minderung oder Ersatzlieferung auch Schadensersatz wegen Nichterfüllung verlangen.

Eine Zusicherung liegt aber nur dann vor, wenn der Verkäufer **ausdrücklich** einen gesteigerten Haftungswillen bekundet hat („Ich garantiere Ihnen, daß dieser Kleber für Styroporplatten geeignet ist").

Eine stillschweigende Zusicherung wird nur in einigen Sonderfällen von der Rechtssprechung angenommen; so z.B. im Gebrauchtwagenhandel bei Angaben über die Unfallfreiheit, den Kilometerstand.

Keine Zusicherung sind Werbeaussagen wie „ein Alpha-Bett befreit von Rückenschmerzen".

Arglistige Täuschung liegt vor beim Vorspiegeln positiver Eigenschaften oder Verschweigen von Fehlern. Dabei muß der Verkäufer alles, von dem anzunehmen ist, daß es den Kunden vom Kauf abhalten würde, von sich aus aufdecken (und nicht etwa nur dann, wenn der Kunde gezielt nachfragt).

■ Umfang des Schadensersatzes

Der Kunde ist so zu stellen, als wäre ordentlich erfüllt worden **(positives Interesse)**:

- Er kann die Ware behalten und die Wertdifferenz, Reparaturkosten und ähnliches geltend machen (sogenannter „kleiner Schadensersatz", entspricht in etwa der Minderung).
- Er kann die Ware aber auch zurückgeben und den entgangenen Gewinn, den gezahlten Kaufpreis, Vertragskosten, die Kosten eines Rechtsstreits mit dem Endabnehmer geltend machen (sog. „großer Schadensersatz").
- Umstritten ist der Ersatz sogenannter **„Mangelfolgeschäden"**

Beispiele:
– die explodierende Maschine zerstört die Werkstatt
– der Holzwurm befällt weitere Möbelstücke des Käufers

Mangelfolgeschäden können aber **aus positiver Forderungsverletzung**[1] durchgesetzt werden.

■ Nachbesserung (Reparatur)

> Im Kaufvertragsrecht ist die Nachbesserung als Recht des Käufers nicht vorgesehen.
> Der Käufer hat keinen gesetzlichen Anspruch auf eine Nachbesserung durch den Verkäufer, er kann sie nur dann verlangen, wenn der Verkäufer sie – per individueller Absprache oder in den Allgemeinen Geschäftsbedingungen – anbietet.

---

[1] siehe Themenkreis G, Kapitel 4 „Verletzung von vertraglichen Nebenpflichten".

Das Recht auf Nachbesserung kann eher als ein **Recht der Verkäufers** angesehen werden, da diesem vor dem Rückgängigmachen des Vertrages, der Herabsetzung des Preises oder der Neulieferung eine Möglichkeit zur Reparatur gegeben werden muß. Dieses Recht des Verkäufers läßt sich herleiten:

- aus § 242 BGB (**„Treu und Glauben"**), wenn z.B. die Forderung des Käufers nach sofortiger Ersatzlieferung in keinem Verhältnis zum Mangel steht

    Beispiel:
    Kunde verlangt neuen Wagen, da der gelieferte einen Kratzer im Lack aufweist.

- aus **vertraglichen Vereinbarungen**, durch die sich der Verkäufer zunächst das Recht auf Nachbesserung vorbehalten hat.

Gesetzlich geregelt ist nur, wer die **Kosten der Nachbesserung** zu tragen hat:

> Falls der Verkäufer nur Nachbesserung anbietet, muß er auch die Kosten für Rücktransport, Wege-, Arbeits-, Materialkosten tragen (§ 476 a BGB). Diese Regelung kann per individueller Absprache, nicht aber in Allgemeinen Geschäftsbedingungen abbedungen werden.

1.1.3.3 Verjährung der Gewährleistungsansprüche aus der Sachmängelhaftung

> Die Gewährleistungsansprüche aus der Sachmängelhaftung verjähren gemäß § 477 (1) BGB;
> - bei beweglichen Sachen 6 Monate nach der Ablieferung,
> - bei Grundstücken 1 Jahr nach der Übergabe,
> - nach 30 Jahren, falls arglistige Täuschung vorliegt (allgemeine Verjährungsfrist).

Eine **vertragliche Verkürzung** der Verjährungsfrist ist nur per individueller Absprache, nicht jedoch in den Allgemeinen Geschäftsbedingungen möglich.
Eine **Verlängerung** der Verjährungsfrist ist auch in den Allgemeinen Geschäftsbedingungen möglich.

1.1.3.4 Besonderheiten beim zweiseitigen Handelskauf

> **Fall**
>
> Möbius hat die Lieferung vom 1.4. noch am selben Tag geprüft, er kommt jedoch aufgrund starker Arbeitsbelastung Mitte Mai dazu, die Kratzer am gelieferten Tisch und die falsch gelieferten Garderobenschränke beim Lieferanten anzuzeigen. Der Lieferant weigert sich, diese Mängelrüge noch anzuerkennen.
> Außerdem möchte Möbius die zuviel gelieferten Stühle sobald wie möglich wieder zurücksenden.

■ Prüfungs- und Rügefrist

Die Verjährungsfristen des § 477 BGB gelten auch beim zweiseitigen Handelskauf. Während der Käufer beim bürgerlichen und einseitigen Handelskauf aber irgendwann innerhalb der Verjährungsfrist den Mangel prüfen und anzeigen muß, ist der Käufer beim zweiseitigen Handelskauf verpflichtet, die Ware **unverzüglich zu prüfen** und einen entdeckten Fehler **unverzüglich anzuzeigen**.

Tut er dies nicht, gilt die Ware als genehmigt (§ 377 HGB).

■ Aufbewahrungspflicht

Beim bürgerlichen und einseitigen Handelskauf hat der Käufer die Wahl, ob er die beanstandete Ware aufbewahren oder zurücksenden will. Beim zweiseitigen Handelskauf ist die Rücksendung ohne vorherige Absprache nur zulässig, wenn Käufer und Verkäufer am selben Ort sitzen (sog. „Platzkauf"), ansonsten ist der Verkäufer verpflichtet, die Ware vorerst **aufzubewahren** (§ 379 HGB).

■ Ausweitung der Pflichten auf alle Mängelarten

Die genannten Verpflichtungen gelten beim zweiseitigen Handelskauf auch im Falle von Mängeln in der Menge und Falschlieferungen, obwohl sich die Rechtsfolgen in diesen Fällen ansonsten nach den Regeln von Verzug und Unmöglichkeit richten (§ 378 HGB).

Pflichten des Käufers beim Vorliegen von Mängeln					
Art des Kaufs / Pflichten	Prüfen	Rügen			Aufbewahren
		offene Mängel	versteckte Mängel (treten erst bei Gebrauch zu Tage)	arglistig verschwiegene Mängel	
Bürgerlicher Kauf. Einseitiger Handelskauf (bei Sachmängeln)	eine Pflicht zur unverzüglichen Prüfung besteht nicht (sie muß nur irgendwann innerhalb der Gewährleistungsfrist erfolgen)	innerhalb von 6 Monaten		innerhalb von 30 Jahren	Rücksendung oder Aufbewahrung möglich
Zweiseitiger Handelskauf (bei allen Mängeln)	unverzüglich	unverzüglich	unverzüglich nach Entdecken, Mängel müssen innerhalb von 6 Monaten entdeckt sein	innerhalb von 30 Jahren	Rücksendung nur bei Platzkauf, sonst Aufbewahrungspflicht

1.1.3.5 Ausschluß/Einschränkung der Gewährleistung

Fälle

1. Obwohl bei der Anlieferung zu erkennen war, daß die Verpackung der bestellten Ware schwer beschädigt ist, hat der Käufer die Ware angenommen. Es stellt sich beim Auspacken heraus, daß auch die Ware selbst beschädigt ist. Der Lieferant lehnt Gewährleistungsansprüche ab. Rechtslage?
2. Als der Karl Kunde eine beschädigte Ware bemängelt, verweist Viktor Verkäufer auf eine Klausel in seinen Allgemeinen Geschäftsbedingungen, wonach er jede Gewährleistung ausschließt.
   a) Welche Rechte hat der Karl Kunde?
   b) Wie wäre die Rechtslage, wenn der Ausschluß aller Ansprüche beim Kaufvertragsschluß mit Karl abgesprochen worden wäre?

■ Ausschluß der Gewährleistung per Gesetz

Die Gewährleistung wegen Mängeln ist in folgenden Fällen gesetzlich ausgeschlossen:

- der Käufer **kennt** den Mangel **bei Vertragsschluß** (§ 460 BGB)
- der Käufer **erkennt** den Mangel **bei der Annahme** und behält sich nicht ausdrücklich seine Rechte vor („Annahme unter Vorbehalt, weil ..."), § 464 BGB
- Ablauf der **Verjährungsfrist** (§ 477 BGB)
- **nicht unverzüglich** erfolgte Untersuchung und/oder Rüge beim zweiseitigen Handelskauf (§ 377 HGB)
- bei **unerheblichen** Mängeln (§ 459 (1) BGB)
- es liegt **kein Fehler** i.S.d. vertraglichen oder normalen Tauglichkeit vor (§ 459 (1) BGB)

Beispiel:
Rudi Ratlos hat den Pekinesen Fido gekauft, ohne zu erwähnen, daß er diesen als Wachhund einsetzen will. Fido entpuppt sich als Feigling. Da Rudi weder den ausdrücklichen Wunsch nach einem Wachhund äußerte noch ein Pekinese normalerweise als Wachhund geeignet ist, liegt weder ein Fehler der vertraglichen noch der normalen Tauglichkeit vor.

- beim **Pfandverkauf** (öffentliche Versteigerung eines Pfandes), § 461 BGB

■ Ausschluß der Gewährleistung per individueller (einzelvertraglicher) Vereinbarung

Der Ausschluß **aller** Gewährleistungsrechte ist per Allgemeiner Geschäftsbedingungen **nicht möglich**:

Der Verkäufer muß dem Käufer **zumindest ein Recht auf Ersatzlieferung oder Nachbesserung** anbieten und außerdem ausdrücklich angeben, daß bei deren **Unmöglichkeit bzw. Fehlschlagen** der Kunde wieder die Wahl zwischen Rückgängigmachung des Kaufvertrages (Wandlung) und Herabsetzung des Kaufpreises (Minderung) hat (§ 11, Nr. 10b AGB-Gesetz).
Räumt der Verkäufer dem Käufer nicht zumindest Nachbesserung oder Ersatzlieferung ein und/oder weist er ihn nicht auf die Möglichkeiten bei deren Fehlschlagen hin, so gelten die allgemeinen Bestimmungen: dem Käufer stehen die **gesetzlichen Wahlrechte** zu!

?

1. Der Kaufvertrag ist a) ein zweiseitiges und b) ein zweiseitig verpflichtendes (gegenseitiges) Rechtsgeschäft. Erläutern Sie bitte.
2. Welche Störungen können bei einem Kaufvertrag auftreten?
3. Welche Ansprüche kann der Käufer eines nicht bestehenden Rechtes geltend machen?
4. Unterscheiden Sie bitte Rechtsmängel und Sachmängel.
5. Welche Ansprüche hat der Käufer beim Vorliegen von Rechtsmängeln?
6. Welche der Mängelarten werden von der Sachmängelhaftung abgedeckt?
7. Welche Ansprüche hat der Käufer beim Vorliegen von Sachmängeln?
8. Frau Falter hat einen „garantiert echten Perserteppich" gekauft. Nach 4 Wochen stellt sich heraus, daß der Teppich in Deutschland gefertigt wurde.
   a) Welche Rechte stehen der Frau Falter zu?
   b) Wann verjähren die Ansprüche auf Gewährleistung,
      – wenn auch dem Verkäufer die wahre Herkunft des Teppichs nicht bekannt war,
      – wenn dem Verkäufer die wahre Herkunft bekannt war?
9. Oma O. kauft beim Möbelhaus Busch einen Schaukelstuhl; sie entdeckt noch am selben Abend, daß der Stuhl nicht richtig schaukelt. Wegen einer am nächsten Morgen beginnenden Auslandsreise mit der Stiftung „Senioren im Ausland" kommt Oma O. erst 5 Monate später dazu, den Stuhl zu reklamieren. Rechtslage?
10. Unterscheiden Sie bitte „Ersatzlieferung" und "Umtausch".
11. Kurt Katz hat bei Händler Hase einen reduzierten Pullover gekauft; nach 2 Tagen beginnen sich die Ärmel aufzulösen. Katz verlangt Ersatzlieferung, der Händler meint, daß diese dem Katz nicht zusteht, da er ein Sonderangebot gekauft hat. Rechtslage?
12. Die von einem Händler angebotene Nachbesserung ist leider mißglückt. Welche Rechte hat der Käufer?
13. Karl Kurz hat in einem SB-Markt ein Beistelltischchen gekauft, das sich infolge schlechter Verleimung in seine Einzelteile auflöst. Kann Kurz Nachbesserung verlangen?
14. Ein Händler bietet dem Kunden Nachbesserung oder Ersatzlieferung an, der Kunde besteht auf Nachbesserung. Wer muß die Kosten tragen?

1.2 Besondere Kaufvertragsarten

1.2.1 Kauf nach Probe (nach Muster), § 494 BGB

Fall

Ein Wohnungseigentümer bestellt aufgrund eines Musterstückes 100 qm Teppichboden. Als der Teppichboden ankommt, weicht die Farbe erheblich vom vorgelegten Muster ab. Welche Ansprüche kann der Käufer geltend machen?

Der Kauf nach Probe unterscheidet sich vom normalen Kauf dadurch, daß die Beschaffenheit der Ware aufgrund einer Probe (eines Musters) bestimmt wird und die Eigenschaften der Probe als zugesichert gelten (§ 494 BGB).
Da die Eigenschaften der Probe als zugesichert gelten, kann der Käufer auch Schadensersatz wegen Nichterfüllung nach §§ 463 / 459 (2) BGB beanspruchen, wenn die Ware nicht die entsprechenden Eigenschaften aufweist.

Eine Probe kann auch in früher bestellter Ware bestehen, wenn auf sie **„wie gehabt"** nachbestellt wird.

Nicht um eine Zusicherung handelt es sich aber z.B. bei Kostproben oder wenn nur das Kaufinteresse geweckt werden sollte (z.B. Probefahrt). Ob eine Zusicherung vorliegt, richtet sich also nach dem Zweck, der mit der Probe verfolgt wurde (Auslegungsfrage, §§ 133, 157 BGB).

Die **Beweislast** für die Vereinbarung eines Kaufs nach Probe, die Probewidrigkeit und die Identität des Stückes als Muster liegt **beim Käufer**.

1.2.2 Kauf auf Probe (auf Besicht), § 495 ff. BGB

Fall

Ein Hausmann läßt sich das Buch „der kleine Hobbykoch" für 10 Tage zur Ansicht schicken.

Wann kommt der Kaufvertrag zustande?

Beim Kauf auf Probe wird der Kaufvertrag unter der aufschiebenden Bedingung geschlossen, daß der Käufer die Ware billigt; der Kaufvertrag kommt erst zustande, wenn der Käufer mit der Ware einverstanden ist (§ 495 BGB).
Ist die Sache übergeben worden, so gilt Schweigen des Käufers als Billigung; er muß also innerhalb der Frist ausdrücklich seine Mißbilligung erklären, damit der Kaufvertrag nicht zustande kommt (§ 496 BGB).

Ist **keine Frist** gesetzt, so kann der **Verkäufer** einseitig eine angemessene Frist **bestimmen** (§ 496 BGB).

Es steht im **subjektiven Belieben** des Käufers, ob er billigen will oder nicht, das objektive Erprobungsergebnis ist nicht maßgebend (§ 495 BGB).

Der **Übergang der Gegenleistungsgefahr** erfolgt beim Kauf auf Probe nicht mit der Übergabe, sondern erst mit der Billigung.

Beispiel:
Der Kunde hat einen Bildband für 10 Tage auf Probe erhalten. Nachdem das Buch am 8. Tag beim Kunden ohne dessen Verschulden bei einem Brand vernichtet worden ist, teilt er dem Verkäufer mit, er lehne den Kauf ab. Kann der Verkäufer den Kaufpreis verlangen?

Der Kauf auf Probe ist nicht zu verwechseln mit dem Kauf zur Probe:
beim **Kauf zur Probe** handelt es sich um einen normalen Kauf, bei dem der Käufer weitere Kaufabschlüsse / größere Abnahmemengen unverbindlich in Aussicht stellt, falls ihm die zur Probe gekaufte Sache zusagt.

1.2.3 Vorkauf (§§ 504 ff. BGB)

Fall

Kösel ist daran interessiert, das von ihm gemietete Haus zu erwerben. Da der Vermieter vorerst noch nicht verkaufen will, einigt man sich, daß dem Kösel ein Vorkaufsrecht zustehen soll. Nach Jahren schließt der Vermieter mit dem Baldig einen Kaufvertrag über das Haus. Rechte des Kösel?

Das Vorkaufsrecht begründet für den Vorkaufsberechtigten das Recht, durch einseitige Erklärung in einen Kaufvertrag einzutreten, der zwischen seinem Vertragspartner (dem Vorkaufsverpflichteten) und einem Dritten geschlossen wird; §§ 504, 505 BGB.

Der Verkäufer muß dem Berechtigten unverzüglich vom Kaufvertrag mit dem Dritten Mitteilung machen. Die Ausübung des Vorkaufsrechts ist zeitlich begrenzt (§ 510 BGB):
– bei Grundstücken: auf 2 Monate nach dem Empfang der Mitteilung
– bei anderen Gegenständen: auf 1 Woche nach dem Empfang der Mitteilung

Übt der Vorkaufsberechtigte sein Vorkaufsrecht aus, so kann er
– die Sache vom Verkäufer herausverlangen
– nur Schadensersatz verlangen, wenn die Sache schon an den Dritten übereignet ist

Das Vorkaufsrecht wird **i.d.R. durch einen Vertrag begründet**, es kann aber auch per Gesetz bestehen (z.B. Vorkaufsrecht der Gemeinde).

Das Vorkaufsrecht des Vorkaufsberechtigten begründet **keine Verkaufsverpflichtung** für den Verkäufer (Vorkaufsverpflichteter); es hindert den Verkäufer auch nicht, den Gegenstand einem Dritten zu verkaufen. Wird die Sache an einen Dritten verkauft, kann der Vorkaufsberechtigte aber **in den bestehenden Vertrag „einsteigen"**, wobei er allerdings nur den vollen **Inhalt des geschlossenen Vertrages hinnehmen** oder von seinem Vorkaufsrecht absehen kann (§ 505 (2) BGB).

Übt der Vorkaufsberechtigte sein Recht aus, bestehen zwei Kaufverträge, die der Verkäufer aber nur einmal erfüllen kann; er wird einer Partei gegenüber **schadensersatzpflichtig** nach §§ 325/326 BGB.

Will er vermeiden, daß er schadensersatzpflichtig wird, muß er
- entweder den Vertrag mit dem Dritten unter der Bedingung schließen, daß der Vorkaufsberechtigte sein Recht nicht ausübt,
- oder sich dem Dritten gegenüber für diesen Fall ein Rücktrittsrecht vorbehalten.

■ Besonderheiten bei Grundstücken

Ist die Sache vertragswidrig schon an den Dritten übereignet, so sichert das schuldrechtliche Vorkaufsrecht nach den §§ 504 ff. BGB dem Berechtigten letztlich nur einen Anspruch auf Schadensersatz.

Bei Grundstücken ist es aber möglich, auch ein **dingliches Vorkaufsrecht** zu vereinbaren, welches im Grundbuch eingetragen wird (§ 1094 ff. BGB). In einem solchen Fall kann der Vorkaufsberechtigte gegenüber dem Erwerber auch nach erfolgter Übereignung einen Herausgabeanspruch durchsetzen.

?

1. Unterscheiden Sie „Kauf auf Probe" und „Kauf nach Probe".
2. Klaus Klotz hat einen Bildband für eine Woche zur Ansicht erhalten.
   a) Nach Tagen will er den Band zurückgeben, da er ihm nicht so recht gefällt. Der Verkäufer ist der Ansicht, daß der Bildband doch mangelfrei sei und besteht daher auf Zahlung des Preises. Rechtslage?
   b) Welche Rechtsfolgen hat es, wenn Klotz sich nicht innerhalb einer Woche meldet?
3. Müllermann hat von Landwirt Liesegang ein Grundstück gepachtet und mit diesem ein Vorkaufsrecht vereinbart. Nach 10 Monaten teilt Liesegang dem Müllermann mit, daß er das Grundstück verkauft hat.
   a) Muß Müllermann das Grundstück räumen? (§§ 571, 593b BGB)
   b) Welche Möglichkeiten hat Müllermann, wenn das Grundstück noch nicht übereignet wurde?
   c) Welche Ansprüche hat Müllermann, wenn das Grundstück schon übereignet wurde?

1.3 Die Regelung der Allgemeinen Geschäftsbedingungen

Allgemeine Geschäftsbedingungen (AGB) lassen sich aus dem Wirtschaftsleben nicht mehr wegdenken; das „Kleingedruckte" erspart es dem Verwender, Vertragsinhalte jedesmal neu zu erarbeiten bzw. auszuhandeln.

Nachgiebiges Gesetzesrecht wird dabei durch AGB-Bestimmungen ersetzt, die naturgemäß die Tendenz verfolgen, einseitig die Interessen des Verwenders durchzusetzen.

Dabei ist der AGB-Verwender häufig der anderen Vertragspartei, z.B. dem „Normalkunden" wirtschaftlich/intellektuell überlegen. Zum Schutz der anderen Vertragspartei trat daher 1977 das **Gesetz zur Regelung des Rechts der Allgemeinen Geschäftsbedingungen (AGB-Gesetz)** in Kraft.

1.3.1 Anwendungsbereich des AGB-Gesetzes (§§ 1, 23, 24 AGB-Gesetz)

Fall

Verkäufer und Käufer vereinbaren beim Vertragsabschluß, daß der Verkäufer keinerlei Gewährleistungsansprüche übernehmen will. Verstoß gegen § 11 Nr. 10 b des AGB-Gesetzes?

Grundsätzlich können Vertragsparteien so gut wie alles vereinbaren, die Beschränkungen des AGB-Gesetzes gelten nur, wenn die Vertragsbedingungen wirklich in der Form Allgemeiner Geschäftsbedingungen gestellt und nicht individuell ausgehandelt werden.

Für das Vorliegen von Allgemeinen Geschäftsbedingungen sprechen folgende Indizien (§ 1 AGB-Gesetz):
- die Klauseln wurden ohne Beteiligung der anderen Partei **vorformuliert**; der Verwender stellt Bedingungen, die im einzelnen nicht ausgehandelt werden,
- die Klauseln sollen für eine **Vielzahl von Verträgen** verwendet werden.

Ausnahmen, bei deren Vorliegen das AGB-Gesetz nicht oder nur eingeschränkt gilt, obwohl nach der obigen Definition Allgemeine Geschäftsbedingungen vorliegen:
- **bestimmte Vertragsarten** wie z.b. Verträge des Arbeits-, Erb-, Familien- und Gesellschaftsrechts und z.b. Verträge, denen die Verdingungsordnung für Bauleistungen (VOB) zugrunde liegen, fallen nicht unter das AGB-Gesetz (§ 23 AGB-Gesetz).
- falls die andere Seite als **Kaufmann** handelt, sind gemäß § 24 AGB-Gesetz **nicht anzuwenden**
  - § 2 AGB-Gesetz (Voraussetzungen für die Einbeziehung von AGB in den Vertrag)
  - §§ 10, 11, 12 AGB-Gesetz (Inhaltskontrolle)
  Für die Inhaltskontrolle gilt also nur der § 9 AGB-Gesetz (Generalklausel, Verstoß gegen Treu und Glauben), die oben genannten Bestimmungen sind jedoch nach § 9 (2) AGB-Gesetz als Maßstab für die Beurteilung eines Verstoßes gegen Treu und Glauben heranzuziehen, wodurch sie de facto doch in die Inhaltskontrolle eingehen.

1.3.2 Allgemeine Geschäftsbedingungen als Vertragsbestandteil (§ 2 AGB-Gesetz)

Fall
Ein Verkäufer hat an einen Kunden mangelhafte Ware geliefert, der Kunde verlangt Wandlung des Vertrages. Der Verkäufer verweist auf seine Allgemeinen Geschäftsbedingungen, in denen er sich zunächst die Nachbesserung vorbehält. Kann sich der Verkäufer auf seine Allgemeinen Geschäftsbedingungen berufen, wenn der Käufer sie erst bei der Lieferung auf der Rechnungsrückseite erhalten hat?

Allgemeine Geschäftsbedingungen können nur wirksam werden, wenn sie Bestandteil des Vertrages werden. Dazu ist laut § 2 AGB-Gesetz erforderlich:
- der Verwender muß die andere Seite ausdrücklich darauf hinweisen, daß er seine AGB zugrunde legt. Ist ein ausdrücklicher Hinweis schwer möglich (z.B. Selbstbedienung), so genügt ein deutlich sichtbarer Aushang mit dem Hinweis auf die Allgemeinen Geschäftsbedingungen.
- Dieser Hinweis muß schon bei Vertragsschluß geschehen.
- Die andere Seite muß die Möglichkeit zur Einsichtnahme in die AGB haben. Dabei ist es unerheblich, ob die andere Vertragspartei die Allgemeinen Geschäftsbedingungen tatsächlich kennt.
- Die andere Seite muß ihr Einverständnis geben.
  Die Einigung über die Bestimmungen im einzelnen ist nicht erforderlich; das Einverständnis kann auch schlüssig (z.B. mit dem Vertragsschluß) gegeben werden.

§ 2 AGB-Gesetz gilt gegenüber Kaufleuten nicht (siehe § 24 AGB-Gesetz).

- Allgemeine Geschäftsbedingungen werden hier auch Vertragsbestandteil, ohne daß diese Anforderungen erfüllt sind, wenn der Kaufmann von dem Vorhandensein von AGB wußte oder davon ausgehen mußte und diesen nicht widersprochen hat.
- Aber auch im kaufmännischen Verkehr muß der Verwender dem anderen Teil ermöglichen, vom Inhalt der AGB in zumutbarer Weise Kenntnis zu nehmen!

Zu beachten ist, daß **individuelle Abreden** immer **Vorrang** vor den entsprechenden Klauseln der Allgemeinen Geschäftsbedingungen haben (§ 4 AGB-Gesetz).

1.3.3 Inhaltskontrolle des AGB-Gesetzes (§§ 9, 10, 11 AGB-Gesetz)

Beim Vergleich der §§ 9, 10, 11 des AGB-Gesetzes stellt man fest, daß § 11 die wenigsten, § 9 die meisten **Wertungsmöglichkeiten** enthält. Zunächst ist zu prüfen, ob eine Klausel unter eine der in § 11 genannten „Klauselverbote ohne Wertungsmöglichkeit" fällt. Wird man dort nicht fündig, führt der Weg zunächst über § 10 („Klauselverbot mit Wertungsmöglichkeit") und dann zu § 9 AGB-Gesetz („Generalklausel").

	Die wichtigsten Regelungen des § 11 AGB-Gesetz	
	Inhalt	**Gilt die Beschränkung auch, wenn die andere Seite Kaufmann ist?**
Nr. 1	**Verbot von Erhöhungsklauseln** für Leistungen, die innerhalb 4 Monaten nach Vertragsschluß erbracht werden sollen Möglich aber: Erhöhungsklauseln für Leistungen, die später als 4 Monate nach Vertragsschluß erbracht werden	nein
Nr. 4	**Mahnung, Nachfristsetzung** bei Verzug – der Verwender muß durch Mahnung in Verzug setzen (falls die Mahnung erforderlich ist, nicht also bei Terminkauf und Selbstinverzugsetzung) – vor Ablehnung der Leistung muß der Verwender eine Nachfrist setzen (falls erforderlich, nicht also beim Fixkauf)	ja
Nr. 5	**Pauschalierung von Schadensersatzansprüchen** – gewöhnliches Maß (Bsp.: Verzugszinsen, 2 % über Bundesbankdiskontsatz möglich, 6 % nicht möglich) – Klausel muß Gegenbeweis offenlassen (nicht bei Formulierungen wie „auf jeden Fall", „mindestens")	ja
Nr. 6	**Vertragsstrafenvereinbarung** per AGB nicht möglich, Individualabrede erforderlich	nein, in angemessener Höhe möglich

Besondere Schuldverhältnisse

Die wichtigsten Regelungen des § 11 AGB-Gesetz		
	Inhalt	Gilt die Beschränkung auch, wenn die andere Seite Kaufmann ist?
Nr. 7	**Haftungsausschluß / Haftungsbegrenzung für Verhalten des Verwenders selbst** – für grobe Fahrlässigkeit: nicht möglich, nur per Individualabrede (Umkehr aus § 276 (2) BGB) – für Vorsatz: selbst per Individualabrede nicht möglich (§ 276 (2) BGB) **Haftungsausschluß / Haftungsbegrenzung für Verhalten von Erfüllungsgehilfen** – für grobe Fahrlässigkeit: selbst per Individualabrede nicht möglich (Umkehr aus § 278 2 BGB) – für Vorsatz: nicht möglich, nur per Individualabrede (§ 278 2 BGB)	umstritten, i.d.R. aber ja
Nr. 9	**Einschränkung des Rücktritts- oder Schadensersatzanspruches bei Teilverzug, Teilunmöglichkeit** für den ganzen Vertrag nicht möglich, falls Teilerfüllung nicht von Interesse (Bsp.: Lieferung Kaffeeservice, Kanne kann nicht geliefert werden)	ja
Nr. 10	Zu beachten: § 11 Nr. 10 gilt nur für neue Sachen!	
Nr. 10 b	**Ausschluß der Gewährleistungsrechte bei Sachmängeln** – mindestens 1 Recht (z. B. Nachbesserung) muß gewährt werden – ist dies der Fall, so muß der ausdrückliche Hinweis erfolgen, daß bei Fehlschlagen, Unmöglichkeit dieses Rechtes der Kunde ein Recht auf Wandlung oder Minderung hat, und zwar nach Wahl des Kunden – wenn die Begriffe „Wandlung", „Minderung" benutzt werden, sind sie zu erklären	ja ja nein
Nr. 10 c	**Abwälzung der Nachbesserungskosten auf den Kunden (falls nur Nachbesserung angeboten wird)** nicht möglich, nur per Individualabrede	ja
Nr. 10 e	**Verkürzung der Rügefrist auf weniger als die gesetzliche Verjährungsfrist** – nicht möglich bei nicht offensichtlichen Mängeln – bei offensichtlichen Mängeln gilt Nr. 10 e nicht, Verkürzung ist also möglich, aber: nach § 9 muß 1 Woche als untere Grenze angesehen werden; falls Schriftform erforderlich ist: 2 Wochen	nein, da sowieso unverzüglich!
Nr. 12	**Dauerschuldverhältnisse** (z.B. Abonnements) – Laufzeit maximal 2 Jahre – Verlängerung maximal um 1 Jahr – Kündigungsfrist maximal 3 Monate (auch unzulässig: zwar 3-Monatsfrist, aber nur 1 oder zwei Kündigungstermine pro Jahr) – Kündigungsrecht aus wichtigem Grund darf nicht ausgeschlossen werden (z.B. Krankheit bei Mitgliedschaft im Sportclub)	längere Dauer in angemessenem Rahmen möglich

Besondere Schuldverhältnisse 157

Die wichtigsten Regeln des § 10 AGB-Gesetz		
	Inhalt	Gilt die Beschränkung auch, wenn die andere Seite Kaufmann ist?
Nr. 1	**Leistungsfristen** – nicht hinreichend bestimmte Leistungsfristen (z.B. „Lieferung nach Herstellung, so schnell wie möglich") sind unwirksam – Länge der Lieferfrist / Verlängerung beim Eintritt bestimmter Ereignisse (Streik, höhere Gewalt) darf nicht unangemessen lang sein (zulässig z.B.: Neuwagen: 6 Wochen; Möbel: 3 Wochen, unangemessen: 6 Wochen)	ja, aber Angemessenheit unterliegt anderen Maßstäben
Nr. 2	**Nachfrist bei Verzug des Verwenders** – darf nicht unangemessen lang sein, sie soll dem Verwender nur Möglichkeit zur Vollendung geben, muß daher grundsätzlich kürzer sein als die Leistungsfrist selbst; – i.d.R. ausreichend: 14 Tage, unter Berücksichtigung der Versendungszeit und der ursprünglichen Leistungszeit evtl. länger; 6 Wochen sind i.d.R. immer zu lang!	ja
Nr. 3	**Rücktrittsvorbehalt** grundsätzlich möglich, aber der Grund muß konkret angegeben und sachlich gerechtfertigt sein – wirksam: höhere Gewalt / Verletzung der Sorgfaltspflicht bei Waren, die unter EV geliefert / „Selbstbelieferung vorbehalten" – unwirksam: Streik / vom Verwender selbst zu vertretende Gründe / „Liefermöglichkeiten vorbehalten".	ja, Begriff der „sachlichen Rechtfertigung" ist aber weiter auszulegen
Nr. 4	**Änderungsvorbehalt** – grundsätzlich möglich, – Klausel muß aber auf „zumutbare" bzw. „unwesentliche" Änderungen abstellen (unwirksam „handelsübliche" Änderungen)	ja, aber auch „handelsübliche" Abweichungen können zumutbar sein
Nr. 7	**Pauschale Vergütung bei Rücktritt oder Kündigung** (z.B. für Nutzung, Wertminderung) – darf nicht unangemessen hoch sein – zu hoch: 100 % bei Rücktritt von Flugreise oder Ehemakler-Vertrag, 3 % Bearbeitungsgebühr bei Nichtabnahme eines Darlehens	ja

§ 9 AGB-Gesetz
Das AGB-Gesetz kann nicht ausdrücklich alle Klauseln erfassen, die sich ein findiger Geschäftsmann in seinen AGB ausdenkt. Für solche Fälle bestimmt § 9 AGB-Gesetz pauschal: „Bestimmungen in Allgemeinen Geschäftsbedingungen sind **unwirksam, wenn sie den Vertragspartner unangemessen benachteiligen**". Im Einzelfall muß in solchen Fällen ein Gericht entscheiden.

Beispiele:
Laut Rechtssprechung sind z.B. folgende Klauseln kein Verstoß gegen § 9:
- Abwälzung von Schönheitsreparaturen auf den Mieter
- Vereinbarung eines einfachen Eigentumsvorbehaltes

Eine unangemessene Benachteiligung liegt jedoch in folgenden Fällen vor:
- Festlegung eines Provisionsanspruches unabhängig vom Zustandekommen des Geschäftes bei Maklerverträgen
- Vereinbarung eines erweiterten Eigentumsvorbehalts gegenüber dem Letztverbraucher
- die Klausel, daß der Mieter Schönheitsreparaturen nicht selbst durchführen darf
- die Vereinbarung, daß Kostenvoranschläge vergütet werden müssen.

1.3.4 Rechtsfolge bei unwirksamen AGB-Klauseln

Klauseln in Allgemeinen Geschäftsbedingungen können **aus 2 Gründen unwirksam** sein:
- entweder weil sie **gegen das AGB-Gesetz verstoßen**

Beispiel:
Ein Verkäufer hat in seinen Allgemeinen Geschäftsbedingungen die Klausel: „Bei Mängeln hat der Käufer nur das Recht, eine Nachbesserung in Anspruch zu nehmen".

- oder weil sich die jeweiligen Klauseln von Käufer und Verkäufer **widersprechen**

Beispiel:
Der Verkäufer erklärt in seinen Allgemeinen Geschäftsbedingungen, seine Lieferbedingungen sollten gelten, während der Käufer seine Einkaufsbedingungen als maßgeblich erklärt; zusätzlich wird oft noch der Anwendung anderer AGB ausdrücklich widersprochen („Abwehrklausel").

Nach allgemeiner Vertragslehre wäre der ganze Vertrag nichtig (§§ 154 ff., 139 BGB), im Bereich der Allgemeinen Geschäftsbedingungen gelten jedoch besondere Regelungen:

■ **Klauseln, die gegen das AGB-Gesetz verstoßen**

Die **Unwirksamkeit betrifft die entsprechende Klausel als Ganzes**, nicht nur den gegen das Klauselverbot verstoßenden Teil.

Der **Vertrag bleibt im übrigen wirksam**, der Inhalt der unwirksamen Klauseln richtet sich nach den gesetzlichen Bestimmungen (§ 6 AGB-Gesetz).

■ **Widersprüchliche Klauseln**

Die Geschäftspartner lassen den Dissens meist ungeklärt in der Hoffnung, es werde keine Komplikationen geben. Die Rechtssprechung sieht wegen des gemeinsamen Geschäftswillens solche Verträge als **wirksam** an, und nimmt an, daß die übereinstimmenden Klauseln Vertragsinhalt werden und **statt der widersprüchlichen AGB das Gesetzesrecht Anwendung findet**.

Beim **einfachen Eigentumsvorbehalt** ist folgende **Besonderheit** zu beachten:
- trotz widersprüchlicher Bedingungen wird er **durch die Annahme der Ware wirksam**, da der Käufer von vornherein damit rechnen mußte, daß der Verkäufer nur unter Eigentumsvorbehalt zur Übereignung bereit ist.
- Die **Sonderformen** (z.B. erweiterter Eigentumsvorbehalt) können durch schlüssiges Handeln jedoch **nicht Vertragsbestandteil** werden.

Besondere Schuldverhältnisse 159

1.3.5 Verfahrensrecht

Nach § 13 AGB-Gesetz können **nur bestimmte Verbände** – unabhängig von einem konkreten Vertragsverhältnis – den Verwender auf Unterlassung unzulässiger Klauseln in Anspruch nehmen.
Die Unterlassungsurteile haben **allgemeine Verbindlichkeit** (§ 21 AGB-Gesetz) und werden beim Bundeskartellamt **registriert** (§ 20 AGB-Gesetz).
Einzelne Kunden können nur auf Feststellung bezüglich der **Gültigkeit** von Klauseln klagen.
Konkurrenten können zwar nicht aus dem AGB-Gesetz auf Unterlassung klagen, sie haben jedoch unter Umständen einen **Unterlassungsanspruch aus dem UWG** (Gesetz gegen unlauteren Wettbewerb).
Die Ansprüche **verjähren 2 Jahre nach Kenntnis** der unwirksamen Klausel, spätestens jedoch nach 4 Jahren.

---

1. Beurteilen Sie bitte anhand von § 11 AGB-Gesetz folgende Klauseln aus Allgemeinen Geschäftsbedingungen auf ihre Gültigkeit. Gehen Sie dabei davon aus, daß die andere Partei kein Kaufmann ist.
   a) „Im Falle eines Zahlungsverzuges berechnen wir 5,00 DM Mahngebühren."
   b) „Im Falle verspäteter Abnahme verpflichtet sich der Kunde zur Zahlung einer Vertragsstrafe von 50,00 DM pro Tag."
   c) „Im Falle eines Annahmeverzuges hat der Lieferer eine Beschädigung/Untergang der Ware auch dann nicht zu vertreten, wenn diese auf vorsätzlichem oder grob fahrlässigem Verhalten beruht."
   d) „Bei teilweiser Nichtbelieferung kann der Käufer nur hinsichtlich der nicht gelieferten Teile vom Kaufvertrag zurücktreten."
   e) „Reduzierte Ware ist vom Umtausch ausgeschlossen."
   f) „Reduzierte Ware ist von jeglicher Gewährleistung ausgeschlossen."
   g) „Offensichtliche Mängel hat der Kunde innerhalb von 2 Wochen schriftlich zu rügen; versteckte Mängel sind unverzüglich nach Entdecken zu rügen."
   h) „Bei berechtigten Mängelrügen steht dem Kunden nach unserer Wahl zunächst ein Anspruch auf Nachbesserung oder Ersatzlieferung zu. Bei deren Fehlschlagen oder Unmöglichkeit hat der Kunde ein Recht auf Minderung."
   i) „Die Kosten einer Nachbesserung trägt der Kunde."
   j) „Für Gebrauchtwagen schließen wir jede Gewährleistung aus, dies gilt auch für Mängel, die dem Verkäufer bei Vertragsabschluß bekannt waren."
   k) „Der Vertrag über das Abonnement unserer Zeitung wird für die Dauer von 2 Jahren geschlossen. Wird das Vertragsverhältnis nicht 6 Monate vor Ablauf gekündigt, verlängert er sich um weitere 2 Jahre."
   l) „Die Rechte aus § 326 stehen uns sofort bei Eintritt des Zahlungsverzuges zu, ohne daß es einer Nachfrist bedarf."
   m) „Zahlung bei Lieferung. Verzug tritt ohne Mahnung ein."

2. Beurteilen Sie bitte folgende Klauseln anhand von § 10 AGB-Gesetz:
   a) „Die vertraglich festgelegte Lieferfrist ist unverbindlich / nur bei Liefermöglichkeit verbindlich."
   b) „Erfolgt die Lieferung nicht zum vereinbarten Termin, so kann der Kunde eine Nachfrist von 4 Wochen setzen mit der Erklärung, daß er danach vom Vertrag zurücktrete."
   c) „Im Falle einer Nichtbelieferung durch unseren Lieferanten behalten wir uns das Recht zum Rücktritt vor."
   d) „Wir behalten uns handelsübliche Farb-/Maserungsabweichungen vor."

1.4 Regelung von Haustürgeschäften

> **Fall**
>
> Erna Meier hat sich von einem unerwartet bei ihr auftauchenden Zeitschriftenwerber ein Abonnement der Zeitschrift „Rechtstips leicht gemacht" aufschwatzen lassen. Hat sie eine Möglichkeit, ihren Entschluß rückgängig zu machen?

Aus Gründen des Verbraucherschutzes wurde des **Gesetz über den Widerruf von Haustürgeschäften und ähnlichen Geschäften** (HaustürWG) verabschiedet, das am 1.5.1986 in Kraft trat.

> Der Schutz des Kunden besteht darin, daß er in bestimmten Fällen bereits abgeschlossene Verträge durch einseitige, widerrufende Erklärung ohne Begründung ungeschehen machen kann; der Vertrag wird erst wirksam, wenn ihn der Kunde innerhalb einer Woche nicht widerruft.

Es muß sich dabei nicht um einen Kaufvertrag handeln, der Kunde kann auch z.B. einen Dienst- oder Werkvertrag abgeschlossen haben.

Fälle, in denen der Kunde seine Willenserklärung widerrufen kann (§ 1 HaustürWG):
- wenn er an seinem **Arbeitsplatz** oder in einer **Privatwohnung** (incl. Garten, Hausflur) mündlich verhandelte. Dies gilt nicht bei fernmündlichen Abschlüssen, da hier die Einflußnahme des Verkäufers geringer ist. Es gilt auch nicht, wenn der Kunde den Verkäufer vorher zu Verhandlungen über den Vertragsschluß bestellt hat (wobei allerdings eine bloße Einladung zur Information nicht ausreicht).
- wenn das Geschäft bei einer **Freizeitveranstaltung** getätigt wurde (Kaffeefahrten, Tanzveranstaltungen, Modenschauen, Filmvorführungen), es sei denn, daß es sich um Ausstellungen, die dem Verkauf/der Warenrepräsentation dienen, handelte.
- nach **überraschendem Ansprechen** in Verkehrsmitteln, Bahnhöfen, Bahnsteigen, Flugplätzen oder öffentlich zugänglichen Wegen. Der Käufer muß überraschend angesprochen werden, daran fehlt es, wenn der Käufer damit rechnen muß, so bei der Ansprache z.B. auf Märkten, Festwiesen oder von Verkaufsständen aus.

Grundsätzlich kein Widerrufsrecht besteht in folgenden Fällen (§§ 1 (2), 6 HaustürWG):
- wenn Leistung und Bezahlung sofort erfolgen und das Entgelt 80,00 DM nicht übersteigt
- wenn die Willenserklärung notariell beurkundet wird
- wenn der Verkäufer als Privatmann handelt
- wenn der Käufer den Vertrag in Ausübung seiner gewerblichen Tätigkeit abschließt
- bei Versicherungsverträgen

Ausübung des Widerrufs (§ 2 HaustürWG)
- Der Widerruf erfolgt **schriftlich, innerhalb einer Woche**, wobei zur Fristwahrung die rechtzeitige Absendung genügt.
- Die Wochenfrist beginnt erst **ab Aushändigung einer schriftlichen Belehrung** über das Widerrufsrecht einschließlich Namen und Adresse des Widerrufsempfängers.
- Wurde der Kunde **gar nicht oder fehlerhaft belehrt**, so erlischt das Widerrufsrecht erst **einen Monat nach beiderseitiger Erfüllung**, also nachdem die Ware übergeben und die vollständige Bezahlung erfolgt ist; die **Beweislast**, daß und wann die Belehrung ausgehändigt wurde, liegt beim **Verkäufer**.

Rechtslage nach Ausübung des Widerrufs
- Solange der Käufer noch widerrufen kann, ist der **Vertrag nicht wirksam** zustande gekommen.
- Nach dem Widerruf sind die Leistungen **Zug um Zug zurückzugewähren**.
- Der Kunde kann trotz Abnutzung, Zerstörung oder Beschädigung der Sache widerrufen, ist dann aber zu einer angemessenen Vergütung bzw. bei von ihm zu vertretender Unmöglichkeit **Schadensersatz** verpflichtet.

1.5 Regelung von Abzahlungsgeschäften

Fall

Erna Meier kauft beim Möbelhaus „Wohngut" einen Wohnzimmerschrank zu 3000,00 DM, zahlbar in 5 Monatsraten. Nach einer Woche bereut sie ihren Kaufentschluß, da sie im Möbelhaus „Wohnbesser" einen schöneren Schrank gesehen hat,

Abzahlungsgeschäfte sind seit dem 1.1.1991 im **Verbraucherkreditgesetz** (VerbrKrG) geregelt, welchem alle Arten von Kreditverträgen mit nichtgewerblichen Verbrauchern unterliegen; das bis dahin für Abzahlungsgeschäfte maßgebliche **Abzahlungsgesetz** trat außer Kraft bzw. ist nur noch auf Altverträge anzuwenden.

■ **Erfordernisse des Vertragsschlusses (§§ 4, 6 VerbrKrG):**
- Schriftform i.S.d. § 126 BGB
- Angabe folgender inhaltlicher Bestandteile:
  - **Barzahlungspreis (Preis bei sofortiger Zahlung)**
  - **Teilzahlungspreis** (Anzahlung und alle Raten einschließlich Zinsen und sonstiger Kosten)
  - **Teilzahlungsplan** (Betrag, Zahl und Fälligkeit der einzelnen Zahlungen)
  - **effektiver Jahreszinssatz** (Zinsen und sonstige Kosten, ausgedrückt als auf das Jahr bezogener Prozentsatz vom (um die Anzahlung) verminderten Barzahlungspreis)

Bei **Mängeln** hinsichtlich dieser Erfordernisse ist der **Vertrag nichtig**, es sei denn, die **Sache** wurde dem Verbraucher bereits **übergeben**. Dann kommt der **Vertrag zustande**, jedoch höchstens zum gesetzlichen Zinssatz, falls der Mangel im Fehlen des Teilzahlungspreises oder effektiven Jahreszinssatzes besteht. War der Effektivzinssatz zu niedrig angegeben, vermindert sich der Teilzahlungspreis entsprechend.

■ **Widerrufsrecht (§ 7 VerbrKrG)**
Wie bei Haustürgeschäften hat der Käufer ein **einwöchiges Widerrufsrecht**, das erst bei Aushändigung der schriftlichen Belehrung beginnt.
Bei **fehlerhafter oder nicht erfolgter Belehrung** erlischt das Widerrufsrecht nach beiderseitiger, vollständiger Leistung, **spätestens** jedoch **ein Jahr nach Vertragsschluß**.

■ **Zahlungsverzug (§§ 12, 13 VerbrKrG)**
Beim Zahlungsverzug kann der Verkäufer entweder **nur den Kreditvertrag kündigen** und dann die gesamte Restschuld verlangen **oder vom gesamten Vertrag zurücktreten**.

Voraussetzung in beiden Fällen ist gem. § 12 VerbrKrG, daß
- der Käufer mit mind. **2 aufeinanderfolgenden Raten im Verzug** ist und
- der **Verzugsbetrag mindestens ein Zehntel** (bei Laufzeiten über 3 Jahren ein Zwanzigstel) **des Teilzahlungspreises** ausmacht und
- dem Käufer erfolglos eine **2wöchige Frist** mit einer Androhung gesetzt wurde.

Tritt der Verkäufer vom gesamten Vertrag zurück, so sind die **gegenseitigen Leistungen zurückzugewähren**, der Käufer kann nicht seine bisher gezahlten Raten verlieren.

Bei Rücktritt kann der Verkäufer folgende Ansprüche geltend machen:
- **Aufwendungsersatz** (Porto, Verpackung, Fracht, Kosten für Montage und Rücktransport)
- **Schadensersatz** bei vom Käufer zu vertretenden Beschädigungen
- **Überlassungsvergütung**

■ Verbundene Geschäfte

Die genannten Regelungen des Verbraucherkreditgesetzes **gelten auch für andere Gestaltungsformen** des Abzahlungskaufes, insbesondere für den sog. „**finanzierten Abzahlungskauf**", bei dem Verkäufer und Darlehensgeber 2 verschiedene Personen sind. Voraussetzung ist allerdings, daß der Darlehensvertrag und der Kaufvertrag derart **verbunden** sind, daß keiner ohne den anderen abgeschlossen worden wäre; diese **Einheit** besteht insbesondere dann, wenn der Käufer beide Verträge zusammen unterschreibt bzw. kurz nacheinander, falls der Verkäufer dem Darlehensgeber den Käufer als Kunden zuführt oder dem Käufer den Kredit verschafft.

2 Werkvertrag (§§ 631 ff. BGB)

> **Fall**
>
> Friedel Flott hatte den Schreinermeister Schübel mit der Herstellung eines speziell auf Flotts Dachappartement zugeschnittenen Einbauschrankes beauftragt, das Holz stellte Flott selbst. Es stellt sich heraus, daß fast alle Türen klemmen, außerdem sind die Regalträger so minderwertig, daß die Regalböden herunterbrechen und darunterstehendes Geschirr zerstören.
> a) Worin liegt der Unterschied zu einem Kaufvertrag?
> b) Welche Ansprüche stehen Flott zu?
> c) Wann verjähren die Ansprüche Flotts?

> Ein Werkvertrag liegt vor, wenn sich jemand (der „Unternehmer") zur Fertigstellung eines individuellen Werkes, d.h. zur Herbeiführung eines bestimmten Arbeitsergebnisses für den Kunden („Besteller") verpflichtet.

Das „**Werk**" kann dabei sein
- die Herstellung einer **Sache** (aus Stoffen des Bestellers)
- die Herbeiführung „**unkörperlicher**" **Arbeitsergebnisse** (Gutachten, Reparatur, Operation).

2.1 Pflichten der Vertragsparteien

- **Pflichten des Unternehmers:**
  - **mangelfreie, rechtzeitige Herstellung** eines Werkes (§§ 631, 633 (1), 636 BGB)
  - unverzügliche **Anzeige** bei Überschreitung eines unverbindlichen Kostenvoranschlages; § 650 (2) BGB

- **Pflichten des Bestellers:**
  - **Abnahme** des (mangelfreien) Werkes und **Vergütung** (§§ 631, 632, 640, 641 BGB),
  - falls erforderlich: **Mitwirkung** (Bsp.: Anprobe bei einem Maßanzug), § 642 BGB.

2.2 Besonderheiten des Werkvertragsrechts bei Leistungsstörungen

Die Rechtsfolgen bei Nicht- oder Schlechterfüllung richten sich grundsätzlich nach den allgemeinen Regeln. Es sind jedoch einige **Sonderregeln** für den Werkvertrag zu beachten.

2.2.1 Werkmängel

■ **Rechte des Bestellers bei Werkmängeln**

> Die Besonderheit des Werkvertragsrechts liegt darin, daß der Besteller bei Mängeln des Werkes zunächst nur Nachbesserung verlangen kann (§ 633 BGB).

Die Nachbesserung kann auch in einer **Neuherstellung** bestehen, falls der Mangel anders nicht zu beseitigen ist.

Bei **Verzug mit der Nachbesserung** kann der Besteller den Mangel selbst beheben bzw. beheben lassen und dem Unternehmer die Kosten in Rechnung stellen (§ 633 (3) BGB).

Neben der Nachbesserung kann der Besteller **Ersatz von Mangelfolgeschäden** an anderen Rechtsgütern verlangen (aus „positiver Forderungsverletzung").

> Erst nach Ablauf einer angemessenen Frist zur Nachbesserung mit Ablehnungsandrohung kann der Besteller Wandlung oder Minderung oder – falls der Unternehmer den Mangel verschuldet hat – Schadensersatz wegen Nichterfüllung verlangen (§§ 634, 635 BGB).
>
> Die Nachfrist kann entfallen, wenn die Beseitigung unmöglich ist, abgelehnt wird oder eine nochmalige Nachbesserung unzumutbar ist (§ 634 (2) BGB).

■ Verjährung der Ansprüche bei Werkmängeln (§ 638 BGB)

Die Ansprüche aus der Werkmängelhaftung verjähren
- allgemein: 6 Monate nach Abnahme des Werkes
- bei Arbeiten am Grundstück (Ausschachtung, Drainage, Sprengung): 1 Jahr nach Abnahme
- bei der Erstellung von Bauwerken: 5 Jahre nach Abnahme

Bauwerke sind Sachen, die mit dem Erdboden oder Gebäuden verbunden sind, wie z.B. Brunnen, Gleisanlage, Heizöltank, Zentralheizung, Aufzug, Deckeneinbau, Alarmanlage, Einbaumöbel.

2.2.2 Leistungsstörungen auf seiten des Bestellers

- **Nichtabnahme des Werkes**

  Da die Abnahme beim Werkvertrag eine Hauptpflicht darstellt, bewirkt die Nichtabnahme nicht nur **Gläubiger-**, sondern auch **Schuldnerverzug**.

- **Unterlassen der Mitwirkung**

  Die Mitwirkung des Bestellers ist nicht einklagbar, der Unternehmer hat nur folgende Rechte:
  - **Entschädigung** für die Bereithaltung von Arbeitskraft und Kapital (§ 642 BGB)
  - **Rücktritt** nach Ablauf einer Frist mit Kündigungsandrohung (§ 643 BGB)

2.3 Sicherung der Geldforderungen des Unternehmers

Fall

Als Karl Klotz seinen Manta aus der Reparatur abholen will, kann er leider nicht den ganzen Betrag zahlen. Welche Rechte stehen dem Unternehmer zu?

Zur Sicherung seiner Geldforderung aus dem Werkvertrag steht dem Unternehmer per Gesetz ein **Unternehmerpfandrecht** zu, d.h. er kann die angefertigte Sache zurückhalten und versteigern lassen (§ 647 BGB). Dies ist allerdings nur möglich, solange er die Sache noch **im Besitz** hat.

2.4 Kündigung des Vertrages

Fall

Frau Moppich hat für einen Karnevalsball bei der Hobbyschneiderin ein Modellkleid aus einem von Frau Moppich beigebrachten Stoff in Auftrag gegeben.
a) Da der Ball ausfällt, möchte sie den Vertrag kündigen, das Kleid ist jedoch bereits halb fertig.
b) Wie wäre die Rechtslage, wenn die Schneiderin die Lust an dem Auftrag verloren hätte und ihrerseits kündigen will?

- **Kündigung durch den Besteller**
  - **jederzeit auch ohne Angabe von Gründen**; der Besteller muß dann aber die **volle Vergütung** (abzüglich der vom Unternehmer ersparten Aufwendungen z.B. für nun nicht mehr zu beschaffendes Material) zahlen (§ 649 BGB).
  - wegen **wesentlicher Überschreitung des Kostenvoranschlages**; der Besteller muß dann nur für die bis dahin geleistete Arbeit zahlen (§§ 650, 645 (1) BGB).
- **Kündigung durch den Unternehmer**
  Der Unternehmer kann nur wegen **unterlassener Mitwirkung** des Bestellers kündigen (§ 643 BGB).

3 Werkliefervertrag (§ 651 BGB)

> Der Werkliefervertrag unterscheidet sich vom Werkvertrag dadurch, daß der Unternehmer neben der Erstellung eines Werkes auch für die Beschaffung des Materials zu sorgen hat.

Beispiel:
Friedel Flott beauftragt Schübel mit der Anfertigung eines Einbauschrankes und stellt das Material nicht selbst, sondern läßt es von Schübel besorgen.

■ **Gesetzliche Regelung des Werkliefervertrages**

Da der Werkliefervertrag sowohl Elemente des Kaufvertrages (Lieferung des Materials) als auch Elemente des Werkvertrages (Herstellung eines Werkes) beinhaltet, ist hier lt. § 651 BGB **sowohl Kaufvertrags- als auch Werkvertragsrecht** heranzuziehen:

- Herstellung **vertretbarer** Sachen: es gilt ausnahmslos **Kaufvertragsrecht**

  Beispiel:
  Schreiner fertigt Einbauküchen durch Zusammensetzen von Serienprodukten
- Herstellung **nicht vertretbarer** Sachen:
  - **grundsätzlich** gilt auch **Kaufrecht**, z.B. Eigentumsvorbehalt zur Sicherung der Forderungen
  - anstelle einiger Bestimmungen des Kaufrechts gilt jedoch **Werkvertragsrecht**.

Die Unterscheidung ist insbesondere bei den Gewährleistungsansprüchen von Bedeutung:

Beispiel:
Ein Kunde läßt eine speziell auf ihn zugeschnittene Einbauküche planen, die aber ausschließlich aus Serienteilen zusammengesetzt wurde.

Hier handelt es sich um eine **vertretbare Sache**, es gilt **Kaufvertragsrecht**, das heißt z.B. bei Mängeln: kein Anspruch auf Nachbesserung, Verjährungsfrist 6 Monate.

Wird die Küche jedoch speziell für den Kunden angefertigt, so stellt sie eine **nicht vertretbare Sache** dar, es gilt **Werkvertragsrecht**, das heißt z.B. bei Mängeln: Anspruch auf Nachbesserung, Verjährungsfrist 5 Jahre (Bauwerk!).

Regelungen beim Werklieferungsvertrag (§ 651 BGB)				
Herstellung vertretbarer Sachen	**Herstellung nicht vertretbarer Sachen**			
Kaufvertragsrecht	Grundsätzlich gilt Kaufrecht			
	Ausnahmen	Aus dem Kaufvertragsrecht gilt nicht	Stattdessen gilt aus dem Werkvertragsrecht	
	Regelungen der Pflichten der Parteien	§ 433 BGB	§ 651 (1) BGB	
	Regelung des Zeitpunkts des Gefahrüberganges	§§ 446, 447 BGB	§§ 644, 645 BGB	
	Regelung der Ansprüche bei Mängeln	§§ 459, 460, 462–464 BGB	§§ 633–637 BGB	
	Regelung der Verjährungsfristen	§§ 477–479 BGB	§ 638 BGB	
	Regelung der Vertragskündigung	nicht vorgesehen	§ 649 f. BGB	

4 Überblick Kaufvertrag / Werkvertrag / Werklieferungsvertrag

	Kaufvertrag	Werklieferungsvertrag	Werkvertrag
Gesetzliche Bestimmungen	§§ 433 ff. BGB	lt. § 651 BGB: • bei vertretbaren Sachen: Kaufvertragsrecht • bei nicht vertretbaren Sachen: teilweise Werkvertragsrecht	§§ 631 ff. BGB
Parteien	Verkäufer – Käufer	Unternehmer – Besteller	Unternehmer – Besteller
Gegenstand des Vertrages	• Beschaffung einer fertigen Sache • Übergabe und Eigentumsverschaffung	• Beschaffung eines Stoffes • Herstellung eines Werkes • Übergabe und Eigentumsverschaffung	• Herstellung eines Werkes • Übergabe

Sicherung	Eigentumsvorbehalt (§ 455 BGB)	Eigentumsvorbehalt (§ 455 BGB)	Unternehmerpfandrecht (§ 647 BGB)
Verjährung der Gewährleistungsansprüche bei Mängeln	§ 477 BGB: • allgemein: 6 Monate • bei Grundstücken: 1 Jahr • bei arglistigem Verschweigen: 30 Jahre (allgemeine Verjährungsfrist)	abhängig davon, ob Kaufvertrags- oder Werkvertragsrecht gilt	§ 638 BGB: • allgemein: 6 Monate • bei Arbeiten an Grundstücken: 1 Jahr • bei Erstellung von Bauwerken: 5 Jahre • bei arglistigem Verschweigen: 30 Jahre (allgemeine Verjährungsfrist)
Verjährungsbeginn	mit Ablieferung (§ 477 BGB)		mit Abnahme (§ 638 (1) 2 BGB)

---

1. Welche Pflichten haben die Vertragsparteien beim Werkvertrag?
2. Aus welchen Gründen kann der Besteller / der Unternehmer einen Werkvertrag kündigen?
3. Unterscheiden Sie Kaufvertrag und Werkvertrag im Hinblick auf
   - die Ansprüche des Kunden bei der Mängelhaftung,
   - die Verjährungsfristen bei der Mängelhaftung.
4. Unterscheiden Sie Werkvertrag und Werkliefervertrag.
5. a) Wie werden die Forderungen des Unternehmens gesichert
      - beim Werkvertrag
      - beim Werkliefervertrag?
   b) Warum muß die Sicherung in unterschiedlicher Weise erfolgen?
6. Spielt es für die Gewährleistungsansprüche Friedel Flotts eine Rolle, ob der von Schreiner Schübel speziell für Flott angefertigte Einbauschrank aus Material des Flott oder des Schreiners gefertigt wurde?
7. Geben Sie bitte für die in Kapitel 3 genannten Regelungen an, worin der Unterschied zwischen Kaufrecht und Werkvertragsrecht liegt und überlegen Sie, warum in diesen Fällen nicht Bestimmungen aus dem Kaufrecht, sondern aus dem Werkvertragsrecht gelten.

5 Weitere Vertragsarten in Grundzügen

5.1 Abgrenzung: Darlehens-/ Leih-/ Miet-/ Pachtvertrag

Fälle

1. Herr Meier „leiht" bei der Firma Eurorent einen Wagen, Kosten: 120,00 DM.
2. Frau Meier „leiht" Frau Müller ein Pfund Mehl.
3. Bauer Linnemann hat dem Müsel ein Stück Land gegen Entgelt zur Benutzung überlassen, Müsel darf dort auch Gemüse anbauen und die Obstbäume abernten.
– Welche Vertragsart liegt hier jeweils vor?
– Worin besteht die Gemeinsamkeit der Vorgänge und inwieweit unterscheiden sie sich?

	Darlehen	Leihe	Miete	Pacht
Gemeinsamer Inhalt	Der Vertrag zielt auf die Überlassung von fremdem Eigentum zur Nutzung			
Gesetzesbestimmungen	§§ 607–610 BGB	§§ 598–606 BGB	§§ 535–580 a BGB + Sondergesetze	§§ 581–597 BGB
Überlassung von...	Sachen zum Verbrauch	Sachen zum Gebrauch		Sachen/Rechten zum Gebrauch und Fruchtgenuß
Rückgabe	einer gleichartigen Sache	derselben Sache		
Gegenleistung	entgeltlich oder unentgeltlich	unentgeltlich	entgeltlich	

5.2 Abgrenzung: Kauf-/ Tausch-/ Schenkungsvertrag

	Kaufvertrag	Tauschvertrag	Schenkungsvertrag
Gemeinsamer Inhalt	Der Vertrag zielt auf die Übereignung von Sachen oder Rechten		
Gesetzesbestimmungen	§§ 433 bis 515 BGB		§§ 516 bis 534 BGB
Gegenleistung	Geld	eine andere Sache	ohne Gegenleistung

■ **Besonderheiten beim Schenkungsvertrag**

Das **Schenkungsversprechen** (Verpflichtungsgeschäft) ist nur gültig, wenn es **in notariell beurkundeter Form** abgegeben wird, allerdings wird ein Formmangel durch das Bewirken der Schenkung geheilt (§ 518 BGB).

Im Gegensatz dazu ist die sog. **„Handschenkung"** (Versprechen (Verpflichtung) und Übergabe (Erfüllung) erfolgen praktisch in einem Akt) **formlos** gültig.

Bei Mängeln an der verschenkten Sache besteht für den Schenkenden **keine Haftungsverpflichtung**, es sei denn, er hat den Mangel arglistig verschwiegen (§§ 523, 524 BGB).

Beispiel:
Fritz verschenkt an Martin ein Fahrrad, ohne ihm zu sagen, daß die Bremsen defekt sind; Martin erleidet einen schweren Unfall.

Der Schenker kann die Schenkung **widerrufen,**
- wenn er selber **verarmt** (§ 528 BGB)
- wenn der Beschenkte sich **groben Undanks** schuldig macht (§ 530 BGB).

Ist die Schenkung vor dem Widerruf bereits erfolgt, so ist der Beschenkte **ungerechtfertigt bereichert** (siehe § 812 ff. BGB).

5.3 Abgrenzung: Dienst-/ Werkvertrag/ Auftrag

Fälle

1. Baron von Wetterstedt beauftragt einen Gärtnermeister,
   a) den Park zu pflegen,   b) einen Baum zu fällen.
2. Baronin von Wetterstedt schlägt vor, den Gärtner zur Gartenpflege fest anzustellen.
3. Lieschen Müller bittet ihren Freund Peter Putz, doch während ihres Urlaubs die Blumen zu gießen.

Welche Vertragsart liegt jeweils vor?

	Dienstvertrag		Werkvertrag	Auftrag
Gemeinsamer Inhalt	Der Vertrag zielt auf die Leistung einer Arbeit für einen anderen			
Gesetzesbestimmungen	§§ 611–630 BGB		§§ 631–651 BGB	§§ 662–676 BGB
Stellung des Tätigen	selbständige Arbeit	abhängige Arbeit „Arbeitsvertrag" (Sondergesetze!)	wirtschaftliche Selbständigkeit	Gefälligkeitsverhältnis
geschuldet wird...	die Arbeitsleistung, ein bloßes Wirken als solches		die Herbeiführung eines bestimmten, „greifbaren" Ergebnisses	die Ausführung irgendeiner Tätigkeit
Beispiele	Beratung durch einen Rechtsanwalt, Tätigkeit als Geschäftsführer		Erstellung eines Gutachtens durch einen Rechtsanwalt	Hund füttern, Post abholen
Gegenleistung	entgeltlich			unentgeltlich (aber Ersatz der Aufwendungen)

1. Welchen gemeinsamen Inhalt haben Darlehens-, Leih-, Miet- und Pachtvertrag?
2. Worin unterscheidet sich das Darlehen von der Leihe, Miete und Pacht?
3. Worin unterscheiden sich Leih- und Mietvertrag?
4. Welchen gemeinsamen Inhalt haben Kauf-, Tausch- und Schenkungsvertrag und worin unterscheiden sie sich?
5. Friedel Forsch verspricht seiner Freundin Sieglinde in einer stillen Stunde, ihr zu Weihnachten einen Diamantring zu schenken. Kann Sieglinde Erfüllung verlangen, wenn Friedel sich plötzlich nicht mehr an sein Versprechen erinnert?
6. Was versteht man unter einer „Handschenkung"? Worin liegt der Unterschied zu einem Schenkungsversprechen?
7. Unter welchen Umständen kann auch eine bereits erfolgte Schenkung widerrufen werden?
8. Welchen gemeinsamen Inhalt haben der Dienstvertrag, der Werkvertrag und der Auftrag?
9. Welche Unterform des Dienstvertrages kennen sie?
10. Worin liegt der Unterschied zwischen einem Dienst- und einem Werkvertrag?

I Handels- und Gesellschaftsrecht

Grundlage des Handels- und Gesellschaftsrechts ist das **Handelsgesetzbuch** (HGB).[1] Falls das HGB jedoch keine spezielle Regelung vorsieht, sind die allgemeinen Bestimmungen des BGB heranzuziehen, andererseits gelten für bestimmte Gesellschaftsformen noch speziellere Gesetze wie z.B. das GmbH-Gesetz.

1 Kaufleute (§ 1 ff. HGB)

> **Fall**
>
> Werner Klein betreibt einen Kiosk. 3 Wochen nach einer Schokoladenlieferung bringen mehrere Kunden Schokolade mit Maden zurück. Der Lieferant der Schokolade will jedoch Kleins Reklamation nicht mehr anerkennen, da er der Meinung ist, daß Klein die Lieferung hätte unverzüglich prüfen müssen. Klein meint, daß diese Prüfungspflicht nicht besteht.
> Beurteilen Sie die Situation anhand der §§ 477 BGB und 377 HGB.

Das Handelsgesetzbuch mit seinen häufig strengeren Bestimmungen als das Bürgerliche Gesetzbuch wird auch als das **„Sonderprivatrecht der Kaufleute"** bezeichnet. Aus diesem Grunde definiert das Handelsgesetzbuch zunächst, welcher Personenbereich zu den „Kaufleuten" gehört.

„Kaufmann" i.S.d. HGB ist bei Einzelunternehmen der Alleininhaber, bei Gesellschaften die Gesellschaft, nicht die Gesellschafter.

Mit Ausnahme der „Kaufleute kraft Rechtsform" setzt die Kaufmannseigenschaft die Tätigkeit eines **„Gewerbes"** voraus.

> Gewerbe ist jede erlaubte, auf Gewinnerzielung gerichtete und auf gewisse Dauer angelegte selbständige Tätigkeit mit Ausnahme der freien Berufe (Ärzte, Rechtsanwälte, Steuerberater, Künstler).

Gewerbebetriebe sind somit alle Unternehmen des Handels, des Handwerks, der Industrie und des Verkehrs. Die Gewerbebetriebe werden im Rahmen der Kaufmannseigenschaften nochmals in „Grundhandelsgewerbe" und „Sonstige Gewerbe" unterteilt.

---

[1] *siehe auch allgemeine Erläuterungen zum Handelsgesetzbuch in Kapitel A. 3.5, S.20 ff.*

Kaufleute i.S.d. HGB

Kaufmann durch **Ausübung eines** „Grundhandelsgewerbes"		Kaufmann durch **Eintragung**, falls ein **sonstiges** Gewerbe betrieben wird		Kaufmann kraft **Rechtsform**
a) Handel b) Industrielle Be- und Verarbeitung c) Industrielle Druckereien d) Banken, Versicherungen, Verlage e) Kommissionäre, Handelsvertreter, Handelsmakler f) Beförderungsunternehmen		a) Landwirtschaft b) Forstwirtschaft c) Nebengewerbe, die mit einem land-/forstwirtschaftlichen Betrieb verbunden sind (z.B. Molkerei, Brauerei, Mühle)	Alle anderen Gewerbe (z.B.: Kino, Theater, Auskunftei, Werbebüro, Handwerkliche Be- und Verarbeitung, Handwerkliche Druckerei)	AG, GmbH, Genossenschaft
falls ein kaufmännisch eingerichteter Geschäftsbetrieb nicht erforderlich ist (Kleingewerbe): Keine Eintragung möglich	falls ein kaufmännisch eingerichteter Geschäftsbetrieb erforderlich ist: Pflicht zur Eintragung	falls ein kaufmännisch eingerichteter Geschäftsbetrieb erforderlich ist: Recht zur Eintragung	falls ein kaufmännisch eingerichteter Geschäftsbetrieb erforderlich ist: Pflicht zur Eintragung	ein kaufmännisch eingerichteter Geschäftsbetrieb ist grundsätzlich erforderlich Die Gesellschaft entsteht erst mit der Eintragung
Mußkaufmann; §§ 1,4	**Mußkaufmann; § 1**	**Kannkaufmann; § 3**	**Sollkaufmann; § 2**	**Formkaufmann; § 6**
Minderkaufmann	Vollkaufmann	Vollkaufmann	Vollkaufmann	Vollkaufmann

1.1 Vollkaufmann / Minderkaufmann

Der **Vollkaufmann** ist ein Kaufmann, dessen Gewerbebetrieb nach Art und Umfang eine **(voll-)kaufmännische Einrichtung** erfordert. Hinweise darauf sind: Beschäftigtenzahl, Betriebsstättenzahl, Umsatzhöhe, Vielfalt von Erzeugnissen/Geschäftsbeziehungen usw.

Beim **Minderkaufmann** handelt es sich um einen **Mußkaufmann**, dessen Gewerbebetrieb eine **vollkaufmännische Einrichtung nicht erfordert (§ 4 HGB)**. Das HGB wird auch auf ihn angewandt, jedoch gem. §§ 4, 351 HGB mit folgenden Ausnahmen:

- er wird nicht ins Handelsregister eingetragen
- er darf keine Firma führen, keine Prokura erteilen
- für ihn besteht keine volle Buchführungspflicht nach HGB
  (jedoch in vermindertem Umfang nach Steuerrecht)
- die §§ 349, 350 HGB gelten nicht: Bürgschaften eines Minderkaufmannes bedürfen der Schriftform und sind nicht „automatisch" selbstschuldnerich
- § 348 HGB gilt nicht: der Minderkaufmann kann die gerichtliche Herabsetzung einer unverhältnismäßig hohen Vertragsstrafenvereinbarung beantragen.

1.2 Kaufmann kraft Grundhandelsgewerbe („Mußkaufmann"), § 1 HGB

Wer eines der in § 1 HGB genannten sog. „**Grundhandelsgewerbe**" betreibt, ist **auch ohne Eintragung Kaufmann i.S.d. HGB („Mußkaufmann")**.
Daher ist auch ohne Eintragung Kaufmann i.S.d. HGB:
– der Mußkaufmann als Minderkaufmann (da er sich nicht eintragen lassen kann)
– derjenige Mußkaufmann als Vollkaufmann, der seiner Pflicht zur Eintragung nicht nachgekommen ist.
Nur in dieser Gruppe gibt es **Voll- und Minderkaufleute**.

1.3 Kaufmann kraft Eintragung („Kann"- und „Soll"kaufmann), §§ 2, 3 HGB

Wer keines der in § 1 HGB genannten Grundhandelsgewerbe, aber ein **sonstiges Gewerbe** betreibt, wird **nur Kaufmann, wenn er ins Handelsregister eingetragen ist** (§§ 2, 3 HGB).
Daher ist ohne Eintragung kein Kaufmann:
- alle sonstigen Gewerbetreibenden, die ein Kleingewerbe betreiben, da sie sich nicht eintragen lassen können
- Land-, forstwirtschaftliche Unternehmen, die zwar groß genug sind, sich aber nicht eintragen lassen wollen
- sonstige Gewerbetreibende, die zwar groß genug sind, aber ihrer Pflicht zur Eintragung nicht nachkommen

In dieser Gruppe gibt es **nur Vollkaufleute**, da sich die anderen nicht eintragen lassen können.

1.4 Kaufmann kraft Rechtsform („Formkaufmann"), § 6 HGB

Die **AG, GmbH und Genossenschaft** sind gem. § 6 HGB Kaufleute **aufgrund ihrer Rechtsform**: die Gesellschaft entsteht erst mit der Eintragung, dadurch liegt automatisch eine Kaufmannseigenschaft vor. Auch wenn **kein Gewerbe** betrieben wird, ist die **Kaufmannseigenschaft** gegeben (z.B. Steuerberatungs-GmbH).
OHGs, KGs sind nicht Formkaufmann, sondern – je nach Gewerbe – Muß-, Kann- oder Sollkaufmann. OHG und KG sind aber – wie die AG, GmbH und Genossenschaft – **immer Vollkaufleute**, da die Gründung dieser Gesellschaftsformen nur bei einer bestimmten Größe möglich ist.

---

1. Wieso wird in den folgenden Fällen kein Gewerbe betrieben:
   a) Hobbyhandel mit Briefmarken
   b) Steuerberatungsbüro
   c) wohltätiger Verein
2. Handelt es sich in den folgenden Fällen um einen Mußkaufmann (als Voll- oder Minderkaufmann), einen Soll-, Kann- oder Formkaufmann oder um keinen Kaufmann i.S.d. HGB?
   a) Inhaber einer Autovermietung mit 30 Angestellten, eingetragen / nicht eingetragen
   b) Hotelbesitzer, 60 Betten, eingetragen / nicht eingetragen
   c) Besitzer einer kleinen Pension mit 4 Betten
   d) Frieda Müller, Kioskbesitzerin
   e) Sägewerksbesitzer, der auch Forstwirt ist, eingetragen / nicht eingetragen
   f) Möbelhändler, nicht eingetragen
   g) Möbelhersteller, eingetragen
   h) Adam Opel AG
   i) Inhaber eines Metzgerladens, eingetragen
   j) Einzelhandelskaufmann
   k) Schneidermeister, allein mit einem Gesellen
   l) Rechtsanwalt
   m) Steuerberatungs-GmbH
   n) Brause OHG, Bauunternehmung

2 Handelsregister (§§ 8 ff. HGB)

> Das Handelsregister ist ein amtliches Verzeichnis aller Vollkaufleute eines Amtsgerichtsbezirkes. Es wird beim Registergericht des jeweiligen Amtsgerichtes geführt. Das Handelsregister ist in 2 Abteilungen untergliedert:
> - in Abteilung A werden Einzelunternehmen und Personengesellschaften eingetragen
> - in Abteilung B werden die Kapitalgesellschaften eingetragen
>
> Sinn des Handelsregisters ist es, die wichtigsten Rechtsverhältnisse (z.B. Firma, Inhaber, Gesellschafter, Geschäftsführer, Prokura) offenkundig zu machen.

2.1 Eintragung

Die Eintragung wird **auf Antrag des Inhabers** vorgenommen, dieser muß den Antrag schriftlich – mit notariell beglaubigter Unterschrift – stellen.

Grundsätzlich tut die Eintragung nur Tatsachen kund, die bereits entstanden sind (sog. **„deklaratorische"** oder „rechtsbeugende" Wirkung der Eintragung).

Beispiel:
Prokurist wird jemand bereits mit der Bestellung durch den Geschäftsinhaber, die Eintragung tut dies nur kund.

Andererseits werden in einigen Fällen die Tatsachen erst mit der Eintragung wirksam (sog. **„konstitutive"** oder „rechtserzeugende" Wirkung der Eintragung)

Beispiel:
Eine GmbH entsteht erst mit ihrer Eintragung.

2.2 Veröffentlichung

Die Handelsregistereintragungen werden im Bundesanzeiger und in mindestens einer Tageszeitung des Amtsgerichtsbezirkes bekanntgemacht.

Die Bekanntmachung hat für den Rechtsverkehr große Bedeutung (siehe § 15 HGB):
- Solange eine eintragungspflichtige Tatsache **nicht eingetragen** und bekanntgemacht worden ist, kann sie einem **Dritten nicht entgegengehalten** werden (es sei denn, er kannte sie); § 15 (1) HGB.

Beispiel:
Der Prokurist Müller wird wegen Unregelmäßigkeiten entlassen. Bevor das Erlöschen der Prokura amtlich ist, kauft Müller einen Geschäftswagen und verschwindet mit diesem. Das Unternehmen muß den Wagen bezahlen.

- Ist eine eintragungspflichtige Tatsache **eingetragen** und bekanntgemacht worden, kann sie einem **Dritten entgegengehalten** werden, auch wenn er sie nicht kannte, § 15 (2) HGB.

Beispiel:

Wäre im o.g. Beispiel das Erlöschen der Prokura bereits bekanntgemacht worden, hätte sich der Geschäftsinhaber darauf berufen können und nicht bezahlen müssen.

- War die Bekanntmachung **fehlerhaft** (selbst wenn die Eintragung richtig war), so kann sich ein Dritter sogar auf die unrichtig bekanntgemachte Tatsache **berufen, es sei denn, dem Dritten ist die Unrichtigkeit bekannt**, § 15 (3) HGB.

Beispiel:

Wurde im o.g. Beispiel durch ein Versehen des Amtsgerichts nicht das Erlöschen der Prokura von Müller, sondern der Prokura des zweiten Prokuristen bekanntgemacht, so könnte sich der Verkäufer des Geschäftswagens darauf berufen.

Amtliche Bekanntmachungen
Amtsgericht Frankfurt am Main
Für Anschriften keine Gewähr
HANDELSREGISTER

Neueintragungen

HRA 26 697: 27. 5. 1991. **Ausstellungs- und Werbeorganisation Rainer Spenner,** Frankfurt am Main (Borsigallee 26). Inhaber: Kaufmann Rainer Spenner, Bruchköbel.

HRA 26 698: 27. 5. 1991. **Assefors Rhein/Main Winfried H. Bierfreund,** Hofheim am Taunus (Martin-Wohmann-Str. 14; Groß- und Einzelhandel mit Reinigungs- und Oberflächenschutz-Systemen). Inhaber: Kaufmann Winfried Biermann, Hofheim am Taunus.

HRA 26 699: 27. 5. 1991. **Tishman Speyer Properties of Germany, L. P., Zweigniederlassung Deutschland,** Frankfurt am Main (Friedrich-Ebert-Anlage 49; Beratung bei der Bebauung und der Verwaltung von Grundstücken und alle damit in Zusammenhang stehenden Dienstleistungen); Zweigniederlassung der Tishman Speyer Properties of Germany, L. P. mit Sitz in Wilmington, Delaware, USA. Kommanditgesellschaft nach dem Recht des Staates Delaware, USA. 1 Kommanditist. Persönlich haftende Gesellschafterin: TSPG, Inc., New York, NY, USA.

Veränderungen

HRA 16 357: 28. 5. 1991. **August Fahlbusch Kommanditgesellschaft,** Frankfurt am Main. 1 Kommanditist ist ausgeschieden. Die Gesellschaft ist aufgelöst. Günter Fahlbusch führt das Geschäft allein fort. Die Firma ist geändert in: **August Fahlbusch.**

HRA 16 524: 28. 5. 1991. **Auto-Dienst Hermani GmbH & Co. Kommanditgesellschaft,** Frankfurt am Main. 1 Kommanditist ist ausgeschieden, 1 Kommanditeinlage ist erhöht (Sonderrechtsnachfolge).

HRA 20 157: 28. 5. 1991. **Balzer & Krebs GmbH & Co. Entwicklungs- und Besitz KG,** Sulzbach (Taunus). 1 Kommanditist ist ausgeschieden, 1 Kommanditist ist eingetreten (Gesamt- und Sonderrechtsnachfolge).

Quelle: Frankfurter Rundschau

Amtsgericht Oerlinghausen — Blatt 1 — **HR A 7452**

Nr. der Eintragung	a) Firma b) Ort der Niederlassung (Sitz der Gesellschaft) c) Gegenstand d. Unternehmens (bei juristischen Personen)	Geschäftsinhaber Persönlich haftende Gesellschafter Vorstand Abwickler	Prokura	Rechtsverhältnisse	a) Tag der Eintragung und Unterschrift b) Bemerkungen
1	2	3	4	5	6
1	a) Erwin Mehler b) Helpup	Erwin Mehler, Kaufmann in Helpup			a) Umgeschrieben von HR A 85 am 20. September 1967. *Schlösser* Justizinspektorin z.A. b) Erste Eintragung am 8. Januar 1967.
2	a) Erwin Mehler KG			Nunmehr Kommanditgesellschaft, die am 1. Januar 1969 begonnen hat. Kommanditisten sind: a) Ehefrau Heidegret Mehler geb. Kühn, Bielefeld, Vormbaumstr. 8 mit einer Einlage von 12 000,- DM. b) Ute Mehler, Helpup, Obere Str. 16, geboren am 11. 7. 1954, mit einer Einlage von 10 000,- DM. Die Firma ist geändert.	a) 26. Februar 1969 *Biesele* Justizinspektor z. A.

3 Firma des Kaufmanns (§§ 17 ff. HGB)

> Das Handelsrecht versteht unter der „Firma" den Namen eines Vollkaufmanns, unter dem er seine Geschäfte betreibt (§ 17 HGB).

■ Grundsätze bei der Firmierung

Die Firma kann eine **Personenfirma** (z.B. „Karl Meier") eine **Sachfirma** (z.B. „Bayrische Motorenwerke") oder eine **gemischte Firma** (z.B. „Karl Meier, Lebensmittel") sein.

Bei der Wahl der Firma ist der Unternehmer nicht ganz frei in seiner Entscheidung. So ist die Firmenbezeichnung zum einen **von der Rechtsform des Unternehmens abhängig**.

Beispiel:

Für ein Einzelunternehmen ist eine Sachfirma unzulässig, eine GmbH muß den Zusatz „GmbH" in der Firma führen.

Zum anderen muß die Firmenbezeichnung folgenden **Grundsätzen** entsprechen:
- Firmenwahrheit und Klarheit (ein kleines Möbelgeschäft darf sich z.B. nicht „Euro-Möbel"nennen), siehe z.B. § 18 (2) HGB.
- **Firmenausschließlichkeit**: die Firma muß sich von anderen eingetragenen und am selben Ort bestehenden Firmen unterscheiden (§ 30 HGB).
- **Firmenbeständigkeit**: die Firma kann nicht ohne das Handelsgeschäft veräußert werden. Stimmen die bisherigen Inhaber ausdrücklich zu, so kann der Erwerber die bisherige Firma fortführen, die Wahl des Zusatzes „Nachfolger" steht dem Erwerber frei (§§ 21-24 HGB).

■ Schutz der Firma

Der Name des Vollkaufmanns, unter dem die Geschäfte betrieben werden, ist durch folgende Bestimmungen geschützt:
- § 37 HGB (Unterlassungsanspruch bei unzulässigem Firmengebrauch
- § 12 BGB, § 16 UWG: Unterlassungsanspruch bei Verwechslungsgefahr
- §§ 823 (1) BGB, 16 (2) UWG: Schadensersatzanspruch bei Verwechslungsgefahr
- § 24 Warenzeichengesetz: Unterlassungs- und Schadensersatzanspruch bei zeichenmäßiger Benutzung der Firma

1. Unterscheiden Sie die beiden Abteilungen des Handelsregisters.
2. Erläutern Sie den Unterschied zwischen einer „deklaratorischen" und „konstitutiven" Eintragung.
3. Man sagt „Was im Handelsregister steht, gilt!" Erläutern Sie.
4. Landläufig verwendet man den Begriff „Firma" häufig für die Betriebsstätte als solches („zur Firma gehen"). Was versteht im Gegensatz dazu das Handelsrecht unter der „Firma"?
5. Geben Sie bitte je ein Beispiel für eine Personen-, eine Sach- und eine gemischte Firma.
6. Erläutern Sie bitte die bei der Firmenwahl zu betrachtenden Grundsätze.

4 Stellvertretung/Vollmacht im Handelsrecht (§§ 48 ff. BGB)

> **Fall**
>
> Antiquitätenhändler Ambrosius verbietet seinem Ladenangestellten, eine antike Madonna zu verkaufen. Der Angestellte verkauft die Madonna trotzdem und Ambrosius verlangt vom Käufer deren Herausgabe. Rechtslage?

Grundsätzlich gelten für die Stellvertretung/Vollmacht auch die Regelungen des BGB[1].

Das **Handelsrecht** kennt jedoch ganz **spezielle Vollmachten**, für die **zusätzliche Sonderregelungen** hinsichtlich Erteilung, Umfang und Widerruf gelten.
So ist z.b. der Umfang der Vollmachten des Handelsrechtes gesetzlich festgelegt: der Geschäftspartner kann dadurch sicher sein, daß der Vertreter auch in diesem gesetzlich vorgegebenen Rahmen handeln darf, da Einschränkungen im Verhältnis zu Dritten ungültig sind (siehe z.B. §§ 50, 126 (2) HGB).

4.1 Einzelvollmacht/Artvollmacht und Generalvollmacht

Handlungsvollmachten des Handelsrechts (§§ 54–58 HGB)		
Art der Vollmacht	**Ermächtigt zu...**	**Erteilung**
Einzelvollmacht	einer einzigen Handlung Bsp.: Der Angestellte Birsel wird beauftragt, an den Lieferer eine Bestellung durchzugeben	• per Erklärung oder Duldung • durch den Inhaber (Voll- oder Minderkaufmann) • durch den Prokuristen oder jeweils „höheren" Handlungsbevollmächtigte • die Bekanntmachung per Handelsregistereintrag ist nicht möglich
Artvollmacht	dauernder Ausführung einer bestimmten Handlungsart Bsp.: Der Angestellte Minzel erledigt wöchentlich die im Unternehmen anfallenden Bestellungen	
Generalvollmacht	allen gewöhnlichen Geschäften eines derartigen Unternehmens (§ 54 (1) HGB). Eine besondere Befugnis braucht der Generalbevollmächtigte aber lt. § 54 (2) HGB für: – die Veräußerung/Belastung von Grundstücken – die Aufnahme von Darlehen – die Prozeßführung	

Die sog. „**Ladenvollmacht**" nach § 56 HGB ist eine **Sonderform der Artvollmacht**: der Laden-/Lagerangestellte gilt für alle Verkäufe/Empfangnahmen als ermächtigt, die gewöhnlich in einem derartigen Laden/Lager geschehen (§ 56 HGB).

---
[1] §§ 164 ff. BGB, siehe Kapitel D.5 „Vertretung / Vollmacht", S. 70 ff.

4.2 Prokura

4.2.1 Besonderheiten hinsichtlich der Erteilung der Prokura

Während eine Vollmacht nach dem BGB von jedermann und formlos (ggf. sogar durch Duldung) erteilt werden kann, kann die Prokura **nur ausdrücklich** (nie durch Duldung) und nur durch den **Geschäftsinhaber** erteilt werden, dieser muß zudem **Vollkaufmann** sein. Außerdem ist die Prokuraerteilung ins **Handelsregister** einzutragen (§§ 48, 53 HGB).

4.2.2 Umfang der Prokura

Die Prokura ermächtigt zu allen „gerichtlichen und außergerichtlichen", d.h. zu **allen gewöhnlichen und außergewöhnlichen** Handlungen, die der Betrieb eines Handelsgewerbes mit sich bringt (§ 49 HGB), dieser gesetzlich festgelegte Umfang ist nach außen nicht beschränkbar (§ 50 HGB).

Nicht in diesen Rahmen einbezogen sind **jedoch Grundlagengeschäfte**, die den Betrieb als solches betreffen oder dem Inhaber höchstpersönlich vorbehalten sind, wie:

- Einstellung oder Veräußerung des Geschäftsbetriebes
- Änderung der Firma
- Aufnahme von Gesellschaftern
- Beantragung des Konkurses
- Vornahme von Anmeldungen zum Handelsregister
- Erteilung von Prokura
- Veräußerung und Belastung von Grundstücken (mit besonderer Erlaubnis aber möglich)
- Unterzeichnung des Jahresabschlusses

4.2.3 Besonderheiten hinsichtlich des Widerrufs der Prokura

Der Widerruf der Prokura ist ins **Handelsregister** einzutragen (§ 53 (3) HGB).

Zwar ist diese Eintragung nur **„deklaratorisch"**, d.h. sie tut den Widerruf nur kund, ein Dritter braucht den Widerruf aber nicht gegen sich gelten lassen, wenn er nicht eingetragen war, es sei denn, der Widerruf war ihm bekannt (§ 15 (1) HGB).

Andererseits muß ein Dritter den Widerruf auch bei Unkenntnis gegen sich gelten lassen, falls er eingetragen war (§ 15 (2) HGB).

> **?**
>
> 1. Unterscheiden Sie die verschiedenen Arten der Vollmachten des Handelsrechts.
> 2. Was versteht man unter einer „Ladenvollmacht"?
> 3. Erläutern Sie den Umfang der Vertretungsmacht bei der Prokura.
> 4. Geschäftsinhaber Gärtner verbietet seinem Prokuristen, ein bestimmtes Grundstück zu kaufen. Kann sich Gärtner gegenüber dem Verkäufer des Grundstückes darauf berufen, daß der Prokurist zum Kauf nicht ermächtigt war?
> 5. Wie ist die Rechtslage in Fall 4, wenn Gärtner die Prokura bereits widerrufen hatte und
>   a) der Widerruf noch nicht ins Handelsregister eingetragen war,
>   b) der Widerruf bereits ins Handelsregister eingetragen worden war?

5 Grundzüge des Gesellschaftsrechts

5.1 Einzelunternehmen

Fall

Oskar Brause, Tischler, möchte sich mit einer kleinen Möbelhandlung selbständig machen. Welche Rechtsfolgen wird die Entscheidung, alleine tätig zu werden, für ihn haben?

Das Einzelunternehmen ist durch folgende **Merkmale** gekennzeichnet:

- Der Einzelunternehmer hat das alleinige Recht zur Geschäftsführung, Entscheidungen können daher schnell und unabhängig von anderen getroffen werden.
- Der Unternehmer muß das ganze Kapital zur Verfügung stellen, daher kann er auch den gesamten Gewinn beanspruchen.
- Der Unternehmer trägt die Arbeitslast und das Risiko allein.
- Der Unternehmer haftet unbeschränkt mit seinem Geschäfts- und Privatvermögen.

Die **Firma** des Einzelunternehmens besteht aus mindestens einem ausgeschriebenen Vornamen und dem Nachnamen des Unternehmers; unterscheidende Zusätze wie z.B. „Oskar Brause, Möbelhandel" sind möglich (§ 18 HGB).

5.2 Gesellschaften

Fall

Oskar Brause hat sich mittlerweile erfolgreich selbständig gemacht; Brause möchte nun auch Küchen in sein Sortiment aufnehmen. Leider fehlt ihm dazu das nötige Eigenkapital, allein die erforderlichen Umbaumaßnahmen würden ca. 40000,00 DM kosten. Außerdem fühlt er sich hinsichtlich seiner kaufmännischen Fähigkeiten und der steigenden Arbeitsbelastung langsam überfordert. Er denkt daher an die Aufnahme des Einzelhandelskaufmanns Hans Berger in das Unternehmen. Welche Gesellschaftsform bietet sich hier an?

5.2.1 Einführung und Überblick

Das deutsche Recht gestattet verschiedene Gesellschaftsformen von Unternehmen; neben den im Schaubild gezeigten sind auch Mischformen zulässig (z.B. die GmbH & CoKG); diese Mischformen versuchen, die Vorteile verschiedener Rechtsformen miteinander zu kombinieren.

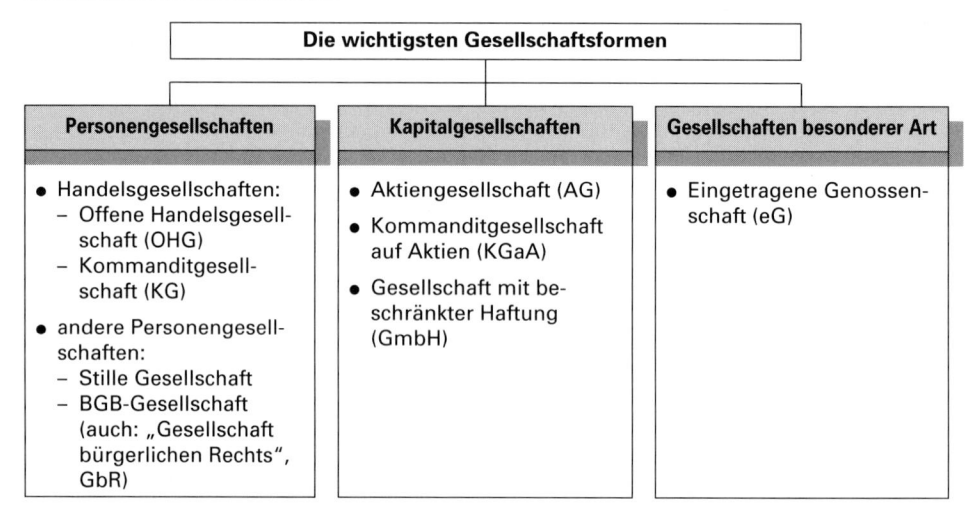

Die wichtigsten Gesellschaftsformen		
Personengesellschaften	**Kapitalgesellschaften**	**Gesellschaften besonderer Art**
• Handelsgesellschaften: – Offene Handelsgesellschaft (OHG) – Kommanditgesellschaft (KG) • andere Personengesellschaften: – Stille Gesellschaft – BGB-Gesellschaft (auch: „Gesellschaft bürgerlichen Rechts", GbR)	• Aktiengesellschaft (AG) • Kommanditgesellschaft auf Aktien (KGaA) • Gesellschaft mit beschränkter Haftung (GmbH)	• Eingetragene Genossenschaft (eG)

Die Wahl der Rechtsform entscheidet nicht nur über die Haftungsverhältnisse, sondern unter anderem auch über die Verteilung der Befugnisse, die Möglichkeiten zur Kapitalbeschaffung, die Steuerbelastung des Unternehmens.

5.2.2 Personengesellschaften

5.2.2.1 Gemeinsame Merkmale der Personengesellschaften

- Personengesellschaften sind Gesellschaften **ohne eigene Rechtspersönlichkeit**.
- Bei Personengesellschaften steht die **eigene Mitarbeit der Inhaber** im Vordergrund.
- Für Verbindlichkeiten der Gesellschaft haftet nicht nur das Geschäftsvermögen, sondern auch das **Privatvermögen** der Inhaber.
- Rechtsgrundlage für die Personengesellschaften ist das **BGB**. Im Falle der OHG, KG und stillen Gesellschaft ist das BGB jedoch nur maßgeblich, wenn das **HGB** keine spezielle Regelung vorsieht.
- Es ist zu beachten, daß die gesetzlichen Regelungen teilweise **zwingend** und teilweise **dispositiv** (also durch den Gesellschaftsvertrag abänderbar) sind.

5.2.2.2 Offene Handelsgesellschaft (OHG)

Fall

Brause und Berger haben sich für die Gründung einer offenen Handelsgesellschaft entschieden. Welche Konsequenzen ergeben sich hinsichtlich Firmierung, Haftungsverhältnissen und Befugnissen der beiden Gesellschafter?

Handels- und Gesellschaftsrecht 181

	OHG (§ 105 ff. HGB)
Typische Merkmale	Betrieb eines Handelsgewerbes durch mindestens 2 Gesellschafter unter gemeinsamer Firma • unbeschränkte Haftung aller Gesellschafter • alle Gesellschafter arbeiten i.d.R. im Unternehmen mit
Firma (§ 19 HGB)	• (Nach-)Name eines / mehrerer Gesellschafter + Zusatz OHG oder & Co. • oder: Namen aller Gesellschafter (Zusatz OHG wahlweise)
Eintragung (§ 106 HGB)	die OHG ist beim für ihren Sitz zuständigen Amtsgericht im Handelsregister, Abteilung A anzumelden (mit Namen / Wohnort der Gesellschafter, Firma, Gesellschaftssitz, Beginn)
Entstehung der OHG (§ 123 HGB)	• falls Grundhandelsgewerbe nach § 1 HGB vorliegt: mit Aufnahme der Geschäfte • falls andere Gewerbe: mit Eintragung ins Handelsregister

Haftung (§ 128 HGB)	Für Verbindlichkeiten der OHG haftet
	• das Gesellschaftsvermögen
	• jeder einzelne
	   – persönlich (mit seinem Privatvermögen)
	   – gesamtschuldnerisch und unbeschränkt (für die gesamte Schuld)
	   – direkt (er kann nicht verlangen, daß ein Gäubiger zuerst die Gesellschaft oder andere Gesellschafter verklagt)

Geschäftsführungsbefugnis (§§ 114, 115, 116 HGB)	Wenn im Vertrag nichts anderes vereinbart ist, gilt:
	• jeder ist zur Geschäftsführung befugt
	• jeder darf allein entscheiden
	aber
	   – widerspricht ein anderer geschäftsführender Gesellschafter, so muß das Geschäft unterbleiben
	   – bei außergewöhnlichen Geschäften müssen alle Gesellschafter zusammen entscheiden

Vertretungsmacht nach außen (§§ 125, 126 HGB)	Wenn im Vertrag nichts anderes vereinbart ist, so gilt: • jeder ist zur Vertretung befugt • jeder darf die Gesellschaft allein vertreten Falls ein Gesellschafter Vertretungsmacht hat, so gilt: der Umfang ist nicht beschränkbar; die Vertretungsmacht betrifft alle gewöhnlichen und außergewöhnlichen Geschäfte, eine Beschränkung ist Dritten gegenüber unwirksam
Gewinn- / Verlustverteilung (§ 121 HGB)	Wenn im Vertrag nichts anderes vereinbart ist, so gilt: • der Gewinn wird zunächst verwendet, um den Kapitalanteil jedes Gesellschafters mit 4 % zu verzinsen; der Rest des Gewinns wird nach Köpfen verteilt • Verluste werden nach Köpfen verteilt Die Gewinne werden den Kapitalkonten gutgeschrieben, Verluste abgezogen
Privatentnahmen (§ 122 HGB)	Wenn im Vertrag nichts anderes vereinbart ist, so gilt: • jeder Gesellschafter darf sich bis 4 % seines am letzten Geschäftsjahresende bestehenden Kapitalanteils auszahlen lassen (unabhängig davon, ob das letzte Geschäftsjahr ein Gewinn- oder Verlustjahr war) • falls Gewinn erzielt wurde, darf die Auszahlung auch größer sein als 4 %
Auflösungsgründe (§§ 131, 133, 135 ff. HGB)	• Zeitablauf • Konkurseröffnung über die OHG • Gesellschafterbeschluß • gerichtliche Auflösung der OHG aufgrund einer Klage eines Gesellschafters • falls nichts anderes vereinbart ist, auch: Tod, Austritt, Konkurseröffnung über einen Gesellschafter oder Kündigung der OHG durch den Gläubiger eines Gesellschafters
Austritt eines Gesellschafters (§§ 132, 159 HGB)	• falls nichts anderes vereinbart: Kündigung zum Schluß des Geschäftsjahres; die Kündigung muß mindestens 6 Monate vorher erfolgen • die Haftung für beim Austritt bestehende Schulden verjährt spätestens nach 5 Jahren
Haftung eintretender Gesellschafter (§ 130 HGB)	Tritt jemand als Gesellschafter in eine bestehende OHG ein, so haftet er auch für die schon bestehenden Schulden

Wettbewerbsverbot (§ 112 HGB)	Falls nicht anders vereinbart wurde, gilt:
	Im gleichen Handelszweig darf der Gesellschafter ohne Einwilligung der anderen Gesellschafter
	   – keine Geschäfte machen oder führen
	   – nicht an einer anderen Gesellschaft als persönlich haftender Gesellschafter teilnehmen

5.2.2.3 Kommanditgesellschaft (KG)

Fall

Die erfolgreichen Inhaber der Brause & Berger OHG erwägen den Bau eines größeren Geschäftshauses, sie können aber leider kein Geld aus ihrem Privatvermögen mehr zur Verfügung stellen. Ein Bekannter Bergers, der Zahnarzt Plumm, hat gerade 300000,00 DM geerbt.
- Welches Problem ergäbe sich bei der Aufnahme Plumms als OHG-Gesellschafter?
- Brause schlägt vor, Plumm vertraglich von der Geschäftsführung/Vertretung der OHG auszuschließen. Plumm ist zwar nicht an einer Mitarbeit im Unternehmen interessiert, welche Einwände wird er trotzdem gegen den Ausschluß haben, wenn die Rechtsform der OHG beibehalten wird?
- Welche andere Rechtsform bietet sich in diesem Fall an?

KG (§§ 161 ff. HGB)	
Typisches Merkmal	Betrieb eines Handelsgewerbes durch mindestens 2 Gesellschafter unter gemeinsamer Firma • einige Gesellschafter haften unbeschränkt (= Komplementäre) • andere haften nur mit ihrer Einlage (= Kommanditisten)
Firma (§ 19 HGB)	• Name mindestens eines / aller persönlich haftenden Gesellschafter + Zusatz „KG" oder „& Co" • Der Kommanditist darf nie mit seinem Namen in der Firma erscheinen, nur mit dem Zusatz „& Co"
Gewinnverteilung (§ 168 HGB)	Wenn im Vertrag nichts anderes vereinbart ist, so gilt: vom Gewinn wird zunächst der Kapitalanteil jedes Gesellschafters mit 4 % verzinst, der Rest des Gewinns wird in angemessenem Verhältnis verteilt

Für die KG gelten ansonsten die Regelungen der OHG, insbesondere, was die Komplementäre angeht (§161 (2) HGB). Es gibt aber einige Sonderregeln für die Kommanditisten:

Haftung des Kommanditisten (§§ 171, 172, 173 HGB)	der Kommanditist haftet nur in Höhe seiner vereinbarten Einlage: • ist sie erbracht: keine weitere Haftung • ist sie noch nicht / nur teilweise erbracht: Haftung für Rest mit Privatvermögen
Geschäftsführungsbefugnis des Kommanditisten (§ 164 HGB)	Ist vertraglich nichts anderes vereinbart, so gilt: • die Kommanditisten sind von der Geschäftsführung ausgeschlossen • bei außergewöhnlichen Geschäften müssen sie aber mitentscheiden (§ 116 (2) HGB gilt hier auch hier)
Vertretungsmacht der Kommanditisten (§ 170 HGB)	Der Kommanditist ist zur Vertretung der Gesellschaft nicht ermächtigt (Vertretung nur möglich über Vollmacht, z.B. Prokura)
Privatentnahmen des Kommanditisten (§ 169 HGB)	• die Kommanditisten dürfen sich nur einen erwirtschafteten Gewinn auszahlen lassen • Ist bzw. wird der Kapitalanteil durch Verluste bzw. die Auszahlung kleiner als die vereinbarte Einlage, so kann der Gewinn nicht ausgezahlt werden.
Tod des Kommanditisten (§ 177 HGB)	berührt Bestehen der OHG nicht
Wettbewerbsverbot (§ 165 HGB)	gilt für Kommanditisten nicht
Handelsregistereintrag (§ 162 HGB)	Eingetragen wird auch der Name und die Einlage der Kommanditisten, bekanntgemacht wird aber nur die Anzahl der Kommanditisten

■ **GmbH & Co. KG als Sonderform der KG**

Die GmbH & Co. KG ist eine **KG, deren persönlich haftender Gesellschafter (Komplementär) eine GmbH ist**; d.h.: obwohl eine KG vorliegt, haften alle Gesellschafter nur beschränkt.

Gründe für eine GmbH & Co. KG:
- Ausnutzung der Haftungsbeschränkungen der GmbH (Kapitalgesellschaft)
- Ausnutzung der steuerlichen Vorteile einer KG (Personengesellschaft)

Die Geschäftsführung/Vertretungsmacht der GmbH & Co. KG liegt beim Komplementär, also der GmbH, diese wird vertreten durch ihren Geschäftsführer.

5.2.2.4 BGB-Gesellschaft

Fall

Romeo und Julia haben gemeinsam eine Wohnung gemietet. Muß Julia haften, wenn Romeo seinen Teil der Miete nicht zahlt?

Die BGB-Gesellschaft (auch „GbR" = Gesellschaft bürgerlichen Rechts) ist eine Personenvereinigung zu einem beliebigen, erlaubten Zweck; für sie gelten die Regelungen des Bürgerlichen Gesetzbuches (insbesondere die §§ 705 ff. BGB).

Beispiele:

Lottogemeinschaften, Wohngemeinschaften, Fahrgemeinschaften, Zusammenschluß von Anwälten zu einer gemeinsamen Kanzlei, Verbindung von Unternehmen zum gemeinsamen Einkauf, Kartelle.

In folgenden Regelungen unterscheidet sich die BGB-Gesellschaft von der OHG und/oder KG:

- Die BGB-Gesellschaft hat **keine Firma** und wird **nicht ins Handelsregister eingetragen**, sie endet mit der Erfüllung des gemeinschaftlichen Zwecks.
- **Alle** Gesellschafter **haften persönlich** und im Zweifel **gesamtschuldnerisch** (§ 427 BGB).
- Falls vertraglich nicht anders vereinbart, gilt:
  - **Gemeinschaftliche Geschäftsführung und Vertretungsmacht** (§§ 709, 714 BGB)
  - die **Gewinn-/Verlustverteilung** erfolgt **nach Köpfen** (§ 722 BGB).

5.2.2.5 Stille Gesellschaft

Von einer „stillen Gesellschaft" spricht man, wenn sich ein Kapitalgeber mit einer Einlage an einem Handelsgewerbe beteiligt und die Einlage des stillen Gesellschafters in das Vermögen des Geschäftsinhabers übergeht.
Im Konkursfall kann der stille Gesellschafter seine Einlage als Konkursgläubiger zurückfordern.

Die stille Gesellschaft ist eine **reine Innengesellschaft**, d.h. es besteht ein Vertrag zwischen dem Geschäftsinhaber und dem stillen Gesellschafter, nach außen hin erfährt aber niemand etwas:

- die Aufnahme des stillen Gesellschafters wird nicht ins Handelsregister eingetragen
- bei der Aufnahme des stillen Gesellschafters erfolgt keine Änderung der Firma
- der stille Gesellschafter hat keine Vertretungsmacht
- der stille Gesellschafter haftet den Gläubigern nicht unmittelbar

Die stille Gesellschaft hat **Ähnlichkeit mit einem Darlehen**, im Unterschied zu einem Darlehensgeber hat der stille Gesellschafter jedoch stärkere Mitwirkungsrechte und ist am Gewinn (evtl. auch am Verlust) beteiligt.

Ein Grund für die Aufnahme eines stillen Gesellschafters z.B. die Umgehung des Wettbewerbsverbots, welches z.B. für die Gesellschafter einer OHG besteht.

1. Erläutern Sie den grundsätzlichen Unterschied zwischen der OHG und der KG.
2. Wie werden nach der gesetzlichen Regelung die Gewinne verteilt bei der BGB-Gesellschaft, OHG, KG?
3. Wieso ist die gesetzliche Regelung über die Gewinnverteilung dispositiv, während die gesetzliche Regelung über die Haftung zwingend ist?
4. Wieso bestimmt der Gesetzgeber nicht, daß bei der Gründung einer Personengesellschaft ein Mindestkapital vorhanden sein muß?
5. Was versteht man unter einer „GmbH & Co. KG"?
6. Martin Müsel betreibt einen kleinen Bioladen. Da er für neue Geschäftsräume finanzielle Mittel braucht und diese nicht selbst aufbringen kann, nimmt er Robert Rösel als persönlich haftender Gesellschafter auf.
   a) Welche Gesellschaftsform entsteht durch die Beteiligung Rösels?
   b) Welche Möglichkeiten zur Firmierung haben die beiden?
   c) Welche Möglichkeiten zur Firmierung bestünden, wenn Rösel nur als Kommanditist einsteigen will?
7. Huber und Schmidt haben eine OHG gegründet, beide haben Einzelgeschäftsführungsbefugnis, aber nur Huber hat Vertretungsmacht (dies wurde auch im Handelsregister eingetragen).
   a) Huber kauft einen neuen LKW, obwohl Schmidt dagegen war. Ist das Geschäft gültig?
   b) Schmidt kauft einen neuen LKW, Huber ist dagegen. Ist das Geschäft gültig?

5.2.3 Kapitalgesellschaften

5.2.3.1 Gemeinsame Merkmale der Kapitalgesellschaften

Im Gegensatz zu den Personengesellschaften hat die Kapitalgesellschaft eine **eigene Rechtspersönlichkeit**, sie ist eine **juristische Person** und damit **rechtsfähig**.

Da die Gesellschaft jedoch nicht selbst handeln kann (sie ist zwar rechtsfähig aber **nicht geschäftsfähig**), handeln für sie natürliche Personen, sog. **„Organe"**.

Für Verbindlichkeiten der Gesellschaft **haftet nur das Gesellschaftsvermögen**, die Inhaber riskieren lediglich ihre Einlage.

Der Gesetzgeber schreibt aus Gründen des Gläubigerschutzes zur Gründung ein bestimmtes **Mindestkapital** vor.

Die Kapitalgesellschaft ist Kaufmann i.S.d. HGB (**Formkaufmann**), dies auch, wenn kein Gewerbe betrieben wird (z.B. „Städtische Krankenanstalten GmbH", „Gemeinnützige Werkstätten GmbH").

Die Kapitalgesellschaften sind durch **Spezialgesetze** geregelt:

– die AG durch das **Aktiengesetz**
– die GmbH durch das **GmbH-Gesetz**.

5.2.3.2 Gesellschaft mit beschränkter Haftung (GmbH)

Fall

Die Geschäfte der Brause & Berger KG laufen gut; trotzdem sind Brause und Berger besorgt über die zunehmenden Konkurrenten und die steigende Zahl von Konkursen in letzter Zeit. Etwas neidisch schauen sie auf den Kommanditisten Plumm, der im Konkursfalle lediglich seine Einlage verlieren würde, wogegen sie mit ihrem Privatvermögen haften müßten. Daher streben sie eine Gesellschaftsform an, die für alle Gesellschafter eine beschränkte Haftung ermöglicht.

	Gesellschaft mit beschränkter Haftung (GmbH)
Typisches Merkmal	Betrieb eines Unternehmens zu jedem beliebigen, erlaubten Zweck, wobei alle Gesellschafter nur beschränkt haften.
Firma (§ 4 GmbHG)	• (Nach-)Name eines / mehrerer Gesellschafter + Zusatz GmbH • oder: Sachfirma + Zusatz GmbH
Haftung (§ 13 (2) GmbHG)	Für Verbindlichkeiten der GmbH haftet nur das Gesellschaftsvermögen, im Konkurs können die Gesellschafter nur ihre Einlage verlieren
Mindestkapital (§ 5 GmbHG)	• sog. „Stammkapital" (in der Bilanz heißt dieses „gezeichnetes Kapital") • gesetzlich vorgeschriebenes Mindestkapital bei der Gründung: 50000,00 DM • das Stammkapital besteht aus der Summe der Stammeinlagen der Gesellschafter, wobei jeder Gesellschafter mindestens 500,00 DM einlegen muß.
Gründung (§§ 1, 2 GmbHG)	• 1 oder mehrere Gründer • der Vertrag ist notariell zu beurkunden

Eintragung (§ 7 ff. GmbHG)	• die GmbH ist beim für ihren Sitz zuständigen Amtsgericht im Handelsregister, Abteilung B anzumelden
	• mit der Eintragung entsteht die Gesellschaft (die Eintragung ist konstitutiv)
	• vor Anmeldung zum Handelsregister muß das Mindestkapital nicht voll eingezahlt sein, eingezahlt sein muß aber:
	  – mindestens 1/4 jeder Stammeinlage
	  – zusammen mindestens 25000,00 DM

„Kaduzierung" (§ 21 GmbHG)	Zahlt ein Gesellschafter auch nach einer Nachfrist nicht seine Stammeinlage ein, so verliert er seinen Geschäftsanteil und die schon geleisteten Zahlungen fallen der Gesellschaft zu
Nachschußpflicht (§ 26 ff. GmbHG)	Der Gesellschaftsvertrag kann bestimmen, daß die Gesellschafter über die Stammeinlage hinaus die Einforderung von weiteren Einzahlungen beschließen können.

Organe der GmbH	• Gesellschafterversammlung als beschließendes Organ (§§ 45 ff. GmbHG)
	• Geschäftsführer als ausführendes Organ (§ 6 GmbHG)
	  – der Geschäftsführer kann auch ein Nichtgesellschafter sein
	  – er ist zuständig für interne Geschäftsführung und externe Vertretung der Gesellschaft (§§ 35 ff. GmbHG)
	  – der Umfang seiner Befugnisse ist nach außen nicht beschränkbar
	• Aufsichtsrat als überwachendes Organ
	  – kann gebildet werden (§ 52 GmbHG)
	  – muß gebildet werden bei GmbH mit mehr als 500 Arbeitnehmern (§ 129 BetrVerfG, § 1 MitbestG, § 3 MontanMG)

Gewinnverteilung (§ 29 GmbHG)	Wenn im Vertrag nichts anderes vereinbart ist, so gilt: der Gewinn wird im Verhältnis der Geschäftsanteile verteilt
Auflösungsgründe	der Tod / das Ausscheiden eines Gesellschafters berührt das Bestehen der Gesellschaft nicht (§ 60 GmbHG)

5.2.3.3 Aktiengesellschaft (AG)
■ Aktie
Die Aktie ist ein **verbriefter Anteil am Grundkapital** der Aktiengesellschaft. Aufgrund der Aufteilung des Grundkapitals in Aktien hat die AG besondere Möglichkeiten zur Kapitalbeschaffung: das Grundkapital kann relativ klein gestückelt werden (Mindestnennwert 50,00 DM), und da die Anteile in Urkunden verbrieft sind, können sie relativ problemlos gehandelt werden.
Der Aktienbesitz eines Aktionärs berechtigt zum
- **Stimmrecht** in der Aktionärsversammlung (§ 134 AktG)
- **Auskunftsrecht** gegenüber dem Vorstand (§ 131 AktG)
- Anteil am Gewinn (**„Dividende"**), §§ 58 (4), 60 AktG
- Anteil am **Liquidationserlös** der AG (§ 271 AktG)
- **Bezugsrecht** bei der Ausgabe neuer Aktien (§ 186 AktG)

Vom auf der Aktie aufgedruckten **Nennwert**, nach dem sich Stimmrecht, Anteile am Gewinn und Liquidationserlös und das Bezugsrecht richten, ist der **Kurswert** der Aktie zu unterscheiden: dieser gibt den Marktpreis an, zu dem die Aktie gehandelt wird.

Aktiengesellschaft (AG)	
Typisches Merkmal	Betrieb einer Gesellschaft mit eigener Rechtspersönlichkeit zu jedem beliebigen, erlaubten Zweck • das Grundkapital ist in Aktien (= Urkunden) zerlegt • alle Gesellschafter haften nur beschränkt
Firma	(normalerweise) Sachfirma + Zusatz AG (§ 4 AktG)
Haftung	Für Verbindlichkeiten der AG haftet nur das Gesellschaftsvermögen, im Konkurs können die Aktionäre nur ihren Kapitaleinsatz verlieren (§ 1 AktG)
Mindestkapital	• sog. „Grundkapital" (in der Bilanz heißt dieses „gezeichnetes Kapital", (§ 266 HGB) • gesetzlich vorgeschriebenes Mindestkapital bei der Gründung: 100000,00 DM (§ 7 AktG) • das Grundkapital besteht aus der Summe der Nennwerte aller Aktien, wobei der Mindestnennwert einer Aktie 50,00 DM betragen muß (§ 8 AktG)

Gründung	• mindestens 5 Gründer sind erforderlich (§ 2 AktG)
	   – die Gründer übernehmen alle Aktien gegen Einlagen (Einzahlung pro Aktie: mind. 1/4), §§ 29, 36a AktG
	   – sie wählen den ersten Aufsichtsrat (§ 30 AktG)
	   – sie stellen den Gesellschaftsvertrag („Satzung") auf, der notariell zu beurkunden ist (§ 23 AktG)
	• die AG ist beim für ihren Sitz zuständigen Amtsgericht im Handelsregister, Abteilung B anzumelden (§§ 36-41 AktG)
	• mit der Eintragung entsteht die Gesellschaft (die Eintragung ist konstitutiv), §§ 6 HGB, 41 (1) AktG

Organe der AG	• Hauptversammlung der Aktionäre als beschließendes Organ; beschließt z.B. die Verwendung des Bilanzgewinns (§ 118 ff. AktG)
	• Vorstand als ausführendes Organ (§ 76 ff. AktG)
	   – er wird vom Aufsichtsrat für die Dauer von max. 5 Jahren bestellt;
	   – er ist zuständig für interne Geschäftsführung und externe Vertretung der Gesellschaft
	   – der Umfang der Befugnisse ist nach außen nicht beschränkbar
	• Aufsichtsrat als überwachendes Organ; (§ 95 ff. AktG)
	   – er muß (im Gegensatz zu GmbH) immer gebildet werden
	   – die Vertreter der Anteilseigner werden von der Hauptversammlung, die Arbeitnehmervertreter von der Belegschaft gewählt (auf 4 Jahre)
	   – der Aufsichtsrat bestellt den Vorstand

Verwendung des Jahresüberschusses	• aus Gründen des Gläubigerschutzes muß ein Teil des Jahresüberschusses einer gesetzlichen Rücklage zugeführt werden (§ 150 AktG) • der restliche Jahresüberschuß kann durch Beschluß der Hauptversammlung zur Bildung weiterer Rücklagen verwendet werden (Selbstfinanzierung) und/oder an die Aktionäre ausgeschüttet werden („Dividende"), §§ 58, 174 AktG

5.2.3.4 Kommanditgesellschaft auf Aktien (KGaA)

Die KGaA ist eine juristische Person mit 2 Arten von Gesellschaftern:
- mindestens ein persönlich haftender Gesellschafter (**Komplementär**), auf den insbesondere die **Vorschriften der KG** zutreffen, dieser ist per Gesetz der Vorstand der KGaA
- **Kommanditaktionäre**, die **mit Aktien am Grundkapital** beteiligt sind und nur mit ihrer Einlage haften, auf sie – wie auf die KGaA selbst – treffen die **Vorschriften der AG** zu.

Die KGaA wird gegründet, um eine Kapitalbeschaffung in größerem Umfang durch Aktienausgabe wie bei der AG zu ermöglichen, gleichzeitig bewahrt der persönlich haftende Gesellschafter jedoch seine Rechte, da ihm die Geschäftsführung und Vertretung der Gesellschaft zusteht.

5.2.4 Eingetragene Genossenschaft

> Die Genossenschaft ist eine Gesellschaft mit nicht geschlossener Mitgliederzahl, die bezweckt, durch einen gemeinschaftlichen Geschäftsbetrieb den Erwerb oder die Wirtschaft ihrer Mitglieder zu fördern, § 1 Genossenschaftsgesetz (GenG).

Die Genossenschaft ist also nicht – wie die anderen Gesellschaftsformen – in erster Linie darauf bedacht, Gewinn zu erzielen.

Beispiele:
Arten von Genossenschaften (§ 1 GenG) sind:
- Einkaufgenossenschaften (zentraler Einkauf und gemeinsame Werbung)
- Absatzgenossenschaften (gemeinsamer Verkauf insbesondere landwirtschaftlicher Produkte)
- Produktionsgenossenschaften (gemeinsame Nutzung von Maschinen)
- Kreditgenossenschaften (Gewährung von Krediten, z.B. „Volksbank e.G.")
- Baugenossenschaften (Bau von Wohnungen mit Nutzungsrecht der Mitglieder).

■ **Gründung der Genossenschaft**

- mindestens **7 Gründer** stellen eine Satzung (**„Statut"**) auf (§ 4 ff. GenG)
- die Genossenschaft **entsteht mit Eintragung ins Genossenschaftsregister** (§ 10 ff. GenG)
- die Genossenschaft wird durch die Eintragung **juristische Person** und auch Kaufmann (**„Formkaufmann"**), obwohl wegen der fehlenden Gewinnabsicht **kein Gewerbe** betrieben wird (§ 17 GenG)
- die Firma ist eine **Sachfirma mit Zusatz „eingetragene Genossenschaft"** („e.G."), (§ 3 GenG)

■ **Mitglieder der Genossenschaft („Genossen")**

Die Genossenschaft muß immer (nicht nur bei Gründung) **mindestens 7 Mitglieder** haben (§ 4 GenG).

Die Mitgliedschaft wird erworben als Mitbegründer oder durch späteren Eintritt; beim Eintritt beteiligt sich der Genosse mit einem oder mehreren im Statut bestimmten **Geschäftsanteilen**, pro Geschäftsanteil muß mindestens ein Zehntel eingezahlt werden (§§ 7, 22b GenG).

Die Mitgliedschaft sichert dem Genossen u.a. folgende **Rechte**:
- **Nutzung** der genossenschaftlichen Einrichtungen
- **Stimmrecht** in der Generalversammlung, wobei jeder Genosse – unabhängig von der Zahl seiner Geschäftsanteile – eine Stimme hat (§ 43 GenG)
- Anteil am **Gewinn** und **Liquidationserlös** (§§ 19, 91 GenG)
- **Auszahlung des Geschäftsanteils** beim Ausscheiden (§ 73 GenG)

■ Haftung

Obwohl ein Mindestkapital nicht gesetzlich vorgeschrieben ist, haftet den Gläubigern **nur das Vermögen der Genossenschaft** (§ 2 GenG). Für die Genossen besteht zwar im Konkursfall eine **Nachschußpflicht**, diese kann aber per Statut beschränkt oder sogar ganz ausgeschlossen werden (§ 105 GenG).

■ Organe der Genossenschaft

Wie jede juristische Person braucht auch die Genossenschaft natürliche Personen, die für sie handeln:
- die **Generalversammlung** (Versammlung der Genossen) als beschließendes Organ (§§ 43 ff. GenG), die nicht nur den Aufsichtsrat, sondern auch den Vorstand bestellt (§§ 24 (2), 36 GenG)
- den **Vorstand** als geschäftsführendes Organ (§§ 24 ff. GenG)
- den **Aufsichtsrat** als überwachendes Organ (§§ 36 ff. GenG)

?

1. Worin bestehen die grundsätzlichen Unterschiede zwischen Personenunternehmen und Kapitalgesellschaften?
2. Wodurch entsteht
   a) die Kapitalgesellschaft und   b) die Genossenschaft?
3. Warum schreibt der Gesetzgeber zur Gründung von Kapitalgesellschaften ein Mindestkapital vor?
4. Welche Möglichkeiten der Firmierung bieten sich für eine GmbH im Möbelhandel, wenn die Gesellschafter Zimsel und Schlammbacher heißen?
5. Wie nennt man das Mindestkapital bei der GmbH, wie bei der AG und wie hoch ist es jeweils?
6. Nennen Sie die Organe der GmbH und der AG und deren Aufgabe.
7. Welches Risiko geht der Käufer einer Aktie ein?
8. Unterscheiden Sie Nennwert und Kurswert einer Aktie.
9. Welche Rechte gewährt der Aktienbesitz einem Aktionär?
10 Aus welchen Motiven kann der Kauf von Aktien interessant sein?
11. Was versteht man unter einer KGaA?
12. Worin unterscheidet sich die Genossenschaft grundsätzlich von einer Kapitalgesellschaft?
13. Nennen Sie Beispiele für Genossenschaften.

6 Auflösung der Unternehmung

6.1 Maßnahmen zur Erhaltung der Unternehmung

> **Fall**
>
> Martin Müsel betreibt seinen Bioladen mittlerweile 20 Jahre, er stellt jedoch fest, daß die Geschäfte immer schlechter laufen. Welche Möglichkeiten zur Erhaltung der Unternehmung gibt es?

Die Auflösung des Unternehmens kann persönliche (Alter, Krankheit, Tod des Inhabers, Streitigkeiten der Gesellschafter) aber auch wirtschaftliche Ursachen haben. Insbesondere im letzten Fall wird man zunächst versuchen, mit verschiedenen Maßnahmen die Unternehmung zu erhalten.

6.1.1 Sanierung

> Unter Sanierung versteht man alle Maßnahmen zur Gesundung eines Unternehmens ohne Hilfe der Gläubiger.

Die Sanierung besteht vor allem in der **Beseitigung von Schwachstellen**, z.B. durch:
- Umschuldung von kurzfristigen in längerfristige Kredite
- Zuführung von Eigenkapital durch
  - Einbringung von Kapital durch die vorhandenen Gesellschafter
  - Einbringung von Kapital durch die Aufnahme neuer Gesellschafter
  - Umwandlung von Fremdkapital in Eigenkapital
- Umbesetzung der Unternehmensleitung
- Schulung des Personals
- Abstoßen von unwirtschaftlich arbeitenden Bereichen
- Rationalisierung

6.1.2 Vergleich

> Der Vergleich ist eine Maßnahme zur Gesundung des Unternehmens mit Hilfe der Gläubiger. Es handelt sich um eine Vereinbarung des Schuldners mit den Gläubigern über den Erlaß und/oder die Stundung von Forderungen.

6.1.2.1 Arten des Vergleichs

Nach dem Inhalt des Vergleichs unterscheidet man:
- den **Stundungsvergleich** („Moratorium"), bei dem die Gläubiger einer Stundung der Forderungen zustimmen
- den **Erlaßvergleich**, bei dem die Gläubiger auf einen Teil ihrer Forderungen verzichten
- den **Liquidationsvergleich**, der insofern eine Besonderheit darstellt, als das Unternehmen nicht erhalten bleibt: der Schuldner stellt das Unternehmen zur Verwertung zur Verfügung, die den Liquidationserlös übersteigenden Schulden werden dem Schuldner erlassen

6.1.2.2 Gerichtlicher und außergerichtlicher Vergleich

Je nachdem, ob ein Gericht beim Zustandekommen des Vergleichs beteiligt ist, spricht man von gerichtlichen oder außergerichtlichen Vergleich.

Beim außergerichtlichen Vergleich schließt der Schuldner **im Rahmen der Vertragsfreiheit** mit seinen Gläubigern Verträge über Erlaß und/oder Stundung von Forderungen. Der außergerichtliche Vergleich wird **häufig nur mit einzelnen Gläubigern** geschlossen, während die anderen nichts erfahren; beim gerichtlichen Vergleich wird unter Beteiligung eines Gerichts ein Vergleich **mit allen Gläubigern** geschlossen.

Der gerichtliche Vergleich ist in der **Vergleichsordnung** (VO) ausführlich geregelt, während sich zum außergerichtlichen Vergleich im BGB nur die Bestimmung des § 779 findet.

Gerichtlicher Vergleich	Außergerichtlicher Vergleich
Mit Beteiligung eines Vergleichsgerichtes	Ohne Beteiligung eines Gerichtes
Es wird ein gerichtlicher Vergleich geschlossen: • die Einigung mit der Gläubigermehrheit über den Vergleichsvorschlag genügt (§ 74 VO) • den mehrheitlich zustande gekommenen gerichtlichen Vergleich müssen auch die widerstrebenden Gläubiger akzeptieren (§ 82 VO)	Der Schuldner muß eine Vielzahl von Vergleichsverträgen mit seinen Gläubigern schließen: der Schuldner muß also mit allen beteiligten Gläubigern zu einer Einigung gelangen.
Während des Vergleichsverfahrens herrscht Konkurs- und Zwangsvollstreckungssperre	Die Gläubiger können während der Vergleichsverhandlungen den Konkurs über den Schuldner beantragen oder die Einzelzwangsvollstreckung betreiben
Nur möglich in Form der unter 6.1.2.1 genannten Arten, wobei folgende Einschränkungen gelten: • alle Gläubiger müssen gleichbehandelt werden (§ 8 VO) • ein vollständiger Erlaß ist nicht möglich, den Gläubigern müssen mindestens 35 % ihrer Forderung binnen eines Jahres oder 40 % innerhalb von 18 Monaten gewährt werden (§ 7 VO)	Der außergerichtliche Vergleich ermöglicht alle Vereinbarungen, die im Rahmen der guten Sitten möglich sind, Bsp.: • unterschiedliche Erlaßquoten, unterschiedliche Stundungszeiten • vollständiger Erlaß
Die Eröffnung des Vergleichsverfahrens und das Zustandekommen des Vergleichs wird ins Handelsregister eingetragen und bekanntgemacht (§ 22 VO)	Es erfolgt keine Eintragung/Bekanntmachung

6.2 Auflösung des Unternehmens

Wenn alle Versuche zur Rettung eines Unternehmens scheitern, bleibt häufig nur die Auflösung. Dabei unterscheidet man zwischen der freiwilligen Auflösung („Liquidation") und der zwangsweisen Auflösung der Unternehmung durch ein Gericht (Konkurs).

6.2.1 Freiwillige Auflösung (Liquidation)

> Unter Liquidation versteht man die freiwillige Auflösung einer Unternehmung. Dabei wird das Vermögen des Unternehmens in flüssige Mittel verwandelt.

Nicht immer sind die Gründe für eine freiwillige Unternehmensauflösung in einer wirtschaftlichen Krise zu sehen, auch persönliche Gründe wie Alter, Krankheit, Tod des Inhabers oder Streit unter den Gesellschaftern können Ursachen sein.

Aus Gründen des **Gläubigerschutzes** gilt:
- der Auflösungsbeschluß muß veröffentlicht und ins Handelsregister eingetragen werden, die Gläubiger sind aufzufordern, sich zu melden
- auf den Geschäftsbriefen ist der Firma der Zusatz „i.L." („in Liquidation") beizufügen
- persönlich haftende Gesellschafter haften noch 5 Jahre ab Eintragung des Auflösungsbeschlusses für aus der Liquidation nicht gedeckte Schulden
- in Kapitalgesellschaften darf der Liquidationserlös erst nach Ablauf einer Sperrfrist von einem Jahr an die Gesellschafter verteilt werden.

6.2.2 Konkurs

> Der Konkurs ist ein gerichtliches Verfahren zur zwangsweisen Verteilung des gesamten Vermögens eines Schuldners („Gemeinschuldner") an die Gläubiger, gesetzliche Grundlage ist die Konkursordnung (KO).

6.2.2.1 Antrag auf Eröffnung des Konkursverfahrens

Der Konkurs muß vom Gemeinschuldner beim für ihn zuständigen Amtsgericht angemeldet werden, falls das Vorliegen eines **Konkursgrundes** gegeben ist (siehe §§ 102, 207, 209, 231 KO), d.h.:
- **Zahlungsunfähigkeit** (die flüssigen Mittel decken die fälligen Schulden nicht mehr)
- bei juristischen Personen auch **Überschuldung** (das Vermögen deckt das Fremdkapital nicht mehr).

Der Gemeinschuldner muß seinem Antrag eine Liste seiner Gläubiger, seiner Schuldner und seines Vermögens beifügen (§ 104 KO).

Der Konkurs kann aber auch von einem **Gläubiger** – gegen Kostenvorschuß – beantragt werden (§ 103 KO), wenn dieser die Zahlungsunfähigkeit des Schuldners glaubhaft machen kann (z.B. durch erfolglose Zwangsvollstreckungsversuche, Wechselproteste).

Der Antrag auf Eröffnung des Konkursverfahrens wird vom Gericht „**mangels Masse" abgelehnt**, wenn absehbar ist, daß das Vermögen noch nicht einmal die Kosten des Konkursverfahrens decken wird (§ 107 KO).

6.2.2.2 Folgen der Konkurseröffnung

- **Folgen für den Gemeinschuldner:**
  - das Vermögen wird durch den Konkursverwalter beschlagnahmt, der Gemeinschuldner verliert sein Verfügungsrecht
  - er verliert sein Verwaltungsrecht, darf Geschäftspost nicht mehr öffnen, von ihm erteilte Vollmachten erlöschen
  - er darf seinen Wohnort nicht mehr verlassen

- **Folgen für Schuldner des Gemeinschuldners:**
  - sie dürfen nur noch an den Konkursverwalter, nicht mehr an den Gemeinschuldner leisten
  - wer dem Gemeinschuldner gehörende Vermögenswerte besitzt, muß dieses angeben

- **Folgen für die Gläubiger:**
  - sie verlieren ihr Recht auf Einzelzwangsvollstreckung
  - sie können ihre Forderungen beim Gericht zur Eintragung in die Konkurstabelle anmelden; nach Beendigung des Konkurses ist der Auszug aus der Konkurstabelle ein vollstreckbarer Titel, aus der der Gläubiger für festgestellte, aber nicht (voll) befriedigte Forderungen zwangsvollstrecken kann.

6.2.2.3 Feststellung und Verteilung der Konkursmasse

Fall
Händler Hase, der von einem Kunden noch 5000,00 DM für eine Warenlieferung zu bekommen hat, muß erfahren, daß über diesen Kunden der Konkurs eröffnet wurde.   – Welche Rechtsstellung hat Hase als Konkursgläubiger bezüglich seiner Kaufpreisforderung?   – Wie ändert sich die Rechtslage, wenn Hase die Waren unter Eigentumsvorbehalt liefert?

Die Feststellung und Verteilung der Konkursmasse durch den Konkursverwalter geschieht in einer gesetzlich vorgeschriebenen Weise (siehe §§ 43 ff. KO):

Feststellung und Verteilung der Konkursmasse
Feststellung der vorhandenen Vermögenswerte (Konkursmasse) durch den Konkursverwalter
Aussonderung von fremdem Eigentum und Rückgabe an den Eigentümer **Beispiel:** Waren, die unter Eigentumsvorbehalt geliefert wurden, gemietete Maschinen
Absonderung von mit dinglichen Rechten belasteten Gegenständen: diese gehen nicht in die Konkursmasse ein, sondern werden vorweg versteigert und der Gläubiger aus dem Erlös befriedigt. **Beispiel:** Hypotheken, Grundschulden, Gegenstände, die an einen Gläubiger sicherungsübereignet wurden
Aufrechnung mit Schulden, die ein Gläubiger noch gegenüber dem Gemeinschuldner hat
Verteilung der restlichen Konkursmasse auf die Gläubiger in der gesetzlich vorgeschriebenen Reihenfolge

Vorwegansprüche der Massegläubiger
• Massekosten (Verfahrenskosten, Unterhaltszuschüsse an den Gemeinschuldner)
• Masseschulden
  – Schulden, die erst nach der Konkurseröffnung entstanden sind
    Bsp.: Miete, Löhne, Einkäufe
  – Lohn-/Gehaltsansprüche für die letzten 6 Monate vor Konkurseröffnung

Bevorrechtigte Ansprüche für das letzte Jahr vor der Konkurseröffnung • Löhne und Gehälter, soweit nicht Masseschulden • öffentliche Abgaben, insbesondere Steuern • Forderungen von Kirchen, Schulen, öffentlichen Verbänden • Forderungen von Ärzten, Apotheken u.ä. • Forderungen von Kindern, Mündeln, sonstigen Pflegebefohlenen
Rest für die nicht bevorrechtigten Forderungen (= alle übrigen Forderungen)

6.2.2.4 Zwangsvergleich

Der Zwangsvergleich ist eine Möglichkeit, das Unternehmen noch nach der Konkurseröffnung durch einen Erlaßvergleich vor der Auflösung zu retten. Ein Zwangsvergleich ist nach § 187 KO möglich, wenn gewährleistet ist, daß
• die bevorrechtigten Gläubiger voll befriedigt werden
• die nicht bevorrechtigten Gläubiger mindestens 20% ihrer Forderungen erhalten

Stimmt die Mehrzahl aller anwesenden, nicht bevorrechtigten Gläubiger dem Vergleichsvorschlag zu und beträgt die Gesamtsumme der Forderungen der zustimmenden Gläubiger mindestens 75%, so ist der Vergleich **für alle nicht bevorrechtigten Gläubiger bindend**; der Rest der Forderungen gilt als erlassen (§§ 182, 193 KO).

6.2.2.5 Beendigung des Konkursverfahrens

Das Konkursverfahren wird beendet durch

- **Aufhebung**
    - nach Beendigung der Verwertung (§§ 86, 162, 163 KO)
    - bei Zustandekommen eines Zwangsvergleichs (§ 190 KO)

- **Einstellung**
    - von Amts wegen, wenn die Verfahrenskosten nicht gedeckt sind (§ 204 KO)
    - auf Antrag des Schuldners, wenn er die Zustimmung aller Gläubiger beibringt (§ 202 KO)

Nach Beendigung des Verfahrens kann der Schuldner über eine gegebenenfalls noch vorhandene Masse wieder verfügen.

Wegen der nicht befriedigten Forderungen können nun die Gläubiger aufgrund eines Auszuges aus der Konkurstabelle (= vollstreckbarer Titel) noch 30 Jahre die **Zwangsvollstreckung** betreiben.

---

1. Unterscheiden Sie Sanierung und Vergleich.
2. Unterscheiden Sie die Arten des Vergleichs
    a) nach ihrem Inhalt,
    b) nach dem Mitwirken eines Gerichts bei ihrem Zustandekommen.
3. Eine Gläubigerminderheit ist mit dem vom Schuldner unterbreiteten Vergleichsvorschlag, aufgrunddessen sie 60 % ihrer Forderungen erlassen sollen, nicht einverstanden und erwägt sogar Vollstreckungsmaßnahmen gegen den Schuldner.
   Welche Bedeutung hat es, wenn hier nicht nur ein außergerichtlicher, sondern ein gerichtlicher Vergleich geschlossen wurde?
4. Welche Konkursgründe gibt es
    - bei Einzelunternehmen, Personengesellschaften,
    - bei Kapitalgesellschaften?
5. Erläutern Sie die Folgen einer Konkurseröffnung.
6. Unterscheiden Sie „Aussonderung" und „Absonderung".
7. Der Gemeinschuldner hatte für den Kauf eines LKW einen Kredit aufgenommen und den LKW als Kreditsicherheit an die Bank sicherungsübereignet. Welches Recht kann die Bank im Falle des Konkurses aus dieser Sicherungsübereignung geltend machen? Erläutern Sie.
8. Erläutern Sie die gesetzlich vorgeschriebene Reihenfolge bei der Verteilung der (nach Aussonderung, Absonderung und Aufrechnung) noch verbleibenden Konkursmasse.
9. Was versteht man unter einem Zwangsvergleich und unter welchen Voraussetzungen kommt er zustande?

J | Regelung des Wettbewerbs

Tue Gutes – doch schweige darüber...

Biomöbel gegen Smog!

„Jedes Wochenende das gleiche Chaos in der Innenstadt. Lange Autoschlangen, Stop-and-go-Verkehr, Staus, keine freien Parkplätze. Die Folge davon: Unnötige Umweltbelastung aus zigtausend Auspuffrohren, die Smoggefahr steigt drastisch an. Das muß nicht sein! Der Weg ins Zentrum ist mit Bus & Bahn schneller, sauberer, streßfreier und schont die Umwelt. Deshalb erstatten wir unseren Kunden bei Vorlage einer Bus- oder Bahnfahrkarte 1,50 DM zurück (bei Kauf ab DM 10,00). Wir wünschen uns, daß sich möglichst viele Autofahrer und vor allem auch die Einzelhändler dieser Umwelt-Initiative anschließen."

Jetzt günstiger fahr'n mit Bus & Bahn

Bio möbel

Ein Wettbewerbsverein beanstandete diese Werbung wegen der angekündigten Fahrpreiserstattung als rabattrechtlich unzulässig und als wettbewerbswidrig im Sinne des Paragraphen 1 des Gesetzes gegen den unlauteren Wettbewerb (UWG) und strengte vor dem Kölner Landgericht gegen den Möbelhändler eine Unterlassungsklage an. Das Landgericht wies jedoch die Klage ab und begründete seine Entscheidung wie folgt:
– Ein **Verstoß gegen das Rabattgesetz** liege nicht vor, da die in der Erstattung liegende Geldzuwendung von 1,50 DM vom Kunden nicht als Preisnachlaß, sondern als eine die Preisstellung des Möbelhändlers unberührt lassende Nebenleistung gesehen werde. Durch die Nutzung des öffentlichen Personennahverkehrs ergebe sich für den Möbelkäufer kein Ausnahmepreis, da die Erstattung eine vom Kaufbetrag unabhängige, feste Summe sei.
– Ebensowenig sahen die Landrichter in der beanstandeten Werbung einen **Verstoß gegen die Zugabeverordnung**. Ausgenommen vom gesetzlichen Zugabeverbot ist nämlich nach Paragraph 1 Absatz 2 Buchstabe b) der Zugabeverordnung eine Zuwendung, die „in einem bestimmten oder bestimmt zu berechnenden Geldbetrag besteht", und als solche stuften die Richter die Fahrpreiserstattung ein.
Zwar kann eine nach dieser Vorschrift zulässige Zuwendung wiederum verboten sein, wenn in der Werbung der Eindruck der Unentgeltlichkeit erweckt, das heißt sie als „Gratiszugabe, Geschenk und dergleichen" bezeichnet wird (Paragraph 3 Zugabe VO), doch lag dies nach dem Landgerichtsurteil im Fall des Möbelhändlers nicht vor.
– Auch ein **wettbewerbswidriges Verhalten nach Paragraph 1 UWG** verneinten die in erster Instanz angerufenen Richter. Die von der angekündigten Fahrpreiserstattung ausgehende Anlockwirkung auf die angesprochenen Kundenkreise sei nicht so erheblich, daß sie zu Wettbewerbsverzerrungen führe. Es wurden nicht Teile des Sortiments beworben, sondern das Sortiment allgemein. Dazu sei für die Erlangung der 1,50 DM die Benutzung der öffentlichen Verkehrsmittel im Sinne des Umweltschutzes nötig, und für aufgeschlossene Verbraucher zähle – so das Gericht – das Umweltschutzargument mehr als die 1,50 DM.
Darüber hinaus müsse für die Fahrpreiserstattung der gleiche Maßstab gelten wie für die im Einzelhandel allgemein übliche Erstattung von Parkgebühren. Auch in dieser werde keine unsachliche Beeinflussung, sondern vielmehr eine – zulässige – handelsübliche Nebenleistung gesehen.
Der Wettbewerbsverein jedoch gab sich mit dieser Entscheidung nicht zufrieden und legte Revision ein, woraufhin sich der Bundesgerichtshof (BGH) mit dem Fall befaßte und mit Urteil vom 18.10.1990 die „Biowerbung mit Fahrpreiserstattung" für wettbewerbswidrig erklärte.

Die Ansicht des BGH
Die obersten Richter folgten zwar der Argumentation des Landgerichts-Urteils, daß die Fahrpreiserstattung weder als rabattrechtlich unzulässig noch als Verstoß gegen die Zugabeverordnung zu werten sei. In bezug auf die Frage der wettbewerbsrechtlichen Zulässigkeit widersprach der BGH jedoch der Auffassung des Landgerichtes.
Die obersten Richter waren hier der Ansicht, daß die Werbung des Möbelhändlers jedenfalls im Bereich der Waren aus der explizit angesprochenen unteren Preisklasse („ab 10,00 DM") eine Anlockwirkung habe, die zu der Besorgnis führte, daß das Kaufmotiv vor allem bei Einkäufen geringeren Umfanges nicht mehr allein Preiswürdigkeit und Qualität des Angebotes, sondern auch die angekündigte Fahrtkostenerstattung sei.
Die Herausstellung des Umweltschutzes führt nach Ansicht des BGH noch zu einer Verstärkung dieses Anlockeffektes. Darüber hinaus wird in der Urteilsbegründung darauf verwiesen, daß nach ständiger Rechtsprechung des Bundesgerichtshofes eine Werbung mit Umweltargumenten dann als wettbewerbswidrig anzusehen ist, wenn ein sachlicher Zusammenhang zwischen dem Angebot des Werbenden und dem Engagement für die Umwelt nicht besteht, sondern die Belange des Umweltschutzes zur eigenen Absatzförderung benutzt werden. Auch im Fall des Möbelhändlers – so die obersten Richter – „benutzt der Beklagte sein Eintreten für die Belange des Umweltschutzes, die mit seinem Warenangebot in keinerlei sachlichem Zusammenhang stehen, als unsachliches Vorspann für die Verfolgung wirtschaftlicher Eigeninteressen".
Dem Biomöbelhändler, dem per Gerichtsentschluß die Fahrpreiserstattungs-Werbung jetzt untersagt ist, droht bei jedem Verstoß gegen die richterliche Verbot ein Ordnungsgeld bis zu 500 000,00 DM.

Das „Aus" für die Fahrpreiserstattung?

Quelle: Der Einzelhandelsberater, Heft 2/91

Grundgedanke des Wettbewerbsrechts ist die **Sicherung des freien Leistungswettbewerbs:** jeder Gewerbetreibende ist grundsätzlich frei in seiner wirtschaftlichen Betätigung.
Andererseits endet seine Freiheit dort, wo die Freiheit der anderen Marktteilnehmer beginnt; diese sind zum einen die Mitbewerber, zum anderen die Marktgegenseite, also die Kunden.

Die Sicherung des freien Wettbewerbs wird insbesondere durch folgende Gesetze geregelt:
- **UWG (Gesetz gegen unlauteren Wettbewerb)** vom 7.6.1909, zuletzt geändert am 25.7.1986
- **GWB (Gesetz gegen Wettbewerbsbeschränkungen,** auch „Kartellgesetz" genannt) vom 27.7.1957, zuletzt geändert am 22.12.1989.
- Sondergesetze wie
  - das **Rabattgesetz (RabG)** vom 25.11.1933, zuletzt geändert am 25.7.1986[1]
  - die **Zugabeverordnung (ZugabeVO)** vom 9.3.1932, zuletzt geändert am 22.10.1987
  - die **Preisangabenverordnung (PAngV)** vom 14.5.1985

Nach dem Grundsatz **„Sonderregel bricht Allgemeinregel"** ist bei der Beurteilung eines Tatbestandes zunächst zu prüfen, ob ein Sondergesetz greift. Erst wenn dies nicht der Fall ist, ist das UWG heranzuziehen, wobei auch innerhalb des UWG zunächst die Spezialregelungen zu prüfen sind.

1 Rabattgesetz (RabG)[1]

Fall
Händler Hösel bietet seinen Kunden bei sofortiger Zahlung einen Rabatt von 5 %; sein Konkurrent ist empört. Kann er gegen Hösel gerichtlich vorgehen?

Das Rabattgesetz verbietet grundsätzlich die Gewährung von Rabatten bei Lieferung von Waren und Leistungen des täglichen Bedarfs an den Endverbraucher (§ 1 (1) RabG);
- unter den **täglichen Bedarf** fallen allerdings lt. Rechtssprechung auch hochwertige Waren wie z.B. Schmuck, Kraftfahrzeuge oder ähnliches.
- **Letztverbraucher** ist auch der gewerbliche Verbraucher, falls er die Ware nicht mehr weiterveräußert.

1.1 Rabatte im Sinne des Rabattgesetzes

Rabatte i.S.d. RabG sind alle **Preisnachlässe, die aus subjektiven Gründen nur einzelnen Kunden gewährt werden.** Einem Unternehmer steht es frei, seinen Preis allgemein – also für jeden Kunden – niedrig zu kalkulieren, er soll jedoch seinen Preis nicht von Fall zu Fall, je nach Verhandlungsgeschick des Kunden, ermäßigen.

---

[1] Bei Drucklegung stand noch nicht fest, ob das Rabattgesetz wegen Unvereinbarkeit mit dem EU-Recht aufgehoben wird.

Unter Rabatte fallen z.B. auch folgende Fälle:
- zinslose Stundung des Kaufpreises;
- wenn einem Kunden bei Inzahlungnahme von Waren ein erhöhter Anrechnungspreis für die alte Ware zugrunde gelegt wird
- wenn bei Einräumung erleichterter Zahlungsbedingungen (z.b. langfristige Stundung) kein Preisaufschlag berechnet wird.
- Nachlässe aufgrund der Zugehörigkeit zu einer bestimmten Personengruppe (Berufsgruppe, Verein, Gesellschaft).

Nicht unter das RabG fallen Nachlässe, die **jedem Kunden** ohne Ansehen der Person **aus objektiven Gründen** gewährt werden:
- Nachlässe wegen Mängeln, Lagerräumung, allgemeine Sonderangebote (dann kann aber eine unerlaubte Sonderveranstaltung i.S.d. UWG vorliegen)
- Gewährung von Nebenleistungen wie Kundendienst, Anlieferung (dann kann aber eine unerlaubte Zugabe nach ZugabeVO vorliegen)
- Nachlässe, die durch Gegenleistungen des Kunden gerechtfertigt sind.

1.2 Erlaubte Rabatte

Die Ankündigung und Gewährung von **unter das RabG fallenden Rabatten** sind nur in folgenden Fällen erlaubt, dabei dürfen maximal 2 Rabattarten auf einmal gewährt werden:
- bei Barzahlung und unverzüglicher Bezahlung per Scheck oder Überweisung; §§ 2, 4 RabG, wobei folgende Beschränkungen zu berücksichtigen sind:
  - die Rabatthöhe darf **max. 3 %** betragen;
  - der Barzahlungsnachlaß darf nur in folgender Form gewährt werden:
    - als **sofortiger Barabzug** oder
    - in Form von **Gutscheinen** (z.B. Rabattmarken), die Einlösung muß **in bar** und nach einem **Umsatz von max. 50,00 DM** erfolgen.
- bei Abgabe von Waren in einer größeren Menge in einer Lieferung (**„Mengenrabatt"**), § 7 RabG:
  - die Rabatthöhe kann 3 % übersteigen, muß aber **„handelsüblich"** sein
  - der Nachlaß kann **in bar** oder durch **zusätzliche Hingabe der gleichen Ware** (sog. „Draufgabe") erfolgen.
- falls die Ware beruflich oder gewerblich **verwertet** wird (§ 9 (1) RabG) Der Begriff „verwertet" ist dabei enger zu interpretieren als „verwendet"; die Abgrenzung ist im Einzelfall sehr schwierig. So wird z.B. ein Computer in einem Unternehmen, das Software herstellt, verwertet, in einem Möbelhaus hingegen nur (z.B. zur Auftragsbearbeitung) verwendet.
- bei **Großverbrauchern** (z.B. Gaststätten, Krankenhäusern u.ä.), (§ 9 (2) RabG) Es handelt sich hier auch um eine Art Mengennachlaß, da auch hier die Abnahme einer bestimmten Menge vorausgesetzt wird. Hier wird jedoch keine Gleichbehandlung verlangt, der Großverbraucherrabatt kann auch nur einzelnen Großverbrauchern gewährt werden.

- Betriebsangehörigen dürfen nach § 9 (3) RabG **Personalrabatte** gewährt werden
  - wenn sie allen Mitarbeitern in gleicher Höhe gewährt werden
  - beim Bezug von Waren des täglichen Bedarfs (nicht z.B. Antiquitäten)

- wenn der Nachlaß als **Treueprämie vom Hersteller** in der Form von der Ware beigepackten Sammelgutscheine gewährt wird (§ 13 der Verordnung zur Durchführung des Rabattgesetzes;):
  - es muß sich um den Hersteller von **Markenartikeln** handeln
  - es müssen der Ware **Gutscheine** (nicht z.B. Geldstücke) beigepackt sein, wobei keine Mindestzahl oder ein Höchstumsatz vorgeschrieben ist;
  - die Prämie muß stets **in bar** (und nicht in Waren) ausgezahlt werden
  - sie darf auch hier **nicht unverhältnismäßig hoch** sein

Das Recht des Händlers, (erlaubte) Rabatte zu gewähren, ist unabhängig von der Treueprämie des Herstellers, der Händler kann trotz Treueprämie des Herstellers noch 2 weitere Rabattarten und gegebenenfalls auch noch eine (erlaubte) Zugabe gewähren.

Rabatte i.S.d. RabG sind alle Preisnachlässe und Draufgaben der gleichen Ware, die aus subjektiven Gründen nur einzelnen Kunden gewährt werden. Rabatte sind gegenüber dem Endverbraucher grundsätzlich verboten, Ausnahmen sind:
- Barzahlungsrabatte bis 3 %
- Mengenrabatte in handelsüblicher Höhe
- Nachlässe bei beruflich verwerteten Waren
- Großverbraucherrabatte
- Personalrabatte
- Treuerabatte durch den Hersteller (Sammelgutscheine)

Beim Zusammentreffen mehrerer Rabattarten darf – neben einem etwaigen Treuerabatt des Herstellers – Rabatt nur für 2 Arten gewährt werden (§ 10 RabG).

1.3 Rechtsfolgen bei Zuwiderhandlungen gegen das Rabattgesetz

Zuwiderhandlungen werden nach § 11 RabG als Ordnungswidrigkeit mit einer **Geldstrafe** bis zu 10 000,00 DM geahndet.

Gleichzeitig besteht ein **Anspruch auf Unterlassung** nach § 12 RabG.

Hinsichtlich der Anspruchsberechtigung verweist § 12 RabG auf § 13 des UWG, anspruchsberechtigt sind demnach:
- Mitbewerber (§ 13 I, Nr. 1 UWG)
- Verbände zur Förderung gewerblicher Interessen und Kammern (§ 13 (1) Nr. 2, 4 UWG)

Außerdem können **Schadensersatzansprüche** aus § 823 (2) BGB geltend gemacht werden, da das Rabattgesetz ein Schutzgesetz ist.

2 Zugabeverordnung (ZugabeVO)

> **Fall**
>
> Zur Eröffnung eines Küchenstudios wirbt Händler Möbius mit folgender Zeitungsanzeige: „Die ersten 5 Käufer einer Einbauküche erhalten einen Eßtisch nach freier Wahl im Wert von bis zu 500,00 DM". Kann er von seinen Konkurrenten auf Unterlassung in Anspruch genommen werden?

Eine (kostenlose) Zugabe kann nicht nur die Kaufentscheidung beeinflussen, sondern auch den Käufer irreführen: der Kunde glaubt, einen Vorteil zu erhalten, in Wahrheit wird die Zugabe aber in den Preis einkalkuliert sein. **Daher hat der Gesetzgeber die Ankündigung und/oder Gewährung von Zugaben grundsätzlich verboten (§ 1 (1) ZugabeVO).**

Anders als das Rabattgesetz gilt die Zugabeverordnung **für alle Verkäufe**, also auch die an Wiederverkäufer.

2.1 Zugaben im Sinne der Zugabeverordnung

Eine **Zugabe im Sinne der ZugabeVO** liegt vor, wenn **aufgrund des Kaufes einer Hauptware** eine **anders geartete** Nebenware oder -leistung **ohne Berechnung** oder gegen ein geringfügiges Scheinentgelt gewährt wird;

Beispiele:
- Warenproben
- Planung, Lieferung, Montage
- auch: 5 Jahre Umtauschrecht für Teppiche bei Nichtgefallen
- Hefelieferant stellt kostenlos Kühlschränke zur Aufbewahrung zur Verfügung
- beim Verkauf von Auslandsgrundstücken im Falle des Kaufs kostenlose Besichtigungsreise

Dabei spielt es keine Rolle, ob der Verkäufer und Geber der Zugabe oder Käufer und Zugabeempfänger nicht identisch sind;

Beispiele:
- Hersteller stellt dem Verkäufer Zugabeartikel für den Endverbraucher zur Verfügung
- Zugabe wird dem Kind des Käufers ausgehändigt
- Autohändler erklärt, er werde für jeden bei ihm gekauften Wagen der Stadt Köln einen Baum stiften

Keine Zugabe im Sinne der ZugabeVO sind demnach:
- **gleichartige** Waren/Leistungen (diese können aber einen Verstoß gegen das RabG darstellen)

- **unabhängig vom Kauf** einer Hauptware gewährte Waren/Leistungen:
  – die Wertreklame, die in der Erwartung gegeben werden, daß der Kunde etwas kaufen wird;
  – Geschenke aus besonderem Anlaß wie Jubiläum, Kundengeburtstag u.ä.
- **Werbeprämien**, die für die Werbung eines Kunden gewährt werden, da sie keine Zugabe zum Kauf, sondern eine Vergütung für geleistete Werbearbeit darstellen.

2.2 Erlaubte Zugaben

Nach § 1 (2) ZugabeVO sind folgende Zugaben als Ausnahmen erlaubt:
- **Reklamegegenstände** von geringem Wert, notwendig ist aber ein deutlicher, dauerhafter Werbeaufdruck.
- **Geringwertige Kleinigkeiten**, die – enger als o.g. Reklamegegenstände – so geringwertig sein müssen, daß sie „auch von Käufern, die nur über geringe Mittel verfügen nicht sonderlich geachtet werden". Dabei sehen die Gerichte die absolute Wertgrenze bislang bei 1,00 DM.
- **Barrabatte** (bei Gewährung an Endverbraucher aber Einschränkung durch das RabG)
- **Warenrabatte** (bei Gewährung an Endverbraucher aber RabG beachten)
- **Handelsübliche(s) Zubehör/Nebenleistungen** (Kleiderbügel, Verpackung, Pflegemittel)

Beispiel:

Lt. Rechtssprechung ist aber z.B. unzulässig:

2 Jahresinspektionen incl. Ölwechsel oder eine Zeitwertgarantie (Rücknahme des Fahrzeugs nach 2 Jahren zu 65 % des Kaufpreises) beim Autokauf.

- Geringwertige **Kundenzeitschriften**
- **Geschenke von nicht hohem Wert** für die Anforderung einer Warensendung zur unverbindlichen Ansicht (Rechtssprechung).

Auch erlaubte Zugaben dürfen aber nicht als „kostenlos" o.ä. bezeichnet sein („Pflegemittel kostenlos"...)!

Eine Zugabe liegt vor, wenn neben der Hauptware eine anders geartete Nebenware oder -leistung ohne Berechnung oder nur gegen ein geringes Scheinentgelt gewährt wird. Diese Zugaben sind – auch Wiederverkäufern gegenüber – grundsätzlich verboten, Ausnahmen sind:
- Reklamegegenstände von geringem Wert
- Geringwertige Kleinigkeiten
- Barrabatte
- Warenrabatte
- Handelsübliche(s) Zubehör/Nebenleistungen
- Geringwertige Kundenzeitschriften
- Geschenke von nicht hohem Wert für die Anforderung einer Warensendung zur unverbindlichen Ansicht.

Bei Gewährung von Zugaben an Endverbraucher sind aber Einschränkungen durch das Rabattgesetz zu beachten.

2.3 Rechtsfolgen bei Zuwiderhandlungen

Zuwiderhandlungen gegen die Zugabeverordnung haben folgende Rechtsfolgen:
- Ahndung als Ordnungswidrigkeit nach § 3 ZugabeVO mit einer **Geldstrafe** bis zu 10 000,00 DM.

- Anspruch auf **Unterlassung** nach § 2 (1) ZugabeVO.
  Hinsichtlich der Anspruchsberechtigung gilt auch hier gemäß § 2 ZugabeVO der § 13 (2) UWG, anspruchsberechtigt sind demnach:
  – Mitbewerber (§ 13 (2), Nr. 1 UWG)
  – Verbände zur Förderung gewerblicher Interessen und Kammern (§§ 13 (2) Nr. 2, 4 UWG)

- **Schadensersatzansprüche** gem. § 2 (2) ZugabeVO.

?

1. Unterscheiden Sie Rabatte und Zugaben.
2. Welche Rabatte sind als Ausnahmen erlaubt?
3. Welche Zugaben sind als Ausnahmen erlaubt?
4. Die Kunden einer Weinhandlung erhalten beim Kauf von 11 Flaschen „Schießburger Schneeberg" eine Flasche gratis dazu. Liegt eine Zugabe oder ein Rabatt vor und ist dies als eine der Ausnahmen zulässig?
5. Entscheiden Sie in den folgenden Fällen, ob ein wettbewerbsrechtlicher Verstoß vorliegt:
   a) Ein Händler schenkt jedem Kunden zu Weihnachten einen Christstollen.
   b) Michel Meier erhält für die Werbung von Lieschen Müller als Abonnentin der Zeitschrift „die gute Hausfrau" einen Kofferset.
   c) Ein Großhändler gewährt lt. seinen Zahlungsbedingungen allen Wiederverkäufern bei Barzahlung 4 % Skonto.
   d) Ein Markenwaren-Hersteller packt seiner Ware Sammelgutscheine bei, wenn der Kunde Waren im Wert von 100,00 DM gekauft hat, kann er die gesammelten Gutscheine gegen einen Aschenbecher eintauschen.

3 Preisangabenverordnung (PAngV)

Fall

Alfons Tetzloff hat auf einer Parisreise seine Frau feudal zum Essen eingeladen; als er die Rechnung verlangt, muß er feststellen, daß die auf der Speisekarte ausgewiesenen Preise weder Steuern noch Bedienungsgeld enthalten. Wie wäre der Fall zu beurteilen, wenn es sich um ein Restaurant in Deutschland gehandelt hätte?

3.1 Grundvorschriften (§ 1 PAngV)

3.1.1 Bruttopreise / Endpreise

> Wer Letztverbrauchern gewerbs- oder geschäftsmäßig Waren oder Leistungen anbietet oder unter Angabe von Preisen wirbt, muß Preise angeben, welche einschließlich der Umsatzsteuer und sonstiger Bestandteile (Provisionen, Bedienungsgeld) unabhängig von einer Rabattgewährung zu zahlen sind.

Diese grundsätzliche Verpflichtung besteht jedoch nur, wenn die Ware hinreichend bestimmt ist; nicht z.B. in einer Anzeige, welche nur aus dem Text (ohne Abbildung) „Kühlschränke, 120 Liter, 2 Jahre Garantie" besteht.

Die Verpflichtung zur Angabe von Bruttopreisen entfällt nur dann, wenn es sich um Waren handelt, die keinesfalls von privaten Letztverbrauchern gekauft werden.

3.1.2 Angabe der Verkaufs- oder Leistungseinheit

> Soweit üblich, ist auch die Verkaufs- oder Leistungseinheit und die Gütebezeichnung anzugeben, auf die sich die Preise beziehen.

Im Möbelhandel ist bei Auszeichnung von Sachgesamtheiten mit einem Preis zu beachten, daß es für Sachgesamtheiten, z.B. Schlafzimmer, Polstergarnitur feststehende Definitionen gibt. Deren Nichtbeachtung verstößt wegen Irreführung gegen § 3 UWG.

3.1.3 Wahrheit, Klarheit, Erkennbarkeit

> Die Preisangaben müssen den Grundsätzen von Preiswahrheit und Klarheit entsprechen; sie müssen der Ware eindeutig zugeordnet, erkennbar und lesbar sein.

■ **Preiswahrheit und Klarheit**
- die **angegebenen** Preise müssen den **tatsächlich verlangten** Preisen entsprechen
- es muß ein **genauer** Preis, nicht ein „von-bis"-Preis angegeben sein (außer: Werbung, die Breite des Angebots dokumentieren soll: „Teppiche in allen Preislagen von 1000,00 – 20 000,00 DM)
- es dürfen **nicht mehrere verschiedene Preise** für eine Ware angegeben sein, z.B. am Regal und Preisschild
  - erlaubt: Gegenüberstellung mit unverbindl. Preisempfehlung
  - erlaubt: Gegenüberstellung: Servicepreis – Abholpreis

■ **Eindeutige Zuordnung**
- Eine eindeutige Zuordnung erfolgt grundsätzlich durch **direkte Beschriftung** der Waren
- Bei **Regalpreisschildern** ist die Zuordnung nur unter folgenden Voraussetzungen gegeben:
  - genaue **Beschreibung** der Ware am Regal
  - Anbringung in **unmittelbarer räumlicher Nähe** zur Ware
  - die Zuordnung muß **wiederhergestellt** werden, wenn die Waren durcheinandergebracht wurden
- Ausnahmsweise sind **Sammelpreisschilder** möglich (z.B. an einem Schaufenster, in dem die Möblierung eines ganzen Raumes ausgestellt wird), dann muß aber durch eine genaue Beschreibung eine eindeutige Zuordnung möglich sein.

■ **Leichte Erkennbarkeit**

Preisauszeichnungen sind grundsätzlich auf der **dem Käufer zugewandten Seite** anzubringen. Soweit dies nicht möglich (Bekleidung) oder unüblich (Bücher) ist, reicht es aber aus, wenn sie bei näherer Betrachtung oder Anfassen erst erkennbar sind. Dann muß die Auszeichnung aber grundsätzlich an der **üblichen Stelle** (bei Glas z.B. auf der Unterseite) angebracht sein.

■ **Deutliche Lesbarkeit**

Eine Auszeichnung ist deutlich lesbar, wenn sie für Kunden mit normaler Sehkraft aus angemessener Entfernung **ohne Mühe zu entziffern** ist.

3.2 Preisauszeichnungsformen (§ 2 PAngV)

§ 2 PAngV konkretisiert und ergänzt die nach § 1 PAngV bestehende Auszeichnungspflicht.
- **Waren, die in Schaufenstern, Schaukästen, Regalen** sichtbar ausgestellt oder zur Selbstbedienung aufgestellt sind, sind durch **Preisschilder oder Beschriftung der Ware** auszuzeichnen (§ 2 (1) PAngV).
  - Die Auszeichnungspflicht **entfällt für Dekorationsstücke** nur dann, wenn die Ware nicht zum Sortiment gehört
  - bei jeder Umdekoration ist **umgehend** eine Auszeichnung vorzunehmen, bei großen Schaufensterflächen auch schon vor Beendigung der gesamten Dekoration
  - Waren, die sowohl von innen als auch von außen zu sehen sind, sind **zweifach** auszuzeichnen.
  - auch ein für den Kundenverkehr geöffnetes Lager ist ein Verkaufsraum (siehe § 2 (2) PAngV).
- die Preise von **Waren in Musterbüchern**, z.B. Tapeten, Stoffe, Gardinen, Bodenbeläge, müssen auf den Mustern oder in mit den Musterbüchern fest verbundenen Preisverzeichnissen angegeben sein (§ 2 (3) PAngV)
- Die Preise von Waren, die nach **Katalogen oder Warenlisten**, insbesondere im Versandhandel angeboten werden, sind neben den Abbildungen oder in Preisverzeichnissen anzugeben (§ 2 (4) PAngV)

- **§ 2 PAngV ist nicht anzuwenden auf**
  - **Kunstgegenstände, Sammlerstücke** und **Antiquitäten** (Einordnung gemäß Zolltarif)
  - auf Waren in **Werbevorführungen**, der Preis muß aber am Ende der Vorführung genannt werden und nochmals bei Vertragsschluß
  - auf **Pflanzen aus Freilandverkauf** (§ 7 II PAngV)

Diese Ausnahmen beziehen sich nur auf die besonderen Auszeichnungsformen des § 2 PAngV; sie **entbindet nicht von den grundsätzlichen Pflichten** nach § 1 PAngV.

Beispiel:
Für Antiquitäten ist zwar die Auszeichnung an der Ware entbehrlich, falls jedoch ein Preis auf Anfrage genannt wird, ist der Endpreis, ggf. Einheit und Gütebezeichnung, zu nennen.

3.3 Preisangabe bei Dienstleistungen (§ 3 PAngV)

§ 3 PAngV regelt die Preisangabe für das Angebot von Dienstleistungen.

Nach § 3 PAngV besteht die Preisangabepflicht für alle wesentlichen, also **häufig nachgefragten Leistungen**.

Anzugeben sind **Preise oder Verrechnungssätze:** Stunden-, Kilometer- oder ähnliche Sätze, die alle Leistungselemente einschließlich der Umsatzsteuer enthalten müssen, Materialkosten können einbezogen werden (siehe § 1 (2) PAngV).

Preisverzeichnisse sind **im Geschäftslokal und Schaufenster** anzubringen, sie müssen nur ausgelegt und nicht angebracht werden
- falls ein Anbringen wegen ihres Umfanges unzumutbar ist (§ 3 (2) PAngV),
- falls der Verbraucher ein Verzeichnis nicht erwartet, weil es sich in erster Linie um einen auf den Verkauf von Waren gerichteten Betrieb handelt (§ 3 (3) PAngV).

Die Leistungen sind **unmißverständlich zu umschreiben**:
- „von-bis-" / „ab-" Preise sind unzulässig
- aus Gründen der Klarheit ist anzugeben, ob Materialkosten enthalten sind.

Grundsätzlich besteht die Preisangabepflicht auch für Leistungen, die in **Handelsbetrieben** erbracht werden (z.B. die Montage im Möbelhandel), wobei es in diesen Fällen insbesondere darauf ankommt, ob die Dienstleistung im Rahmen des Gesamtangebotes (Waren und Leistungen) als wesentlich anzusehen ist.

Beispiel:
Die Reparturleistungen eines Schirmhändlers sind nicht als wesentlich anzusehen, anders z.B. im KFZ-Handel, Konfektionsgeschäften, Pelzhandel.

§ 3 PAngV ist nicht anzuwenden auf Leistungen, die üblicherweise aufgrund von – auf den Einzelfall abgestellten – schriftlichen Angeboten oder Voranschlägen erbracht werden (§ 7 III PAngV).

3.4 Kredite (§ 4 PAngV)

§ 4 PAngV gilt für **alle Arten von Krediten**, die an **Letztverbraucher** gewährt werden, also auch für Kredite im Rahmen von Abzahlungsgeschäften; die Bestimmung regelt in erster Linie, welche Angaben zu machen und wie sie zu berechnen sind (z.B. Angabe des Preises inklusive aller Kosten, Angabe des effektiven Jahreszinssatzes).

3.5 Grundsätzliche Ausnahmen (§ 7 (1) PAngV)

Die gesamte Preisangabenverordnung ist in folgenden Fällen nicht anzuwenden:
- bei Werbung/Angeboten gegenüber **nicht schutzwürdigen Letztverbrauchern**, d.h. solchen, die eine Ware/Leistung im Rahmen ihrer beruflichen oder gewerblichen Tätigkeit verwenden; ein Händler, der Angebote unterbreitet, welche nicht der Preisangabenverordnung entsprechen, müßte allerdings sicherstellen, daß diese nicht an private Letztverbraucher gelangen.
- bei **mündlichen Angeboten**, z.B. von Handwerkern, Straßenhändlern
- bei Warenangeboten im Rahmen von **Versteigerungen**.

3.6 Rechtsfolgen bei Zuwiderhandlungen gegen die Preisangabenverordnung

Gem. § 8 der PAngV werden Zuwiderhandlungen als Ordnungswidrigkeiten i.S.d. Wirtschaftsstrafgesetzes von 1954 geahndet, welches **Geldbußen bis zu 50 000,00 DM**, bei fahrlässigem Verhalten bis zu 25 000,00 DM vorsieht.
Anstelle oder neben einer Verfolgung als Ordnungswidrigkeit kann von der Ordnungsbehörde – unter Androhung eines Bußgeldes – verfügt werden, daß der Zuwiderhandelnde seinen Verpflichtungen nachkommt.
Setzt sich der Zuwiderhandelnde planmäßig und bewußt über die PangV hinweg, so liegt auch ein Verstoß gegen § 1 UWG (Verstoß gegen die guten Sitten) oder, in schweren Fällen, gegen § 3 UWG (Irreführung) vor; wegen dieser Verstöße kann der Auszeichnungspflichtige von Mitbewerbern oder Verbänden auf **Unterlassung** in Anspruch genommen werden (siehe § 13 UWG).

4 Gesetz gegen unlauteren Wettbewerb (UWG)

Vorangestellt ist die **Generalklausel des § 1 UWG** („Verstoß gegen die guten Sitten"); die im UWG nachfolgenden Normen sind Spezialnormen, welche daher zuerst zu prüfen sind.
Besonders geregelt durch **Spezialnormen** innerhalb des UWG sind:

1. Irreführung (§ 3 UWG), diese wiederum mit Sonderregeln (§ 6 – 6 e UWG)
2. Sonderveranstaltungen (§§ 7, 8 UWG)

3. Anschwärzung (§§ 14, 15 UWG)
4. Benutzung fremder geschäftlicher Bezeichnungen (§ 16 UWG)
5. Bestechlichkeit (§ 12 UWG)
6. Geheimnisverrat (§§ 17 – 20 a UWG)

Da der Grundsatz „Sonderregel bricht Allgemeine Regel" auch hier gilt, ist zunächst zu prüfen, ob eine Sonderregel vorliegt und/oder ob diese die gewünschten Ansprüche gewährt.

Erst wenn dies nicht der Fall ist, ist die generelle Regel des § 1 UWG heranzuziehen.

4.1 Irreführung

Der Tatbestand der Irreführung ist im UWG zweifach besonders geregelt:
- durch § 3 UWG (**Generalklausel** zur Irreführung)
- durch die §§ 6 – 6 e UWG (**besondere Tatbestände** der Irreführung)

Daneben verstößt die Irreführung immer auch gegen die guten Sitten (§ 1 UWG).

4.1.1 Besonders geregelte Tatbestände der Irreführung (§§ 6 – 6 e UWG)

Bei den in den §§ 6 bis 6 e UWG speziell geregelten Werbeformen ist die Gefahr der Irreführung besonders groß. **Daher sind sie generell verboten, ohne daß es darauf ankommt, ob sie auch wirklich irreführend i.S.d. § 3 UWG sind.**

4.1.1.1 Konkurswarenverkauf (§ 6 UWG)

Der Verkauf von Konkurswaren als solches ist nicht generell untersagt, **verboten ist jedoch nach § 6 UWG die öffentliche Ankündigung von Waren als aus einer Konkursmasse stammend, wenn diese nicht tatsächlich im Rahmen der Massenversilberung veräußert werden,** sondern z.B. schon durch die Hände Dritter gegangen sind.

4.1.1.2 Verkauf durch Hersteller an den Endverbraucher (§ 6 a UWG)

§ 6 a UWG untersagt im geschäftlichen Verkehr mit dem Endverbraucher die Werbung mit dem Hinweis, Großhändler oder Hersteller zu sein.

Dazu zählt auch die Benutzung von Bezeichnungen wie: „Fabrikpreise", „Großlager", „Teppichhandelslager", „Großeinkauf", „C+C Möbelmärkte", „Groß- und Einzelhandel".

Grund für das Verbot des § 6 a UWG ist, daß der Verbraucher annehmen wird, ihm würden Waren zu Preisen angeboten, die üblicherweise Wiederverkäufern berechnet werden. Daher gilt das Verbot unabhängig davon, ob der Werbende wirklich Hersteller oder Großhändler ist.

Ausnahmen, in denen der Herstellerhinweis erlaubt ist:
- bei ausschließlichem Verkauf an Letztverbraucher (da dann nur ein Preis besteht)
- bei Verkauf an den Letztverbraucher zu Wiederverkaufspreisen
- bei unmißverständlichem Hinweis auf die differenzierte Preisstellung.

4.1.1.3 Kaufscheinhandel (§ 6 b UWG)

Von Kaufscheinhandel spricht man, wenn der Einzelhändler an den Letztverbraucher Kaufscheine (Einkaufsausweise) ausgibt, mit denen dieser **unmittelbar beim Hersteller oder Großhändler** beziehen kann. Der Letztverbraucher erwartet beim Bezug direkt vom Hersteller Preisvorteile, was aber häufig nicht der Fall ist; daher ist die Ausgabe von solchen Berechtigungsscheinen nach § 6 b UWG verboten.
Ausnahmsweise erlaubt sind Kaufscheine, die nur zu einem **einmaligen Einkauf** berechtigen und für jeden Einkauf einzeln ausgegeben werden müssen.
Die Ausgabe eines Kaufscheins ist demnach zulässig, wenn der Kunde bei einem Händler eine bestimmte Ware kaufen will, dieser sie aber nicht anbieten kann.

4.1.1.4 Progressive Kundenwerbung (§ 6 c UWG)

Im Falle der progressiven Kundenwerbung verspricht der Händler einem Laienwerber Vorteile, wenn dieser weitere Abnehmer wirbt, denen widerum Vorteile für eine Werbung weiter Abnehmer gewährt wird. Die Vorteile können vielfacher Art sein, beim sog. „Schneeballsystem" liegt er darin, daß ihm bei Werbung weiterer Werber Teile des Kaufpreises zurückerstattet werden.
Viele Erstkunden glauben, die Bedingungen leicht erfüllen zu können, dieser Schein trügt jedoch: je rascher die Progression steigt, desto geringer werden die Aussichten, neue Kundenwerber zu finden; daher ist die progressive Kundenwerbung nach § 6 c UWG **verboten**.
Formen, die nicht darauf beruhen, daß der neuerworbene Kunde wiederum werben muß und dafür Vorteile erhält, fallen wegen des Fehlens des progressiven Elements nicht unter § 6 c (Buchclubs, Abos, Versicherungen usw.).

4.1.1.5 Beschränkung der Abgabemenge (§ 6 d UWG)

Die Beschränkung der Abgabemenge stellt eine **Art der sog. „Lockvogelwerbung"** dar.
Unter § 6 d UWG fallen zwei Tatbestände:
- Die **Werbung mit dem Hinweis, daß die Abgabemenge beschränkt ist** oder der Verkauf an Wiederverkäufer beschränkt oder ausgeschlossen ist.
  Zulässig ist es aber, die vorhandene Warenmenge anzugeben:
    - „Vorratsmenge 500 Stück" oder „so lange der Vorrat reicht",
    - nicht zulässig wäre jedoch: „pro Kunde nur 1 Stück" oder „Abgabe nur in haushaltsüblichen Mengen"

- **Werbung bei besonders günstigen Angeboten ohne den Hinweis der Abgabebeschränkung, wenn die Abgabemenge tatsächlich jedoch beschränkt** ist bzw. für Wiederverkäufer ausgeschlossen oder auch teilweise ausgeschlossen ist.

Unproblematisch ist also nur der Fall, wenn weder auf die Beschränkung hingewiesen wurde, noch mit einem besonders günstigen Angebot geworben wurde.

Durch das Verbot kann ein Händler also nicht verhindern, von einem Konkurrenten regelrecht „leergekauft" zu werden; das Verbot soll nur dann nicht greifen, wenn das Aufkaufen von Ware durch Konkurrenten unter dem Gesichtspunkt der **Behinderung** nach § 1 UWG wettbewerbswidrig ist oder wenn der Einzelhändler im Rahmen eines **Vertriebsbindungssystems** wirksam verpflichtet ist, Waren nicht oder nur begrenzt an Wiederverkäufer abzugeben.

Anders ist die Rechtslage, wenn sich die Werbung ausschließlich an Personen richtet, die die Waren in ihrer gewerblichen, selbständig beruflichen oder dienstlichen Tätigkeit verwenden; dann gilt das Verbot grundsätzlich nicht (§ 6 d UWG). Dies wird selten der Fall sein, da z.B. Fachzeitschriften auch von privaten Letztverbrauchern gelesen werden.

4.1.1.6 Verbot von Preisgegenüberstellungen[1] (§ 6 e UWG)

Der Vergleich zwischen dem ursprünglichen und dem reduzierten Preis kann eine starke Anlockwirkung auf den Kunden haben. Da es nicht möglich ist, festzustellen, ob der genannte frühere Preis tatsächlich verlangt wurde, sind auch wahre Preisvergleiche verboten.

■ **Formen der verbotenen Gegenüberstellung:**

- **unmittelbare Gegenüberstellung:**

   Beispiele:

   durchgestrichene Preise, „Früher 100 DM, jetzt 80 DM", „Statt 50 DM nun 30 DM""
   Eine Gegenüberstellung liegt aber lt. Rechtssprechung nicht vor, wenn der alte Preis so durchgestrichen wurde, daß er nicht mehr erkennbar ist:

Gemütliche Eßgruppe	**Hochwertige Stil-Eßgruppe**
Eßtisch ausziehbar, Platte gekachelt, Holzteile Eiche rustikal, ca. 80 x 80 cm, 4 Stühle in Esche rustikal,	Eiche P 43, best. aus: Säulenausziehtisch ca. 155 x 95 cm, 4 Stühle mit Schnitzereien, 2 Armlehnstühle mit Schnitzereien, Sitz: Leder
statt ~~16~~- jetzt nur **1385,-***	statt ~~5~~- jetzt nur **4444,-***

- **mittelbare Gegenüberstellung:**

   bei der mittelbaren Gegenüberstellung wird nur ein Preis angegeben, der andere läßt sich aber unschwer errechnen, da zusätzlich der Umfang der Herabsetzung in Form eines Betrages, eines Prozentsatzes oder Bruchteils angegeben ist.

---

[1] Bei Drucklegung stand noch nicht fest, ob § 6 e UWG wegen Unvereinbarkeit mit dem EU-Recht aufgehoben wird.

Beispiel:

„Fernsehgeräte um 20 % reduziert, jetzt 1800,00 DM,

- **Ankündigung einer Herabsetzung ohne Preisangabe, aber mit einem bestimmten Prozentsatz**

Beispiel:

„Teppiche 20 % billiger". Auch die Angabe von Spannen wie „alle Waren 20 – 40 % / um 10 – 20 DM / bis zu 40 % reduziert" war ursprünglich unzulässig. Mit Urteil vom 7.7.88 stellte der BGH jedoch fest, daß es sich bei der Angabe von Spannen nicht um einen bestimmten Vomhundertsatz handele.

- **Ankündigung einer Herabsetzung ohne Preisangabe aber mit dem Nachlaßbetrag**

Beispiel:

„Fernsehgeräte um 360,00 DM reduziert."

■ Umfang des Verbotes

Das Verbot von Preisgegenüberstellungen gilt für Werbeprospekte, Plakate, einsehbare Preislisten, Lautsprecherdurchsagen, Preisschilder an der Ware, an Regalen, auf Hinweisschildern, nicht jedoch für individuelle Verkaufsgespräche. Auch Preisangaben im Rahmen von Sonderveranstaltungen unterliegen dem Verbot!

Das Verbot bezieht sich nur auf **einzelne Waren** (bzw. einzelne Warengruppen), die aus dem gesamten Angebot **hervorgehoben** sind:

- Das Verbot greift also **nicht**, wenn das **ganze Sortiment** („unseren gesamten Warenbestand haben wir um 50 % reduziert", „alle Waren 10 % billiger", „Backwaren vom Vortag um 50 % reduziert") herabgesetzt wurde. Dabei ist allerdings zu beachten, daß dieses nur im Rahmen einer zulässigen Sonderveranstaltung der Fall sein kann!

- Diese einzelnen Waren müssen zudem in irgendeiner Weise **aus dem Warenangebot hervorgehoben** sein; zur Hervorhebung reicht es allerdings schon aus, wenn die Ware in einer Werbeankündigung aufgeführt ist, selbst wenn der Preis kleingedruckt ist und kaum auffällt.

■ Ausnahmetatbestände

Preisgegenüberstellungen in der oben angegebenen Form sind nach § 6 e (2) UWG in folgenden Ausnahmefällen erlaubt:

- bei **nicht blickfangmäßigen Preisauszeichnungen**. Dies kann der Fall sein
    - beim sogenannten **„Schilderwald"**, bei dem über den Verkaufsständen eine Unzahl von Werbeplakaten angebracht ist.
    - bei **Preisschildern, die an der Ware angebracht sind**; der Händler soll nicht bei Preisherabsetzungen gezwungen sein, die Waren mit neuen Preisschildern zu versehen. Selbst wenn neue Schilder angebracht werden, ist eine Gegenüberstellung zulässig. Nach neuerer Rechtssprechung ist eine solche Gegenüberstellung nicht nur bei Waren in den Verkaufsräumen sondern auch bei Preisauszeichnung an Waren in Schaufenster zulässig.

- bei Angaben in **Katalogen** oder ähnlich umfassenden Verkaufsprospekten (nicht also z.B. bei Zeitungsprospekten); der Versandhandel soll nicht gezwungen werden, bei Preisherabsetzungen neue Kataloge herausbringen zu müssen.

Voraussetzung ist aber in den genannten Fällen immer, daß die Gegenüberstellung nicht Blickfangmäßig geschieht. Eine blickfangmäßige Preisauszeichnung liegt schon vor, wenn durch die Druckart (z.B. Fettdruck), Farbe, Druckgröße, Unterstreichungen, Stellung die Auszeichnung hervorgehoben wird,

- **Preisgegenüberstellungen in der Werbung**, die ausschließlich gegenüber **gewerblichen, beruflichen oder dienstlichen Verwendern** (also nicht privaten Letztverbrauchern) erfolgt.

Zu beachten ist, daß auch bei einer erlaubten Gegenüberstellung der bisherige Preis **längere Zeit** (i.d.R. etwa 2 Monate, abhängig aber z.B. von Warenart) **tatsächlich gefordert** worden sein muß.

4.1.2 Generalklausel über die Irreführung (§ 3 UWG)

Unter § 3 UWG fallen alle Irreführungstatbestände, die nicht speziell in den §§ 6, 6a – 6e geregelt sind; die nachfolgende Darstellung kann diese nur beispielhaft wiedergeben.

4.1.2.1 Irreführung über geschäftliche Verhältnisse

Unter die verbotene Irreführung über die geschäftlichen Verhältnisse fallen folgende Fälle:

- **Irreführung über das Geschäftsalter**

Beispiel:

Bei einem Wechsel der Branche darf nicht mehr mit ursprünglichem Gründungsjahr geworben werden.

- **Irreführung über die Bedeutung des Unternehmens**

Beispiele:
- Abbildung eines großen Gebäudes, das aber nur teilweise genutzt wird;
- Landschafts-/Ortsangaben wie z.B. „Bayrisch", „Europäisch", dürfen nur verwendet werden, wenn in diesem Gebiet auch führende Stellung vorliegt, „Kontinent-Möbel" verlangt kontinentale Bedeutung:
- Bezeichnungen wie „Möbelhaus"(!), „Möbelhof" lassen das Publikum einen Betrieb mit überdurchschnittlicher Bedeutung erwarten;
- „discount" läßt besonders niedrige Preisgestaltung erwarten;
- ein „Fachgeschäft" muß über qualifiziertes Personal und reiches Angebot verfügen
- Attribute wie „führend", „größtes", „bedeutendstes" dürfen nur Unternehmen nutzen, die nach Umsatz und Menge oder qualitativ ihre Mitbewerber deutlich überragen;
- „Werk" dürfen sich nur großindustrielle Betriebe nennen, eine Fabrik mit mehreren Abteilungen ist noch kein Werk.

- **Irreführung über den Inhaber**

  Beispiele:
  - bei Angabe eines akademischen Grades muß u.U. Fakultät angegeben sein (z.B. Dr. rer. pol als Inhaber einer Fabrik für hygienische Erzeugnisse)
  - Kaufleute können kein „Ingenieurbüro" bilden

4.1.2.2 Irreführung über die Ware/Leistung

Unter die verbotene Irreführung über die Ware/Leistung fallen folgende Fälle:

- **Irreführende Bezeichnungen o.ä. zum Vorspiegeln qualitativer Vorteile**

  Beispiele:
  - unwahre Verwendung von Begriffen wie „Auslese", „echt", „extra", „frisch", „original", „spezial", „1. Wahl", „bio", umweltfreundlich,
  - „Fruchtsaft" anstelle von „Nektar";
  - Werbung mit Hühnergegacker im Rundfunk für Nudeln, die nur mit Trockenei hergestellt wurden;
  - „Qualitätsmöbel" verlangt auch überdurchschnittliche Arbeit und bestes Material.

  Zahlreiche Bezeichnungen sind dabei gesetzlich geschützt, bzw. normiert, insbesondere im Lebensmittelbereich

- **Irreführung über den Zeitpunkt des Erfolgseintritts:**

  Beispiel:
  „bis 20 Pfund schlanker in 30 Tagen"

- **Irreführung über die Art der Herstellung:**

  Beispiel:
  „Handarbeit" oder „Bäckernudeln" für industriell gefertigte Produkte

- **Irreführung über die Herkunft der Ware:**

  Beispiele:
  - unwahre Bezeichnung als Jenaer Glas oder Rügenwälder Teewurst,
  - Name „San Marco" für inländischen Wermut.

4.1.2.3 Irreführung über Vorrat/Warenmenge

Der verbotene Irreführungstatbestand kann sowohl in der Vortäuschung einer zu kleinen als auch einer zu großen Warenmenge liegen:

- **Vortäuschung eines kleinen Vorrats**, um die Kunden zu schnellem Zugreifen anzuregen
- **Vortäuschung nicht vorhandener Auswahl** („Riesenauswahl" bei 40–60 Teppichen)
- **Werbung mit nicht vorhandener Ware / Ware, die erst bestellt werden muß** (Ausnahme: Fertighäuser, Autos, Möbel)

- **nicht ausreichender Warenvorrat bei Sonderangeboten.** Als Faustregel gilt, daß beworbene Ware 3 Tage vorrätig sein muß; dem widerspricht aber teilweise die neuere Rechtssprechung, wonach das Vorhandensein am Erscheinungstag der Anzeige ausreicht.

4.1.2.4 Irreführung über die Bezugsart/Bezugsquelle

Beispiele für die Irreführung über die Bezugsquelle:
- unwahre Angaben „ab Fabrik", „direkt vom Erzeuger", „eigene Herstellung"
- unwahrer Hinweis, Hersteller oder Großhändler zu sein
- „Markenmöbel", die nicht von einem Markenhersteller stammen
- Vortäuschung einer privaten Verkaufsquelle durch bloße Angabe der Telefonnummer oder der Straße, Chiffre bei Gewerbetreibenden

4.1.2.5 Irreführung über den Preis

- **„Lockvogelangebote":**
Verkauf einiger Markenartikel mit äußerst günstigen Preisen, wenn das Sortiment ansonsten preislich dem Durchschnitt entspricht; so daß die Verbraucher annehmen müssen, daß die Kalkulation im allgemeinen diesen Angeboten entspricht.
  → Anders bei deutlicher Kennzeichnung als Sonderangebot oder wenn ansonsten die Preise auch unterdurchschnittlich sind.
- Angabe nur des **Nettopreises** (gleichzeitig Verstoß gegen die PangV)
- **Keine Kennzeichnung als Abholpreis**
- Bezeichnung als **„empfohlener Preis"** (zulässig ist nur: „unverbindliche Preisempfehlung")
- Weitere Beispiele:
  - genannter Preis unter einer Polstergarnitur mit Tisch bezieht sich nur auf die Garnitur
  - Mischangebote wie „... von 30–300 DM", wenn nicht Ware zu 30 DM in angemessener Menge vorhanden ist
  - Koppelungsangebote, bei denen zwei unterschiedliche Waren zu einem Gesamtpreis angeboten werden
  - Schlagwörter wie „Discountpreis" oder „Fabrikpreis", wenn der Preis nicht besonders günstig ist bzw. nicht dem reinen Fabrikabgabepreis entspricht
  - „Höchstrabatt" ist unzulässig wegen gesetzlicher Beschränkung auf 3 %, was keine besondere Vergünstigung ist.
  - „Vorsaisonpreis" deutet auf eine unzulässige Sonderveranstaltung
  - Mondpreise

4.1.2.6 Irreführung über Anlaß des Verkaufs

Unter § 3 UWG fallen nur Irreführungen in den Bezeichnungen, wie z.B. Verwendung des Begriffs „Neueröffnung" bei Wiedereröffnung wegen Umbau, die Sonderveranstaltungen selbst sind jedoch in den nachfolgend dargestellten §§ 7, 8 UWG geregelt.

Regelung des Wettbewerbs 213

> **?**
>
> 1. Nennen Sie alle Bestimmungen des UWG, gegen die eine Irreführung des Verbrauchers verstoßen kann.
> 2. Was versteht man unter (verbotener) progressiver Kundenwerbung i.S.d. § 6 c UWG, und wieso fällt die Werbung eines Abonnenten nicht darunter?
> 3. Welche Formen der Preisgegenüberstellung unterscheidet § 6 e UWG?
> 4. Welche Voraussetzungen müssen erfüllt sein, damit es sich um eine verbotene Preisgegenüberstellung im Sinne des § 6 e UWG handelt?
> 5. Welche Arten von Preisgegenüberstellungen sind als Ausnahmen nach § 6 e (2) erlaubt?
> 6. Nennen Sie Beispiele für Irreführungen des Verbrauchers über
>   - die geschäftlichen Verhältnisse
>   - die Ware/Leistung
>   - den Warenvorrat
>   - die Bezugsart oder Bezugsquelle
>   - den Preis

4.2 Sonderveranstaltungen (§§ 7, 8 UWG)

Fall

Textileinzelhändler Kleinen wirbt Ende Mai mit der Zeitungsanzeige: „Vom 1. bis 30. Juni sind bei uns alle Waren bis zu 50 % reduziert." Sein Konkurrent Hartmann hält diese Ankündigung für unlauteren Wettbewerb. Wie ist die Rechtslage?

4.2.1 Grundsätzliches Verbot von Sonderveranstaltungen

> Das Ankündigen oder Durchführen von Verkaufsveranstaltungen außerhalb des üblichen Geschäftsverkehrs im Einzelhandel, die den Eindruck der Gewährung besonderer Vorteile dienen (Sonderveranstaltungen), ist grundsätzlich verboten.
> Eine Sonderveranstaltung liegt aber nicht vor, wenn einzelne Ware ohne zeitliche Begrenzung angeboten werden und diese sich in den regelmäßigen Geschäftsbetrieb einfügen (Sonderangebote), § 7 UWG.

Die Elemente der Regelung im einzelnen:

- **„Einzelhandel"**:
  Das Verbot gilt auch für Veranstaltungen von Groß- und Einzelhändlern, falls es sich um private Letztverbraucher handelt (Formulierung von daher irreführend)
- **„außerhalb des regelmäßigen Geschäftsverkehrs"**:

  Beispiel:
  „Deutsche Weinwochen" sind keine unzulässige Sonderveranstaltung, da branchenüblich, ebenso sind „Sommerpreise" bei Pelzen üblich, auch Werbewochen für ausländische Lebensmittel oder branchenfremde Waren werden als Teil des regelmäßigen Geschäftsverkehrs empfunden; ebenso fällt der Dauer-Billiganbieter nicht unter das Verbot.

- **„Sonderangebote"**: zulässige Sonderangebote sind nur gegeben, wenn 2 Voraussetzungen erfüllt sind:
  - es muß sich um **einzelne Waren** handeln.
    Eine Fülle von Sonderangeboten führt nicht automatisch zu einer unzulässigen Sonderveranstaltung; stellt dagegen ein Möbelhändler ganze Teile seines Sortiments zu Sonderpreisen zum Verkauf, so weist dies auf eine Verkaufsveranstaltung außerhalb des regelmäßigen Geschäftsverkehr hin („Sonderangebote auf 3000 qm"). „Mäntel und Kostüme" bildet nach Rechtssprechung schon eine Warengruppe, die auf eine unzulässige Sonderveranstaltung hindeutet.
  - das Angebot muß **unbefristet** sein.
    Sonderangebote sind zwar ihrer Natur nach vorübergehend, weil sich der Vorrat erschöpft, werden sie aber von vornherein befristet, so fügen sie sich zum einen nicht in den regelmäßigen Geschäftsverkehr ein, da ein Kaufmann ein Angebot normalerweise so lange aufrechterhalten würde, bis er seinen Vorrat losgeworden ist. Zum anderen erwecken befristete Angebote den Eindruck besonderer – da nur innerhalb der Frist gegebener – Kaufvorteile.

Folgende „Schlagworte" in der Werbung wurden – da diese Voraussetzungen nicht erfüllt sind und somit kein Sonderangebot, sondern eine Sonderveranstaltung vorliegt – daher als **unzulässig** angesehen:

„Angebot der Woche/des Monats", „Alles 20 % billiger", „Blaulicht-Aktion", „Diese Woche Schlachtfest", „Ferienpreis", „Inventur-Preis bis 40 % herabgesetzt", „Urlaubspreise"; „Sommerangebot", „Werbewoche".

Als **zulässig** beurteilt wurde jedoch:

„Auf, auf zur Schnäppchenhalle" (da Dauerveranstaltung), „Einmalige(s) Gelegenheit/Angebot", „Feiertagspreis" für verderbliche Ware, „Sommerpreis" für Waren, die typischerweise im Sommer umgesetzt werden (z.B. Motorräder)
Sonderaktion zur Eröffnung sind allgemein üblich; die Eröffnung stellt jedoch keinen eine Sonderveranstaltung erlaubenden Grund dar. Daher ist darauf zu achten, daß nicht der Eindruck einer Sonderveranstaltung geweckt wird (Werbung mit der Formulierung „Eröffnungspreise").

Mit „Eröffnungsangeboten" hingegen darf geworben werden, wenn es sich um einzelne Waren handelt und das Angebot nicht nur am Eröffnungstage gilt, sondern solange der Vorrat reicht.

4.2.2 Ausnahmetatbestände: erlaubte Sonderveranstaltungen

4.2.2.1 Schlußverkäufe

> Sonderveranstaltungen, die am letzten Montag im Januar bzw. am letzten Montag im Juli beginnen und nicht länger als 12 Werktage dauern (Sommerschlußverkauf, Winterschlußverkauf), sind als Ausnahmen vom Verbot der Sonderveranstaltungen erlaubt (§ 7 (3) UWG).

Dabei sind folgende Besonderheiten zu beachten:

- Begrenzung auf sog. **„schlußverkaufsfähige Ware"**
  Im Rahmen des Schlußverkaufes ist der Verkauf folgender Waren zulässig:
  – Textilien (alle aus pflanzlichen, tierischen oder künstlichen Fasern hergestellte Waren, z.B. auch Matratzen, Möbelbezugsstoffe, Orientteppiche, nicht jedoch Polstermöbel!)
  – Bekleidungsgegenstände (nicht z.b. Motorradhelme)
  – Schuhwaren
  – Lederwaren (Taschen, Gürtel, Jacken, Koffer)
  – Sportartikel (d.h. auch Skier, Fahrräder usw., nicht nur Bekleidung)
  Nicht mehr schlußverkaufsfähige Waren sind Porzellan, Glas und Steingut, die bisher im Winterschlußverkauf zulässig waren.

  Wird in einer Anzeige auch für nicht schlußverkaufsfähige Ware geworben, so müssen die Angebote deutlich voneinander unterschieden werden.

- In der **Werbung** ist zum Ausdruck zu bringen, daß es sich um einen Schlußverkauf handelt, also um eine Ausnahme vom Sonderverkaufsverbot

- **Vorweggenommene oder verlängerte Schlußverkäufe sind unzulässig.**
  Wann ein solcher Schlußverkauf vorliegt, hängt von der Verkehrsauffassung ab. Dabei wird das Publikum umso eher einen Verkauf zu herabgesetzten Preisen als Vorwegnahme des Schlußverkaufes auffassen, je näher dieser am Winterschlußverkauf/Sommerschlußverkauf liegt:
  – So ist die Ankündigung „sensationelle Preisangebote in allen Abteilungen" oder „Stark herabgesetzte Preise" Anfang Januar unzulässig.
  – Andererseits sind Sonderangebote zum Jahreswechsel im Textileinzelhandel weit verbreitet und werden laut Rechtssprechung vom Publikum nicht unbedingt mit dem Ende Januar beginnenden Winterschlußverkauf in Verbindung gebracht.
  – Auch wenn die Auslieferung erst während des Schlußverkaufs erfolgt, ist die vorzeitige Entgegennahme von Bestellungen unzulässig.
  – Wird im Schlußverkauf ein Kaufvertrag geschlossen, so muß auch die Abwicklung innerhalb des Schlußverkaufszeitraumes erfolgen.

- Zwar sind Regelungen über Beginn der Werbung weggefallen, andererseits darf aber **keine Irreführung des Publikums** entstehen (so muß z.B. der Beginn des Verkaufs deutlich angegeben sein), verkauft werden darf sowieso erst ab den zulässigen Terminen.

- Die Waren dürfen eigens für den Schlußverkauf hergestellt sein, anders als beim Räumungsverkauf ist auch das **Vor- und Nachschieben von Waren unbeschränkt zulässig**

- Zu beachten ist, daß das zu **Preisgegenüberstellungen** Gesagte auch im zulässigen Schlußverkauf gilt!

4.2.2.2 Jubiläumsverkäufe

> Sonderveranstaltungen, die aufgrund des Bestehens eines Unternehmens im selben Geschäftszweig nach jeweils 25 Jahren ab der Gründung durchgeführt werden und nicht länger als 12 Werktage dauern, sind als Ausnahmen vom Verbot der Sonderveranstaltungen erlaubt (§ 7 (3) UWG).

Dabei ist folgendes zu beachten:

- Jubiläen, die nicht im Abstand von 25 Jahren gefeiert werden, dürfen nur mit einzelnen **Sonderangeboten** gefeiert werden. Eine Werbung, die beim Publikum den Eindruck eines Jubiläumsverkaufes erweckt, ohne daß die Voraussetzungen vorliegen, ist unzulässig („Einmalige 90-Jahre-Sonderpreise", „seit 20 Jahren sind Sie gut mit uns gefahren...")
- Am Verkauf dürfen auch **später entstandene Filialen** teilnehmen, eigene Jubiläumsveranstaltungen dürfen sie jedoch nicht durchführen (selbst wenn sie ursprünglich selbständig waren und übernommen wurden)
- **Rechtlich selbständige Tochterunternehmen** wiederum dürfen ihre **eigenen Jubiläen** feiern, aber nicht an dem der Mutter teilnehmen
- „**Verpaßte**" Jubiläen sind nicht nachholbar
- Der Verkauf muß mittlerweile nicht mehr in dem Monat beginnen, in den der Gründungstag fällt, es muß aber ein **zeitlicher Zusammenhang** bestehen
- Ein **irrtümlich zu frühes** Jubiläum „verbraucht" das zum richten Zeitpunkt
- Zur **Vorwegnahme** und **Verlängerung** gilt entsprechend das für die Schlußverkäufe Gesagte.

4.2.2.3 Räumungsverkäufe

■ **Allgemeine Vorschriften**

> Räumungsverkäufe sind
> - zur Beseitigung einer Zwangslage (Schadensfall, Umbau) für die Dauer von 12 Werktagen oder
> - wegen Geschäftsaufgabe für die Dauer von 24 Werktagen
> als Ausnahmen vom Verbot der Sonderveranstaltungen zulässig (§ 8 UWG).

Räumungsverkäufe unterliegen einer **Anzeigepflicht** bei der amtlichen Berufsvertretung (z.B. Industrie- und Handelskammer), wobei je nach Grund unterschiedliche Anzeigefristen bestehen.

Die Anzeige muß enthalten:
- Grund, Beginn und Ende des Räumungsverkaufes
- Art, Beschaffenheit und Menge der zu räumenden Ware
- bei Umbau auch die Baugenehmigung, Bezeichnung der betroffenen Verkaufsfläche
- bei Geschäftsaufgabe auch die Angabe über die Dauer der Führung des Geschäftes.

Zur Nachprüfung der Angaben sind die amtlichen Berufsvertretungen und deren Vertrauensleute berechtigt, dazu dürfen sie auch die Geschäftsräume betreten. Außerdem darf jedermann – auch ohne Nachweis eines berechtigten Interesses – Einsicht in die Anzeige und die Akten verlangen.

Der **Grund** für die Veranstaltung ist in der Werbung anzugeben.

Nur vorhandene Waren dürfen verkauft werden; das **Vor- und Nachschieben** (Verkaufen von nur für den Räumungsverkauf beschafften Waren) **ist untersagt**.

■ Räumungsverkäufe zur Beseitigung einer Zwangslage

Nach § 8 UWG kann die Zwangslage aus 2 Gründen entstanden sein:

- durch ein **Schadensereignis** (Feuer, Wasser, Sturm, Blitz, Einsturz u.ä.); Umzug, Geschäftsverlegung, Lageraufgabe rechtfertigen keinen Räumungsverkauf.

- durch eine geplante **Umbaumaßnahme**; dabei berechtigen nur solche Maßnahmen, die baurechtlich anzeige- oder genehmigungspflichtig sind (nicht z.B. Instandsetzungsarbeiten, Erneuerung der Ladeneinrichtung)

Es muß sich um eine **wirkliche Zwangslage** handeln;
- Die Räumung des Warenvorrats muß unvermeidlich sein, z.B. um weiteren Schaden zu vermeiden oder Platz für den Umbau zu gewinnen.
- Eine Zwangslage liegt aber nicht vor, wenn die nachteiligen Auswirkungen durch andere Maßnahmen wie Abdecken, Trennwände, Teilräumung, Sonderangebote möglich ist.

Das Vor- und Nachschieben ist zwar verboten, die Entgegennahme von Bestellungen nicht vorrätiger Ware (zum Normalpreis) oder die Anschaffung von neuen Waren für die Zeit nach dem Räumungsverkauf ist aber zulässig.

Anzeigefristen:
- bei **Schadensfällen**: spätestens eine **Woche** vor der ersten Ankündigung der Veranstaltung
- bei **Umbau**: spätestens **2 Wochen** vor der ersten Ankündigung der Veranstaltung

■ Räumungsverkäufe wegen Geschäftsaufgabe

> Der Räumungsverkauf wegen Geschäftsaufgabe setzt die völlige Einstellung des Betriebs voraus; Rechtsform- oder Standortveränderungen, Schließung von Zweigniederlassungen oder einzelner Warengattungen rechtfertigen nicht zum Räumungsverkauf.

Der Veranstalter darf **in den letzten 3 Jahren keinen Räumungsverkauf** wegen Aufgabe eines Geschäftes gleicher Art durchgeführt haben; dabei ist es gleichgültig, wo der alte Verkauf stattgefunden hat. Es gibt aber die Härteklausel, wonach bei besonderen Umständen auch ein kürzerer Zeitraum zulässig ist (z.B. langdauernde Krankheit).

Der Veranstalter (Inhaber, maßgebend beteiligter Gesellschafter) darf in den nächsten 2 Jahren am gleichen Ort oder Nachbargemeinden keinen Handel mit den gleichen Waren aufnehmen. **„Sperrfrist"**.

Bei der Nennung der Gründe in der Werbung reicht die Angabe „Totalausverkauf", „Ausverkauf", die Ankündigung „wegen Aufgabe des gesamten Betriebes" ist nicht notwendig.

Anzeigefrist: spätestens **2 Wochen** vor der ersten Ankündigung ist der Räumungsverkauf bei der amtlichen Berufsvertretung anzuzeigen.

	Erlaubte Sonderveranstaltungen			
	Schlußverkäufe § 7 UWG	**Beseitigung von Zwangslagen** § 8 UWG		**Geschäftsaufgabe** § 8 UWG
Voraussetzungen	Beginn am letzten Montag im Januar bzw. Juli	Räumung eines vorhandenen Warenbestandes ist zur Beseitigung einer Zwangslage unvermeidlich		– vollständige Aufgabe des Geschäftsbetriebes – mindestens 3 Jahre darf kein Räumungsverkauf durchgeführt worden sein
		Schaden	genehmigungspflichtiger Umbau	
maximal zulässige Dauer	12 Werktage	12 Werktage	12 Werktage	24 Werktage
Vor-/Nachschieben von Waren	erlaubt	verboten	verboten	verboten
Anzeigepflicht	besteht nicht	spätestens eine Woche vor der 1. Ankündigung der Veranstaltung	spätestens 2 Wochen vor der 1. Ankündigung der Veranstaltung Erforderliche Zusatzangaben: – Bezeichnung der vom Umbau betroffenen Verkaufsfläche – Genehmigung der Baubehörde	spätestens 2 Wochen vor der 1. Ankündigung der Veranstaltung Erforderliche Zusatzangabe: Angabe über die Dauer der Führung des Geschäftsbetriebes
Besonderheiten				Sperrfrist zur Wiederaufnahme der Geschäfte am gleichen Ort oder Nachbargemeinden: 2 Jahre

?

1. Welche Arten von erlaubten Sonderveranstaltungen kennt das UWG?
2. Welche Gründe sind für die Durchführung eines Räumungsverkaufes zulässig?
3. Worin liegt der Unterschied zwischen einer verbotenen Sonderveranstaltung und erlaubten Sonderangeboten?
4. Welche Waren sind nach UWG „schlußverkaufsfähig"?
5. Was versteht man unter der „Sperrfrist" bei Räumungsverkäufen wegen Geschäftsaufgabe?

4.3 Anschwärzung / Verleumdung (§§ 14, 15 UWG)

Fall

Hersteller Hering äußert gegenüber einem Kunden, daß sein Konkurrent Fischle die Einkäufer der Großabnehmer schmiere.
– Wie ist die Rechtslage, wenn Hering dies einfach „ins Blaue hinein" behauptet hat?
– Wie ist die Rechtslage, wenn Hering genau weiß, daß seine Behauptung nicht stimmt?

Die §§ 14 und 15 UWG sehen einen Unterlassungs- / Schadenersatzanspruch bzw. eine Geld- oder Freiheitsstrafe im Falle der unwahren Ehrverletzung eines Mitbewerbers, im Hinblick auf seine Person, Leistungen oder Waren vor.

Beispiele:
Behauptung, es werde „betrügerisch mangelhafte Ware geliefert", der Mitbewerber „schmiere Einkäufer", aber auch „nur diese Schutzmarke garantiert für zuverlässige Arbeit", wenn der Mitbewerber seine Ware ebenso nennen darf und ebenso gut herstellt.

- **§ 14 UWG** setzt dabei eine **unwahre oder nicht erweislich wahre Tatsachenbehauptung** zu Zwecken des Wettbewerbs voraus; kann der Behauptende nicht beweisen, daß die Tatsache wahr ist, so muß er **Schadensersatz** leisten, ohne daß er schuldhaft gehandelt zu haben braucht (anders beim konkurrierenden Anspruch aus § 823 BGB, der ein Verschulden voraussetzt).

- Wer aber **wider besseren Wissens** anschwärzt, also verleumdet, verletzt die **Strafvorschrift des § 15 UWG**, der eine Geld- oder Freiheitsstrafe bis zu einem Jahr vorsieht. Für § 15 ist das Handeln aus Wettbewerbszwecken nicht Voraussetzung, jede Verleumdung, auch die, die nicht darauf gerichtet ist, den eigenen Wettbewerb zu fördern, fällt unter § 15 UWG.

Beide Bestimmungen umfassen aber weder wahre Tatsachenbehauptungen noch – die einem Tatsachenbeweis unzugänglichen – Werturteile; diese bestoßen aber gegen § 1 UWG, wenn sie darauf zielen, den Konkurrenten herabzusetzen.

4.4 Benutzung fremder geschäftlicher Bezeichnungen (§ 16 UWG)

> **Fall**
>
> Wilhelm Brause betreibt eine nicht sehr erfolgreiche Kneipe unter dem Namen „No Name", sein Konkurrent Briesel ist hingegen mit seinem „King-Kong-Club" außerordentlich erfolgreich. Wie ist die Rechtslage, wenn Brause sich entschließt, den Ruf seines Unternehmens durch eine Umbenennung in „Queen-Kong-Club" aufzubessern?

> § 16 UWG schützt Unternehmensbezeichnungen (z.B. Firma, Geschäftsbezeichnung, Geschäftsabzeichen, Firmenschlagworte) und Warenbezeichnungen (Warenzeichen, Ausstattung der Ware) gegen Verwechselungsgefahr, indem er einen Unterlassungsanspruch, bei wissentlichem Mißbrauch fremder Bezeichnungen auch einen Schadensersatzanspruch gewährt.

Die genannten Bezeichnungen sind außerdem durch einige andere Kennzeichenrechte geschützt, wie z.B. § 12 BGB (Namensrecht), § 37 HGB (Unzulässiger Firmengebrauch), das Warenzeichengesetz; diese Bestimmungen und die Regelungen des UWG **greifen ineinander bzw. ergänzen sich**:

Beispiel:
So dienen z.B. die registerrechtlichen Vorschriften in erster Linie dem öffentlichen Interesse und sind daher auch vom Registergericht zu verfolgen; der Namensschutz im Wettbewerbsrecht dient dem Schutz des Firmeninhabers gegen Dritte und kann von ihm selbst verfolgt werden. Der Grundsatz der Firmenausschließlichkeit (§ 30 HGB) beschränkt sich auf den Registerbezirk, während der wettbewerbsrechtliche Schutz des § 16 (1) UWG über diesen örtlichen Bereich hinausgeht.

4.5 Bestechung (§ 12 UWG)

> **Fall**
>
> Der Inhaber eines Werkes für Autoteile stellt dem Leiter der Einkaufsabteilung eines großen Autoherstellers in Aussicht, er werde sich „erkenntlich zeigen", falls ein Kaufvertrag nicht mit einem Konkurrenten abgeschlossen werden.
> – Wie ist die Rechtslage?
> – Welche Ansprüche hat der Geschäftsherr des Bestochenen, wenn sich herausstellt, daß infolge der Bestechung das wesentlich günstigere Angebot des anderen Zulieferes außeracht gelassen wurde?

> Die Strafvorschrift des § 12 UWG stellt sowohl das „Schmieren" (aktive Bestechung) als auch das „Sich Schmieren lassen" (passive Bestechung) unter Strafe (Freiheitsentzug bis zu einem Jahr oder Geldstrafe).

4.5.1 Aktive Bestechung

Der Tatbestand einer aktiven Bestechung ist unter folgenden **Voraussetzungen** gegeben:

- Handeln **im geschäftlichen Verkehr**
- Das Handeln geschieht **zu Zwecken des Wettbewerbs**, d.h., um eine Bevorzugung (z.B. einen Auftrag, die Stellung als ständiger Lieferant, das Unterlassen einer Prüfung) zu erreichen. Allgemein übliche und ein gewisses Ausmaß nicht überschreitende Zuwendungen wie Trinkgelder, Werbeartikel, Weihnachtsgeschenke fallen nicht darunter, solange keine Bevorzugung damit erstrebt wird; die Grenze ist allerdings fließend.
- Die angestrebte Bevorzugung muß in der **Zukunft** liegen.

  Das Angebot einer Belohnung für bereits ausgeführte Leistungen genügt nicht; der Geber muß zumindest zum Zeitpunkt des Versprechens noch mit Mitbewerbern rechnen, die er ausschalten will.
- **Anbieten oder Gewähren eines Vorteils**

  Dazu zählt z.B. auch die Möglichkeit einer Einlage an einem Unternehmen, die Zusage zur Unterstützung bei einem Stellengesuch, die Verschaffung einer Auszeichnung, die Zusage, man werde sich „erkenntlich" zeigen, das Unterlassen einer gerechtfertigten Beanstandung, die Gewährung von Vorteilen an Familienangehörige oder wenn eine Möbelfabrik einen „Verkaufswettbewerb" veranstaltet, bei dem die Verkäufer der belieferten Möbelhäuser Gewinnpunkte erhalten, die einen Anspruch auf Geld- oder Sachpreise geben.
- Der Vorteil wird einem **Angestellten oder Beauftragten eines geschäftlichen Betriebes** versprochen.

  Dazu zählt auch z.B. ein Mitglied des Aufsichtsrats; der Inhaber selbst kann nicht bestochen werden; allerdings greift das Schmiergeldverbot auch ein, wenn die Bestechung mit Wissen/Billigung des Geschäftsherrn geschieht.

4.5.2 Passive Bestechung

Der Tatbestand einer passiven Bestechung ist unter folgenden Voraussetzungen gegeben:

- **Fordern** (auch schlüssig) oder Entgegennehmen eines **Vorteils**
- Der Vorteil wird für eine **zukünftige Bevorzugung** gefordert
  - Das Fordern oder Empfangen für bereits begangene Bevorzugung verstößt nicht gegen § 12 UWG, kann aber gegen § 1 UWG verstoßen.

Zivilrechtliche Ansprüche gewährt § 12 UWG nicht, diese ergeben sich **aus § 13 (1) UWG (Unterlassung) und § 13 (6) 2 UWG (Schadensersatzanspruch)**; daneben ist ein Verstoß gegen § 12 UWG immer auch ein **Verstoß gegen die guten Sitten (§ 1 UWG)**. Die Unterlassungs- und Schadensersatzansprüche des **Geschäftsherrn**, der ja nicht zu den Mitbewerbern gehört, ergeben sich aus den §§ 1004 und 823 BGB, daneben kann er vom Bestochenen die **Herausgabe der Schmiergelder** (aus „Geschäftsführung ohne Auftrag") verlangen. Die Schmiergeldvereinbarung selbst ist nach § 138 BGB nichtig.

4.6 Geheimnisverrat (§§ 17–20 a UWG)

> **Fall**
>
> Fräulein Eff ist als Sekretärin bei einem Getränkehersteller beschäftigt; der Konkurrent Sigismund Brause versucht Fräulein Eff zum Ausspionieren der geheimen Rezeptur für ein coffeinhaltiges Limonadengetränk zu bewegen.

Die §§ 17–20a UWG stellen den Verrat von Geheimnissen durch Beschäftigte, die Beschaffung und die unbefugte Verwertung von Geheimnissen und ebenso das Verleiten bzw. den Versuch dazu unter Strafe und gewähren einen Schadensersatzanspruch (§ 19 UWG); der Unterlassungsanspruch ergibt sich aus § 1 UWG.

Beispiel:
Gegenstand eines Geheimnisses können z.B. sein: Ausschreibungsunterlagen, Computerprogramme, Entwürfe, Kalkulationsunterlagen, Jahresabschlüsse, jedes „Know-How", Kundenlisten, Musterbücher, Konditionen, Rezepturen, Vertreterverzeichnisse, Planungen wie Kaufabsichten, Vertragsabschlüsse.

Ein **Geheimhaltungsinteresse** braucht nicht ausdrücklich vom Inhaber erklärt worden sein, es genügt wenn dieses in irgendeiner Weise den Mitwissern aus den Umständen erkennbar war; dies ist grundsätzlich der Fall, wenn die Preisgabe den Wettbewerb beeinträchtigen würde.

Verrat ist **jede Ermöglichung der Kenntnisnahme** („wer ...mitteilt"), auch das bloße Zurechtlegen. Handlungszweck des Täters müssen Wettbewerbszwecke, Eigennutz, Nutz eines Dritten oder die Absicht, den Inhaber zu schädigen sein; Geschwätzigkeit z.B. gegenüber der Freundin ist keine Straftat.

4.7 Generalklausel des § 1 UWG

> Wer im geschäftlichen Verkehr zu Zwecken des Wettbewerbs Handlungen vornimmt, die gegen die guten Sitten verstoßen, kann auf Unterlassung und Schadensersatz in Anspruch genommen werden (§ 1 UWG).

§ 1 UWG als **Generalklausel** ist nur heranzuziehen, wenn die bisher aufgeführten Sonderregeln des UWG oder eines der zuvor erläuterten Sondergesetze (RabG, ZugabeVO, PAngV) nicht greifen. Dies kann auch dann der Fall sein, wenn zwar eine Spezialregelung besteht, diese jedoch z.B. keinen Unterlassungsanspruch anbietet.

Beispiel:
So gewähren einige der Sonderregeln nur strafrechtliche Ansprüche (z.B. § 12 UWG bei Bestechung) und keinen Anspruch auf Unterlassung, in diesen Fällen folgt der Unterlassungsanspruch unmittelbar aus § 1 UWG, da ein wettbewerblicher Straftatbestand immer gegen die guten Sitten verstößt.

Die nachfolgend aufgeführten Beispiele sind auch nur als solche zu betrachten, denkbar sind sicherlich noch eine Fülle anderer wettbewerblicher Handlungen, die gegen die guten Sitten verstoßen! Wettbewerblich unlauteres Handeln kann sich nicht nur gegenüber **Mitbewerbern** abspielen, auch die **Marktgegenseite**, also Kunden, werden häufig unlauter behandelt.

4.7.1 Unlautere Beeinflussung von Kunden

4.7.1.1 Nötigung und Belästigung von Kunden

Fälle

1. Beim Verlassen der Kirche nach der Trauung stellen Romeo und Julia fest, daß ein von ihnen nicht beauftragter Fotograph Aufnahmen macht.
2. Brömel ärgert sich immer wieder darüber, daß ihm unaufgefordert Werbung per Telefax ins Haus kommt.
3. Einmal pro Vierteljahr besucht Staubsaugervertreter Vogele die Hausfrau H., um sich nach weiterem Bedarf an Staubsaugerbeuteln zu erkundigen.
4. Lieschen Müller erhält vom Weingut Palhuber unverlangt 2 Flaschen „Bixburger Juffer" zugeschickt mit dem Hinweis, daß man von einer Bestellung von 12 Flaschen ausgehe, wenn Lieschen Müller die beigelegte Karte mit einer Ablehnung nicht zurücksendet. Wie sind diese Fälle wettbewerbsrechtlich zu beurteilen?

Der schlimmste Fall der **Nötigung** ist sicherlich die Drohung; viel häufiger sind jedoch subtilere Mittel, die nach § 1 unlautere Praktiken darstellen, wie folgende **Beispiele** aus der Rechtssprechung:

- Überrumpelung in einem Überraschungsmoment, so z.B. das Ansprechen eines Unfallbeteiligten wegen eines Mietwagens oder Abschleppwagens
- ein Augenarzt, der Rezepte mittels Rohrpost zu einem bestimmten Optiker leitet
- moralische Kaufzwänge aufgrund von Geschenken
- ein Hersteller verlangt vom Händler eine Gegenleistung dafür, daß seine Ware im Sortiment bleiben kann
- Verteilen von Losen, wenn der Kunde das Ladenlokal betreten muß, um festzustellen, ob er einen Gewinn erzielte, wo ihm z.B. der Beitritt in den Buchclub nahegelegt wird.

Belästigt werden Kunden meist durch eine aufdringliche Werbung, man spricht häufig auch von „Anreißen". **Grundsätzlich muß die Initiative für einen Vertragsschluß vom Kunden kommen**, sonst liegt Unlauterkeit vor!

Im Rahmen der Belästigung kann man folgende **Fallgruppen** unterscheiden:
- **Belästigung durch Ansprechen auf öffentlichen Wegen, Plätzen**

  Beispiele:
  - Werber von Buchclubs
  - ein Fotograph, der vor dem Standesamt die „Frischvermählten" anspricht bzw. einfach Aufnahmen macht.

Milder ist aber das Ansprechen auf **Messen und Jahrmärkten** zu beurteilen, da der Kunde hier damit rechnen muß.
Das Verteilen von Werbezetteln verstößt nicht gegen § 1 UWG, da der Kunde die Möglichkeit hat, sich dieser gleich wieder zu „entledigen".

- **Belästigung durch Telefonwerbung u.ä.**
  - Telefonwerbung ist grundsätzlich wettbewerbswidrig, wenn sie vom Kunden nicht erwünscht wurde
  - Telexwerbung ist dagegen milder zu beurteilen, da keine unmittelbare Beziehung zum Empfänger besteht
  - anders – wegen der dem Empfänger entstehenden Kosten – jedoch bei Telefax-Werbung
  - bei BTX-Werbung ist eine Kennzeichnung mit einem „W" und eine klare Trennung vom normalen Text vorgeschrieben
  - Briefwerbung ist grundsätzlich zulässig, anders jedoch in folgenden Fällen:
    wenn der Werbebrief als Privatbrief „getarnt" ist,
    wenn der Empfänger gebeten hat, von Briefen / Werbung abzusehen
- **Belästigung durch Werbung im/für den Todesfall**
  Beispiele:
  - unaufgeforderte Besuche von Bestattungsunternehmen
  - Werbung von Bestattungsunternehmen bei noch Lebenden für deren Todesfall
  - Besuch eines Vertreters für Sterbegeldversicherungen, wenn ein Angehöriger schwer erkrankt ist
  - jede andere Werbung, die nicht taktvoll ist (z.B. Flugzettel)
  - Als zulässig beurteilt wurde jedoch eine Werbedrucksache für Grabmale
- **Belästigung im Rahmen von Haustürgeschäften**

Unerbetene Vertreterbesuche sind **nicht generell unzulässig**, wer dies bejahen würde, würde übersehen, daß viele seriöse Unternehmen seit Jahren ihre Waren im Direktvertrieb absetzen.

Die **Unlauterkeit** ergibt sich erst durch eine dabei erfolgende **Belästigung** des Kunden;

Beispiele:
- Erzwingen oder Erschleichen des Zutritts
- Vertreterbesuch, wenn nur ein Prospekt angefordert wurde – unaufgeforderte – schriftliche Ankündigung eines Vertreterbesuch unter Beifügung einer Karte, die im Falle des nichterwünschtseins zurückzuschicken ist
- Werbeschreiben mit zurückzusendenden Antwortkarten, aus denen der Wunsch eines Besuchs abgeleitet werden könnte (..„Ich wünsche eine Präsentation... in Verbindung mit dem neuesten Katalog..")

Nur eine echte Aufforderung rechtfertigt also den Vertreterbesuch!
Wird der Besuch erwünscht, darf der Vertreter den Kunden allerdings nicht „bearbeiten", insbesondere ist die Wohnung zu verlassen, falls der Kunde eine Gesprächsfortsetzung nicht mehr wünscht.

Von der **wettbewerbsrechtlichen Beurteilung** des UWG zu unterscheiden ist die **bürgerlichrechtliche Beurteilung** im Gesetz über den Widerruf von Haustürgeschäften:[1]
- der Widerruf, bei dem es um das Zustandekommen des Vertrages geht, beseitigt dabei nicht die eventuelle Wettbewerbswidrigkeit;
- ebenso ist das Widerrufsrecht davon abhängig, ob Widerrechtlichkeit nach UWG vorliegt!

---
[1] Siehe Kapitel H 1.4 „Regelung von Haustürgeschäften"

• Belästigung durch Zusendung unbestellter Ware

Ein typischer Fall des „Aufreißens" ist die Zusendung unbestellter Ware mit der Aufforderung, diese zu bezahlen oder zurückzusenden. Der Kunde wird vielfach von einer Annahmepflicht ausgehen, insbesondere, wenn er das Paket erst einmal öffnen mußte. Ebenso kann er aus Trägheit das Behalten der Umständlichkeit des Zurücksendens vorziehen. Daher ist die Zusendung unbestellter Ware zu unterlassen.

Unlauter ist die Zusendung unbestellter Ware selbst in folgenden Fällen:
– wenn Umschlag und Porto zur Rücksendung beiliegen
– wenn auf die Anforderung eines Prospektes der Prospekt die Ankündigung erhält, daß die Zusendung im Falle einer Nicht-Ablehnung erfolgen wird;
– wenn unentgeltlich eine Probesendung erfolgt mit dem Hinweis, daß von einer Bestellung ausgegangen wird, falls nicht Ablehnung erfolge; zulässig ist dies nur dann, wenn die Zusendung der Probe auf Anforderung erfolgte oder wenn nicht die Ablehnung sondern die Bestellung erfolgen muß.
– wenn bei laufender Geschäftsbeziehung der Zusender zwar davon ausgehen kann, daß eine Zusendung erwünscht sei, diese Geschäftsbeziehung aber zu einer „Überflutung" des Kunden mit unbestellter Ware führt.

Zulässig ist die Zusendung unbestellter Ware nur dann, wenn der Empfänger eindeutig darauf hingewiesen wird, daß ihn weder eine Zahlungs- noch Aufbewahrungspflicht trifft, und er sich nicht zu scheuen braucht, die Ware zu vernichten.

Unlauter wäre es aber wiederum, wenn
– es sich um höherwertige Ware handelt, da dabei nicht glaubhaft genug die Zwangslage ausgeschlossen wird,
– wenn zum Zwecke der Rücknahme ein Vertreterbesuch angekündigt würde.

Von der **wettbewerbsrechtlichen Regelung** des UWG -, bei der es um einen Unterlassungsanspruch bei der Zusendung unbestellter Ware geht -, zu unterscheiden ist die **bürgerlich-rechtliche Beurteilung** der Zusendung von unbestellter Ware, die auf das Zustandekommen bzw. Nichtzustandekommen des Vertrages abstellt.[1]

4.7.1.2 „Verlockung"

Unter „Verlockung" fallen jene Fälle, in denen ein Händler den Kunden durch das **Gewähren irgendwelcher Vorteile zum Abschluß eines Vertrages** zu bewegen versucht.

■ Verlockung durch „Wertreklame"

Erscheinungsformen der sog. „Wertreklame" sind Zugaben, Geschenke, Prämien, Verpackungsmittel mit Zweitnutzen, Gratisverlosung, Werbegaben, Werbegeschenke aus besonderem Anlaß (Weihnachten, Heirat), Ankündigung eines „Mittsommer-Festes" durch einen Möbelmarkt mit dem Hinweis, daß es erst einmal ein „unmögliches" (kostenloses) Frühstück gibt u.ä.
Die Wertreklame ist **nicht schlechthin wettbewerbswidrig**; es ist zunächst zu unterscheiden, ob der Kunde mit einer **vom Abschluß des Kaufgeschäfts abhängigen Vergütung** verlockt wird oder nicht. Wenn die Vergütung vom Kauf abhängig ist (rechtlicher Kaufzwang), liegt immer Wettbewerbswidrigkeit schon im Sinne der Zugabeverordnung vor.

---
[1] Siehe Kapitel D 6.1 „Antrag und Annahme"

Wenn die **Vergütung nicht vom Kauf abhängig** ist, so liegt **grundsätzlich keine Wettbewerbswidrigkeit** vor; diese kann sich jedoch ergeben durch:

- den **psychologischen / moralischen Kaufzwang**, falls der Kunde z.B. das Geschäft des Werbenden aufsuchen muß („Verschenke 1 Stück Seife ohne Zwang zum Wareneinkauf aus Anlaß meiner Geschäftseröffnung").
- ein **übertriebenes Anlocken** z.B. im Fall von sehr wertvollen Geschenken, da die Kunden unsachgemäß beeinflußt werden (z.B. kostenlose Überlassung eines Fernsehers für 2 Monate zur Probe)

Beispiele:
Zulässige Zuwendungen:

- Gratislieferung eines Kochbuchs/einer Zeitung an Neuvermählte
- kostenloser Treueband an Buchclubmitglieder
- Treuerabatte an Großabnehmer

Bei Geschenken an **Angestellte**, die einen starken Einfluß auf den Vertragsabschluß haben, ist i.d.R. ein strengerer Maßstab anzuwenden, weil dann der Tatbestand der **Bestechung** nach § 12 UWG vorliegen kann.
Selbst wenn eine Zugabe nicht wettbewerbswidrig im Sinne des § 1 UWG ist, so ist doch in diesem Zusammenhang die **Zugabeverordnung** zu beachten!

■ Verlockung durch verbilligte oder kostenlose Kundenbeförderung

Die Kundenbeförderung kann einen psychologischen Kaufzwang auslösen, da die Kunden meinen, anstandshalber etwas kaufen zu müssen.
Auch wenn **kein Kaufzwang** besteht, kann **Wettbewerbswidrigkeit** durch ein **übertriebenes Anlocken** gegeben sein (so wurde z.B. das kostenlose Anbieten einer Butterfahrt durch eine Reederei wegen übertriebener Anlockung als wettbewerbswidrig angesehen).
Ebenso liegt Wettbewerbswidrigkeit vor, wenn der Werbende durch die Kundenbeförderung seine **Verkaufschancen gegenüber den Mitbewerbern steigert**, so daß diese zur Nachahmung gezwungen werden.
Einem Kunden, der nicht das Passende findet, darf nicht angeboten werden, ihn kostenlos zu einer Warenbesichtigung an einen anderen Ort zu fahren.
Ausnahmsweise zulässig kann dies jedoch sein, wenn der Händler am selben Ort noch ein Ausstellungslager hat.
Anders – also **unzulässig** – ist die Sachlage allerdings zu beurteilen,

- wenn ein Einzelhändler seine Kunden kostenlos zu Lagern von Herstellern oder Großhändlern innerhalb derselben Stadt befördert, da diese Freifahrten nicht nur gelegentlich auf besonderen Wunsch des Kunden geschehen, sondern zu einer Vertriebsmethode ausgestaltet sind, bei dem es nicht um den Ausgleich von Standortnachteilen geht;
- wenn es sich um eine größere Fahrtstrecke handelt und/oder dem Kunden weitere Annehmlichkeiten, wie etwa freie Bewirtung angeboten werden. So wurde z.B. eine kostenlose Beförderung zu einem 20 km entfernt liegenden Möbellager außerhalb der Stadt und zurück – mit der Möglichkeit kostenloser Mitnahme kleinerer Möbelstücke – als über den angemessenen Ausgleich standortbedingter Nachteile hinausgehend und daher unzulässig angesehen.

Andererseits kann eine Kundenbeförderung **zulässig** sein, wenn durch sie eine abseits gelegene, mit öffentlichen Verkehrsmitteln nicht erreichbare Verkaufsstelle zugänglich gemacht wird.

Dies ist aber schon wieder **anders zu beurteilen**, wenn die Verkaufsstelle sowieso ein begehrtes Ausflugsziel darstellt, da die Fahrt damit einen wirtschaftlichen Eigenwert darstellt.

Es wird deutlich, wie sehr es auf die **Umstände des Einzelfalles** ankommt, die Einschätzung des eigenen Handelns wird dadurch so gut wie unmöglich gemacht, falls nicht genau dieser Fall schon einmal in der Rechtssprechung entschieden wurde. Selbst wenn dies der Fall ist, bedeutet das keine Gewähr dafür, daß der Fall beim nächsten Mal genauso beurteilt würde.

Wenn die kostenlose oder verbilligte Fahrtmöglichkeit **werbemäßig herausgestellt** wird („Wir fahren... gratis"), kann eine an sich zulässige freie Beförderung **wettbewerbswidrig** werden (siehe Genske-Fall, Seite 195).

Zu beachten ist immer, daß auch ein **Verstoß nach der Zugabeverordnung** vorliegen kann.

■ Verlockung durch Werbeveranstaltungen

Oft versuchen Händler Anreize zum Besuch einer Werbeveranstaltung (z.B. Modenschau oder Filmvorführung) zu bieten, was **grundsätzlich nicht zu beanstanden** ist. Eine **Wettbewerbswidrigkeit** kann sich jedoch ergeben durch

- eine **Täuschung über den Charakter der Veranstaltung** (z.B. Einladung zur Filmvorführung ohne Hinweis auf Werbeveranstaltung)
- **übertriebenes Anlocken** z.B. dem Kunden werden übermässige Vorteile gewährt, die über den Ausgleich der mit dem Besuch verbundenen Nachteile (Zeitaufwand, Mühe) hinausgehen und damit evtl. gleichzeitig einen psychologischen Kaufzwang ausüben

Beispiele:
– ½ Pfund Bohnenkaffee gratis beim Besuch einer Werbeveranstaltung
– Tagesfahrt von Hamburg nach Dänemark für 3,00 DM.

■ Verlockung durch kostenlose oder verbilligte Warenproben

Warenproben unterscheiden sich von Zugaben und Werbegaben durch den **Probezweck**, von der Zugabe auch durch die **Unabhängigkeit vom Kauf**, und sind daher anders zu beurteilen.

Ursprünglich wurde die Zulässigkeit als davon abhängig gesehen, ob nur eine **Warenprobe oder die Ware selbst** verschenkt wurde; so sollte es sich nicht mehr um eine Probe handeln, wenn entweder die Abgabe in größerer Menge, z.B. in der handelsüblichen Wareneinheit, und/oder in Form eines bleibenden Wertes (= nicht verbrauchbare) Waren erfolgte. Unter Umständen ist eine sachgemäße Erprobung aber nur möglich, wenn die handelsübliche Wareneinheit abgegeben wird, zum anderen könnten Gebrauchsgüter (z.B. Trockenrasierer) dann niemals Warenproben sein.

Aus diesen Gründen stellt die **heutige Rechtssprechung** auf das **tatsächliche Vorliegen des Erprobungszwecks** ab:

Demnach liegt **keine Probegabe** mehr vor, wenn die **Warenmenge die zur Erprobung erforderliche Menge überschreitet**; dies muß bei der Abgabe einer handelsüblichen Einheit nicht der Fall sein. Stets muß der **Erprobungszweck und nicht der Bedarfsdeckungseffekt im Vordergrund** stehen.

Beispiele:

Die Rechtssprechung kam zu folgenden Urteilen:
- daß die Abgabe von 25 Pfd Eierkohle (da als Probe für größere Öfen notwendig) zulässig sei, ebenso eine 1-monatige Gratislieferung einer Zeitung,
- daß aber Beutel mit Zahnpasta, Seife und Deo nicht mehr nur dem Erprobungszweck dienen, wenn man sich 12 mal die Zähne putzen, 90 mal die Hände waschen oder 120 mal besprühen kann...

Hinsichtlich **nicht verbrauchbarer Waren** ist eine Probegabe nur in Form **kurzfristiger Überlassung** möglich; daher wurde z.B. die Überlassung von Lockenwicklern an Frisöre als unzulässig angesehen.

■ **Verlockung durch „Kopplungsgeschäfte"**

Bei den sog. „Kopplungsgeschäften" werden **mehrere Waren** (z.B. Tee und Teetasse) **zu einem Gesamtpreis** angeboten. Dabei ist zu unterscheiden:

- die **verdeckte Koppelung**, bei der keine Angabe der Einzelpreise erfolgt; die verdeckte Koppelung zweier **branchenfremder** Produkte (Tee + Tasse, Urlaubsreise + Ski) ist in der Regel **unzulässig**, da es dem Kunden nicht ohne weiteres möglich ist, die Einzelpreise zu ermitteln.

- die **offene Koppelung**, bei der mindestens einer der beiden Einzelpreise angegeben ist; sie ist i.d.R. **zulässig**; bei Koppelung branchenfremder Waren kann jedoch ein wettbewerbswidriges „Vorspannangebot" vorliegen (siehe unten).

Beide Arten können wettbewerbswidrig im Sinne der **Zugabeverordnung** sein, wenn es sich um die Tarnung einer nicht besonders berechneten Zugabe handelt.

■ **Verlockung durch Vorspannangebote**

„Vorspannangebote" sind Angebote, die den **Absatz einer Hauptware durch die Koppelung mit einer preisgünstig erscheinenden** – meist branchenfremden – **Nebenware fördern** soll.

Beispiele:
- „2 rustikale Brettchen zu 2,35 DM beim Kauf von 500g Kaffee",
- das Anbieten eines günstigen Barkredits für eine Urlaubsreise zusammen mit der Finanzierung eines Gebrauchtwagens

Es handelt sich um eine Art des Lockvogelangebotes, der Lockeffekt liegt darin, daß der starke Reiz der Vorspannware den Kunden ohne sachliche Prüfung zum Kauf der Hauptware verleiten kann.

■ Verlockung im Falle ungekoppelter Angebote branchenfremder Waren

Grundsätzlich ist es **zulässig**, branchenfremde Waren anzubieten, falls dies ungekoppelt geschieht (siehe z.B. Kaffeeröstereien).
Nur besondere Umstände können zur **Wettbewerbswidrigkeit** aufgrund einer der Sonderregelungen führen:
- wenn durch die günstige Preisstellung der Eindruck erweckt wird, auch die übrigen Preise seien derart günstig („Lockvogelangebote", § 3 UWG)
- bei ruinöser Preisunterbietung („Behinderung", § 1 UWG)
- bei Eindruck einer befristeten Verkaufsveranstaltung („Sonderveranstaltung", §§ 7, 8 UWG)

4.7.1.3 Ausnutzung der Spiellust

Ein Gewerbetreibender handelt wettbewerbswidrig, wenn er die Spiellust, also den Wunsch, durch Zufall und ohne Mühe einen Gewinn zu erzielen, dadurch für sich ausnutzt, daß er sie mit dem Absatz seiner Ware **verkoppelt**.

Beispiele:
- „einzelnen Garnrollen liegen Geldgutscheine bei"
- „jeder 20. Anmelder des Lehrkurses erhält kostenlosen Unterricht"
- „Tapeten ab heute jeden Tag 1,00 DM billiger"

■ Preisausschreiben

Preisausschreiben sind **grundsätzlich zulässig**, unter besonderen Umständen kann aber eine **Wettbewerbswidrigkiet** vorliegen;
- **bei Täuschung**
z.B. blickfangmässige Ankündigung „Sie haben schon gewonnen" mit der blickfangmässigen Andeutung eines hohen Hauptpreises, welcher jedoch in krassem Mißverhältnis zum tatsächlichen Gewinn steht; bei irreführenden Lösungstips
- **bei Verkoppelung mit dem Absatz**
z.B. dies ist der Fall, wenn die Teilnahme vom Kauf abhängig gemacht wird, aber auch wenn der Teilnahmeschein gleichzeitig Bestellschein ist; in diesem Falle reicht es auch nicht aus, wenn dem Kunden mitgeteilt wird, daß seine Bestellung keinen Einfluß auf die Gewinnchance haben.
- **bei Unlauterkeit bei der Abwicklung**
z.B. wenn der Kunde bei einer Verlosung auf offener Straße erst das Geschäft betreten muß, um zu erfahren, ob er gewonnen hat.

Muß der Kunde einen **Einsatz** leisten (der auch versteckt sein kann, wenn z.B. Kunden nur teilnehmen dürfen, die einen Kaufvertrag abgeschlossen haben), so liegt eine Lotterie oder Ausspielung vor, die – falls es nicht genehmigt wurde – **zusätzlich nach § 286 des Strafgesetzbuches (StGB) bestraft** wird.

■ Progressive Kundenwerbung

Auch die progressive Kundenwerbung zielt in gewisser Weise auf die Spielleidenschaft des Kunden ab; § 6 c UWG stellt diesen Tatbestand unter Strafe, aus § 1 UWG ergibt sich zusätzlich ein **Unterlassungsanspruch**.

4.7.1.4 Gefühls- und Vertrauensausnutzung

Auch eine **wahre Werbung** ist nach § 1 UWG **unzulässig**, wenn Sie dazu dient, den Kunden in unlauterer Weise **unsachlich zu beeinflussen**, z.B. durch Appell an die Angst, Verunsichern u.ä.

Beispiele:

- Hinweis auf die politische Lage, die eine Verknappung lebensnotwendiger Lebensmittel erwarten läßt,
- „jetzt kaufen, ehe die Industrie die Möbelpreise heraufsetzt"
- unklare Angaben wie „wir lassen mit uns handeln" (evtl. auch Verstoß gegen das RabattG!)
- Hinweis, daß aus dem Verkaufserlös Kinderheime unterstützt werden
- planmäßiger Einsatz schwer Sprachbehinderter in der Zeitschriftenwerbung
- unterschwellige Werbung wie das Einblenden eines Eisreklame im Kino für einen Zeitraum, der für die bewußte Wahrnehmung zu kurz ist

Ist eine gefühlsbetonte Werbung **gleichzeitig irreführend** (Blindenware, die keine ist), so liegt ebenfalls ein **Verstoß gegen § 3 UWG** vor.

4.7.1.5 Ausnutzung geschäftlicher oder rechtlicher Unerfahrenheit

Die Ausnutzung geschäftlicher Unerfahrenheit ist häufig schon unter dem Gesichtspunkt der **Täuschung** wettbewerbswidrig, da aber nicht immer eine Täuschung vorliegt, werden solche Fälle auch von § 1 UWG erfaßt:

Beispiele:

- Aufschwatzen teurer Werke an Personen, die offensichtlich die Raten kaum aufbringen können;
- hochgeschraubte Garantiezusagen, die gar nicht in Frage kommen, weil sich die Ware nicht so lange hält
- Angabe, daß der Widerruf bei Abzahlungsgeschäften nicht zulässig sei (auch Verstoß gegen § 3 UWG)
- Aufschwatzen von Zeitschriftenabos oder Buchclubmitgliedschaften an Kinder

4.7.1.6 Laienwerbung

Die Laienwerbung ist **grundsätzlich zulässig** (siehe z.B. Werbeprämien für Werbung eines Zeitschriftenabonnenten, Sammelbesteller für Versandhäuser); die Grenze zur **Wettbewerbswidrigkeit** liegt dort, wo **unverhältnismäßig hohe Prämien** angeboten werden, z.B. Prämien im Wert von 2,00 DM bei Verkauf eines Glases Honig für 3,00 DM.

Bei **Waren, die nicht zum täglichen Verbrauchsbedarf gehören** (z.B. Waschmaschinen), ebenso bei Dauerverpflichtungen (z.B. Zeitschriften) ist die Sachlage milder zu beurteilen, da die Gefahr geringer ist, daß der Umworbene nur kauft, um dem ihm bekannten Werber die Prämie zukommen zu lassen. Unzulässig aber auch hier: Prämie im Wert von 20,00 DM für Zeitschriftenabo im Wert von 33,00 DM.

4.7.1.7 Täuschung

Bei Täuschung der Kunden liegt immer ein Verstoß gegen die guten Sitten nach § 1 UWG vor, es ist jedoch zunächst zu prüfen, ob nicht **spezielle Regelungen** (§§ 3, 14, 15, 16 UWG) greifen.

> Die unlautere Beeinflussung von Kunden durch
> - Belästigung (z.B. durch Ansprechen, Zusendung unbestellter Ware)
> - Verlockung zum Vertragsschluß (z.B. durch Zuwendungen)
> - Ausnutzung der Spiellust
> - Ausnutzung geschäftlicher oder rechtlicher Unerfahrenheit
> - Täuschung der Verbraucher
>
> stellt einen Verstoß gegen die guten Sitten gemäß § 1 UWG dar und begründet einen Unterlassungs- bzw. Schadensersatzanspruch.

4.7.2 Behinderung der Mitbewerber

Fall

Händler Hase muß feststellen, daß sein Konkurrent Fuchs nicht nur Kunden vor Hases Geschäft regelrecht „abfängt", sondern zudem Werbezettel unmittelbar vor Hases Geschäft verteilen läßt. Als Hase auch noch feststellt, daß Fuchs Hases Werbeplakate mit seiner Werbung überklebt hat, platzt Hase doch der Kragen.
Wie ist Fuchs' Vorgehen wettbewerbsrechtlich zu beurteilen?

Jede Wettbewerbshandlung ist geeignet, den Mitbewerber zu beeinträchtigen, es ist ja gerade der Zweck des Wettbewerbs, Konkurrenten durch eigene Leistung zu überflügeln und ihm Kunden abspenstig zu machen, dies ist **nicht grundsätzlich unzulässig**.

Eine **wettbewerbswidrige Behinderung** liegt aber dann vor, wenn der Mitbewerber seine Leistung nicht mehr zur Geltung bringen kann und ein **echter Leistungsvergleich ausgeschaltet** wird.
Auch hier kommt es sehr auf die Umstände des Einzelfalles an, wann die Grenze zur Sittenwidrigkeit überschritten ist.

4.7.2.1 Behinderung durch Ausspannen von Kunden

Ein **Verstoß** gegen § 1 UWG liegt in folgenden Beispielfällen vor:
- Abfangen von Kunden in der Nähe des Konkurrenzgeschäftes
- Anweisung des Herstellers, Kunden die eigenen Waren „unterzuschieben"
- Verleitung zum Vertragsbruch
- Beschaffung von Kundenlisten vor dem Ausscheiden als Angestellter
- Hersteller, der einen Wiederverkäufer anweist, im Fall eines vom Kunden verlangten Weinbrandes nur sein Erzeugnis anzubieten.

Kein Verstoß gegen § 1 UWG ist jedoch:
- eine Zeitungsanzeige, man habe sich selbständig gemacht
- Verteilung von Werbezetteln in unmittelbarer Nähe der Konkurrenz (anders wurde aber der Fall einer gezielten Einkreisung eines zwischen 2 U-Bahnhöfen gelegenen Geschäftes durch Zettelverteiler an den U-Bahnausgängen beurteilt)
- Aufstellung von eigenen Fahrzeugen vor dem Konkurrenzunternehmen, wenn es keine anderen Parkplätze gibt.

4.7.2.2 Behinderung der Konkurrenzwerbung

Als Werbebehinderung sind solche Fälle zu verstehen, in denen **fremde Werbung in irgendeiner Weise vereitelt, beeinträchtigt, nachgeahmt** wird.

Unlauter ist demnach z.B.:
- Konkurrenzplakate zerstören, überkleben
- Angebot einer Vergütung für jeden zugeschickten Konkurrenzkatalog
- Nachahmung der Konkurrenzwerbung
- Entfernung von Warenzeichen, Firmenangaben durch den Händler

4.7.2.3 Behinderung durch Betriebsstörung

Unter die Betriebsstörung fällt der **Boykott eines Mitbewerbers**, also die Aufforderung an oder die Absprache mit Dritten, ein bestimmtes Unternehmen vom Geschäftsverkehr auszuschliessen oder es in sonstiger Weise zu stören.
Dies geschieht häufig in indirekter Form;

Beispiele:
- „Kauft am Ort"- Werbung
- Verband verschickt an Mitglieder eine Liste langsamer Zahler
- Aufforderung an Uhrenfachhändler, den Service an Uhren abzulehnen, die in Filialen einer Kaffeerösterei gekauft wurden

Unter Betriebsstörungen fällt aber auch die fahrlässige oder vorsätzlich unberechtigte Verwarnung wegen Wettbewerbsverstössen, siehe dazu Kapitel 5.7.3.2., S. 251.

4.7.2.4 Behinderung durch Preiskampf

Jeder Gewerbetreibende hat grundsätzlich das Recht, den Preis seiner Leistung nach freiem Ermessen festzusetzen (wenn nicht staatliche oder private Preisbindungen vorliegen); die Grenze liegt jedoch da, wo es sich um **gezielte Behinderungs- oder Täuschungsmaßnahmen** handelt.

Die **Preisunterbietung ist grundsätzlich zulässig**, anders ist es jedoch, wenn Indizien für einen **ruinösen Preiskampf mit Verdrängungsabsicht** vorliegen, wie z.B.:
- ständiges, nicht nur gelegentliches Anbieten zum Preis unter Einstands- bzw. Selbstkostenpreis
- Preissenkungen, die nicht gerechtfertigt sind durch z.B. veraltete Ware, Einführungspreis, Mischkalkulation (bei Mischkalkulation evtl. aber Lockvogelangebot!)

Der Preiskampf wird häufig unter **unlauteren Begleitumständen** wie Irreführung der Kunden, Herabwürdigung der Mitbewerber oder Rechtsbruch vorgenommen, dazu zählen Fälle wie:
- vorgetäuschte Preissenkungen durch vorherige Erhöhung
- Lockvogelangebote
- Verkauf der Ware zu niedrigerem Preis, wenn vorher die Qualität herabgesetzt wurde
- herabgesetzter Mineralwasserpreis wird durch Erhöhung des Flaschenpfandes „ausgeglichen"
- Preisunterbietungen durch Verstoß gegen gesetzliche Preisbindungen (Verlagserzeugnisse, BRAGO, GOÄ).

4.7.2.5 Behinderung durch Bezugnahme in der Werbung

Fall

In Amerika wirbt der Automobilhersteller Chrysler unter der Abbildung eines Modellls des „Chrysler Advantage" mit dem Slogan: „wenn er weniger Beinfreiheit und weniger Garantieleistungen hätte, aber Tausende teurer wäre, könnte es sich um einen Cadillac handeln."
Wäre eine solche Werbung nach deutschem Wettbewerbsrecht möglich?

4.7.2.5.1 Bezug auf Konkurrenzware, -leistung, -preis

Das Publikum erwartet von einem Werbenden keine neutrale Stellungnahme, jeder Werbende wird versuchen, seine Leistung positiv herauszustellen. Häufig verbindet sich damit jedoch eine Bezugnahme auf einen Mitbewerber, die nur den Sinn haben kann, die eigene Ware **vorteilhafter im Vergleich zur Ware des Mitbewerbers** darzustellen.

Beispiele
lt. Rechtssprechung vergleichende und damit unzulässige Werbung:
- „Düsseldorfs größtes Möbelhaus steht in Mönchengladbach"
- „Wir bieten keine Lockvogelangebote an wie viele Möbelfirmen, die Ihnen später unbedingt etwas Teures verkaufen wollen";
- Werbung eines Verbrauchermarktes: „Warum müssen Sie Ihre Möbel im Möbelhaus kaufen; Sie kaufen doch Ihre Zahnbürsten auch nicht im Zahnbürstenhaus"
- „Man geht nicht zum Friseur, man geht zu..."
- „Frische Kaffee-Bohnen schmecken besser"
- „Unsere beste Empfehlung ist die Konkurrenz: 9 Klagen gegen uns wegen unlauteren Wettbewerbs beweisen, daß wir konsumentenfreundlicher sind als andere".

Bezugnahmen sind – als Verstoß gegen die §§ 3 und 14 UWG – **stets unzulässig**, wenn sie **unwahr** sind. Aber auch **wahre** Behauptungen sind **unzulässig**, wenn folgende Voraussetzungen erfüllt sind:

- **es muß ein Vergleich zwischen eigener und fremder Ware vorliegen**
  - Nicht z.B. bei „das beste Persil, das es je gab"
  - Keine vergleichende Werbung liegt in der Aufforderung an den Kunden, selbst zu vergleichen oder in Aufforderungen wie „AEG Lavamat – den und keinen anderen!"
  - zulässig ist auch der Vergleich des eigenen Preises mit dem empfohlenen Herstellerpreis.

- **es muß eine individuelle / erkennbare Bezugnahme vorliegen**

Erst die Bezugnahme auf einen oder mehrere bestimmte Mitbewerber erfüllt den Tatbestand der vergleichenden Werbung; dabei ist eine **namentliche Nennung nicht nötig**, es reicht, wenn die angesprochenen Kundenkreise die Bezugnahme als solche **erkennt**.

In folgenden Fällen soll sich nach Rechtssprechung eine individuell gezielte Bezugnahme finden:
- „Lassen Sie sich nicht durch Anzeigen auswärtiger Firmen beirren";
- „Fallen Sie nicht auf den Schwindel herein, der heute in Rabattverkäufen betrieben wird";
- „Der echte Macholl kommt aus München";
- „Warum teure Waschmaschinen, wenn es auch gute preiswerte gibt?";
- „Wieso in Blechschlangen zu überfüllten Kaufstätten fahren, wenn Sie vor der Stadt ruhiger und günstiger einkaufen können"
- „es gibt keinen vornehmeren Sekt in der Konkurrenz" soll den Tatbestand erfüllen, da für „Vornehmheit" in der Verbrauchererwartung nur wenige Sektmarken in Frage kämen.
- „Keine Verkaufsveranstaltung – keine Nötigung durch die Veranstalter" richtet sich laut Rechtssprechung gegen die Veranstalter von Verkaufsfahrten;
- „Im Preis in unserer Region kaum zu unterbieten" richtet sich laut Rechtssprechung gegen die örtliche Konkurrenz.

Ebenso kann nach Rechtssprechung die **Bezugnahme durch aggressive Ausdrucksform** auftreten:

Beispiel:

„Alles andere ist eben bloß Zahnpasta".

Der **Komparativ** läßt schon seiner Natur nach die Umworbenen leicht an bestimmte Mitbewerber denken:

Beispiele:
- „Maßarbeit ist besser" (trifft erkennbar Konfektionskleidung),
- „Bei uns kaufen Sie günstiger";
- „Mehr fürs Geld bei Möbel-X"

Ebenso kann die individuelle Bezugnahme entstehen durch **Zusammentreffen mit der Konkurrenzwerbung**, mag dies auch zufällig geschehen:
- „Odol ist besser" in Berliner Omnibussen, bei gleichzeitiger Werbung für Chlorodont;
- „Echter Großeinkauf – Viele reden davon, aber wir haben ihn wirklich"; nachdem der Mitbewerber kurz vorher in derselben Zeitung mit „Großeinkauf" geworben hatte

Die **individuelle Bezugnahme fehlt beim sog. Systemvergleich**, dieser ist daher zulässig:

Beispiele:
- Vergleich Einzelhandel- Genossenschaftssystem,
- Vergleich Barkauf / Kreditsystem (C&A-Slogan: „Barkauf ist doch vorteilhafter"),
- Vergleich Pulver vs. Bürste zur Reinigung von Gebissen.

- die **Konkurrenzware muß herabgesetzt** bzw. die **eigene Ware hervorgehoben sein**

Eine Herabsetzung kann dabei **auch indirekt** erfolgen, z.B. „Kaufen Sie ihren Kindern ein Buch und keine Süßigkeiten"; die Herabsetzung liegt im Zusammenhang zwischen Süßigkeiten und Zahnschäden.

Sie liegt nicht vor bei einem Hinweis auf Substitutionsmöglichkeit („Statt Blumen Onko-Kaffee").

Auch zulässig, weil als neutraler Vergleich gewertet, wurde der Cola-Test angesehen, in dem ein Cola-Trinker einen Blindtest mit Cola-Getränken durchführt und feststellt, daß Pepsi seinen Geschmack am besten trifft.

4.7.2.5.2 Alleinstellungs-, Spitzengruppenwerbung

Eine Alleinstellungswerbung wie z.B. „Wir sind die Nr. 1"; „einer der größten" ist **grundsätzlich zulässig, solange die Behauptung wahr ist**, sonst liegt ein Verstoß gegen § 3 UWG vor. Auch sie kann aber **problematisch** sein in einem Fall wie „Bielefelds größte Zeitung", da es nur 2 Mitbewerber gab und damit eine erkennbare **Bezugnahme** vorlag.

4.7.2.5.3 Persönliche Bezugnahme

Jede Bezugnahme auf die Person oder das Unternehmen des Konkurrenten ist unzulässig.

Dabei ist es gleichgültig, ob auf den **geschäftlichen Bereich**:
- Hinweis auf bevorstehenden Konkurs,
- „der Konkurrent ist kein Fachmann"

oder den **privaten Bereich** (Rasse, Konfession, Ehe, Krankheit, Zuverlässigkeit) Bezug genommen wird.

Zur verbotenen persönlichen Bezugnahme gehört auch der **Vorwurf von Rechtsverletzungen**, z.B. durch Verschicken eines gegen den Konkurrenten erwirkten Urteils an die Kunden.

4.7.2.5.4 Ausnahmen / Zulässigkeit von Bezugnahmen

In bestimmten Ausnahmefällen ist eine Bezugnahme auf einen Konkurrenten zulässig, die **Beweislast** für das Vorliegen einer solchen Ausnahme trifft dabei den **Werbenden**:

■ **Aufklärungsvergleich im Kundeninteresse**

Die Rechtssprechung läßt neuerdings vergleichende Werbung zu, wenn das Interesse der Kunden hinreichend Anlaß zu einem Vergleich gibt, weil der Marktbereich Neuland ist oder so wenig transparent ist, daß ein Überblick nur mit Mühe zu gewinnen wäre

Beispiel:

Die Werbeaussage „40 % können Sie sparen, wenn Sie bei uns kaufen" bezog sich zwar auf die empfohlenen Herstellerpreise, sie wurde aber als vergleichend angesehen, da die meisten Händler die empfohlenen Preise einhielten und die Kunden daher veranlaßt wurden, unter den empfohlenen Preisen die der anderen Händler zu verstehen. Trotzdem entschied der BGH, daß diese Aussage zulässig sei, da sie für Verbraucher nützlich sei, weil der mühsame Einzelvergleich entfällt.

■ **Abwehrvergleich**

Der Abwehrvergleich ist ein Vergleich zur Wahrung der eigenen Interessen gegenüber einem rechtswidrigen Angriff der Konkurrenz, es handelt sich um eine Art **„Notwehrrecht"** im Wettbewerb, um z.B. eine im Sinne des § 3 UWG irreführende Werbebehauptung eines Mitbewerbers zu widerlegen.

Der Vergleich muß aber im **unmittelbaren sachlichen Zusammenhang** mit dem Angriff stehen; es muß erkennbar sein, daß eine unzulässige Wettbewerbshandlung abgewehrt werden soll.

Stets ist aber Voraussetzung, daß die vergleichenden Angaben **wahrheitsgemäß** sind und sich **im Rahmen des Erforderlichen** halten.[1]

■ **Vergleich auf Auskunftsverlangen oder zur Richtigstellung falscher Vorstellungen**

Wünscht ein Kunde ausdrücklich, über eine bestimmte Leistung eines Konkurrenten näher unterrichtet zu werden oder ist klar erkennbar, daß ein bestimmter Kunde von einer falschen Vorstellung ausgeht, so kann bei der Aufklärung ein Vergleich in engen Grenzen erlaubt sein; eine vergleichende Werbemaßnahme rechtfertigt sich hierduch natürlich nicht.

4.7.2.5.5 Werbung mit Warentests

Warentests berühren den Tatbestand der vergleichenden Werbung insofern, als daß es darum geht, das eigene gute Abschneiden im Vergleich zu fremden Waren herauszustellen.

An Warentests sind grundsätzlich folgende **Anforderungen** zu stellen:
- Neutralität (erfolgt der Test im Auftrag eines Herstellers, so muß darauf hingewiesen werden)
- repräsentativer Querschnitt von vergleichbaren Waren (nicht möglich: Vergleich Konfektions- und Maßanzüge)
- Sorgfältige Untersuchung und Darstellung
- Empfehlungen müssen die Gründe dafür darlegen

Bei der **Werbung mit Warentests** ist folgendes zu beachten:
- grundsätzlich ist eine Werbung mit dem Testergebnis unter Angabe des Monats/Jahres der Veröffentlichung zulässig.
- Die Zahl und Ergebnisse der anderen Testwaren sind zumindest dann anzugeben, wenn die Ware unter dem Notendurchschnitt geblieben ist.

> **Beispiel:**
> Wer für eine Kamera mit der Note „gut" wirbt, darf nicht verschweigen, daß von den gewerteten 22 Kameras 10 mit „sehr gut", 11 mit „gut" und 1 mit „befriedigend" bewertet wurde, da sonst eine Irreführung (§ 3 UWG) vorliegt.

---

[1] siehe ausführlich dazu Kapitel 5.6, „Wettbewerbliches Notwehrrecht"

4.7.2.6 Behinderung durch Ausspannen von Mitarbeitern

Das Ausspannen von Mitarbeitern des Konkurrenten ist **grundsätzlich zulässig**, nur wenn **besondere Umstände** hinzutreten, handelt es sich um ein **wettbewerbswidriges Verhalten**. Dies liegt insbesondere dann vor, wenn es sich um ein **planmäßiges Abwerben** handelt, um dem Mitbewerber zu schaden. Indizien für ein solches planmäßiges Abwerben können u.a. sein:

- wenn ohne Rücksicht auf sonstige Möglichkeiten, die der Arbeitsmarkt bietet, gerade die Beschäftigten eines Mitbewerbers abgeworben werden
- wenn einem Mitbewerber zahlreiche Mitarbeiter in übergeordneter Stellung abgeworben werden
- wenn der Abgeworbene im neuen Unternehmen nicht benötigt wird

---

Die unlautere Behinderung von Mitbewerbern durch

- Ausspannen von Kunden
- Behinderung der Konkurrenzwerbung
- Betriebsstörung/Boykott
- ruinöse Preisunterbietung
- bezugnehmende Werbung
- planmäßiges Ausspannen von Mitarbeitern

stellt einen Verstoß gegen die guten Sitten gemäß § 1 UWG dar und begründet einen Unterlassungs- bzw. Schadensersatzanspruch.

4.7.3 Ausbeutung fremder Leistung

4.7.3.1 Nachahmen fremder Erzeugnisse

Der Gesetzgeber hat die **allgemeine Benutzungsfreiheit** fremder Leistungen in bestimmten Bereichen **durch Sondergesetze beschränkt**:

- neue Herstellungverfahren durch das **Patentgesetz**
- Gebrauchsgegenstände, die den Gebrauchszweck durch bestimmte Anordnungen, Vorrichtungen fördern durch das **Gebrauchsmustergesetz** (GebrMG), im Unterschied zum Patentrecht wird hier weniger an Erfindungshöhe und technischem Fortschritt vorausgesetzt
- Muster (z.B. Tapetenmuster) und Modelle (z.B. Geschirr) durch das **Geschmacksmustergesetz** (GeschmMG); im Gegensatz zum Gebrauchsmuster steht hier der ästhetische Zweck im Vordergrund
- Warenzeichen („Opel", „Nivea", „Uhu") oder Warenausstattungen (z.B. Verpackungsformen) durch das **Warenzeichengesetz** (WZG)
- individuelle geistige Leistungen wie Romane, Lehrbücher, Reden, Musikwerke, Skulpturen, Computerprogramme durch das **Urheberrechtsgesetz** (UrhG).

Wenn man ein Sonderrechtsschutz nicht oder nicht mehr besteht, steht die Benutzung grundsätzlich jedermann frei. Das Wettbewerbsrecht greift nur dann, wenn die Benutzung fremder Ideen einen **wettbewerblich bedenklichen Tatbestand** (z.B. Behinderung oder Irreführung) darstellt, wenn also besondere Umstände vorliegen, die die Handlungsweise als wettbewerbswidrig erscheinen lassen.

Beispiel:

Kunden schreiben eine Ware fälschlicherweise einem und demselben Unternehmen zu, und dies ist auch vom Nachahmenden so gewollt.

4.7.3.2 Ausbeutung fremder Werbung

Grundsätzlich ist die Nachahmnung einer fremden Werbung erlaubt, soweit nicht Sonderrecht greift (z.B. Urheberrecht) oder sonstige **besondere Umstände** vorliegen:

- **Gewollte Irreführung der Verbraucher durch die mit der Nachahmung verbundenen Verwechselungsgefahr.**

Beispiele:

- Verwendung eines Kataloges gegenüber demselben Kundenkreis, der äußerlich völlig dem Katalog des Mitbewerbers gleicht;
- Nachahmung eines Werbephotos, das durch ein Fenster den Blick auf ein Schlafzimmermodell in Endlosbauweise eröffnet unter gleichzeitiger Anlehnung an dessen Markennamen („interlect" – „interlübke");
- Benutzung der rot-gelben Maggi-Hausfarbe durch Knorr

- **Nutzbarmachung fremder Werbung**

Die Ausnutzung fremder Werbung kann aber auch ohne Nachahmungshandlung zu einer Täuschung des Publikums führen.

Beispiel:

Ein gemeinnütziger Verein hatte durch eine umfangreiche Werbeaktion zu einer Altkleidersammlung aufgerufen, bewußt und gezielt wurde einen Tag vor dem Sammlungstermin im selben Stadtgebiet eine Altwarensammlung kurzfristig mit Handzetteln beworben und durchgeführt.

- **Wettbewerbswidrige „Verwässerung" fremder Werbeslogans durch gezieltes Anpassen:**

- „Ich rate Dir, trink X-Manns-Bier", da Abklatsch von „Laß Dir raten – trinke Spaten"
- „Die Zauberfee in der Küche" für einen Handmixer, da Abklatsch von „Der Zauberstab der Hausfrau"

- **Verletzung eines urheberrechtlichen Schutzes**

Die Verletzung eines urheberrechtlichen Schutzes kommt aber nur in Frage, wenn der Slogan als eigenschöpferisches, individuelles Kunstwerk anzusehen ist, dies ist nicht so bei bloßen Schlagworten

- als nicht schutzfähig angesehen wurde z.B. „Ja-Ja-cobi", „natürlich in Revue";
- schutzfähig aber lt. Rechtsprechung „Schmiegsam wie ein Frühlingsfalter bin ich im Forma-Büstenhalter"...

4.7.3.3 Ausbeutung fremden Rufs („Anlehnung")

Die Ausbeutung fremden Rufs ist auch eine **Form der vergleichenden Werbung**, nur wird hier nicht die Leistung des Mitbewerbers herabgesetzt, um den höheren Wert der eigenen Ware zu betonen, sondern im Gegenteil die eigene Ware durch eine Gleichstellung mit der fremden, hochwertigen Leistung hervorgehoben.

Beispiele:
- Bezeichnung der eigenen Ware als gleichwertig mit der des Mitbewerbers („Ersatz für..", „Ebenso gut wie...")
- Hinweis, man habe Mitarbeiter der Konkurrenz übernommen
- Whiskywerbung mit der Vorderansicht eines Rolls-Royce
- Imitation der sonderrechtlich nicht geschützten Rolex-Uhr durch Tchibo
- Anlehnung an fremde Kennzeichen; das fremde Kennzeichen muß aber einen gewissen Bekanntheitsgrad haben und das Publikum muß mit ihm ganz bestimmte Gütevorstellungen verbinden (Bsp: „Dimple" für Herrenkosmetik, „Kräutermeister" für einen Kräuterlikör);
- Wahl einer Firma bei einer Neugründung, die den guten Namen eines durch eine Fusion erloschenen Unternehmens ausnutzt
- Wahl von verwechselungsfähigen Bezeichnungen (Knirps/Fips für Taschenschirme)

4.7.3.4 Ausbeutung fremder Geheimnisse

Das Ausbeuten fremder Geheimnisse wird von den §§ 17–20 a UWG unter Strafe gestellt; § 1 UWG gewährt daneben einen **Anspruch auf Unterlassung**, da Straftaten zu Wettbewerbszwecken stets unlauter sind.

> Die Ausbeutung der Leistung von Konkurrenten durch
> - Nachahmen von Erzeugnissen
> - Nachahmung fremder Werbung
> - Ausbeutung fremden Rufs
> - Ausbeutung fremder Geheimnisse
>
> stellt einen Verstoß gegen die guten Sitten gemäß § 1 UWG dar und begründet einen Unterlassungs- bzw. Schadensersatzanspruch.

4.8 Rechtsfolgen bei Verstößen gegen das UWG

Die Rechtsfolgen bei Verletzungen des UWG ergeben sich aus der entsprechenden Bestimmung und/oder aus dem § 13 UWG.
Zu beachten ist immer, daß sich bei ein und demselben Tatbestand Rechtsfolgen häufig nicht nur aus **einer**, sondern **aus verschiedenen Bestimmungen des UWG** und daneben häufig auch noch aus **anderen Wettbewerbsbestimmungen** (z.B. der Zugabeverordnung) oder auch **allgemeineren Regelungen wie z.B. dem BGB** ergeben.

Beispiel:

Ein Verstoß gegen die Preisauszeichnungspflicht ist zum einen eine Ordnungswidrigkeit nach PangV, zum anderen liegt bei bewußtem Verhalten ein Verstoß gegen die guten Sitten (§ 1 UWG) und unter Umständen auch eine Irreführung (§ 3 UWG) vor.

Bei den Rechtsfolgen ist zu unterscheiden zwischen **zivilrechtlichen und strafrechtlichen** Ansprüchen.
Die **strafrechtlichen Ansprüche** beinhalten eine Freiheits- oder Geldstrafe; die Strafverfolgung geschieht entweder von Amts wegen (sog. *„Offizialdelikte")* oder nur auf Antrag durch z.B. den Geschädigten.
Die **zivilrechtlichen Ansprüche** lauten

- auf **Schadensersatz**, anspruchsberechtigt ist der Geschädigte
- und / oder auf **Unterlassung**, anspruchsberechtigt sind
    - **Mitbewerber** (§ 13 (2), Nr. 1 UWG)
    - **Verbände zur Förderung gewerblicher Interessen und Kammern** (§ 13 (2), Nr. 2, 4 UWG)
    - teilweise auch die **Verbraucherverbände** (§ 13 (2), Nr. 3 UWG)[1]

4.9 Überblick: Tatbestände / Rechtsfolgen / Anspruchsberechtigte bei Verletzungen des UWG[2]

§§ UWG	Tatbestand	Rechtsfolge/Ansprüche lt. UWG	Anspruchsberechtigter bzw. Berechtigung für Strafantrag bei Antragsdelikten
1	Generalklausel, Verstoß gegen die guten Sitten	Unterlassung (aus § 1)	siehe § 13 (2), Nr. 1–4
		Schadensersatz (aus § 1)	der Geschädigte
3, 4	§ 3 Generalklausel bzgl. Irreführung	Unterlassung (aus § 3 bzw. 13 (1))	siehe § 13 (2), Nr. 1–4
		Schadensersatz (aus § 13 (6), Nr. 1)	der Geschädigte
	§ 4 Straftatbestand bei wissentlicher Irreführung	Freiheits- oder Geldstrafe (aus § 4)	Offizialdelikt
		Rücktrittsrecht des durch die Werbeangabe irregeführten Abnehmers aus § 13 a	
6	Verbot des Konkurswarenverkaufs	Ordnungswidrigkeit → Bußgeld (aus § 6)	
		Unterlassung (aus § 13 (1))	siehe § 13 (2), Nr. 1–4
		Schadensersatz (aus § 13 (6), Nr. 2)	der Geschädigte
6 a	Hersteller- und Großhändlerwerbung	Unterlassung (aus § 6 a)	siehe § 13 (2), Nr. 1–4
6 b	Kaufscheinhandel	Unterlassung (aus § 6 b)	siehe § 13 (2), Nr. 1–4
		Schadensersatz (aus § 13 (6), Nr.	der Geschädigte

---

[1] da § 13 UWG auch die Anspruchsberechtigten bei Verstößen gegen andere Wettbewerbsbestimmungen (z.B. Rabattgesetz, ZugabeVO) regelt, wird die Anspruchsberechtigung allgemein im Kapitel 5.1 „Anspruchsberechtigte" dargestellt.
[2] falls nichts anderes gesagt ist, beziehen sich Paragraphenangaben auf das UWG.

§§ UWG	Tatbestand	Rechtsfolge/Ansprüche lt. UWG	Anspruchsberechtigter bzw. Berechtigung für Strafantrag bei Antragsdelikten
6 c	Progressive Kundenwerbung (Straftatbestand)	Freiheits- oder Geldstrafe (aus § 6 c)	Offizialdelikt
		Unterlassung (aus § 13 (1))	siehe § 13 (2), Nr. 1–4
		Schadensersatz (aus § 13 (6), Nr. 2)	der Geschädigte
6 d	Beschränkung der Abgabemenge	Unterlassung (aus § 6 d (1))	siehe § 13 (2), Nr. 1–4
		SE (aus § 13 (6), Nr. 2)	der Geschädigte
6 e	Preisgegenüberstellungen	Unterlassung (aus § 6 e (1))	siehe § 13 (2), Nr. 1–4
		Schadensersatz (aus § 13 (6), Nr. 2)	der Geschädigte
7	Sonderveranstaltungen	Unterlassung (aus § 7 (1))	siehe § 13 (2), Nr. 1–4
		Schadensersatz (aus § 13 (6), Nr. 2)	der Geschädigte
8	Räumungsverkauf	Unterlassung (aus § 8 (5), (6))	siehe § 13 (2), Nr. 1–4
		Schadensersatz (aus § 13 (6), Nr. 2)	der Geschädigte
12	„Schmieren" (Straftatbestand)	Unterlassungsanspruch gegen den Bestechenden (aus § 13 (1))	• lt. § 13 (3) die in § 13 (2), Nr. 1, 2, 4 Genannten (also nicht: Verbraucherverbände) • da der Geschäftsherr des Bestochenen selbst kein Mitbewerber ist, ergibt sich sein Unterlassungsanspruch nur aus § 1004 BGB
		Ersatzanspruch gegen Bestechenden und Bestochenen (aus § 13 (6), Nr. 2)	• der Geschädigte • da Geschäftsherr des Bestochenen selbst kein Mitbewerber ist, ergibt sich sein Schadensersatzanspruch nur aus § 823 BGB
		Schmiergeldvereinbarung und Hauptvereinbarung sind nichtig (§ 138 BGB); die Hauptvereinbarung nur dann nicht, falls die Schmiergeldvereinbarung auf sie keine nachteilige Wirkung hatte	
		Der Geschäftsherr kann Herausgabe der Schmiergelder verlangen (aus den §§ 687 (2), 681, 667 BGB)	
		Freiheits- oder Geldstrafe (aus § 12)	Strafverfolgung nur auf Antrag, Antragsberechtigte: • der Geschädigte • lt. § 22 (1), 3 die in § 13 (2), Nr. 1, 2, 4 Genannten (also nicht: Verbraucherverbände)
14	Anschwärzung	Unterlassung oder Schadensersatz (aus § 14 (1))	nur der Geschädigte
15	Verleumdung (Straftatbestand)	Freiheits- oder Geldstrafe (aus § 15 (1))	Strafverfolgung nur auf Antrag, Antragsberechtigt ist der Geschädigte
		Unterlassung (aus § 1)	siehe § 13 (2), Nr. 1–4
		Schadensersatz nur aus den §§ 823 (2), 824, 826 BGB	der Geschädigte
16	Benutzung fremder Geschäftsbezeichnungen	Unterlassung aus § 16 (1) (auch: 12 BGB, 37 (2) HGB)	der Geschädigte
		Schadenersatz (aus § 16 (2))	der Geschädigte
17 bis 20 a	Geheimnisverrat (Straftatbestand)	Geld- oder Freiheitsstrafe (aus den §§ 17 und 18)	– Strafverfolgung auf Antrag, berechtigt ist der Geheimnisinhaber – auch Strafverfolgung von Amts wegen bei öffentl. Interesse (§ 22 (1))
		Schadensersatz (aus § 19)	der Geschädigte
		Unterlassung (aus § 1)	siehe § 13 (2), Nr. 1–4

1. Beurteilen Sie in folgenden Fällen, ob und gegen welche Bestimmungen des UWG verstoßen wird:
   a) Ein Hersteller läßt in Taiwan Elektrogeräte herstellen und versieht sie mit dem Aufkleber „Made in Germany".
   b) Meier erzählt im Tennisclub, sein neuer PKW sei wegen Mängeln schon 8 mal zur Reparatur gewesen.
   c) Ein Händler führt vom letzten Montag im Januar bis zum 20. Februar einen Schlußverkauf durch.
   d) Ankündigung: „empfohlener Preis des Herstellers: 300,00 DM, bei uns nur 250,00 DM"
   e) Ein Händler versendet an Kunden unverlangt Waren – unter Beilegung eines Freiumschlages – mit dem Hinweis: „Wir gehen davon aus, daß ein Kaufvertrag zustandekommt, wenn Sie die Waren nicht innerhalb von 3 Wochen an uns zurückschicken."
   f) Ein Textilhändler verkauft einige Ladenhüter zum halben Preis.
   g) Ein antikes Einzelstück steht mit einem Sonderpreis im Schaufenster, es ist bereits verkauft, worauf aber nicht hingewiesen wird.
   h) Ein Hersteller läßt sich unter falschem Namen auf der Messe über die Produkte seines Konkurrenten informieren.
   i) Das Schuhgeschäft Meier wirbt mit: „Seit 30 Jahren sind Sie mit uns zufrieden – wir danken unseren Kunden mit jeder Menge Sonderpreisen."
   j) Beim Räumungsverkauf wegen Umbau sind alle Waren bereits nach einer Woche abgesetzt, daher werden neue Waren hinzugekauft.
   k) Ein Möbelhaus wirbt mit „wir haben die größte Teppichabteilung Kölns"
   l) Ein Autozubehörfabrikant schickt dem Einkäufer eines Autoherstellers aufgrund der guten Geschäfte im vergangenen Jahr einen Kasten Wein als Geschenk.
2. In welchen Fällen gewährt das UWG einen strafrechtlichen Anspruch?
3. Welche zivilrechtlichen Ansprüche gewährt das UWG?
4. In welchen Fällen gehören die Verbraucherverbände nicht zu den Anspruchsberechtigten? Überlegen Sie, warum dies in diesen Fällen so ist.

5 Rechtsfolgen bei Verstössen gegen die Wettbewerbsbestimmungen

Fall

Möbelhändler Wippekuhlen hat festgestellt, daß sich die Biowelle umsatzträchtig ausnutzen läßt; immer wieder bewirbt er seine Möbel mit dem Zusatz „Bio-Möbel", obwohl sich dies wegen erheblicher Schadstoffbelastung gar nicht rechtfertigen läßt.
– Kann Wippekuhlens Konkurrent Pöselhoffer wettbewerbsrechtliche Ansprüche gegen Wippekuhlen geltend machen – und wenn ja, welcher Art sind diese Ansprüche?
– Welche Ansprüche hat Lieschen Müller, die – irregeführt durch die Wippekuhl'sche Bio-Werbung – ein formaldehyd-„verseuchtes" Kinderbett bei Wippekuhlen gekauft hat?

An dieser Stelle sollen ganz allgemein die **zivilrechtlichen Rechtsfolgen** bei Verstößen gegen eine der Wettbewerbsbestimmungen näher erläutert werden. Zu beachten ist:

- welche der Rechtsfolgen jeweils konkret vorgesehen ist, ergibt sich aus der jeweiligen Gesetzesbestimmung;
- neben den zivilrechtlichen Ansprüchen bestehen teilweise auch strafrechtliche Ansprüche

5.1 Anspruchsberechtigte (Aktivlegitimation), § 13 UWG

Aus Rechtsverletzungen kann nur derjenige Ansprüche herleiten, der durch die Rechtsverletzung in seinen Rechten verletzt ist. Dies können sein:

- **einzelne Mitbewerber**; siehe § 13 (2) Nr. 1 UWG
  - in Fällen der Behinderung muß der Mitbewerber zu den Betroffenen gehören
  - bei allen anderen Wettbewerbsverstößen muß ein Wettbewerbsverhältnis bestehen.

- **Marktgegner**, also Verbraucher
  Der entsprechende § 13 (2) Nr. 3 des UWG nennt jedoch als Anspruchsberechtigte nur die **Verbraucher-Verbände**, nicht jedoch die einzelnen Angehörigen der Marktgegenseite, das UWG gewährt einzelnen Verbrauchern nur ein Rücktrittsrecht bei Irreführung (§ 13 a UWG).
  Einzelne Verbraucher können aber gegebenenfalls Ansprüche aus § 823 (2) BGB (Verletzung eines Schutzgesetzes) geltend machen, weil die Normen des Wettbewerbsrechts als Schutzgesetze im Sinne dieser Gesetzesbestimmungen gelten.

- **Verbände zur Förderung gewerblicher Interessen** und die **Kammern** (§ 13 (2), Nr. 2 u. 4 UWG)
  Zu diesen Verbänden zählen auch die sog. „Wettbewerbsvereine" (Verbände, deren Hauptzweck die Bekämpfung des unlauteren Wettbewerbes ist).

Sowohl beide Arten von **Verbänden** als auch die **Kammern** können eigentlich nicht durch einen Wettbewerbsverstoß verletzt werden. Deshalb wurde im Gesetz eine ausdrückliche Regelung getroffen, um den Verbänden/Kammern zumindest gewisse Ansprüche zu gewähren.

Die Ansprüche der Verbände und Kammern sind jedoch eingeschränkt:
- Verbände und Kammern können **außerhalb des Wettbewerbsrechts** (z.B. aus dem BGB) **keine Ansprüche** herleiten, da sie nicht selbst geschädigt werden;
- Grundsätzlich steht ihnen nur der Anspruch auf **Unterlassung** und der verwandten Ansprüche (Beseitigung, Urteilsveröffentlichung) zu!
- Verbände zur Förderung gewerblicher Interessen und Kammern können sich auf alle wettbewerbsrechtlichen Vorschriften mit **Ausnahme** der §§ 14 (Anschwärzung), 16 (Verleumdung) und 19 UWG (Schutz geschäftlicher Bezeichnungen) stützen.
  Da Verstöße gegen Spezialnormen des WB-Rechts aber stets zugleich Verstöße gegen § 1 UWG sind, können sie indirekt (über die §§ 1, 13 II Nr. 2 UWG) doch von den Verbänden/Kammern verfolgt werden.
- Verbraucherverbände können Ansprüche **nur** auf die §§ 3, 4, 6 bis 6 e (Irreführung), 7 und 8 (Sonderveranstaltungen) stützen, **§ 1 UWG** kommt nur in Betracht, **falls wesentliche Belange der Verbraucher berührt** sind. Außerdem kommen Ansprüche aus dem **Rabattgesetz** und der **Zugabeverordnung nicht** in Frage.

> **§ 13. [Unterlassungs- und Schadenersatzansprüche; Klagebefugnis]**
> (1) Wer den §§ 4, 6, 6 c, 12 zuwider handelt, kann auf Unterlassung in Anspruch genommen werden.
> (2) In den Fällen der §§ 1, 3, 4, 6 bis 6 e, 7, 8 kann der Anspruch auf Unterlassung geltend gemacht werden.
> 1. von Gewerbetreibenden, die Waren oder gewerbliche Leistungen gleicher oder verwandter Art vertreiben,
> 2. von rechtsfähigen Verbänden zur Förderung gewerblicher Interessen,
> 3. von rechtsfähigen Verbänden, zu deren satzungsgemäßen Aufgabe es gehört, die Interessen der Verbraucher durch Aufklärung und Beratung wahrzunehmen. Im Falle des § 1 können diese Verbände den Anspruch auf Unterlassung nur geltend machen, soweit der Anspruch eine Handlung betrifft, durch die wesentliche Belange der Verbraucher berührt werden,
> 4. von den Industrie- und Handelskammern oder den Handwerkskammern.
> (3) Im Falle des § 12 kann der Anspruch auf Unterlassung nur von den in Absatz 2 Nr. 1, 2 und 4 genannten Gewerbetreibenden, Verbänden und Kammern geltend gemacht werden.
> (4) Werden in den in den Absätzen 2 und 3 genannten Fällen die Zuwiderhandlungen in einem geschäftlichen Betrieb von einem Angestellten oder Beauftragten begangen, so ist der Unterlassungsanspruch auch gegen den Inhaber des Betriebs begründet.
> (5) Der Anspruch auf Unterlassung kann nicht geltend gemacht werden, wenn die Geltendmachung unter Berücksichtigung der gesamten Umstände mißbräuchlich ist, insbesondere wenn sie vorwiegend dazu dient, gegen den Zuwiderhandelnden einen Anspruch auf Ersatz von Aufwendungen oder Kosten der Rechtsverfolgung entstehen zu lassen.
> (6) Zum Ersatz des durch die Zuwiderhandlung entstehenden Schadens ist verpflichtet:
> 1. wer im Falle des § 3 wußte oder wissen mußte, daß die von ihm gemachten Angaben irreführend sind. Gegen Redakteure, Verleger, Drucker oder Verbreiter von periodischen Druckschriften kann der Anspruch auf Schadensersatz nur geltend gemacht werden, wenn sie wußten, daß die von ihnen gemachten Angaben irreführend waren;
> 2. wer den §§ 6 bis 6 e, 7, 8, 12 vorsätzlich oder fahrlässig zuwiderhandelt.

5.2 Anspruchsverpflichtete (Passivlegitimation), § 13 UWG

Grundsätzlich verpflichtet ist zunächst der **Täter**.

Daneben haftet der **Betriebsinhaber auch ohne jeden Tatbeitrag**, wenn ein Gehilfe (Angestellter, Beauftragter aber auch z.B. ein Handelsvertreter, eine Werbeagentur) gehandelt hat (siehe § 13 (4) UWG; § 12, 2 RabG; § 2 (1) 2 ZugabeVO);

Beispiele:

Ein Verkäufer gewährt Skonto in Höhe von 4 %, eine Werbeagentur schaltet eine Anzeige mit vergleichender Werbung usw.

Einen **Entlastungsbeweis** i.S.d. § 831 BGB gibt es **nicht**, wenn sich der Anspruch nur auf Wettbewerbsrecht stützt.

Ob der Inhaber vom Handeln seiner Angestellten oder Beauftragten **wußte** oder nicht, ist ebenfalls **ohne Bedeutung**.

Die strenge Haftung des Betriebsinhabers nach § 13 (4) UWG bezieht sich allerdings nur auf den **Unterlassungs- und Beseitigungsanspruch**, nicht jedoch auf den Schadensersatzanspruch. Hat der Betriebsinhaber jedoch wettbewerbswidriges Verhalten seiner Angestellten gefördert, geduldet, unwahre Angaben nicht richtig gestellt, so trifft ihn ein **eigenes Verschulden**, das gegebenenfalls auch **Schadensersatzansprüche** rechtfertigt.

Für den **gesetzlichen Vertreter** haftet der Betriebsinhaber nach allgemeinen Vorschriften, so z.B. bei juristischen Personen und parteifähigen Handelsgesellschaften aus der Organhaftung (§§ 30, 31, 89 BGB), wonach Handlungen der Organe eigene Handlungen sind.

5.3 Anspruchsarten

5.3.1 Unterlassungsanspruch

Wer im geschäftlichen Verkehr eine Wettbewerbsbestimmung verletzt, kann auf zukünftige **Unterlassung dieser oder einer im Kern gleichen Verletzungshandlung** in Anspruch genommen werden.

Grundsätzlich wird bei Verletzungen des Wettbewerbsrechts eine **Wiederholungsgefahr** vermutet; auch diese soll durch den Unterlassungsanspruch **beseitigt** werden. Daher reicht eine bloße Erklärung des Verletzers, er werde das beanstandete Verhalten einstellen, nicht aus. Die Wiederholungsgefahr fällt erst dann weg, wenn der Verletzer ein **Unterlassungsversprechen** abgibt und sich zur Zahlung einer angemessenen **Vertragsstrafe** für jeden Fall einer Zuwiderhandlung verpflichtet, sog. „**strafbewehrte Unterlassungserklärung**" (siehe dazu unter „Abmahnung" S. 248 ff.).

Auch eine nur **drohende Rechtsverletzung** begründet vorbeugend einen Anspruch auf Unterlassung, falls konkrete Vorbereitungshandlungen getroffen werden (z.B. Angebot eines unzulässigen Rabatts, selbst wenn dieser mangels Vertragsschluß nicht gewährt wurde).

5.3.2 Beseitigungsanspruch

Die Rechtssprechung gewährt neben dem eigentlichen Anspruch auf Unterlassung zukünftiger Verletzungen auch einen **Anspruch auf Beseitigung der erfolgten Verletzung**.

Beispiele:
- wettbewerbswidriges Werbematerial ist zu vernichten;
- gegebenenfalls sind die abnehmenden Händler aufzufordern, irreführende Angaben an der Ware zu beseitigen;
- ehrkränkende oder kreditschädigende Behauptungen sind richtigzustellen/zu widerrufen;
- der Verletzte selbst stellt einen entstandenen unrichtigen Eindruck richtig indem er z.B. den Gang der gerichtlichen Auseinandersetzung in der Presse darstellt;

Bei Verurteilung zu einer Strafe nach § 15 UWG (Verleumdung) oder im Falle eines Unterlassungsurteils kann dem Verletzten die Befugnis zugesprochen werden, **das Urteil zu veröffentlichen** (§ 23 UWG).

5.3.3 Schadensersatzanspruch

■ **Anspruchsgrundlagen**

Schadensersatzansprüche lassen sich herleiten
- entweder aus den **Bestimmungen des Wettbewerbsrechts**; siehe z.B. §§ 1, 13 (6), 14, 16 (2), 19 UWG, § 2 (2) ZugabeVO.
  Zu beachten ist dabei, daß alle Verstöße gegen Spezialnormen des WB-Rechts zugleich Verstöße gegen § 1 UWG sind, häufig auch zugleich Verstöße gegen § 3 UWG!
- und / oder aus **§ 823 (2) BGB (Verletzung eines Schutzgesetzes)**, da die Normen des WB-Rechts Schutzgesetze zugunsten der Marktgegenseite sind.
- gegebenenfalls lassen sich Schadensersatzansprüche auch aus **§ 823 (1) BGB** (Verletzung des Rechts am eingerichteten und ausgeübten Gewerbebetrieb) oder aus § 826 BGB (Vorsätzliche sittenwidrige Schädigung) begründen.

■ **Voraussetzungen für Schadensersatzansprüche aus den Wettbewerbsregelungen**

Immer, wenn Schadensersatzansprüche aus den **Wettbewerbsregelungen** abgeleitet werden, ist ein **Handeln zu Wettbewerbszwecken**, zur Förderung des eigenen oder fremden Wettbewerbs Voraussetzung.

Mit Ausnahme des § 14 UWG („Anschwärzung"; Sonderfall einer Gefährdungshaftung) ist der Verletzer nur **bei Verschulden** schadensersatzpflichtig, d.h. wenn
– er wußte, daß sein Tun rechtswidrig war (direkter Vorsatz) oder
– er damit rechnete (bedingter Vorsatz) oder
– dies hätte bei Anwendung genügender Sorgfalt erkennen können (Fahrlässigkeit).

Zu beachten ist, daß **Verbänden** (da sie nicht selbst geschädigt werden) **kein Schadensersatzanspruch** zusteht.

■ **Umfang des Schadensersatzes**

Der Verletzer hat dem Verletzten auch den sog. **„Verwirrungsschaden"** (Kosten für die Richtigstellung z.B. bei unlauterer bezugnehmender Werbung) zu ersetzen, ferner die **Anwaltskosten** und die **Kosten der Abmahnung**.
Der Anspruch umfaßt zwar auch den **Anspruch auf Ersatz des entgangenen Gewinns**; seine **Durchsetzung scheitert** aber in der Praxis regelmäßig: wenn nicht am Nachweis des Zusammenhangs zwischen Umsatzrückgang und wettbewerbswidrigem Verhalten dann daran, die Höhe des Gewinnentgangs auch nur annähernd zu ermitteln.

5.4 Verjährung der Ansprüche

Alle auf das **Wettbewerbsrecht** gestützten zivilrechtlichen Ansprüche **verjähren in 6 Monaten**.
Die Frist **beginnt mit Kenntnis** der Handlung und Person des Verletzers, ohne Rücksicht auf diese Kenntnis verjähren die Ansprüche **in 3 Jahren ab der Zuwiderhandlung** (siehe z.B. § 21 UWG; § 2 (4) ZugabeVO).
Bei Schadensersatzansprüchen beginnt – auch bei Kenntnis der Handlung und Person – die Verjährungsfrist **nicht, bevor ein Schaden entstanden ist**.

Zu beachten ist, daß der Antrag auf Erlaß einer **einstweiligen Verfügung**, der Verfügungsbeschluß oder ein Verfügungsurteil selbst die Verjährung **nicht unterbricht**. Dies ist erst dann der Fall, wenn der Anspruch, der durch die Verfügung gesichert werden sollte, durch eine **Klage** innerhalb der Verjährungsfrist bestätigt worden ist.

5.5 Rücktrittsrecht des Abnehmers (§ 13 a UWG)

Der ab 1.1.87 geltende § 13 a UWG gewährt einem **irregeführten Abnehmer** ein **Rücktrittsrecht**, das unverzüglich auszuüben ist und 6 Monate nach dem Vertragsschluß erlischt.

> § 13 a.* [Rücktrittsrecht bei unwahren und irreführenden Werbeangaben]
> (1)[1] Ist der Abnehmer durch eine unwahre und zur Irreführung geeignete Werbeangabe im Sinne von § 4, die für den Personenkreis, an den sie sich richtet, für den Abschluß von Verträgen wesentlich ist, zur Abnahme bestimmt worden, so kann er von dem Vertrag zurücktreten. [2] Geht die Werbung mit der Angabe von einem Dritten aus, so steht dem Abnehmer das Rücktrittsrecht nur dann zu, wenn der andere Vertragsteil die Unwahrheit der Angabe und ihre Eignung zur Irreführung kannte oder kennen mußte oder sich die Werbung mit dieser Angabe durch eigene Maßnahmen zu eigen gemacht hat.
> (2)[1] Der Rücktritt muß dem anderen Vertragsteil gegenüber unverzüglich erklärt werden, nachdem der Abnehmer von den Umständen Kenntnis erlangt hat, die sein Rücktrittsrecht begründen. [2] Das Rücktrittsrecht erlischt, wenn der Rücktritt nicht vor Ablauf von sechs Monaten nach dem Abschluß des Vertrages erklärt wird. [3] Es kann nicht im voraus abbedungen werden.
> (3)[1] Die Folgen des Rücktritts bestimmen sich bei beweglichen Sachen nach § 3 Abs. 1, 3 und 4 sowie § 5 Abs. 3 Satz 1 des Gesetzes über den Widerruf von Haustürgeschäften und ähnlichen Geschäften. [2] Die Geltendmachung eines weitern Schadens ist nicht ausgeschlossen. [3] Geht die Werbung von einem Dritten aus, so trägt im Verhältnis zwischen dem anderen Vertragsteil und dem Dritten dieser den durch den Rücktritt des Abnehmers entstandenen Schaden allein, es sei denn, daß der andere Vertragsteil die Zuwiderhandlung kannte.

5.6 Wettbewerbliches Notwehrrecht

In Sonderfällen kann der Verletzte geltend machen, daß sein an sich unzulässiges Verhalten durch die Notwendigkeit **gerechtfertigt** ist, dem unlauteren Wettbewerb eines Anderen zu begegnen.

Beispiel:

Ein Hersteller von Elektrogeräten verhängte wegen Nichtbeachtung der Richtpreise eine (unzulässige) Liefersperre gegen ein Niedrigpreisgeschäft. Dieses veröffentlichte eine Anzeige, in der es darauf hinwies, daß der namentlich genannte Hersteller eine Liefersperre verhängt habe; lt. Urteil des OLG Koblenz war diese an sich unzulässige Bezugnahme durch das Verhalten des Herstellers gerechtfertigt.

Notwendig ist die Abwehr aber nur, wenn **durch gerichtliche Hilfe ein Ausgleich nicht möglich** ist.

Zum anderen muß die Abwehr **sachlich zutreffend** sein und sich **in Grenzen des Erforderlichen** halten, die Anmerkung z.B.: „Wir bieten mehr" macht die Abwehr schon unzulässig!

Auch versagt der Einwand der wettbewerbsrechtlichen Notwehr gegenüber Unterlassungsansprüchen aus § 3 UWG (Irreführung): selbst **unlautere Angriffe** des Mitbewerbers **rechtfertigen nicht eine Irreführung des Verbrauchers.**

Verletzung von Wettbewerbsbestimmungen:

Als Anspruchsarten kommen grundsätzlich in Frage:
- Unterlassungsanspruch
- Beseitigungsanspruch
- Schadensersatzanspruch

Anspruchsberechtigt sind:
- Mitbewerber
- in begrenztem Umfang auch Verbraucherverbände, Verbände zur Förderung gewerblicher Interessen und Kammern
- einzelne Verbraucher können im Rahmen des Wettbewerbsrechts nur ein Rücktrittsrecht aus § 13 a UWG geltend machen (Voraussetzung: Irreführung)

Anspruchsverpflichtet ist:
- der Täter
- der Betriebsinhaber für das Handeln von Gehilfen (auch ohne eigenes Verschulden, es sei denn, es handelt sich um einen Schadensersatzanspruch)

Die Ansprüche verjähren:
- in 6 Monaten ab Kenntnis der Handlung und des Täters
- spätestens jedoch in 3 Jahren ab der Zuwiderhandlung bzw. bei Schadensersatzansprüchen ab der Entstehung des Schadens.

5.7 Durchsetzung der Ansprüche

Fall

Möbelhändler Pöselhoffer möchte endlich gegen die von ihm für unlauter angesehene Bio-Werbung seines Konkurrenten Wippekuhlen etwas unternehmen.
- Wie kann Pöselhoffer vorgehen?
- Was kann Wippekuhlen tun, wenn er Pöselshoffers Vorwürfe für ungerechtfertigt hält?

5.7.1 Abmahnung

5.7.1.1 Notwendigkeit der Abmahnung

Grundsätzlich besteht **keine Verpflichtung zur Abmahnung** des Verletzers vor einer Klageerhebung.
Im Falle einer Klageerhebung verlangt der § 93 ZPO jedoch die Überprüfung, ob der Verletzer zur Klageerhebung Anlaß gegeben hat, d.h. ob nicht eine Abmahnung aus-

gereicht hätte, um ihn zur Übernahme einer Unterlassungsverpflichtung zu veranlassen. Da dies in der Regel der Fall ist, **trägt grundsätzlich der Antragsteller die Kosten des Prozesses, wenn er nicht abgemahnt hat.**

Ausnahmen können aber sein:
- eine besondere **Eilbedürftigkeit** (diese ist meist gegeben bei Wettbewerbsverstößen innerhalb der Schlußverkäufe)
- wenn anzunehmen ist, daß eine **Durchsetzung nur mit Hilfe der Gerichte möglich** sein wird.
    Dies ist nach Rechtssprechung z.B. dann der Fall
    - wenn der gleiche Verstoß des gleichen oder eines anderen, aber von denselben Personen geführten Unternehmens bereits erfolglos abgemahnt wurde
    - wenn wegen des gleichen Verstoßes schon nach einer Abmahnung gerichtlich vorgegangen wurde
    - wenn nach Abgabe der Unterwerfungserklärung erneut der Verstoß begangen wird.

Wird die **Annahme** der Abmahnung **verweigert**, so gilt dies als **Zugang**.

Der **Verletzer trägt die Beweislast** dafür, daß die Abmahnung nicht erfolgt ist, der Verletzte muß nur glaubhaft machen, daß das Schreiben ordnungsgemäß abgesandt wurde.

5.7.1.2 Inhalt der Abmahnung

Das Abmahnungsschreiben muß folgende Bestandteile enthalten:
- eine klare **Beschreibung des Verletzungstatbestands**
- die Angabe der geltendgemachten **Ansprüche** (Unterlassung-, Beseitigung-, Schadensersatz)
- die Setzung einer **angemessenen Frist** für die Unterlassungserklärung
    - Der Verletzer muß **ausreichend Zeit** zur Überlegung haben, i.d.R. werden – in nicht besonders dringlichen Fällen – 6 Werktage als angemessen angesehen, je nach Umständen kann es sich aber auch um wenige Stunden handeln.
    - Der Bitte um **Fristverlängerung** muß der Verletzte bei trifftigem Grund entsprechen.
    War die Frist zu kurz, bleibt die Abmahnung zwar wirksam, der Verletzte muß aber die Kosten der (verfrühten) einstweiligen Verfügung tragen, falls sich der Verletzer innerhalb einer angemessenen verlängerten Frist unterwirft.
- die Androhung **gerichtlicher Schritte** für den Fall eines ergebnislosen Fristablaufs
- in der Regel wird schon in der Abmahnung eine **Unterlassungserklärung** vorformuliert und eine **Vertragsstrafe** (üblich sind Beträge ab 5000,00 DM) angesetzt.

Für **Abmahnungen bei Alleinstellungsbehauptungen** gilt folgende Besonderheit: Da Alleinstellungsbehauptungen nur unlauter sind, wenn der Behauptende sie nicht beweisen kann, ist in diesem Fall die Abmahnung nur als **bedingte Abmahnung** zu stellen, also für den Fall, daß der Behauptende die Behauptung nicht beweisen kann.

5.7.1.3 Kosten der Abmahnung

Der Anspruch des Verletzten auf Kostenerstattung ergibt sich **als Schadensersatzanspruch** normalerweise aus § 13 (6) UWG. Für Verbände, die ja keinen Schadensersatzanspruch haben, ergibt sich aus dem Beseitigungsanspruch ein **Anspruch auf Aufwendungsersatz** aus § 683 BGB (Geschäftsführung ohne Auftrag).

Unter die zu ersetzenden Kosten fallen bei Einschaltung eines Anwaltes die **Anwaltsgebühren,** ansonsten wird eine **Pauschale** von 200,00 – 250,00 DM (netto) für zulässig anerkannt, wobei zu beachten ist, daß die Abmahnung **mehrwertsteuerpflichtig** ist!

Verbände, zu deren satzungsmäßigen Aufgaben auch die Verfolgung von Wettbewerbsverstößen gehört (insbesondere Wettbewerbsvereine, aber auch Fachverbände), müssen so ausgestattet sein, daß sie durchschnittliche Verstöße selbst abmahnen können. Sie können daher bei diesen Verstößen keine Anwaltskosten ansetzen und erhalten nur die **Kostenpauschale.**

5.7.2 Einstweilige Verfügung

Leistet der Abgemahnte der Abmahnung keine Folge, so ist eine einstweilige Verfügung beim Gericht, bei dem die Sache verhandelt würde oder beim Amtsgericht, in dessen Bezirk die Handlung begangen wurde, zu beantragen.

Über den Antrag wird i.d.R. ohne mündliche Verhandlung entschieden; der Antragsteller muß die **Voraussetzungen** anhand von Beweismitteln (Originalanzeige, Fotos o.ä.) **beweisen.**

Da die einstweilige Verfügung der Sicherung eines Anspruchs dient, wenn zu befürchten ist, daß die Verwirklichung eines Rechts gefährdet ist oder Gefahr droht, ist **Voraussetzung** für ihren Erlaß die besondere Dringlichkeit. Diese Dringlichkeit wird gem. § 25 UWG in Wettbewerbssachen **grundsätzlich vermutet**; die Dringlichkeitsvermutung kann jedoch wegfallen, z.B. dann, wenn der Verletzte Verstöße schon längere Zeit hingenommen hat. Unter Umständen kann schon ein Zögern von 3 Monaten reichen, um die Vermutung zu widerlegen.

Die einstweilige Verfügung bezweckt **nur eine vorläufige Regelung**, sie ist daher für solche Ansprüche nicht geeignet, die zur endgültigen Befriedigung führen (also nicht für Schadensersatz, i.d.R. auch nicht für den Beseitigungsanspruch).

Daher kommt für eine einstweilige Verfügung in erster Linie nur der **Unterlassungsanspruch** in Betracht. Der Tenor einer einstweiligen Verfügung könnte z.B. lauten:

„Dem Antragsgegner wird es – unter Androhung eines vom Gericht festzusetzenden Ordnungsgeldes bis DM 500000,00 (ersatzweise Ordnungshaft) untersagt, Preisnachlässe zu gewähren, sofern es sich nicht um Barzahlungsrabatte bis zu 3 % des Endverkaufspreises handelt."

Gegen die einstweilige Verfügung kann der Verletzer **Widerspruch** einlegen, dann wird in einer mündlichen Verhandlung per sog. **„Verfügungsurteil"** entschieden, gegen das als Rechtsmittel Berufung eingelegt werden kann.

Nach Erwirkung der einstweiligen Verfügung darf der Anspruchsberechtigte – auch wenn der Gegner schweigt – nicht einfach Klage erheben und dadurch höhere Kosten verursachen.

Er muß vielmehr noch (frühestens 2 Wochen nach Zustellung der einstweiligen Verfügung) ein sog. **„Abschlußschreiben"** (auch: **„Anschlußabmahnung"**) an den Verletzer verfassen.

Inhalt des Abschlußschreibens ist
- die Aufforderung, innerhalb einer Frist die **Verfügung anzuerkennen** / auf das Recht der Widerspruchseinlegung zu verzichten und
- die Androhung einer **Klage** im Falle der Nichtanerkennung

Wird **Klage ohne vorheriges Abschlußschreiben** erhoben, riskiert der Anspruchsberechtigte, die **Auferlegung der Kosten** nach § 93 ZPO, falls der Beklagte den Anspruch sofort anerkennt.

5.7.3 Verhalten bei erhaltener Abmahnung

5.7.3.1 Verhalten bei berechtigter Abmahnung

Ist die Abmahnung berechtigt, so ist es in jedem Falle wichtig, dem Abmahnenden gegenüber **fristgerecht die Unterlassungserklärung abzugeben** und dabei für den Wiederholungsfall die **Vertragsstrafe zu versprechen**.

Da nach Rechtsprechung **Beantwortungspflicht** besteht, wird die Nichtbeantwortung oder das Unterlassen des Strafeversprechens nämlich als Ablehnung gewertet: nach Ablauf der Frist kann der Abmahnende dann das **gerichtliche Mahnverfahren** bezüglich der Abmahnkosten und eine einstweilige Verfügung bzw. Unterlassungsklage beantragen.

Außerdem sollte natürlich die **wettbewerbswidrige Handlung unterlassen** werden bzw. dem Beseitigungsanspruch gefolgt werden.

Mitarbeiter, die an der Verletzungshandlung beteiligt waren, sind über die Unterlassungserklärung zu **informieren**, ggf. sind **arbeitsrechtliche Konsequenzen** für den Fall weiterer Verstöße anzudrohen.

5.7.3.2 Verhalten und Ansprüche bei unberechtigter Abmahnung

Ist die Abmahnung unberechtigt oder zweifelhaft, kann der Abgemahnte einfach **abwarten**, ob der Abmahnende nach Ablauf der Frist eine einstweilige Verfügung beantragt oder Unterlassungsklage erhebt.

Der unberechtigt Abgemahnte kann auch **negative Feststellungsklage** gegen den Abmahnenden erheben, dann muß er aber seinerseits vorher abmahnen.

In Wettbewerbssachen ist es teilweise üblich, daß derjenige, der sich für zu Unrecht abgemahnt fühlt, der zu erwartenden einstweiligen Verfügung durch eine **Schutzschrift** zuvorzukommen versucht, mit der er sich schon im Beschlußverfahren zur einstweiligen Verfügung Gehör zu schaffen versucht.

Für den **Inhalt** dieser Schutzschrift ist folgendes zu beachten:
- Die Schutzschrift sollte möglichst detailliert nicht nur die Rechtslage wiedergeben, sondern auch die Glaubhaftmachung des Antragsgegners enthalten.
- Die Schutzschrift ist an die **Kammer für Handelssachen** zu richten, insbesondere in Großstädten sind aber auch eigens Zivilkammern für Wettbewerbssachen eingerichtet.
- da der Antragsgegner das Aktenzeichen des Antrags auf einstweilige Verfügung nicht kennt, muß die Schutzschrift den erwarteten Antrag möglichst genau bezeichnen (ist aus der Abmahnung zu entnehmen).

Wird aufgrund der Schutzschrift der Antrag auf einstweilige Verfügung zurückgenommen, müssen dem Antragsgegner die Kosten der Schutzschrift erstattet werden (wird der Antrag aber gar nicht gestellt, entfällt der Erstattungsanspruch).

Eine Verwarnung durch einen Konkurrenten kann den Geschäftsbetrieb empfindlich stören; der Verwarnte muß Recherchen anstellen, ggf. einen Anwalt einschalten.

Die **Ansprüche des zu Unrecht Verwarnten** hängen von der Art des Verschuldens ab:
- Wurde aus Wettbewerbsgründen **bewußt zu Unrecht verwarnt**, so ist darin ein wettbewerbswidriger **Verstoß gegen § 1 UWG** zu sehen; dem unberechtigt Verwarnten stehen die entsprechenden Ansprüche zu; ebenso aus **§ 826 BGB**.
- Hat der Verwarnte **nicht aus Wettbewerbsgründen bewußt** unberechtigt verwarnt, so kann der Verwarnte wegen Verletzung des Rechts am eingerichteten und ausgeübten Gewerbebetrieb **Schadensersatzansprüche** aus § 823 (1) BGB geltend machen. Entgegen §§ 823 (1) / 276 BGB tendiert die neuere Rechtssprechung dabei zu einer Beschränkung auf den Fall grober Fahrlässigkeit und Vorsatz.
- Liegt **kein Verschulden** des Abmahnenden vor, so hat der zu Unrecht Abgemahnte **keinen Anspruch** auf Ersatz der Kosten.

Immer – also auch ohne Verschulden – haftet der Verwarnende aber auf **Beseitigung** der von ihm verursachten Unklarheit, also z.B. auf Widerruf.

5.7.3.3 Verhalten bei Mehrfachabmahnungen

Wird ein Verletzer nach bereits erfolgter Abgabe einer Unterlassungserklärung zu einer weiteren Erklärung aufgefordert, so muß er **keine weitere Unterlassungserklärung** abgeben; nach Ansicht des BGH ist die Wiederholungsgefahr nach Abgabe einer Erklärung mit Vertragsstrafeversprechen gewährleistet.

Der Abgemahnte muß aber den zweiten Abmahnenden über den Inhalt und Umfang der ersten Erklärung **informieren**.

Fraglich ist jedoch, ob der Abgemahnte nicht zumindest die Kosten der nachrangigen Abmahnungen erstatten muß:

- Falls es sich bei den nachrangigen Abmahnungen um **Verbandsabmahnungen** handelt, sind die **Kosten nicht zu erstatten**.
- Handelt es sich jedoch um eine nachrangige Abmahnung eines **Mitbewerbers**, so sind dessen **Abmahn- (auch Anwalts-)Kosten zu erstatten!**

5.7.3.4 Verhalten bei fehlender Legitimation des Abmahnenden

Einziger Zweck einiger Verbände ist es, durch wettbewerbsrechtliche Abmahnungen **Einnahmen zu erzielen** (Kostenpauschale!); sie fallen daher nicht unter die Aktivlegitimation des § 13 (2) UWG.

Kriterien dafür, daß es sich um einen unseriösen „Abmahnverein" handelt, sind z.B.:

- das Fehlen von „normalen" Verbandsaktivitäten zur Förderung der Mitgliederinteressen,
- das Nichtvorhandensein einer Geschäftsstelle
- häufig ist keine Anschrift, sondern nur ein Postfach angegeben
- Nichtbedienung des Telefonanschlusses
- die fehlende Prozeßtätigkeit (da im Prozeßfall die Prozeßbefugnis gerichtlich überprüft würde)

Zweifel an der Aktivlegitimation **berechtigen nicht dazu, die Abmahnung gar nicht zu beachten;** es empfiehlt sich, dem entsprechenden Verein zumindest mitzuteilen, daß man zwar **grundsätzlich zur Abgabe der Unterlassungserklärung bereit** ist, zunächst aber um einen **Nachweis der Aktivlegitimation** in der Form einer Satzung, Nachweise der Mitglieder, Urteilen, die die Aktivlegitimation bestätigt haben usw. bittet.

Außerdem kann eine **Anfrage bei Handelskammern und Berufsverbänden** hilfreich sein, diesen sind unseriöse Vereine oft genug einschlägig bekannt.

Vor der Erhebung einer Klage sollte der Verletzer von Wettbewerbsregelungen grundsätzlich abgemahnt werden.

Die Abmahnung muß enthalten:

- eine klare Beschreibung des Verletzungstatbestands
- die Angabe der geltendgemachten Ansprüche
- die Setzung einer angemessenen Frist für die Unterlassungserklärung
- die Androhung gerichtlicher Schritte
- gegebenenfalls eine vorformulierte Unterlassungserklärung / Vertragsstrafe

Ist die Abmahnung berechtigt, so sollte wegen der gesetzlichen Beantwortungspflicht vom Abgemahnten unbedingt fristgerecht eine Unterlassungserklärung abgegeben werden.

?

1. Welche Einschränkungen bestehen hinsichtlich der Anspruchslegitimation von Verbänden und Kammern?
2. Erläutern Sie die Haftung des Betriebsinhabers für das Verschulden Dritter nach § 13 (4) UWG.
3. Welche Arten von Ansprüchen kann man grundsätzlich bei Wettbewerbsverstößen unterscheiden?
4. Was versteht man unter wettbewerblichem „Notwehrrecht"?
5. Grundsätzlich besteht keine gesetzliche Pflicht zur Abmahnung eines Konkurrenten, der gegen wettbewerbsrechtliche Vorschriften verstößt. Wieso ist es trotzdem in der Regel angebracht, vor einer Klageerhebung abzumahnen?
6. Welche Bestandteile muß eine Abmahnung enthalten?
7. Ein von einem Konkurrenten abgemahnter Händler reagiert auf die Abmahnung einfach nicht. Welche Konsequenzen kann das für ihn haben?
8. Nennen Sie Indizien, die für das Vorliegen eines unseriösen Abmahnvereins sprechen.

6 Gesetz gegen Wettbewerbsbeschränkungen (GWB)

Mindestpreis für Benzin bisher meist ein Flop
Bundeskartellamt beobachtet Entwicklung mißtrauisch – Verbraucherverband spricht von Provokation

Berlin (dpa/vwd) – Bei der Ankündigung von Benzinpreiserhöhungen wird immer sehr schnell nach dem Bundeskartellamt in Berlin gerufen, ohne daß dabei bedacht wird, daß die Wettbewerbshüter keine Preisbehörde sind. Hellhörig wird man in Berlin aber, wenn die großen Mineralölgesellschaften in der Bundesrepublik gleich hohe Mindestpreise für ihre Tankstellen festlegen. Während jedes einzelne Unternehmen Mindestpreise für sich selbst natürlich nennen kann, rückt das gleichzeitige und gleichgerichtete Vorgehen mehrerer Gesellschaften den Vorgang in die Nähe einer nach dem Gesetz gegen Wettbewerbsbeschränkungen (GWB) verbotenen abgestimmten Verhaltensweise.

Der Verdacht, daß man sich untereinander abgestimmt habe, komme natürlich auf, meint man auch im Bundeskartellamt. Die Erhärtung dieses Verdachts oder gar der Nachweis einer Absprache dürfte aber schwierig werden. Und im Kartellamt weiß man auch, daß unterschiedliche Benzinpreise an direkt im örtlichen Wettbewerb stehenden Tankstellen nicht haltbar sind, sondern an das Niveau des Konkurrenten angepaßt werden müssen, will eine Gesellschaft nicht Marktanteile verlieren. Deshalb praktizieren die Mineralölkonzerne seit Jahen die Strategie, daß ein Konzern vorprescht und die anderen nachziehen.

Auch die Festlegung von Mindestpreisen für das gesamte Bundesgebiet ist keine neue Erscheinung.
In diesem Jahr gab es, ohne den jetzigen, bisher schon zwölf Preiserhöhungsversuche – viermal mit Mindestpreisen. Die Preise liegen aber jetzt nur um fünf Pfennig höher.
Wären die Mindestpreise durchsetzbar, käme dies den mittelständischen, ungebundenen Tankstellen entgegen, die sich ohnehin über den Verdrängungswettbewerb durch die konzerngebundenen Konkurrenten beschweren. Allerdings beobachtet man im Kartellamt auch eine neue Entwicklung: Mineralölgesellschaften gehen zunehmend dazu über, Tankstellen in ihrem Netz in „weiße" umzuwandeln, um mit Preisunterbietungen Marktanteile zu halten.
Nach Meinung der Arbeitsgemeinschaft der Verbraucherverbände (AgV) stellen Mindestpreise für Benzin eine „Provokation für die Verbraucher und das Bundeskartellamt" dar. Gelänge es den Gesellschaften, das geltende Kartellrecht zu unterlaufen, müßten die Verbraucher auf Dauer mit höheren Ausgaben für Kraftstoffe rechnen, meinte ein AgV-Sprecher.

Quelle: Kölner Stadtanzeiger

Absprachen oder Zusammenschlüsse von Unternehmen können sich für eine Marktwirtschaft nachteilig auswirken, so können z.b. die Preise überhöht sein, weil kein hinreichender Wettbewerb gegeben ist. Aus diesem Grunde ist das **Gesetz gegen Wettbewerbsbeschränkungen** (GWB), das auch „Kartellgesetz" genannt wird, erlassen worden.

> Das GWB enthält zur Erhaltung des Wettbewerbs insbesondere Bestimmungen über
> - die rechtliche Regelung von Kartellen
> - die Kontrolle marktbeherrschender Unternehmen
> - das Verbot der vertikalen Preisbindung

6.1 Kartelle

> Das Kartell ist ein vertraglicher Zusammenschluß von Unternehmen auf der gleichen Wirtschaftsebene, die Mitglieder bleiben rechtlich selbständig, geben aber einen Teil ihrer wirtschaftlichen Selbständigkeit auf, da sie sich – unter dem Versprechen einer Vertragsstrafe – zu einem gemeinsamen Handeln in bestimmten Bereichen verpflichten.

6.1.1 Arten von Kartellen

Nach den Arten der vertraglichen Absprachen unterscheidet man:
- **Konditionenkartelle** (Vereinbarung einheitlicher Geschäfts-, Lieferungs- und Zahlungsbedingungen)
- **Rabattkartelle** (Festsetzung einheitlicher Verkaufsrabatte)
- **Preiskartelle** (Vereinbarung über einheitliche Absatzpreise); die Preiskartelle können wiederum in unterschiedlichster Form auftreten, so z.B. als:
  - Einheitspreiskartell
  - Mindestpreiskartell
  - Submissionskartell (Vereinbarung, wer bei Ausschreibungen zu welchem Preis anbietet)
  - Markenschutzkartell (Vereinbarung zwischen Markenartikel-Herstellern, daß ein Händler, der die Endverbrauchspreise nicht einhält (verbotene vertikale Preisbindung), von keinem der Kartellbetriebe mehr beliefert wird
- **Produktionskartelle**, die auch in verschiedenen Formen auftreten, z.B. als:
  - Normungs- und Typenkartelle, die die einheitliche Verwendung von Abmessungen, Formen, von Einzelteilen oder Endprodukten regeln;
  - Spezialisierungskartelle, die die Beschränkung des Produktionsprogrammes oder Sortiments der Mitglieder zum Inhalt haben, was dazu führt, daß das einzelne Mitglied relativ konkurrenzlos produziert;
  - Kontigentierungskartelle, die jedem Mitglied eine bestimmte Produktionsmenge zuteilen, damit nicht die Preise durch eine zu hohe Angebotsmenge fallen

- **Absatzkartelle**, die z.B. in folgenden Formen auftreten:
  - als Gebietskartelle, die jedem Mitglied ein Absatzgebiet zuteilen und somit dort den gegenseitigen Wettbewerb ausschließen
  - als Syndikat, bei dem die Abnehmer direkt bei einem Verkaufskontor bestellen, welches die Aufträge an die einzelnen Mitglieder verteilt.
- **Ein- und Ausfuhrkartelle**
- **Krisenkartelle**, die (planmäßige Kapazitätsanpassung an den Bedarf), in der Form von:
  - Strukturkrisenkartellen (bei nachhaltigem Sinken der Nachfrage)
  - Konjunkturkrisenkartelle (bei vorübergehendem Absatzrückgang)

6.1.2 Rechtliche Regelung von Kartellen

> Da mit den Kartellabsprachen das Ziel der Marktbeherrschung durch Wettbewerbsbeschränkungen verfolgt wird und zudem Unternehmen, die nicht zum Kartell gehören, als Außenseiter bekämpft werden, sind Kartelle grundsätzlich verboten (§ 1 GWB).
> Einige Kartellarten sind jedoch als Ausnahmen erlaubt, müssen jedoch beim Bundeskartellamt angemeldet bzw. genehmigt werden.

§ 25 GWB erweitert das Verbot von Absprachen, indem er **auch ein abgestimmtes Vorgehen**, dem kein Vertrag zugrundliegt (sog. „Frühstückskartelle") grundsätzlich **untersagt**.

Nicht dem Verbot unterliegen Betriebe, auf die aufgrund ihrer Eigenart die marktwirtschaftlichen Prinzipien nicht ganz zutreffen, wie z.B. Bundesbahn, Bundespost, Betriebe der Energieversorgung und der Landwirtschaft (sog. **„Bereichsausnahmen"**, siehe §§ 99 ff. GWB).

6.1.2.1 Erlaubte, anmeldungspflichtige Kartelle (§§ 2, 3, 5, 6 GWB)

Einige der Kartellarten sind als Ausnahmen erlaubt, sie müssen aber beim Bundeskartellamt **angemeldet** werden und **unterliegen der Kartellaufsicht**, um einen Mißbrauch der Marktstellung zu verhindern:

- **Konditionenkartelle**, falls Regelungen über Preise nicht einbezogen sind (§ 2 GWB)
- **Rabattkartelle**, falls die Rabatte ein echtes Leistungsentgelt darstellen und nicht zu einer unterschiedlichen Behandlung der Abnehmer führen (§ 3 GWB)
- **Normungs- und Typenkartelle** (§ 5 (1) GWB)
- **Spezialisierungskartelle**, solange ein „wesentlicher Wettbewerb" erhalten bleibt (§ 5 a GWB)
- **Verträge über die zwischenbetriebliche Zusammenarbeit**, die dazu dienen, die Leistungsfähigkeit kleinerer und mittlerer Unternehmen fördern, wenn sie den Wettbewerb nicht wesentlich beeinträchtigen (sog. **„Kooperationserleichterungen"**), § 5 b GWB

- Verträge, die den **gemeinsamen Einkauf** – ohne Bezugszwang – zum Inhalt haben (§ 5 c GWB)
- **Exportkartelle**, solange die Absprachen auf Auslandsmärkte beschränkt bleiben (§ 6 (1) GWB)

6.1.2.2 Genehmigungspflichtige Kartelle (§§ 4–7, 11 GWB)

Einige der Kartellarten sind unwirksam, solange das Bundeskartellamt auf Antrag keine **Genehmigung** erteilt; die Genehmigung ist in der Regel auf 3 Jahre befristet (siehe § 11 (1) GWB):

- **Syndikate**; § 5 (3) GWB
- **Exportkartelle**, sofern sie auch **Wirkungen im Inland haben** (z.B. Vereinbarung zur Senkung von Exportpreisen geht zu Lasten der Inlandspreise); § 6 (2), (3) GWB
- **Einfuhrkartelle**, falls sie dazu dienen, den Wettbewerb im Ausland zu regeln und den Wettbewerb im Inland nur unwesentlich berühren (§ 7 GWB)
- **Strukturkrisenkartelle** (§ 4 GWB)

Der Bundeswirtschaftsminister kann neben den genannten Kartellen ausnahmsweise auch andere Kartelle, die nach § 1 GWB grundsätzlich verboten sind (z.B. Konjunkturkrisenkartelle) genehmigen, wenn es die Lage der Gesamtwirtschaft oder eines Wirtschaftszweiges erfordert (**Sonderkartelle** nach § 8 GWB).

6.2 Kontrolle marktbeherrschender Unternehmen

Saturn in Köln kann zum Kaufhof
Kammergericht hebt Verfügung des Kartellamtes gegen die Fusion auf

Mb **Köln** – Der Kaufhof-Konzern darf eine Mehrheit an den Firmen Saturn (ohne Schallplatten und andere Tonträger) und Hansa-Foto in Köln erwerben. Mit dieser Entscheidung hat das Kammergericht in Berlin der Beschwerde des Kaufhofs gegen eine Untersagungsverfügung des Bundeskartellamts stattgegeben. Ob das Kartellamt Rechtsbeschwerde beim Bundesgerichtshof einlegt, steht noch nicht fest.
Die Kartellbehörde monierte, aus der Fusion gehe ein Unternehmen mit überragender Marktstellung hervor, die den Wettbewerb beschränke. Die Beamten errechneten für Kaufhof und Saturn in der Unterhaltungselektronik Marktanteile von 23 Prozent im Großraum Köln und von 43 Prozent in Köln allein. Der Kaufhof kam, bei anderer Abgrenzung, auf 14,8 Prozent im Großraum Köln.

Das Gericht hat zu erkennen gegeben, daß der Marktanteil im Großraum Köln keine überragende Marktstellung begründe und daß Köln allein kein relevanter Markt sei: Das Einzugsgebiet müsse mit herangezogen werden. Für den Bereich Tonträger, in dem Saturn sehr stark ist, hat der Kaufhof eine Fusionsgenehmigung erst gar nicht beantragt.
Saturn und Hansa-Foto in Köln mit Filialen in Neuss und Leverkusen gehören der Tertia GmbH. An ihr sind der Kaufhof mit 24,9 (vorher: 17,5) Prozent und fünf Versicherer beteiligt. Der Kaufhof selbst betreibt sechs Häuser, die in Bremen, Dortmund, Frankfurt, Hannover, München und Nürnberg nach Saturn-Vorbild eingerichtet wurden. 1989 betrug der Umsatz 363 Millionen DM. Saturn und Hansa-Foto in Köln kommen auf über 200 Millionen DM.
Quelle: Kölner Stadtanzeiger

> Ein Unternehmen ist marktbeherrschend, wenn es keinem oder keinem wesentlichen Wettbewerb ausgesetzt ist oder im Vergleich zu anderen Unternehmen eine überragende Marktstellung hat.

Merkmale für eine überragende Marktstellung sind z.B. der Marktanteil des Unternehmens, seine Umsatzhöhe; die Marktbeherrschung wird **vermutet**, wenn ein Unternehmen einen Marktanteil von mindestens 1/3 hat und die Umsatzerlöse 250 Millionen DM übersteigen (§ 22 GWB).

6.2.1 Mißbrauchsaufsicht (§ 22 GWB)

Marktbeherrschende Unternehmen unterliegen der Kontrolle der Kartellbehörde; nutzen die Unternehmen ihre marktbeherrschende Stellung mißbräuchlich aus, so kann das Bundeskartellamt dieses Verhalten untersagen und Verträge für unwirksam erklären.

Ein Mißbrauch liegt nach § 22 GWB insbesondere dann vor, wenn ein Unternehmen

- den Wettbewerb anderer Unternehmen **beeinträchtigt**
- Entgelte oder sonstige Bedingungen fordert, die von dem **abweichen**, was sich bei wirksamen Wettbewerb mit hoher Wahrscheinlicht ergeben würde
- auf einem Markt **ungünstigere Entgelte** als auf einem anderen Markt fordert

6.2.2 Zusammenschlußkontrolle (§§ 23 ff. GWB)

Das Problem der Marktbeherrschung ergibt sich insbesondere bei der **Verbindung von Unternehmen** zu Konzernen oder bei der **Vereinigung** (Fusion) von Unternehmen zu Trusts.

> Der Konzern ist ein Zusammenschluß von Unternehmen, die rechtlich selbständig bleiben aber ihre wirtschaftliche Selbständigkeit durch einheitliche Leitung aufgegeben haben.
>
> Im Gegensatz dazu liegt bei vereinigten Unternehmen (Trusts) die Aufgabe der wirtschaftliche und rechtlichen Selbständigkeit, nach der Fusion besteht nur noch ein Unternehmen.

Für **Zusammenschlüsse** von Unternehmen zu Konzernen oder Trusts bestimmt das GWB:

- Zusammenschlüsse **sind der Kartellbehörde anzuzeigen**, sobald die beteiligten Unternehmen im vergangenen Jahr zusammen Umsatzerlöse von mindestens 500 Millionen DM hatten; § 23 GWB
- Zusammenschlüsse **können untersagt werden**, wenn durch den Zusammenschluß eine marktbeherrschende Stellung entsteht oder verstärkt wird; § 24 GWB

6.3 Verbot der vertikalen Preisbindung (§§ 15 ff. GWB)

Auch Boss muß Bußgeld zahlen

Berlin (dpa/vwd) – Wegen verbotener Einflußnahme auf die Preisbildung des Handels hat das Bundeskartellamt gegen drei Hersteller von Oberbekleidung sowie deren Repräsentanten Bußgelder von zusammen 100 000 DM verhängt. Die Firmen wollten laut Kartellamt Textilgeschäfte veranlassen, feste Ladenpreise für Teile des Sortiments einzuhalten. Betroffen ist vor allem die Hugo Boss AG. Gegen sie sowie gegen zwei leitende Mitarbeiter ergingen Bußen von zusammen 70 000 DM. Belangt wurden außerdem die Scarpa GmbH+Co KG in Düsseldorf und die Henri Fetter GmbH in Ratingen.

Quelle: Kölner Stadtanzeiger

Von einer vertikalen Preisbindung spricht man, wenn ein Hersteller die Endverkaufspreise bestimmt und die nachfolgenden Handelsstufen vertraglich an diese Endpreise bindet.

Vereinbarungen über solche Preisbindungen „der zweiten Hand" sind – wenn es sich nicht um Verlagserzeugnisse handelt – nichtig (§§ 15, 16 GWB) und können zudem als Ordnungswidrigkeiten mit hohen Geldbußen bestraft werden (§ 38 GWB).

Im Unterschied dazu sind aber **„unverbindliche Preisempfehlungen"** des Herstellers bei Markenartikeln **erlaubt** (§ 38 a GWB), solange sie nicht mißbräuchlich verwendet werden;

Beispiel:

Mißbräuchliche Verwendung:

Ansatz bewußt überhöhter Preisempfehlungen (sog. **„Mondpreise"**), damit der Handel mit starken Unterschreitungen des empfohlenen Preises werben kann

Eine sog. „horizontale" Preisbindung zwischen Unternehmen auf der gleichen Wirtschaftsstufe ist schon im Rahmen des Kartellverbots nach § 1 GWB grundsätzlich verboten (Preiskartelle).

1. Was versteht man unter einem Kartell?
2. Nennen/erläutern Sie verschiedene Kartellarten.
3. Welche Kartellarten sind anmeldepflichtig, welche genehmigungspflichtig?
4. Unterscheiden Sie Konzern und Trust.
5. In welcher Weise sieht das Gesetz gegen Wettbewerbsbeschränkungen eine Kontrolle marktbeherrschender Unternehmen vor?
6. Unterscheiden Sie horizontale und vertikale Preisbindung.
7. Was versteht man unter „Mondpreisen"?

K | Arten der Kreditsicherung

Fall

Friedel Forsch liebäugelt mit dem neuesten Porsche-Modell; leider hat er momentan nicht die finanziellen Mittel. Sein Autohändler ist bereit, ihm einen Kredit zu gewähren, falls Forsch die erforderlichen Sicherheiten bieten kann. Welche Möglichkeiten zur Kreditsicherung bestehen?

Nach der zugrundeliegenden Sicherung unterscheidet man grundsätzlich zwischen **Personalkrediten**, die durch die Kreditwürdigkeit von Personen gesichert werden und **Realkrediten**, bei der eine bewegliche oder unbewegliche Sache als Sicherheit herangezogen wird.

1 Personalkredit

Beim Personalkredit liegt die Sicherheit in der **Person des Kreditnehmers** (einfacher Personalkredit), er kann verstärkt werden durch die **zusätzliche Haftung weiterer Personen** (verstärkter Personalkredit).

1.1 Einfacher Personalkredit

Der einfache Personalkredit ist ein Kredit, der lediglich aufgrund der Kreditwürdigkeit des Kreditnehmers gewährt wird, daher wird er auch „Blankokredit" genannt.

Beispiel:
Ein Angestellter darf sein Konto bis zum Zweifachen seines Gehaltes überziehen.

Die Kreditwürdigkeit des Kreditnehmers richtet sich insbesondere nach seinen wirtschaftlichen Verhältnissen (Einkommen, Ertragslage bei Unternehmen), sie kann aber auch durch die persönlichen Verhältnisse beeinflußt werden.

1.2 Verstärkter Personalkredit

Beim verstärkten Personalkredit haften neben dem Kreditnehmer weitere Personen für die Rückzahlung des Krediters.

1.2.1 Bürgschaft (§§ 765 ff. BGB)

■ **Wesen der Bürgschaft**

> Beim Bürgschaftskredit verpflichtet sich ein Bürge gegenüber dem Kreditgeber, neben dem Kreditnehmer für dessen Verbindlichkeiten einzustehen (§ 765 BGB).

Beispiel:
- Forschs Ehefrau verbürgt sich gegenüber dem Autohändler für ihren Ehemann
- Eine Bank verbürgt sich für einen Händler gegenüber dem Lieferanten

Beim Bürgschaftskredit schließt der Kreditgeber neben dem **Kreditvertrag** mit dem Kreditnehmer einen **Bürgschaftsvertrag** mit dem Bürgen:

Es bestehen also **2 Schuldverhältnisse**:

- zwischen dem Kreditgeber und dem Kreditnehmer **(Hauptverbindlichkeit)**
- zwischen dem Kreditgeber und dem Bürgen **(Nebenverbindlichkeit:** der Bürge zahlt erst, wenn der Hauptschuldner nicht zahlen kann)

■ **Form der Bürgschaft**

Der Bürgschaftsvertrag ist schriftlich abzuschließen (§ 766 BGB), Vollkaufleute können sich aber auch mündlich verbürgen (§ 350 HGB).

■ **Arten der Bürgschaft**

- Bei der **Ausfallbürgschaft** hat der Bürge das sog. „**Recht der Einrede der Vorausklage**": er kann verlangen, daß der Gläubiger zunächst alle außergerichtlichen und gerichtlichen Maßnahmen ergreift (z.B. Zwangsvollstreckungsmaßnahmen), um das Geld vom Hauptschuldner zu bekommen. Erst wenn der Gläubiger nachweist, daß diese Maßnahmen erfolglos waren, kann er vom Bürgen die Zahlung des Ausfalls verlangen (§ 771 BGB).
- Bei der **selbstschuldnerischen Bürgschaft** hat der Bürge **kein Recht der Einrede der Vorausklage**: zahlt der Hauptschuldner nicht, so kann der Gläubiger sofort von ihm die Zahlung verlangen (§ 773 BGB). Die Bürgschaft von Vollkaufleuten ist immer selbstschuldnerisch (§ 349 HGB).

■ **Erlöschen der Bürgschaft**

Die Bürgschaft **erlischt automatisch**, wenn die Schuld durch den Hauptschuldner oder den Bürgen **getilgt** wurde; wenn letzteres der Fall ist, geht die Forderung des Gläubigers auf den Bürgen über (§ 774 BGB).

1.2.2 Zession (Forderungsabtretung), § 398 BGB

> Beim Zessionskredit (Zession = Abtretung) tritt der Schuldner zur Sicherung des Kredites Forderungen, die er gegen einen Dritten (Drittschuldner) hat, an den Kreditgeber ab (§ 398 BGB).

Beispiele:
- Friedel Forsch tritt die Gehaltsansprüche gegen seinen Arbeitgeber an die Bank ab
- Einzelhändler Ernst tritt seine zukünftigen Forderungen gegen den Endabnehmer an seinen Lieferanten ab, der ihm Waren auf Ziel liefert

Der Zessionsvertrag kommt zustande durch einen schriftlichen Vertrag zwischen dem Kreditnehmer (= alter Gläubiger; „Zedent") und dem Kreditgeber (= neuer Gläubiger; „Zessionar"), § 403 BGB.

Der neue Gläubiger kann dann über die Forderung verfügen; es besteht allerdings das Problem, daß der Drittschuldner ihm gegenüber alle **Einwendungen** geltend machen kann, die gegen den alten Gläubiger begründet waren (z.B. Mangelhaftigkeit der Lieferung, Verjährung der Forderung), § 404 BGB.

Je nachdem, ob der Drittschuldner von der Abtretung erfährt oder nicht, unterscheidet man:

- **Stille Zession**
  Bei der stillen Zession weiß der Drittschuldner nichts von der Abtretung und zahlt weiterhin an den alten Gläubiger; dies birgt für den Kreditgeber folgende Risiken:
  - der alte Gläubiger leitet das Geld nicht weiter
  - die Forderung besteht gar nicht
  - die Forderung wurde mehrmals abgetreten

- **Offene Zession**
  Bei der offenen Zession weiß der Drittschuldner von der Abtretung, mit schuldbefreiender Wirkung kann er nur an den neuen Gläubiger zahlen (§ 407 BGB)

1.2.3 Wechseldiskontkredit

> Beim Wechseldiskontkredit verkauft der Kreditnehmer an seine Bank einen noch nicht fälligen Besitzwechsel. Die Bank zahlt, obwohl der Wechsel noch nicht fällig ist, den Barwert des Wechsels (= Wechselsumme abzüglich Zinsen bis zum Fälligkeitstag) aus und erhält am Fälligkeitstag das Geld vom Akzeptanten des Wechsel zurück.

Beispiel:

Händler Hase hat von einem Kunden einen Wechsel erhalten, der am 1.9. fällig wird. Hase verkauft den Wechsel am 1.8. an seine Hausbank.

Der Wechsel ist zum einen eine besondere Form der Kreditgewährung (Auszahlung vor Fälligkeit), und zum anderen eine besondere Form der Kreditsicherung. Die besondere **Sicherheit** für den Kreditgeber liegt in der **Strenge des Wechselrechts**, wonach z.B. nicht nur Kreditnehmer, sondern auch alle weiteren Indossanten und der Akzeptant für die Einlösung haften.

Personalkredit Sicherung eines Kredites durch die Person des Kreditnehmers oder andere Personen				
Einfache Personalkredite	**Verstärkte Personakredite** Die Sicherheit besteht in der Kreditwürdigkeit des Kreditnehmers und weitere Personen			
Die Sicherheit besteht in der Kreditwürdigkeit des Kreditnehmers	**Bürgschaftskredit**		**Zessionskredit**	**Wechseldiskontkredit**
	Der Bürge verpflichtet sich gegenüber dem Kreditgeber, für den Kredit des Kreditnehmers einzustehen		Der Kreditnehmer tritt seine Forderung, die er gegen einen Dritten (sog. „Drittschuldner") hat, an den Kreditgeber ab	Der Kreditnehmer verkauft einen noch nicht fälligen Besitzwechsel
	Ausfallbürgschaft	selbstschuldnerische Bürgschaft	stille Zession / offene Zession	
	Der Bürge hat das Recht der „Einrede der Vorausklage"	Der Bürge hat kein Recht der „Einrede der Vorausklage"	Der Drittschuldner weiß nichts von der Abtretung und zahlt an den alten Gläubiger / Der Drittschuldner weiß von der Abtretung und muß an den neuen Gläubiger zahlen	

2 Realkredite

Bei Realkrediten ist die Forderung des Kreditgebers zusätzlich durch Pfandrechte an realen Vermögensgegenständen des Schuldners gesichert, daher bezeichnet man sie auch als „dingliche Kredite"

2.1 Sicherung durch bewegliche Gegenstände

Fall

Händler Hösel hat als Sicherung eines Bankkredites seinen Auslieferungswagen und außerdem verschiedene Wertpapiere zur Verfügung. Welche Möglichkeiten der Kreditsicherung bieten sich an?

2.1.1 Lombardkredit (Faustpfand)

> Der Lombardkredit ist ein Realkredit, der durch ein Pfandrecht an einer beweglichen Sache gesichert ist (§ 1204 BGB).
> Die Verpfändung erfolgt durch Einigung und Übergabe des zu verpfändenden Gegenstandes; der **Kreditgeber** (= Pfandnehmer) wird dadurch **Besitzer** des Gegenstandes, der **Kreditnehmer** (Pfandgeber) bleibt aber **Eigentümer** (§ 1205 BGB).
> Bei Nichtzahlung kann sich der Pfandnehmer aus dem Verkauf des in seinem Besitz befindlichen Pfandgegenstandes befriedigen (§ 1228 BGB).

Beispiel:
Händler Hösel erhält den Kredit von seiner Bank gegen Verpfändung seiner Wertpapiere, die an die Bank übergeben werden.

Die erforderliche Übergabe des Pfandes macht den Lombardkredit **problematisch**:
- zum einen muß der Pfandnehmer das Pfand **sorgfältig aufbewahren,** daher sind **nur leicht bewegliche Gegenstände** wie z.B. Wertpapiere, Edelmetalle geeignet;
- zum anderen hat der Pfandgeber nicht mehr die Möglichkeit, den Gegenstand zu nutzen, daher kommen **nur entbehrliche Gegenstände** in Frage.

Aus diesem Grunde ist heute die Sicherungsübereignung vorherrschend, die nicht gesetzlich geregelt, aber von der Rechtssprechung gewohnheitsrechtlich anerkannt ist.

2.1.2 Sicherungsübereignung

> Die Sicherungsübereignung ist ein Realkredit, bei dem sich Kreditnehmer und Kreditgeber einigen, daß
> – der Kreditgeber Eigentümer eines beweglichen Gegenstandes wird und
> – der Kreditnehmer Besitzer dieses Gegenstandes bleibt.
> Bei Nichtzahlung kann der Kreditgeber die Sache herausverlangen und verwerten.

Die Vereinbarung, daß der Kreditnehmer Besitzer bleibt, ist ein **Besitzkonstitut** i.S.d. § 868 BGB; durch diese Vereinbarung wird die – für eine Übereignung an sich erforderliche – **Übergabe ersetzt** (§ 930 BGB).

Beispiel:
Händler Hösel sicherungsübereignet den durch einen Bankkredit finanzierten LKW an seine Bank, er übergibt nur den Fahrzeugbrief, kann aber den LKW weiter nutzen.

Der Kreditgeber erwirbt durch die Sicherungsübereignung nur **bedingtes Eigentum**:
- **im Verhältnis zu Dritten** hat der Kreditgeber zwar eine **uneingeschränkte Eigentümerstellung** (so kann er insbesondere einer Pfändung des Gegenstandes durch Dritte mit Erfolg widersprechen),

Arten der Kreditsicherung 265

- **gegenüber dem Kreditnehmer** sind aber die Eigentumsrechte **beschränkt**:
  - da die Übereignung nur sicherheitshalber geschieht, soll der Kreditgeber den Gegenstand nur im Falle der Nichtzahlung verwerten können.
  - ebenso ist er im Konkurs des Kreditnehmers nicht aussonderungs-, sondern nur absonderungsberechtigt.

Der **Vorteil** der Sicherungsübereignung liegt darin, daß der Kreditnehmer den übereigneten Gegenstand weiterhin **nutzen** kann, andererseits besteht aber die **Gefahr**, daß der Gegenstand verkauft, beschädigt, verpfändet wird oder ein gesetzliches Pfandrecht (z.B. Vermieterpfandrecht, falls sich die Sache in vermieteten Räumen befindet) vorgeht.

2.2 Sicherung durch unbewegliche Gegenstände (Grundpfandrechte)

> Bei den Grundpfandrechten (Hypothek und Grundschuld) erhält der Gläubiger zur Sicherung ein dingliches Verwertungsrecht am Grundstück des Schuldners. Da eine Übergabe des Pfandes nicht möglich ist, wird die Übergabe durch eine Eintragung ins Grundbuch ersetzt.

Die Haftung umfaßt dabei nicht nur das Grundstück selbst, sondern auch dessen Erzeugnisse, die wesentlichen Bestandteile (Häuser), Grundstückszubehör (z.B. Maschinen, Einrichtung eines Ladengeschäftes, Inventar eines Hotels), Miet- und Pachtzinsforderungen und sogar Versicherungsleistungen für Erzeugnisse, Bestandteile und Zubehör.

Grundsätzlich muß der Gläubiger vor der Zwangsvollstreckung **auf Duldung der Zwangsvollstreckung klagen**, es sei denn, daß schon bei der Bestellung die Unterwerfung unter die sofortige Zwangsvollstreckung vereinbart wurde (sog. **„Zwangsvollstreckungsklausel"**).

2.2.1 Grundbuch

Das Grundbuch ist ein vom Grundbuchamt geführtes, **öffentliches Register**, in dem die Grundstücke und ihre Rechtsverhältnisse verzeichnet sind. Jeder, der ein berechtigtes Interesse nachweist (z.B. ein potentieller Käufer) darf Einsicht in das Grundbuch nehmen.

Jedes Grundstück wird auf einem eigenen Grundbuchblatt eingetragen, aus diesem wird ersichtlich:
- der Eigentümer
- dingliche Lasten und Beschränkungen,
  z.B. Vorkaufsrecht, Erbbaurecht, Wohnrechte, Wegerechte
- die Grundpfandrechte an dem Grundstück.

Von besonderer Bedeutung bei den Grundpfandrechten ist der sog. „Rang".
Der Rang **bestimmt die Reihenfolge, nach der die eingetragenen Gläubiger bei einer Verwertung des Grundstückes befriedigt werden**; dabei wird jeder vorrangige Gläubiger zunächst möglichst voll befriedigt. Der Rang wird bestimmt durch die **zeitliche Reihenfolge der Eintragungsanträge**, bei Löschung eines vorrangigen Grundpfandrechtes rücken die nachrangigen Gläubiger auf.

Beispiel:

Händler Brüsel hat sein Betriebsgrundstück zur Aufnahme mehrerer Darlehen wie folgt belastet:

Grundpfandrecht	Betrag	Eingang des Antrags
Grundschuld	40 000,00	2.4.1993
Hypothek	20 000,00	5.5.1993
Grundschuld	30 000,00	8.7.1993

Wie würden die Gläubiger befriedigt, wenn die Zwangsversteigerung 80 000,00 DM erbringen würde?

2.2.2 Vergleich: Hypothek und Grundschuld

Fall
Schulze möchte nach und nach sein Haus umbauen; er wird voraussichtlich insgesamt ca. 200 000,00 DM benötigen, von seiner Hausbank hat er auch schon eine Kreditzusage erhalten. Schulze möchte den Betrag jedoch nicht auf einmal auszahlen lassen, er benötigt: im Januar   ca. 30 000,00 – 40 000,00 DM im Juni   ca. 40 000,00 – 60 000,00 DM im Oktober ca. 100 000,00 DM. Zur Sicherung soll ein Grundpfandrecht bestellt werden. Erfolgt die Sicherung über Grundschuld oder Hypothek?

Hypothek und Grundschuld unterscheiden sich grundsätzlich dadurch, daß für das Bestehen einer Grundschuld ein Schuldverhältnis nicht vorhanden sein muß (**„Grundschuld ohne Schuldgrund"**). Aus diesem Unterschied ergeben sich verschiedene Konsequenzen, die dazu führen, daß die Grundschuld der Hypothek vorgezogen wird.

Hypothek	Grundschuld
Die Hypothek ist ein Pfandrecht an einem Grundstück, wodurch der Gläubiger berechtigt wird, sich **wegen einer bestimmten Forderung** aus dem Grundstück zu befriedigen (§ 1113 ff. BGB)	Die Grundschuld ist ein Pfandrecht an einem Grundstück, wodurch der Berechtigte ermächtigt wird, sich aus dem Grundstück in Höhe einer Geldsumme zu befriedigen (§ 1191 ff. BGB)
→ die Hypothek ist also **an das Bestehen und die Höhe einer bestimmten Forderung** gegen den Schuldner **gebunden**, sie ist ein **„akzessorisches"** Grundpfandrecht	→ die Grundschuld ist also **an das Bestehen einer Forderung** gegen den Schuldner **nicht gebunden**, sie ist ein **„abstraktes"** Grundpfandrecht
Kann nicht von vornherein als „Eigentümerhypothek" bestellt werden	**Kann von vornherein als Eigentümergrundschuld bestellt werden** Dadurch kann der Grundstückseigentümer eine bevorzugte Rangstelle im Grundbuch freihalten, bei späterer Kreditbeschaffung bedarf es nur noch der Abtretung
Nur möglich für die Sicherung von **tatsächlich in Anspruch genommenen** Krediten	Auch möglich für die Sicherung von **eingeräumten, aber noch nicht in Anspruch genommener** Kredite
Bei Verwertung durch den Gläubiger muß das **Bestehen** und die **Höhe** der Forderung **nachgewiesen** werden	Bei Verwertung muß das **Bestehen**, die **Höhe** der Forderung **nicht nachgewiesen** werden
Der Schuldner kann **Einwendungen** aus dem Grundgeschäft (z. B. Stundung, Schlechterfüllung) geltend machen	Der Schuldner kann **keine Einwendungen** aus dem Grundgeschäft geltend machen
Nach **Abzahlung** des Darlehens wird die Hypothek – falls sie nicht gelöscht wird – automatisch zur **Eigentümergrundschuld**	Nach **Abzahlung** des Darlehens bleibt die Grundschuld zugunsten des Gläubigers bestehen; es ergeben sich folgende Möglichkeiten: • Verwendung zur **Sicherung weiterer Kredite** dieses Gläubigers • **Löschung** (nachrangige Gläubiger rücken auf) • **Umwandlung** in eine Eigentümergrundschuld

2.2.3 Arten der Grundpfandrechte

Unterscheidung nach der Form der Bestellung der Hypothek oder Grundschuld

Buchhypothek und Buchgrundschuld	Briefhypothek und Briefgrundschuld
Bestellung durch Einigung zwischen Schuldner und Gläubiger und Eintragung im Grundbuch (§§ 873, 1116 BGB)	Bestellung durch Einigung zwischen Schuldner und Gläubiger und Eintragung im Grundbuch, daneben Ausstellung einer öffentlichen Urkunde („Hypothekenbrief") und Übergabe der Urkunde an den Gläubiger (§§ 1117, 1192; 1195 BGB)
Übertragung durch notariell beglaubigte Abtretungserklärung und Umschreibung im Grundbuch (§§ 1153 ff., 1192 BGB)	Übertragung durch • notariell beglaubigte Abtretungserklärung, Eintragung und Übergabe des Briefes oder • schriftliche Abtretungserklärung und Übergabe des Briefes (der Gläubiger ist in diesem Fall dem Grundbuchamt nicht bekannt, er kann daher auch nicht benachrichtigt werden, wenn z. B. ein anderer Gläubiger die Zwangsvollstreckung in das Grundstück betreibt).

Unterscheidung von Hypotheken nach dem Nachweis der Forderung bei der Geltendmachung der Hypothek

Verkehrshypothek (§§ 1113–1183 BGB)	Sicherungshypothek (§§ 1184 ff. BGB)
als Buch- oder Briefhypothek	nur als Buchhypothek
Will der Gläubiger in das Grundstück vollstrecken, so kann er sich zum Nachweis seiner Forderung auf das Grundbuch (bei einer Buchhypothek) oder den Hypothekenbrief (bei einer Briefhypothek) berufen. Wird die Höhe der Forderung bestritten, so trägt der Schuldner die Beweislast.	Bei der Sicherungshypothek genießt das Grundbuch hinsichtlich der Höhe der Forderung keinen öffentlichen Glauben. Wird die Höhe der Forderung bestritten, so trägt der Gläubiger die Beweislast
Um die Klage auf Duldung der Zwangsvollstreckung zu umgehen, kann schon bei der Bestellung die Unterwerfung unter die sofortige Zwangsvollstreckung vereinbart und ins Grundbuch eingetragen werden (Zwangsvollstreckungsklausel)	Zwangsvollstreckungsklausel nicht möglich.

Arten der Kreditsicherung

Realkredite (= dinglich gesicherte Kredite)			
Zusätzliche Sicherung eines Kredites durch Rechte an realen Vermögensgegenständen des Kreditnehmers			
Rechte an beweglichen Gegenständen		Rechte an unbeweglichen Gegenständen	
Lombardkredit (Faustpfandkredit)	Sicherungsübereignung	Hypothek	Grundschuld
Einigung, daß der Kreditgeber Besitzer wird, der Kreditnehmer Eigentümer bleibt und Übergabe der Sache	Einigung, daß der Kreditgeber (bedingter) Eigentümer wird und der Kreditnehmer Besitzer bleibt, daher keine Übergabe der Sache	Der Kreditgeber wird berechtigt, wegen einer ganz bestimmten Forderung das Grundstück des Kreditnehmers zu verwerfen → Die Hypothek ist an Höhe und Bestehen eines bestimmten Krediteѕ gebunden	Der Kreditgeber wird berechtigt, das Grundstück des Kreditnehmers zu verwerten → Die Grundschuld ist an Höhe und Bestehen eines bestimmten Kredites nicht gebunden

?

1. Unterscheiden Sie „Personalkredite" und „Realkredite".
2. Unterscheiden Sie „Ausfallbürgschaft" und „selbstschuldnerische Bürgschaft".
3. Händler Hase hat für einen Geschäftspartner gebürgt. Als er für die Zahlung in Anspruch genommen werden soll, beruft er sich darauf, daß die Bürgschaft nur mündlich erfolgte und verlangt zudem, daß der Gläubiger zunächst nachweist, daß der Hauptschuldner tatsächlich nicht zahlen kann. Rechtslage?
4. Worin liegt der Unterschied zwischen einer „stillen" und einer „offenen" Zession?
5. Worin liegen die Gefahren einer stillen Zession, und warum könnte sie trotzdem der offenen Zession vorgezogen werden?
6. Unterscheiden Sie bitte Eigentums- und Besitzverhältnisse beim Lombardkredit und bei der Sicherungsübereignung.
7. Erläutern Sie bitte Vor- und Nachteile der Sicherungsübereignung.
8. Wodurch versucht der Kreditgeber in der Praxis, die Gefahr eines Verkaufs oder einer Beschädigung eines sicherungsübereigneten PKW zu umgehen?
9. Worin liegt der grundsätzliche Unterschied zwischen einer Grundschuld und einer Hypothek?
10. Warum bevorzugen Banken die Grundschuld gegenüber der Hypothek?
11. Warum wird in der Praxis ein Kontokorrentkredit nicht durch eine Hypothek, sondern durch eine Grundschuld gesichert?
12. Unterscheiden Sie bitte Verkehrs- und Sicherungshypothek.

L Verfahrensrecht

1 Aufbau der Zivilgerichtsbarkeit

> **Fall**
>
> Heiner Hahn gerät mit seinem Vermieter in einen Rechtsstreit, da der Vermieter nicht bereit ist, Heiner einen Schaden von 3000,00 DM an seinen Möbeln zu ersetzen, welcher infolge des undichten Daches entstand.
> - Welche Instanz ist für eine Klage Heiners zuständig?
> - Was kann Heiner tun, wenn er mit dem Prozeßausgang nicht zufrieden ist?

1.1 Instanzen im Zivilprozeß

Ob das Amts- oder das Landgericht in einem Rechtsstreit als erste Instanz zuständig ist, richtet sich häufig nach dem Streiwert, in einigen Fällen aber auch nach dem Streitgegenstand.

Die Tatsache, welches Gericht erste Instanz war, hat auch Auswirkungen auf die Möglichkeit zur Berufung und Revision.

Erste Instanz	Amtsgericht	Landgericht
Besetzung	1 Richter	i.d.R. 3 Richter
Interessenvertretung	Kläger/Beklagter selbst oder Rechtsanwalt	Anwaltszwang
Sachliche Zuständigkeit – nach Streitwert	bis incl. 10 000,00 DM (ab 1. 3. 1993)	über 10 000,00 DM
– unabhängig vom Streitwert	• Streitigkeiten über privaten Wohnraum • Mahnverfahren • Zwangsvollstreckung	• Ehesachen (Anwaltszwang!) • Kindschaftssachen
Rechtsmittel / Zweite Instanz	Berufung beim Landgericht	Berufung beim Oberlandesgericht (OLG)
Rechtsmittel / Dritte Instanz	Revision nicht möglich	Revision beim Bundesgerichtshof (BGH)

1.2 Rechtsmittel (Berufung und Revision)

■ **Berufung**

Die Berufung ist das **Rechtsmittel gegen erstinstanzliche Urteile.**

Im Berufungsprozeß wird der **Fall ganz neu geprüft**, und zwar in
- rechtlicher Hinsicht (sind die Gesetze richtig angewandt worden?) und
- in tatsächlicher Hinsicht (sind z.B. noch neue Beweise zu berücksichtigen?)

Voraussetzung für die Möglichkeit der Berufung ist, daß
- die Berufung **innerhalb eines Monats** ab Urteilszustellung eingelegt wurde und
- die **Berufungssumme mehr als 1500,00 DM** (ab 1.3.93) beträgt.

■ **Revision**

Revision ist das **Rechtsmittel gegen zweitinstanzliche, also Berufungsurteile** des Oberlandesgerichtes.

Im Revisionsprozeß wird der Fall vom BGH **nur in rechtlicher Hinsicht nachgeprüft**.

Voraussetzung für die Möglichkeit der Revision ist, daß
- die Revision **innerhalb eines Monats** ab Urteilszustellung eingelegt wurde und
- die **Revisionssumme mehr als 60 000,00 DM** beträgt oder daß – bei Revisionssummen unter diesem Betrag – das OLG die Revision wegen der großen Bedeutung des Falles für **zulässig** erklärt.

■ **Sprungrevision**

Gegen erstinstanzliche Urteile der Landgerichte kann bei **Fällen von großer Bedeutung** direkt Revision beim Bundesgerichtshof eingelegt werden, das Oberlandesgericht als Berufungsinstanz wird also übersprungen.

Voraussetzung der Sprungrevision ist aber die **Einwilligung der Gegenpartei.**

Die Berufungs- bzw. Revisionssumme, die sogenannte „**Beschwer**", ist etwas anderes als der Streitwert in der Vorinstanz; unter „Beschwer" versteht man den Betrag, mit dem die jeweilige Partei unterlegen ist: für den Beklagten ist das die Summe, die er zahlen muß, für den Kläger ist es die Summe, die er nicht bekommt.

Fall
Angenommen, im Streit zwischen Heiner Hahn und seinem Vermieter würden Heiner nur 1499,00 DM zugesprochen, obwohl er ja 3000,00 DM eingeklagt hatte.
a) Wie groß ist Heiners Beschwer, und kann Heiner Berufung einlegen?
b) Wie groß ist die Beschwer des Vermieters, und kann dieser Berufung einlegen?

1.3 Klagearten im Zivilprozeß

■ **Leistungsklage**

Die Leistungsklage zielt darauf, den Beklagten zu einer **Leistung** zu verurteilen, d.h. zu
- einem **Tun** (z.B. zur Zahlung, Lieferung, Vornahme einer Reparatur) oder
- einem **Unterlassen** (z.B. des Klavierspielens nach 22 Uhr) oder
- **Dulden** (z.B. der Anbringung einer Antenne durch den Mieter)

Das Urteil besteht
- in der Feststellung, daß ein **Anspruch besteht**
- in der Festsetzung der **Anspruchshöhe**, falls es um die Zahlung eines Geldbetrages geht
- in einem **erzwingbaren Befehl** zur Erfüllung des Anspruchs, da das Urteil ein „vollstreckbarer Titel" ist, der Grundlage für eine notfalls erforderliche Zwangsvollstreckung ist.

■ **Feststellungsklage**

Die Feststellungsklage zielt darauf, festzustellen, ob ein **Anspruch besteht** oder nicht besteht bzw. ob eine **Urkunde echt** oder unecht ist.

Beispiele:
- Siegfried Sieg klagt auf Feststellung, daß Fräulein F. kein Schadenersatz aus Entlobung zusteht
- Cousin Fritz klagt gegen Cousine Emma, daß das von Emma vorgelegte Testament des Großonkels nicht echt ist
- Arbeitnehmer A. klagt auf Feststellung, daß seine Kündigung nicht gerechtfertigt ist
- Fräulein F. klagt gegen Friedel Forsch auf Feststellung der Vaterschaft ihres Kindes
- Klage auf Feststellung, daß ein Patentrecht besteht

Das Urteil besteht im Gegensatz zur Leistungsklage nur in der **Feststellung, daß ein Anspruch besteht.**

Voraussetzung für eine Feststellungsklage ist ein **berechtigtes Interesse** des Klägers, dieses besteht nicht, wenn der Kläger auch auf Leistung klagen könnte. Ausnahmsweise kann jedoch – trotz möglicher Leistungsklage – eine Feststellungsklage erhoben werden, wenn Verjährung droht.

Beispiel:

Bei einem Verkehrsunfall wird ein Kind getötet, die Eltern hätten im Alter u.U. Unterhaltsansprüche, könnten dann auf Leistung gegen den Autofahrer klagen. Falls sie jedoch erst bei Eintritt der Bedürftigkeit klagen, kann Anspruch schon verjährt sein. Daher werden sie jetzt feststellen lassen, daß ein Anspruch gegen den Autofahrer besteht, das Urteil ist Grundlage bei späterer Leistungsklage, in der es nur noch um die Höhe der Leistung ginge.

■ **Gestaltungsklage**

Die Gestaltungsklage zielt auf die **Änderung eines Rechtsverhältnisses**, es geht nicht um die Geltendmachung von Ansprüchen.

Beispiele:
- Antrag (heute nicht mehr „Klage") auf Scheidung
- Klage auf Gesellschaftsauflösung
- Klage auf Ausschluß eines Gesellschafters
- Klage auf Anfechtung der Ehelichkeit eines Kindes
- Klage auf Nichtigkeit von Gesellschafterbeschlüssen

Die Änderung **tritt mit dem Urteilsspruch ein** („hiermit ist die Gesellschaft aufgelöst"), daher gibt es nichts zu vollstrecken.

1.4 Vergleich: Zivil- und Strafprozeß

Häufig berührt ein Tatbestand **sowohl privatrechtliche als auch öffentlich-rechtliche Belange**, zum Beispiel ein Einbruchdiebstahl:

Zum einen wird der Täter vor einem **Strafgericht** angeklagt, wobei die **Anklage** auf Hausfriedensbruch und Diebstahl nach **Strafgesetzbuch** lauten wird, der Staatsanwalt wird die Verurteilung zu einer **Haftstrafe** oder zu einer (in die Staatskasse wandernden) **Geldstrafe** fordern.

Der Bestohlene selbst hätte – abgesehen von einer gewissen Genugtuung – davon jedoch nichts.

Es bleibt ihm jedoch überlassen, vor einem **Zivilgericht** zu klagen, wobei die **Klage** auf Eigentumsverletzung nach dem **Bürgerlichen Gesetzbuch** lauten wird, sein Rechtsanwalt wird die Verurteilung zu einem (an den Kläger zu zahlenden) **Schadenersatz** fordern.

Auch der **Charakter** des Zivil- und des Strafprozesses ist sehr unterschiedlich:

Vergleich zwischen Zivil- und Strafprozeß		
	Zivilprozeß	**Strafprozeß**
Inhalt	Verfahren zur Feststellung, Durchsetzung privatrechtlicher Ansprüche und Rechtsverhältnisse	Verfahren zur Durchsetzung des staatlichen Strafanspruchs, Aburteilung, Straftat des Strafgesetzbuch (StGB)
Initiative	Da staatliche Belange nicht berührt werden, wird ein Zivilgericht nur tätig, falls es durch eine Klage zur Entscheidung angerufen wird. („Wo kein Kläger, da kein Richter")	Da besonderes staatliches Interesse an einer Strafverfolgung besteht, erfolgt Klageerhebung durch einen staatlichen Ankläger (Staatsanwalt), selbst wenn der Geschädigte keinen Wert auf Strafverfolgung legt. (Ausnahme: sog. „Antragsdelikte" wie z.B. Beleidigung)
Parteien	Kläger/Beklagter	Ankläger (Staatsanwalt) / Angeklagter
	eigenes Erscheinen nicht erforderlich, Vertretung durch Anwälte möglich	eigenes Erscheinen erforderlich
Zusammensetzung des Gerichts	i.d.R. nicht gemischt	i.d.R. gemischt (Laien- und Berufsrichter)

| Vergleich zwischen Zivil- und Strafprozeß |||
	Zivilprozeß	Strafprozeß
Prinzipien	Parteienprinzip Eigenverantwortung der Parteien	Untersuchungsprinzip Verantwortung des Staates
• d.h. für die Klage bzw. Anklage	Es werden nur die Ansprüche berücksichtigt, die vom Kläger vorgebracht werden. (Bsp.: der Kläger hätte einen Anspruch auf 200,00 DM, klagt aber nur 100,00 DM ein: ihm können nur 100,00 DM zugesprochen werden)	der Staatsanwalt muß alle Delikte einer Straftat anklagen
• d.h. für die Verhandlung	Der Richter darf nichts berücksichtigen, was nicht von den Parteien selbst eingebracht wird (z. B. die „Einrede der Verjährung")	Das Gericht muß von sich aus alle Tatsachen des Falles berücksichtigen
• d.h. für die Beeinflussung des Prozeßverlaufes	Der Kläger kann vor/in der Verhandlung die Klage zurücknehmen, der Beklagte den Anspruch anerkennen, damit ist der Prozeß beendet. Die Parteien können sich gütlich einigen.	Nach der Klageerhebung erfolgt „automatisch" Beweiserhebung, Klärung und Urteil; der Prozeß wird z.B. nicht durch ein Geständnis beendet, da das Gericht von sich aus untersuchen muß, ob es nicht z.B. zur Deckung einer anderen Person erfolgte. Das Verfahren kann zwar eingestellt werden, dies beruht jedoch nicht auf einer Verhandlung zwischen Angeklagtem und Staatsanwalt, sondern ist eine Entscheidung des Staatsanwalts oder des Gerichts.
• d.h. für das Resultat	Das Urteil gibt der siegenden Partei die **Möglichkeit**, ihr Recht mit staatlicher Hilfe durchzusetzen. Ob wirklich vollstreckt wird, liegt bei der siegenden Partei, die einen neuen Antrag (z.B. auf Zwangsvollstreckung) stellen müßte.	Aus dem Urteil folgt „automatisch" die Vollstreckung (z.B. Ladung zum Antritt der Freiheitsstrafe)

2 Schiedsrichterliches Verfahren

Das schiedsrichterliche Verfahren gibt den Vertragsparteien die Möglichkeit, einen Rechtsstreit unter **Ausschaltung der Zivilgerichte** durch ein **privates Schiedsgericht** entscheiden zu lassen.

Das schiedsrichterliche Verfahren ist in der Zivilprozeßordnung (ZPO), §§ 1025 ff. geregelt.

Beispiel:

Vereinbarung in einem Liefervertrag: „"...Sämtliche sich aus diesem Vertrag unter Umständen ergebenden Streitigkeiten werden unter Ausschluß des Rechtsweges durch ein aus den Herren ... bestehendes Schiedsgericht entschieden. Die Vertragsparteien unterwerfen sich im voraus seinem Schiedsspruch..."

■ Formale Voraussetzungen

- **ausdrückliche, schriftliche** Vereinbarung
  (nur beim zweiseitigen Handelsgeschäft kann diese Vereinbarung auch per Allgemeinen Geschäftsbedingungen getroffen werden).
- die Vereinbarung muß sich auf einen **bestimmten Vertrag** beziehen
  (nicht möglich wäre z.B. die Klausel: „Für die Streitigkeiten aus den Verträgen unserer Geschäftsverbindung...")

■ Auswahl der Schiedsrichter

Ist im Vertrag keine Vereinbarung über die Ernennung von Schiedsrichtern enthalten, so wird von jeder Partei **je ein Schiedsrichter** ernannt.

■ Wirkung des Schiedsvertrages

Erhebt eine Partei trotz eines bestehenden Schiedsvertrages Klage (z.B. weil sie lieber direkt klagen möchte oder weil sie mit dem Schiedsspruch nicht einverstanden ist), so steht der anderen Partei eine sogenannte **„prozeßhindernde Einrede"** zu; wird sie geltend gemacht, muß das Gericht die Klage abweisen.

Eine **Klage trotz eines bestehenden Schiedsvertrages** ist nur in folgenden Fällen möglich:

- wenn sich die Parteien darauf einigen
- bei Stimmengleichheit der Schiedsrichter (da dann der Vertrag außer Kraft tritt)
- bei Wegfall eines Schiedsrichters
- wenn die Aufhebung des Schiedsspruches wegen Unvereinbarkeit mit wesentlichen Rechtsgrundsätzen beantragt wird.

■ Wirkung des Schiedsspruches

Der Schiedsspruch wirkt zwischen den Parteien **wie ein rechtskräftiges Urteil**.

Er kann auf Antrag von staatlichen Gerichten **für vollstreckbar erklärt** werden, falls er den formalen Erfordernissen genügt und mit den wesentlichen Rechtsgrundsätzen vereinbar ist. Aufgrund eines privaten Schiedsspruches kann also gegen die Partei, die sich ihm nicht fügen will, mit staatlicher Hilfe vollstreckt werden!

---

1. In welcher Weise unterscheidet sich die Untersuchung im Berufungsprozeß vom Revisionsprozeß?
2. Ein Käufer und ein Verkäufer führen einen Prozeß mit dem Streitwert 1500,00 DM. Welches Gericht ist in erster Instanz zuständig? Halten Sie nicht nur eine Berufung sondern auch eine Revision für möglich?
3. Worin äußert sich der Unterschied zwischen dem Parteienprinzip im Zivilprozeß und dem Untersuchungsprinzip im Strafprozeß?
4. Worin sehen Sie Gründe für Schiedsvereinbarungen?

3 Mahnverfahren und Zwangsvollstreckung wegen Geldforderungen

> **Fall**
>
> Die Autohandlung Ambrosius hat am 30.5. an Sigismund Schlunz einen Gebrauchtwagen geliefert, der Kaufpreis von 8000,00 DM war am 30.6. fällig. Am 26.9. hat Schlunz trotz dreimaliger Mahnung noch immer nicht gezahlt. Wie kann die Autohandlung Ambrosius ihren Zahlungsanspruch durchsetzen?

Auch wenn ein Anspruch z.B. auf Zahlung des Kaufpreises, der Verzugszinsen und sonstiger Verspätungsschäden besteht, bleibt fraglich, wie dieser Anspruch durchzusetzen ist.

Vielfach bleibt dem Gläubiger als letzter Ausweg nur die **Zwangsvollstreckung**, also die **zwangsweise Durchsetzung von Ansprüchen mit Hilfe der Vollstreckungsorgane des Staates**; die Zwangsvollstreckung ist in der Zivilprozeßordnung (ZPO) geregelt.

3.1 Vollstreckungstitel

Die staatlichen Organe nehmen eine Vollstreckung nur vor, wenn eine öffentliche Urkunde (**„Vollstreckungstitel"**) vorgelegt wird, die das Bestehen des durchzusetzenden Anspruchs ausweist.

Wie bekommt man einen vollstreckbaren Titel?

Grundsätzlich erhält man einen vollstreckbaren Titel über den **Klageweg**. Lautet ein Endurteil z.B. auf Zahlung des Kaufpreises, so hat der Gläubiger damit einen vollstreckbaren Titel in der Hand. Auf dem Titel muß nur noch vom Urkundsbeamten des Prozeßgerichts bzw. von einem Notar eine sog. „Vollstreckungsklausel" angebracht sein, die angibt, daß der Titel vollstreckbar ist.

Zu beachten ist aber, daß ein Urteil nur dann schon mit der Urteilsverkündung vollstreckbar ist, wenn kein Rechtsmittel (Berufung, Revision) möglich ist; falls ein Rechtsmittel möglich ist, kann das Urteil nur für **„vorläufig vollstreckbar"** erklärt werden. Kommt es nach erfolgter Vollstreckung zu einer – für den Schuldner erfolgreichen – Berufung oder Revision, ist der Gläubiger wegen seiner „Voreiligkeit" ggf. schadensersatzpflichtig.

Problematisch ist weiterhin, daß eine Klage sehr **zeit- und kostenaufwendig** ist.

In einigen Fällen ist die Klage sicherlich notwendig, wenn es z.B. darum geht, das Bestehen und die Höhe von Schadensersatzansprüchen überhaupt erst einmal festzustellen. In anderen Fällen, wenn der Anspruch feststeht und unbestritten ist (z.B. Zahlung des vertraglich vereinbarten Kaufpreises), gibt es **schnellere und weniger kostenaufwendige Möglichkeiten**, an einen vollstreckbaren Titel zu kommen.

Eine Möglichkeit ist das **notariell beurkundete Schuldanerkenntnis**;

Beispiel:

„Ich, Max Meier, anerkenne hiermit, der Firma Schneider &. Co einen Betrag von 10 000,00 DM zu schulden, und verpflichte mich zur Rückzahlung in 10 Monatsraten à 1000,00 DM ab August 19.., jeweils zum Monatsersten. Komme ich mit einer Rate in Rückstand, wird der Restbetrag sofort fällig. **Wegen und in Höhe dieser Schuld unterwerfe ich mich der sofortigen Zwangsvollstreckung aus dieser Urkunde in mein gesamtes Vermögen.** Der Notar soll dem Gläubiger eine vollstreckbare Ausfertigung dieser Urkunde erteilen."

Der Gläubiger kommt hier sehr preiswert an einen vollstreckbaren Titel, aus dem er sofort bei Säumnis des Schuldners den Gerichtsvollzieher beauftragen kann. Das Schuldanerkenntnis sollte aber möglichst schon im voraus, also z.B. beim Kaufvertragsabschluß, mit dem Schuldner vereinbart worden sein.

Eine weitere Möglichkeit zur Erlangung eines Titels ist das **gerichtliche Mahnverfahren** per Mahnbescheid.

3.2 Gerichtliches Mahnverfahren

> Das Mahnverfahren soll die Erlangung eines Vollstreckungstitels auf einfache und beschleunigte Art ermöglichen, falls nicht mit Einwendungen des Schuldners zu rechnen ist.
> Gemäß § 688 (1) ZPO können im Mahnverfahren nur Ansprüche auf Zahlung einer bestimmten Geldsumme geltend gemacht werden, der Anspruch darf gem. § 688 (2) ZPO auch nicht von einer noch nicht erbrachten Gegenleistung abhängig sein. Unabhängig von der Höhe der Forderung ist stets das Amtsgericht zuständig (§ 689 ZPO), und zwar das Amtsgericht, bei dem der Gläubiger seinen Wohn- oder Geschäftssitz hat; in Nordrhein-Westfalen besteht ein zentralisiertes Verfahren: alle Mahnbescheide sind an das Amtsgericht Hagen zu richten.

Der Mahnbescheid ist **weniger kosten- und zeitaufwendig** als die Klage, führt auch zu einem vollstreckbaren Titel und hat häufig schon im Vorfeld den Effekt, daß der Schuldner durch die gerichtliche Beteiligung so „beeindruckt" ist, daß er zahlt.

Dem gerichtlichen Mahnverfahren wird i.d.R. ein **außergerichtliches (kaufmännisches) Mahnverfahren** (Zahlungserinnerung, ein oder mehrere Mahnungen, eventuell Versuch des Einzugs per Postnachnahme) **vorausgehen**; dieses muß aber nicht vor dem gerichtlichen Mahnverfahren erfolgen.

Gerichtliches Mahnverfahren

Der Gläubiger stellt einen **Antrag auf Erlaß eines Mahnbescheides** beim für ihn zuständigen Amtsgericht. Das Amtsgericht prüft vor dem Erlaß lediglich, ob die formalen Voraussetzungen erfüllt sind, stellt dann den Mahnbescheid dem Schuldner zu und unterrichtet den Gläubiger von der Zustellung.

Der Schuldner hat nun drei Möglichkeiten:

er zahlt	er tut gar nichts ↓		er legt (innerhalb von 2 Wochen) **Widerspruch** beim für den Mahnbescheid zuständigen Amtsgericht ein ↓
	Der Gläubiger kann – frühestens nach Ablauf von 2 Wochen aber nur innerhalb von 6 Monaten – einen **Antrag auf Erlaß eines Vollstreckungsbescheides** stellen		
	Der Schuldner hat wieder 3 Möglichkeiten:		
	er zahlt	er tut nichts ↓	er erhebt – innerhalb von 2 Wochen – **Einspruch** beim für den Mahnbescheid zuständigen Amtsgericht	**Klage auf Zahlung** beim örtlich und sachlich zuständigen Gericht (Gerichtsstand!) ↓
		Auftrag zur Zwangsvollstreckung an den Gerichtsvollzieher mit dem vollstreckbaren Titel in Form des Vollstreckungsbescheides oder des Gerichtsurteils. ← Falls die Zwangsvollstreckung erfolglos war, kann der Gläubiger den Schuldner vom Gericht zur **Versicherung an Eides statt** (früher „Offenbarungseid") laden lassen. Verweigert der Schuldner die eidesstattliche Versicherung, kann der Gläubiger seine Haft beantragen.	Schuldner zahlt nicht	Schuldner zahlt

Antrag auf Erlaß eines Mahnbescheids

– Nur für Gerichte, die die Mahnverfahren maschinell bearbeiten. –

Wichtig: Bitte lesen Sie zunächst die **Hinweise** zu diesem Vordruck. Die Hauptforderung ist mit einer aus dem Hinweisblatt zu entnehmenden Katalog-Nr. zu bezeichnen.

Raum für Vermerke des Gerichts

Datum des Antrags: 26.09.19..

Antragsteller

Spalte 3 – Nur Firma, juristische Person u. dgl. als Antragsteller

Rechtsform, z. B. GmbH, AG, OHG, KG: **GmbH**

Vollständige Bezeichnung: **Ambrosius Autohandelsgesellschaft mbH**

Straße, Hausnummer: **Meisenweg 43**
Postleitzahl Ort: **50997 Köln**

Gesetzlicher Vertreter
Nr. der Spalte, in der der Vertretene bezeichnet ist: **9**
Stellung: **Geschäftsführer**
Vor- und Nachname: **Anton Ambrosius**
Straße, Hausnummer: **Bergstraße 15**
Postleitzahl Ort: **50739 Köln**

Antragsgegner

Spalte 1
Nr.: **1** (1 = Herr)
Vorname: **Sigismund**
Nachname: **Schlunz**
Straße, Hausnummer: **Talweg 13**
Postleitzahl Ort: **51149 Köln**

Fassung 1. 1. 92

Bitte die nächste Vordruckseite beachten!

Bezeichnung des Anspruchs

I. Hauptforderung – siehe Katalog in den Hinweisen –

Zeilen-Nummer	Katalog-Nr.	Rechnung/Aufstellung/Vertrag oder ähnliche Bezeichnung	Nr. der Rechng./des Kontos u. dgl.	Datum bzw. Zeitraum vom	bis	Betrag DM
32	43	Rechnung	4711	30.05.19..		8 000,00
33						
34						

	Postleitzahl	Ort als Zusatz bei Katalog-Nr. 19, 20, 90	Ausl. Kz.	Vertragsart als Zusatz bei Katalog-Nr. 28	-Vertrag
35					

Sonstiger Anspruch – nur ausfüllen, wenn im Katalog nicht vorhanden – mit Vertrags-/Lieferdatum/Zeitraum vom ... bis ...

	Fortsetzung von Zeile 36	Datum	Betrag DM
36			
37			

Nur bei Abtretung oder Forderungsübergang:

	Früherer Gläubiger – Vor- und Nachname, Firma (Kurzbezeichnung)	Postleitzahl	Ort	Seit diesem Datum ist die Forderung an den Antragsteller abgetreten/auf ihn übergegangen.	Ausl. Kz.
38					
39					

IIa. Laufende Zinsen

	Zeilen-Nr. der Hauptforderung	Zinssatz %	oder % über Diskontsatz	1 = jährl. 2 = mtl. 3 = tägl.	Nur angeben, wenn abweichend vom Hauptforderungsbetrag aus DM	Ab Zustellung des Mahnbescheids, wenn kein Datum angegeben. ab oder vom	
40	32	4		1		01.07.19..	Zahlungstag
41							
42							

IIb. Ausgerechnete Zinsen

Gemäß dem Antragsgegner mitgeteilter Berechnung für die Zeit

	vom	bis	Betrag DM
43			

III. Auslagen des Antragstellers für dieses Verfahren

Vordruck/Porto Betrag DM	Sonstige Auslagen Betrag DM	Bezeichnung
8,50		

IV. Andere Nebenforderungen

	Mahnkosten Betrag DM	Auskünfte Betrag DM	Bankrücklastkosten Betrag DM	Inkassokosten Betrag DM	Sonstige Nebenforderung Betrag DM	Bezeichnung
44	24,00					

Ein streitiges Verfahren wäre durchzuführen vor dem

1 = Amtsgericht
2 = Landgericht
3 = Landgericht – KfH
4 = Kreisgericht
5 = Kreisgericht – KfH
weitere Schlüssel siehe Hinweise

		Postleitzahl	Ort		
45	1	in 50939	Köln	X	Im Falle eines Widerspruchs beantrage ich die Durchführung des streitigen Verfahrens.

Prozeßbevollmächtigter des Antragstellers

		Betrag DM	Ordnungsgemäße Bevollmächtigung versichere ich.	
46	1 = Rechtsanwalt 4 = Herr, Frau 2 = Rechtsanwälte 5 = Rechtsanwältin 3 = Rechtsbeistand 6 = Rechtsanwältinnen Vor- und Nachname		Bei Rechtsanwalt oder Rechtsbeistand: Anstelle der Auslagenpauschale gem. § 26 BRAGO werden die nebenstehenden Auslagen verlangt, deren Richtigkeit versichert wird.	Der Antragsteller ist nicht zum Vorsteuerabzug berechtigt.

	Straße, Hausnummer – bitte kein Postfach! –	Postleitzahl	Ort	Ausl. Kz.
47				
48	Bankleitzahl	Konto-Nr.	bei der/dem	
49				

Von Kreditgebern (auch Zessionar) zusätzlich zu machende Angaben bei Anspruch aus Vertrag, für den das Verbraucherkreditgesetz gilt:

	Zeilen-Nr. der Hauptforderung	Vertragsdatum	Effektiver Jahreszins	Zeilen-Nr. der Hauptforderung	Vertragsdatum	Effektiver Jahreszins	Zeilen-Nr. der Hauptforderung	Vertragsdatum	Effektiver Jahreszins
50									

	Geschäftszeichen des Antragstellers/Prozeßbevollmächtigten
51	.

An das Amtsgericht – Mahnabteilung –

Ich beantrage, einen Mahnbescheid zu erlassen und in diesen die Kosten des Verfahrens aufzunehmen. Ich erkläre, daß der Anspruch von einer Gegenleistung

	y	abhängt, diese aber bereits erbracht ist.		nicht abhängt.
52				

Unterschrift des Antragstellers/Vertreters/Prozeßbevollmächtigten

Anton Ambrosius

	Postleitzahl, Ort
53	58097 Hagen

3.3 Zwangsvollstreckung wegen Geldforderungen

Fall

Die Autohandlung Ambrosius hat mittlerweile aus dem gerichtlichen Mahnverfahren einen vollstreckbaren Titel in Form eines Vollstreckungsbescheides gegen Sigismund Schlunz in der Hand.
Welche Möglichkeiten hat die Autohandlung nun, mit staatlicher Hilfe an ihr Geld zu kommen?

Dem Schuldner stehen **unterschiedliche Zwangsvollstreckungsmaßnahmen** wegen seiner Geldforderung zur Verfügung, wobei die unterschiedlichen Maßnahmen von **unterschiedlichen Vollstreckungsorganen** (Gerichtsvollzieher, Vollstreckungsgericht, Grundbuchamt) durchgeführt werden.

3.3.1 Vollstreckung in bewegliche Sachen

Pfändungsverbot für Gartenzwerge?

Hamburg (dpa) – Das für Tiere geltende Pfändungsverbot sollte nach Auffassung des Gießener Rechtsprofessors Eberhard Wieser auf Gartenzwerge ausgedehnt werden. In der deutschen Wertskala stünde sie „Goldfischen kaum nach". Die Pfändung von Gartenzwergen sei gewiß „kein drängendes Problem der Praxis", meint der Professor. Eine Neuregelung sei aber empfehlenswert, weil nach geltendem Recht im Einzelfall komplizierte juristische Überlegungen angestellt werden müssen, bevor entschieden wird, ob ein Gartenzwerg gepfändet werden kann oder nicht.

Quelle: Kölner Stadtanzeiger

Am Grabstein klebt ein „Kuckuck"

sel **Bonn** – Die Frage, ob ein Grabstein gepfändet werden darf oder nicht, beschäftigt Bonner Gerichte. Das Landgericht gelangte jetzt zu der Auffassung, daß die Ehrfurcht vor dem Grabesschmuck über dessen materiellen Wert zu setzen ist. Demnach darf ein Grabstein nicht gepfändet werden. (Az. 4 T 362/90).

Den Urteilen geht ein Streit zwischen einem Steinmetzen und dessen Kunde voraus. Dieser hatte einen Grabstein liefern lassen, aber die Rechnung nicht bezahlen können. Der Steinmetz forderte die Rückgabe des Grabsteins und klagte. Das Bonner Amtsgericht gab ihm recht und entsandte einen Gerichtsvollzieher. Das Landgericht zog den Pfändungsbeschluß „aus Pietätsgründen" zurück. Der „Kuckuck" bleibt aber kleben – der Steinmetz hat Beschwerde eingelegt und das Oberlandesgericht in Köln angerufen.

Quelle: Kölner Stadtanzeiger

Vollstreckungsaufträge können direkt an den **Gerichtsvollzieher** oder an die sog. „Gerichtsvollzieher-Verteilungsstelle" beim Amtsgericht gestellt werden.
Bewegliche Sachen des Schuldners werden durch den Gerichtsvollzieher **gepfändet**; d.h. weggeschafft oder durch ein Pfandsiegel („Kuckuck") kenntlich gemacht.

Anschließend werden sie **„verwertet"**: gefundenes Bargeld wird dem Gläubiger übergeben, sonstige Sachen werden im Wege einer öffentlichen Versteigerung erst zu Geld gemacht.

Zur Erwerbstätigkeit und „bescheidenen" Haushaltsführung benötigte Gegenstände (Bett, Kühlschrank, Radio, KFZ eines Handelsvertreters) benötigte Gegenstände sind **unpfändbar**!

3.3.2 Vollstreckung in Forderungen

Die Bedeutung der Forderungspfändung ist groß, da eine Pfändung von Sachen häufig wenig Erfolg in Aussicht stellt; dabei handelt es sich überwiegend um die **Pfändung von Arbeitseinkommen**.

Doch auch viele **andere Forderungen** sind pfändbar: Sozialleistungen wie Renten, Kindergeld, Arbeitslosengeld und Krankengeld, Ansprüche auf Steuererstattungen (z.B. aus dem Lohnsteuerjahresausgleich), Bankguthaben, Mietforderungen.

Drittschuldner sind in den genannten Fällen der Arbeitgeber bzw. die die Sozialleistungen auszahlende Behörde, das Finanzamt, die kontoführende Bank, der Mieter.

Sachlich zuständiges Vollstreckungsgericht ist das **Amtsgericht**, örtlich ist es das Gericht, in dessen Bezirk die Zwangsvollstreckung erfolgen soll.

Auf Antrag des Gläubigers, dem der Vollstreckungsbescheid oder sonstige vollstreckbare Titel beizufügen sind, erläßt das Vollstreckungsgericht einen sog. **„Pfändungs- und Überweisungsbeschluß"**, der dem Schuldner und dem Drittschuldner, z.B. dem Arbeitgeber des Schuldners, zugestellt wird.

Der Pfändungs- und Überweisungsbeschluß beinhaltet:
- das **Verbot an den Schuldner**, anderweitig über die Forderung zu verfügen
- das **Verbot an den Drittschuldner**, noch an den Schuldner zu zahlen.
- die **Anweisung an den Drittschuldner**, die **Forderung an den Gläubiger zu überweisen**. Zahlt der Drittschuldner weiter an den Schuldner, so wird er gegenüber dem Gläubiger nicht frei.

3.3.3 Vollstreckung in unbewegliches Vermögen

Für die Vollstreckung in unbewegliches Vermögen sind folgende Möglichkeiten gegeben:
- **die Zwangsversteigerung**, für die das **Vollstreckungsgericht** zuständig ist
  Der Gläubiger wird aus dem **Versteigerungserlös** des Grundstücks befriedigt.

- **die Zwangsverwaltung**, für die ebenfalls das **Vollstreckungsgericht** zuständig ist
  Der Gläubiger wird aus den **laufenden Erträgen** des Grundstücks befriedigt, daher ist diese Form nur sinnvoll für Mietshäuser oder landwirtschaftlich bzw. anderweitig genutzte Grundstücke.
  Vom Gericht wird hierzu ein **Verwalter** eingesetzt. Die Zwangsverwaltung kann auch als „Zwischenlösung" – bis zur Zwangsversteigerung – sinnvoll sein.

- **die Zwangshypothek („Sicherungshypothek")**, für die das **Grundbuchamt** zuständig ist.
  Der Gläubiger wird hier zwar nicht unmittelbar mit Geld befriedigt, kann seine Forderung aber durch die **Eintragung eines dinglichen Rechts** zusätzlich – so z.B. für den Fall einer späteren Zwangsversteigerung – absichern.

Jeder Gläubiger kann die Zwangsvollstreckung in Immobilien seines Schuldners betreiben, wenn er einen vollstreckbaren Titel in der Hand hat.
Dabei ergibt sich jedoch häufig das **Problem**, daß andere Gläubiger durch eine **Grundschuld oder Hypothek** abgesichert sind und daher **vorrangig** befriedigt werden.

4 Zwangsvollstreckung wegen anderer Ansprüche

Fall
Obwohl der Mieter gegen seine Vermieter einen Anspruch auf Reparatur des schadhaften Daches erstritten hat, unternimmt der Vermieter nichts. Welche Möglichkeiten hat der Mieter, seinen Anspruch durchzusetzen?

Ansprüche müssen nicht unbedingt auf eine Geldforderung gerichtet sein. So kann ein Anspruch auch lauten auf Herausgabe einer Sache, Räumung einer Mietwohnung, Lieferung, Abgabe einer Willenserklärung, Unterlassen oder Dulden eines bestimmten Tuns.

Je nachdem, zu was der Beklagte verurteilt wurde, stehen dem Kläger **unterschiedliche Zwangsvollstreckungsmaßnahmen** zur Verfügung; die unterschiedlichen Maßnahmen werden auch hier von **unterschiedlichen Vollstreckungsorganen** durchgeführt.

4.1 Zwangsvollstreckung zur Erwirkung der Herausgabe von Sachen

Fall
Obwohl Antiquitätenhändler Alt gegen seinen Kunden ein Urteil auf Herausgabe des von ihm unter Eigentumsvorbehalt gelieferten Gemäldes erstritten hatte, rührt sich der Kunde nicht.

Auf Antrag des Gläubigers nimmt der **Gerichtsvollzieher** die bewegliche Sache dem Schuldner weg und übergibt sie dem Gläubiger.

Bei der **Herausgabe unbeweglicher Sachen** (Räumung z.B. einer Mietwohnung) wird der Mieter durch den **Gerichtsvollzieher** – notfals mit Gewalt – „aus dem Besitz gesetzt", indem das Mobiliar des Mieters entfernt und der Schlüssel an den Vermieter übergeben wird.

4.2 Zwangsvollstreckung zur Erwirkung von Handlungen

Fälle

1. Mieter Meir hatte seinen Vermieter erfolgreich auf Durchführung einer notwendigen Dachreparatur verklagt, nach 3 Monaten ist jedoch immer noch nichts geschehen.
2. Fräulein Ehrbar hatte Karl Klotz erfolgreich auf Widerruf seiner Aussage, sie sei ein leichtfertiges Mädchen verklagt, Klotz widerruft jedoch nicht.

Bei **vertretbaren Handlungen** (z.B. Reparaturleistungen) stellt der Gläubiger beim **Prozeßgericht** den Antrag, die Handlung auf Kosten des Schuldners selbst durchzuführen / durchführen zu lassen und eventuell auch dem Schuldner die Zahlung eines Kostenvorschusses aufzuerlegen (sog. „**Ersatzvornahme**").

Bei **unvertretbaren Handlungen** (Künstlerauftritt, Auskunftserteilung, Widerrufserklärung) kann die Handlung nicht ersatzweise von einem Dritten vorgenommen werden. Hier muß der Schuldner durch einen Antrag beim Prozeßgericht auf Auferlegung von Zwangsgeld oder Zwangshaft **zur Durchführung gezwungen** werden.

Ausgeschlossen ist die Zwangsvollstreckung bei Urteilen auf Herstellung des ehelichen Lebens.

4.3 Zwangsvollstreckung zur Erwirkung eines Unterlassens oder Duldens

Fälle

1. Obwohl Händler Weiß gegen Händler Schwarz bereits ein Urteil erwirkt hat, in dem Schwarz verurteilt wurde, geschäftsschädigende Behauptungen gegen Weiß zu unterlassen, behauptet Schwarz Kunden gegenüber immer noch, daß Weiß seine Kunden betrüge.
2. Müller hatte erfolgreich gegen seinen Nachbarn Neumann auf ungehinderte Nutzung seines Wegerechts geklagt. Trotzdem sieht sich Müller bei der Benutzung des Weges immer wieder von Neumanns Schäferhund bedroht.

Auf Antrag des Gläubigers beim **Prozeßgericht** wird der Schuldner für den Fall weiterer Zuwiderhandlungen zu **Ordnungsgeld oder Ordnungshaft** verurteilt.

Dies kann nur dann geschehen, wenn dem Schuldner **vorher** eine **Zwangsmaßnahme angedroht** wurde; in der Regel ist die Strafandrohung aber bereits im Urteil enthalten.

4.4 Zwangsvollstreckung zur Abgabe einer Willenserklärung

Fall

Kunkel hatte von Minzel ein Darlehen erhalten, zur Sicherheit wurde zu Lasten Kunkels eine Grundschuld im Grundbuch eingetragen. Da Minzel nach Rückzahlung des Darlehns keine Bewilligung zur Löschung der Grundschuld abgeben wollte, hatte Kunkel erfolgreich gegen Minzel geklagt.

Eine Zwangsvollstreckung zur Abgabe von Willenserklärungen ist nicht nötig: **die Willenserklärung gilt mit Rechtskraft des Urteils als abgegeben.**

Der Gläubiger kann dieses Urteil der entsprechenden Stelle vorlegen, dieses hat die gleiche Wirkung, als ob der Schuldner die Erklärung abgegeben hätte.

1. Erläutern Sie die Möglichkeiten für einen Schuldner, an einen vollstreckbaren Titel zu kommen.

2. Aus welchen Gründen ist das gerichtliche Mahnverfahren einer Klage auf Zahlung vorzuziehen?

3. In welchem Fall kann es sinnvoller sein, sofort zu klagen und nicht erst einen Mahnbescheid zu beantragen?

4. Erläutern Sie die verschiedenen Möglichkeiten der Zwangsvollstreckung wegen Geldforderungen.

5. Ein Händler hat von einem Kunden noch 5000,00 DM zu bekommen. Aus welchen Gründen ist die Pfändung des Arbeitseinkommens erfolgreicher als die Zwangsvollstreckung in bewegliche Sachen des Schuldners?

6. Händler Hurtig hat von seinem Kunden noch 6000,00 DM für unter Eigentumsvorbehalt gelieferte Ware zu bekommen.
   a) Hurtig hat den Kunden – erfolgreich – auf Herausgabe der Ware verklagt.
   b) Hurtig möchte wegen des Geldbetrages die Zwangsvollstreckung betreiben.

Wie erfolgt jeweils die Zwangsvollstreckung?

Sachwortverzeichnis

A
Abgabemenge 207
Abmahnung 248 ff.
Abmahnverein 253
absolute Rechte 105
absolutes Recht 16
Absonderung 193
abstraktes Rechtsgeschäft 66
Abstraktionsprinzip 18 f.
Abzahlungsgeschäft 161 f.
Aktiengesellschaft 186
Aktivlegitimation 243 f.
Aliudlieferung 144
Alleinstellungswerbung 235
Allgemeine Geschäftsbedingungen 153 ff.
Amtsgericht 270
Aneignung herrenloser Sachen 43 f.
Anfechtung 67 ff.
Anlehnung 239
Annahme 78 ff.
Anscheinsvollmacht 74
Anschwärzung 219
Anspruch 91
Anspruchsberechtigung 243 ff.
Anspruchsnorm 23
Antrag 78 ff.
Aufsichtspflicht 33
Auftrag 169
Ausbeutung fremder Leistung 237 ff.
Ausschluß der Gewährleistung 149, 156
Aussonderung 193
Ausspannen
– von Kunden 231 f.
– von Mitarbeitern 237

B
Beeinflussung von Kunden 223 ff.
Beglaubigung, öffentliche 65
Behinderung von Mitbewerbern 231 ff.
Belästigung von Kunden 223 ff.
Berufung 271
Besitz 57 ff.
Besitzdiener 59
Besitzkonstitut 41, 59
Bestandteile 45
Bestätigungsschreiben, kaufmännisches 80
Bestechung 221 f.
Beurkundung, notarielle 65
bezugnehmende Werbung 233 ff.
BGB-Gesellschaft 29, 39, 183
billiges Recht 15
Bote 31, 74
Boykott 232
Briefgrundschuld 268
Briefhypothek 268
Bringschuld 96
Bruchteilseigentum (Miteigentum) 37

Buchgrundschuld 268
Buchhypothek 268
Bundesgerichtshof 271 f.
bürgerliches Recht 12
Bürgschaft 22, 261

C
culpa in contrahendo 136 ff.

D
Darlehen 168
Deckungskauf 130
Deliktfähigkeit 32 ff.
Delikthaftung 105 ff.
Dienstvertrag 169
dispositives Recht 16
Dissens 81
Drittschadensliquidation 117 f.
Duldungsvollmacht 73

E
eidesstattliche Versicherung 278
Eigenbesitz 44, 58
Eigentümergrundschuld 267
Eigentumsarten 37 ff.
Eigentumserwerb 41 ff.
Eigentumsvorbehalt 51 ff.
Einrede der Vorausklage 22, 261
einseitiges Rechtsgeschäft 63 f.
einstweilige Verfügung 250 f.
Einzelunternehmung 179
entgangener Gewinn 115
Erfüllungsgehilfe 107
Erfüllungsgeschäft 18
Erfüllungsort (Leistungsort) 95 ff.
Ersatzlieferung 145
Ersatzvornahme 284
Ersitzung 44
Exkulpation 106 f.

F
Fahrlässigkeit 101 f.
Fahrnis 36
Fälligkeit 88 f.
Feststellungsklage 272
Firma 176
Fixgeschäft 88, 131
Forderungsabtretung 55, 262
Formvorschriften 64 f.
Freizeichnungsklausel 79
Fremdbesitz 58
Fristen, Berechnung 89 f.
Fund 44
Fusion 258

G
Gattungsschuld 86 f.
GbR (Gesellschaft bürgerlichen Rechts) 183
Gefährdungshaftung 102, 108, 112 f.

Gefahrenübergang 97 ff.
Gegenleistungsgefahr 123 ff.
gegenseitiger Vertrag 63, 142
Geheimnisverrat 222
Gehilfenhaftung 106 f.
Geldschulden 99
Generalklausel 83 f., 210 f., 222 f.
Genossenschaft, eingetragene 187 f.
Gerichtsstand 99 f., 270 f.
Gesamthandseigentum 39 f.
Geschäftsbezeichnung, fremde Benutzung 220
Geschäftsfähigkeit 30 f.
Geschäftsführung ohne Auftrag (GoA) 75 ff.
Gesellschaft bürgerlichen Rechts (GbR) 183
Gesellschaft 179
Gesellschaft mit beschränkter Haftung (GmbH) 185
Gesetz gegen unlauteren Wettbewerb (UWG) 205 ff.
Gesetz gegen Wettbewerbsbeschränkungen (GWB) 254 ff.
Gesetzgebung 11
Gestaltungsklage 272 f.
Gewerbe 171
Gewohnheitsrecht 11
GmbH (Gesellschaft mit beschränkter Haftung) 185
GmbH & Co. KG 182 f.
Grundbuch 265 f.
Grundgeschäft 18
Grundhandelsgewerbe 171 f.
Grundkapital 186
Grundpfandrecht 265 ff.
Grundschuld 265 ff.
gutgläubiger Erwerb 42 f.
GWG (Gesetz gegen Wettbewerbsbeschränkungen) 254 ff.

H
Haftung ohne Verschulden 102
Handelsgeschäfte 21 f.
Handelsgesetzbuch 20 ff.
Handelsrecht 22
Handelsregister 174 f.
Handschenkung 169
Haustürgeschäfte 160 f., 224
Herausgabeanspruch 37, 283
Hersteller 48
Hinterlegungsrecht 135
höhere Gewalt 102
Holschuld 96
Hypothek 265 ff.

I
Insichgeschäfte 73
Instanz 270 f.
Invitatio ad offerendum 78
Irreführung des Verbrauchers 206 ff., 210 ff.
Irrtum 68, 81

J
Jubiläumsverkauf 216

K
Kaduzierung 185
Kapitalgesellschaft 184 ff.
Kartell 255 ff.
Kartellgesetz 255
Kaufmann 171 ff.
Kaufscheinhandel 207
Kaufvertrag, Besonderheiten 142 ff.
KG (Kommanditgesellschaft) 182
KGaA (Kommanditgesellschaft auf Aktien) 187
Kommanditgesellschaft (KG) 182
Kommanditgesellschaft auf Aktien 187
Konkretisierung von Gattungsschulden 96
Konkurs 191 ff.
Konkurswarenverkauf 206
Konzern 258
Kopplungsgeschäfte 228
Kreditsicherung 260 ff.
Kundenbeförderung, kostenlose 226 f.

L
Laienwerbung 230
Landgericht 270
Leihvertrag 168
Leistungsgefahr 121 ff.
Leistungsklage 272
Leistungsort 95 ff.
Leistungsverweigerung 85 f.
Leistungszeit 88 ff.
Liquidation 191
Lockvogelwerbung 207, 212
Lombardkredit 264

M
Mahnbescheid 277 ff.
Mahnung 129
Mängelarten 144
Mangelfolgeschaden 146, 163
Mängelrüge 148, 156
marktbeherrschende Unternehmen 257 f.
Massegläubiger 193
Mehrfachabmahnung 252 f.
merkantiler Minderwert 114
Mietvertrag 168
Minderkaufmann 172
Minderung 145, 163
Mindestkapital 184, 185, 186
Mißbrauchsaufsicht 258
Miteigentum 37, 47
Mitverschulden 116
Mondpreis 259

N
Nachbesserung 146 f., 163
Naturalrestitution 114
Nebenpflichten beim Vertrag 84, 136 ff.
negatives Interesse 69, 141
Nichtbestehen eines verkauften Rechts 142 f.

Nichterfüllungsschaden (positives Interesse) 141
Nichtigkeit von Rechtsgeschäften 67 ff.
Nötigung 223
Notstand 26
Notverkauf 135
Notwehr 26 f., 247 f.

O
Oberlandesgericht 270 f.
Offenbarungseid 278
Offene Handelsgesellschaft (OHG) 180 f.
Offenkundigkeitsprinzip 71
öffentliches Recht 12 f.
OHG (Offene Handelsgesellschaft) 180 f.

P
Pachtvertrag 168
Parteifähigkeit 34
Passivlegitimation 245 f.
juristische Person 29, 184
Personalkredit 260 ff.
Personengesellschaft 180 ff.
Pfandrecht, gesetzliches 25, 164
Pfändung 281 ff.
Pfaustpfand 264
Platzkauf 97
Positive Forderungsverletzung 136 ff.
Positive Vertragsverletzung (Positive Forderungsverletzung) 136 ff.
positives Interesse 141
Preisangabenverodnung 201 ff.
Preisausschreiben 229
Preisgegenüberstellung 208 ff.
Preiskampf 233 f.
Privatautonomie 14 f.
Privatrecht 12 f.
Probekauf 150 f.
Produkthaftung 109 ff.
progressive Kundenwerbung 207
Prokura 178
Prozeßfähigkeit 34

R
Rabattgesetz 196 ff.
Rang im Grundbuch 266
Räumungsverkauf 216 ff.
Realakt (Tathandlung) 43 f.
Realkredit 263 f.
Rechtsfähigkeit 28 f.
Rechtsfolge 60 f.
Rechtsgeschäfte 60 f.
Rechtsmängel 143
Rechtsmißbrauch 24
Rechtsmittel 271
Rechtswidrigkeit 103
relatives Recht 16
Revision 271
Richterrecht 11
Rücktrittsrecht des irregeführten Abnehmers 247
Rügefrist 148

S
Sachen 36
Sachliche Zuständigkeit der Gerichte 270 f.
Sachmängelhaftung 144 ff.
Sanierung 189
immaterieller Schaden (Schmerzensgeld) 104, 115 f.
Schadensarten 103 f.
Schadensersatz 104 ff., 113 ff., 246
Scheingeschäfte 67
Schenkung 168
Scherzgeschäfte 67
Schickschuld 96
Schiedsrichterliches Verfahren 274 f.
Schlußverkauf 214 f.
Schmerzensgeld 104, 115 f.
Schmieren 220 ff.
Schriftform 64
Schutzschrift 252
Schutzwirkung für Dritte 140
Schweigen als Willenserklärung 30, 78
Selbsthilfe 25
Selbsthilfeverkauf 135
Sicherungshypothek 268, 283
Sicherungsübereignung 40, 41, 265 f.
sittenwidrige Schädigung 69, 108, 222 ff.
Sonderangebot 214
Sonderveranstaltungen 213 ff.
Spiellust, Ausnutzung 229
Stammkapital 185
Stellvertretung 70 ff., 177 ff.
Stille Gesellschaft 183
Straffähigkeit 34
Strafprozeß 273 f.
strenges Recht 15
Stückschuld 86 f.
Subsumtion 23 f.

T
Täuschung 68, 146, 231
Tauschvertrag 168
Teilleistungen 86
Telefonwerbung 224
Terminkauf 88
Testament 62
Tierhalterhaftung 108
Treuhandeigentum 40
Treu und Glauben 83 f.
Trust 258

U
Überschuldung 191
Umtausch 145
unbestellte Ware 78, 225
unerlaubtes Handeln 105 ff.
ungerechtfertigte Bereicherung 19 f.
Unmöglichkeit der Leistung 120 ff.
Unpfändbarkeit 282
Unterlassungsanspruch 85, 284 f.
Unterlassungserklärung 251

unverbindliche Preisempfehlung 202, 212, 259
UWG (Gesetz gegen unlauteren Wettbewerb) 205

V

Verarbeitung 48
Verarbeitungsklausel 54
Verbindung 46 f.
verbotene Eigenmacht 57 f.
Verein, eingetragener 29
Verfügungsgeschäft 18, 65
Vergleich 189 ff.
Verjährung 91 ff., 246 ff.
Verkehrshypothek 268
Verleumdung 219
Verlockung 225 ff.
Vermengung 47
Vermischung 47
Vermögensschaden 104
Verpflichtungsgeschäft 18, 65
Verrichtungsgehilfe 107
Verschulden 101 ff.
Versendungskauf 96
vertikale Preisbindung 259
Vertragsfreiheit 14
Vertragsstrafe 22, 155, 251
Vertrauensschaden (negatives Interesse) 69, 141
Vertretung 70 ff.
Verzug
– des Gläubigers (Annahmeverzug) 128 ff.
– des Schuldners (Leistungsverzug) 132 ff.
Vollkaufmann 172 f.
Vollmacht 70 ff., 177 ff.
Vollstreckungsbescheid 278
Vollstreckungstitel 276 f.
Vorkaufsrecht 152
Vorsatz 101
Vorspannangebot 228

W

Wandlung 145, 163
Warenprobe 227 f.
Warentest 236
Wechseldiskontkredit 262 f.
Wegfall der Geschäftsgrundlage 84
Wegnahmerecht des Mieters 47
Werbebehinderung 232
Werkliefervertrag 165 ff.
Werkmängel 163 f.
Werkvertrag 162 ff., 166, 169
Wertreklame 225 f.
Widerruf
– bei Abzahlungsgeschäften 161
– bei Haustürgeschäften 160
– der Prokura 178
– von Willenserklärungen 79
Willenserklärung 60, 285
Wohnungseigentum 38
Wucher 67

Z

Zahlungsunfähigkeit 191
Zession (Forderungsabtretung) 55, 262
Zivilprozeß 270 ff.
Zubehör 46
zufälliger Untergang 98
Zufall 102
Zugabeverordnung 189 ff.
zugesicherte Eigenschaft 146
Zurechnungsfähigkeit 32 ff.
Zusammenschlußkontrolle 259
Zwangshypothek 283
Zwangsvergleich 194
Zwangsversteigerung 282
Zwangsverwaltung 283
Zwangsvollstreckung 281 ff.
zweiseitiges Rechtsgeschäft 63 f.
zwingendes Recht 16